贝页
ENRICH YOUR LIFE

就离谱啊，历史

[英] 格雷格·詹纳 (Greg Jenner) 著

冯陶然 译

ASK A HISTORIAN:
50 SURPRISING ANSWERS
TO THINGS YOU
ALWAYS WANTED
TO KNOW

文汇出版社

图书在版编目（CIP）数据

就离谱啊，历史 /（英）格雷格·詹纳（Greg Jenner）著；
冯陶然译.—上海：文汇出版社，2023.8
ISBN 978-7-5496-4081-2

Ⅰ.①就… Ⅱ.①格… ②冯… Ⅲ.①史学—通俗读
物 Ⅳ.① K0-49

中国国家版本馆 CIP 数据核字（2023）第 120346 号

ASK A HISTORIAN by Greg Jenner

Copyright © Greg Jenner 2021

Published by arrangement with Orion Publishing Group via The Grayhawk Agency Ltd.

本书中文简体专有翻译出版权由 Orion Publishing Group 通过光磊国际版权代理
授予上海阅薇图书有限公司。版权所有，侵权必究。

上海市版权局著作权合同登记号：图字 09-2023-0639 号

就离谱啊，历史

作　　者 /［英］格雷格·詹纳
译　　者 / 冯陶然
责任编辑 / 戴　铮
审读编辑 / 徐海清
封面设计 / 王重屹
版式设计 / 汤惟惟
出版发行 / **文匯**出版社
　　　　　　上海市威海路 755 号
　　　　　　（邮政编码：200041）
印刷装订 / 上海中华印刷有限公司
版　　次 / 2023 年 8 月第 1 版
印　　次 / 2023 年 8 月第 1 次印刷
开　　本 / 889 毫米 × 1260 毫米　1/32
字　　数 / 310 千字
印　　张 / 12.375
书　　号 / ISBN 978-7-5496-4081-2
定　　价 / 62.00 元

谨以此书献给我的妻子凯特
感谢她一直以来的陪伴与支持

前　言

　　嗨，大家还好吗？希望你们一切都好。当然，我并不知道你们会在什么时候读到这段写于2020年12月23日的文字。往年，我会在12月24日驱车前往肯特郡和家人欢度圣诞（我有一半的法国血统，所以我习惯和父母一同庆祝平安夜，然后在圣诞节早上赶往岳父岳母那儿）。然而世事无常，新冠肺炎大流行从人们这儿夺走了太多太多，抗疫举措让数百万人无法在这个特殊的节日里与亲人相会。大多数人不得不采取视频、音频的方式开展社交活动，虽然这确实很高效，但我相信，自己绝对不是唯一一个渴望与朋友、家人、同事乃至陌生人进行面对面交流的人。

　　我天生就是个话匣子。我喜欢交谈、倾听与欢笑。作为一名播客[1]，我有幸能在这糟糕的一年中继续传播欢声笑语。但我还是非常怀念真实的人际交往，病毒剥夺了我在英国各地结交朋友的机会——那可是我的最爱。我原计划一边到处签售《逝去的名流：名人趣史》

1　原文podcast，iPod和broadcast（广播）的混成词，是任何人都可以发布在互联网上的一种线上有声节目。podcast和podcaster（音频录制者）在中文语境中统称为"播客"。——译者注（如无特殊说明，本书注释均为译者注）

（*Dead Famous: An Unexpected History of Celebrity*），一边收集大家提出的历史疑问，以筹备下一部作品。我本打算登门拜访，兴奋地和你们就名人趣事聊上一整个小时，然后进入问答环节，解决大家的各种疑惑。我会尽量在现场解答你们的问题，然后在书中给出更加完善的答案。没错，就是这本书。

可惜事态发展并不如我所愿。在《逝去的名流：名人趣史》推出一周后，全球疫情进入紧急状态，书店关门、活动取消，出版业一时之间陷入瘫痪。这一切都不太理想，没有图书宣传活动就意味着没有读者提出疑问，《就离谱啊，历史》（*Ask a Historian*）一书的写作也因此停滞。所以，我不得不调整策略。我在本书中回答的问题，除了前几年被问及的一些令我难忘的经典问题外，其他问题都源自在线问卷调查。我向天发誓，这些都是真正的读者提出的问题（我悄悄怀疑里面最为刁钻的那个问题是我的文学经纪人唐纳德加进去的），对于每个愿意署名的提问者，我都在书中收录了他们的名字。

作为一名公共历史学家，我的职责就是激起人们学习历史的热情，而他们想要弄清的问题也让我感到十分有趣。当他们抛出一个我不知该如何作答的棘手问题时，我很享受这种针对自我认知的突然刺激。在台上与观众开展问答互动是一种冒险之举，因为我不清楚自己是否会遇到答不上来的问题而导致节目"爆雷"。我在职业生涯中读过数千本著作，所以通常能给出一个条理相对清晰的答案，但有时也会被观众问懵。

最棒的问题往往来自那些尚未失去创造力的儿童。我最喜欢的是一个小姑娘提出的问题："耶稣基督知道恐龙吗？他会因为它们都死了而伤心吗？"这个问题让节目现场充满了欢快的气氛，观众们放声大笑——"天啊，这孩子真可爱！"——只是这阵笑声慢慢转低，变成了窃窃私语，因为大家意识到这个小女孩提出了一个足以让教皇满头冷汗的神学难题。我不记得自己给出了什么答复，但我确定当时的表现并不出彩，似乎含糊其辞地承认了《圣经》并未对神圣的恐龙忏悔进行清楚的论述。

在浏览读者提交的问卷时，我遇到了几个和上文中小女孩的疑问一样让我有些措手不及的问题。一个最棒的绝妙问题是："**有没有人曾在墙上画一条隧道，然后诱骗别人跑/开车进去呢？**"提问者选择了匿名，所以我只能推测这是"BB鸟"（Road Runner）提问的，它正谋划着让"歪心狼"（Wile E. Coyote）再次在它手里栽个跟头。[1]出于好奇，我又查阅了好莱坞早期历史，想看看那位传奇导演塞西尔·B. 德米尔（Cecil B. DeMille）[2]是否在沙漠中打造过这种会让倒霉的醉驾司机一头撞上去的电影布景。遗憾的是，我一无所获，只找到一个关联不大的案例，那就是第二次世界大战中军事诱饵的使用，当时，盟军利用充气坦克和假飞机布置出虚假的部队来迷惑纳粹，为诺曼底登陆打掩护。[3]好吧，"BB鸟"这回可问住我了。哔哔！哔哔！[4]

接下来，你将看到一系列耳熟能详、意义重大，又令人忍俊不禁

1　"墙上画隧道"出自《BB鸟与歪心狼》（*Fast and Furry-ous*）第一季第一集。《BB鸟与歪心狼》是1949年由华纳公司出品的系列动画片，讲述了狡猾的"歪心狼"一心想要吃掉机智的"BB鸟"，却一次次弄巧成拙的故事。

2　塞西尔·B. 德米尔，美国导演，好莱坞影业元老级人物，曾获奥斯卡终身成就奖、奥斯卡艾文索伯纪念奖、金球奖最佳导演奖、金球奖终身成就奖、金棕榈奖等，代表作有《蒙骗》（*The Cheat*，1915）、《戏王之王》（*The Greatest Show on Earth*，1952）、《十诫》（*The Ten Commandments*，1956）。他善于把握观众需求和故事讲述，其戏剧性与喜剧性交织的影片在默片时期十分成功。

3　为了蒙蔽德军，盟军在英国东南部构建了一些由假坦克、车辆、货轮、橡胶战舰组成的部队。上当的德军根据空中侦察结果做出了误判，认为诺曼底登陆只是佯攻，于是将大量士兵部署到了法国的加莱地区。

4　每当"BB鸟"成功戏耍了"歪心狼"后，都会得意地冲对方发出"哔哔"的叫声以示嘲讽。

的历史谜团。大家都对全球历史、纳粹和都铎王朝［哇，人们真的很想了解安妮·博林（Anne Boleyn）[1]］有着浓厚的兴趣，对此我感到振奋不已。我也很高兴能在解答那些与石器时代人类生活有关的问题的同时，了解到最新的考古研究成果。偶尔，读者会出于疏忽而询问我的个人意见。每到这时，我就会偏离主题，慷慨激昂地胡吹乱侃，幸好我的那位耐心的编辑玛蒂会在我肆意运用感叹号时温和地劝阻我。

总的来说，我会尽量在保持语调轻松愉快的同时做到言之有物。希望书中的每个答案都能很好地解决你的疑惑，但我更希望你能浏览一下"推荐读物"清单上的那些推荐书目，因为亲自找到真相会让你的探索之旅更为充实。提问的妙处在于，一个答案往往会派生出许多新的疑问，无穷的好奇心将产生极好的反馈循环，鞭策着你刨根问底。理想情况下，本书不仅可以满足你探究历史的欲望，还能增加这种兴趣。若真是如此，请容我举杯敬我一辈子都挂在嘴边的那句话："对哦，**但为什么**……？"

感谢你愿意花时间阅读这篇前言，希望你会爱上本书。

祝好！

格雷格

---

1 安妮·博林的经历颇具传奇色彩。她原本只是亨利八世第一任王后凯瑟琳的侍从女官，却凭借魅力与智慧收获了众多追随者，甚至连亨利八世都拜倒在了她的石榴裙下。深谙宫廷之道的安妮多次拒绝了国王的情书，明确表示除非戴上后冠，否则绝不接受亨利八世的求爱。于是，为了同安妮结婚，亨利八世驱逐了王后，发动了宗教改革（教会不承认这段婚姻合法）。可是国王后来又逐渐厌倦了未能诞下王子且性格强势的安妮，她的政敌也炮制了其使用巫术蒙蔽国王的谣言。在严刑拷打了多位与安妮关系密切的男性后，亨利八世以通奸、叛国等罪名将她斩首示众，并在次日就与安妮的侍从女官珍·西摩订了婚。即便在安妮的女儿伊丽莎白一世在位期间，她也未能得到平反。直到今天，英国民间还流传着与她有关的幽灵故事。

目录

1

我可能是最常被问及安妮·博林的人了吧。安妮·博林是英国历史上最知名的女性之一，她是亨利八世（Henry VIII）六任妻子中的第二位，也是第一个被处决的王后。五个世纪以来，她的传奇经历——步步为营、夺取王后宝座，却又戏剧性地突然陨落——一直是个热门话题，每一代新作家都会在传扬她的恶名时添油加醋。MH-B同学，恐怕你的老师就误信了这种后人编造的故事。

作为广播界的业内人士，我可以保证，博林是提高收视率的神器。这篇文章写于2020年11月，而仅仅在过去的12个月里，就上映了三部与她有关的大型电视纪录片，其中两部还是在同一频道播出的（事实上，该频道刚刚宣布将在明年推出第三部这类剧情纪录片）。正如斯蒂芬妮·拉索（Stephanie Russo）博士在其大作《安妮·博林的来生：小说中和银幕上再现的安妮·博林》（*The Afterlife of Anne Boleyn:*

Representations of Anne Boleyn in Fiction and on the Screen）[1] 中指出的那样，我们全国上下都对安妮·博林的故事十分痴迷。在她的这本书中，你可以看到几个世纪以来，安妮·博林被重塑的所有形象。

问题在于，人们所津津乐道的传说故事，要么是极具欺骗性的一派胡言，要么是政敌为了在那场证据不足的叛国罪审判中破坏安妮·博林的声誉而炮制的虚假消息。尽管存在无数与她有关的传记、小说、电视剧、电影和纪录片，我们还是无法判断这个女人的真实面目。资料中的她有着完全相反的形象，既可能是一位不幸被有权有势的男人们欺压的受害者，也可能是个罪有应得的蛇蝎美人。不过有一点我们可以肯定，那就是安妮·博林一生中从未受到施展巫术或拥有三个乳头的指控。

这些毫无根据的谣言，是基于掀起叛乱的天主教神父尼古拉斯·桑德（Nicholas Sander）[2] 在安妮·博林死后约半个世纪所散布的恶毒传说。他憎恨信奉新教的伊丽莎白女王，而安妮·博林恰好是伊丽莎白一世的母亲，于是他打算通过抹黑安妮·博林来贬低伊丽莎白一世。1536年，当安妮被法国剑客斩首时[3]，桑德还是个小孩儿；而成年

1　斯蒂芬妮·拉索，澳大利亚麦考瑞大学英语系高级讲师，主要研究现代早期和18世纪的英国文学与文化，特别关注女性小说。《安妮·博林的来生：小说中和银幕上再现的安妮·博林》探讨了5个世纪以来，数以百计的作家围绕安妮·博林的兴衰故事，结合宗教、政治和性别意识形态等元素而创作的诗歌、戏剧、小说、电影和电视剧。

2　尼古拉斯·桑德（1530—1581），天主教神父和作家，其代表作 *De origine ac progressu schismatis anglicani* 从天主教角度讲述了亨利八世与罗马教廷的决裂。他怀有激进的十字军天主教精神，憎恨新教君主伊丽莎白，曾在罗马教皇的支持下入侵英国（虽然开始时只招募到50名士兵）。通过对叛军许以重利，他在爱尔兰芒斯特地区掀起了叛乱，但由于兵员素质低下、军队规模小、教会许诺的军事和经济支援不足等原因士气大跌，不到一年（1579—1580）即被镇压。尼古拉斯·桑德本人不战而逃，可能死于1581年，埋在某个无名墓中。

3　亨利八世专门从法国聘请了一位有名的刽子手，让他用利剑优雅地砍下安妮的脑袋。

后，他这个天主教徒在罗马、马德里和爱尔兰四处流亡，尽其所能发动叛乱，以破坏伊丽莎白的统治。桑德的《英国分裂的起源和发展》（*Of the Origin and Progression of the English Schism*）一书从1586年开始定期重印，并在1700年之前有了至少15个版本，它们影响了那些对英国新教怀有敌意的欧洲作家。正如17世纪的作家彼得·海林（Peter Heylin）[1] 所尖锐指出的那样，尼古拉斯·桑德应该更名为尼古拉斯·诽谤者（Nicholas Slander）。

依照桑德的描述，安妮·博林"身材相当高大，一头黑发，鹅蛋脸，面色蜡黄，像是得了黄疸。她上唇有颗龅牙，右手长着六指，脖子上还有个大疙瘩（一颗鼓起的囊肿或疖子），她会穿高领裙装来掩盖这种丑态……她面容姣好、唇形漂亮，举止风趣、善于弹琴、舞姿优美"。简而言之，桑德认为安妮·博林可能拥有美人的魅力和优雅，但在容貌上，和她相比，魔法保姆麦克菲（Nanny McPhee）[2] 都像是环球小姐。

既然桑德从未见过安妮·博林，他又是从哪里得到这些消息的呢？"脖颈处的肿块"源自当时的一些恶意谣传，某位喜欢说长道短的外交官在寄往比利时的信件中提到了此事，后来被反复传播。但我们有充分的理由怀疑这一说法。尽管安妮·博林曾在很长一段时间都没有接受亨利八世的追求[3]，但她事实上并不是宫廷中最为美丽性感的那位。她的魅力更多来自精神与个性，而非肉体，她虽无倾国倾城之

1　彼得·海林（1600—1662），著名的历史学家和神学家，有威尔士血统。他反对罗马教会，是国王查理一世和查理二世的专职牧师，也是威斯敏斯特修道院的副院长。

2　出自2005年上映的电影《魔法保姆麦克菲》，影片中麦克菲这一女性角色的长相极为丑陋。

3　1525年，亨利八世对安妮·博林展开了狂热追求，但那些奢华的珠宝和浪漫的情书毫无效果（一种说法认为她这是欲擒故纵），直到1527年她才接受了亨利八世的求爱，但坚持不在成为王后前与他同床。

姿，但也算得上是相貌出众。如果上述身体异常之处不全是凭空捏造的话，也可能都是夸大其辞。

至于"六指"这个在许多当代小说和网站中经常出现的"事实"，似乎源于安妮去世数十年后，乔治·怀亚特（George Wyatt）[1]所做的评论。他写道："的确，她某一根手指的指甲边缘多了一小片指甲，但据那些见过她的人所说，那片指甲非常迷你。她通常会用另一根手指的指尖盖住此处瑕疵，所以她的手似乎总是摆成一种优雅的姿态。"嗯，与其说那是"六指"，不如说是个小疣子。

你可能已经注意到了，到现在，我们连第三个乳头、黑猫和冒泡坩埚的影子都没见到，你是不是以为很快就能在亨利八世手下第一权臣托马斯·克伦威尔（Thomas Cromwell）[2]对安妮的审判证据中找到这些耸人听闻的谣传？事实上，她受到的指控既非施展巫术，也不是恶魔崇拜，而是更直接的叛国、乱伦和通奸罪。她被控经常跟5个男性打情骂俏：亨利·诺里斯（Henry Norris）、威廉·布里列顿（William Brereton）、弗朗西斯·韦斯顿（Francis Weston）、音乐家马克·斯米顿（Mark Smeaton），以及最为丑恶的指控——她的亲弟弟乔治·博林

---

1 乔治·怀亚特，英国历史学家、作家，其父托马斯·怀亚特爵士曾因卷入安妮·博林通奸罪而险遭叛死还生，后来又针对血腥玛丽发起叛乱，兵败后惨遭分尸示众。乔治基于家人和那些认识安妮·博林的人的回忆，书写了这位王后的人物传记，其中写道"尽管在容貌上有不少美人比她更胜一筹，但在行为、举止、装束和语言上，她比所有人都强……她也确实是个极为任性的女人"。

2 托马斯·克伦威尔（1485—1540），英国近代社会转型时期的杰出政治家，亨利八世的首席国务大臣。他曾效忠权势滔天的红衣主教托马斯·沃尔西，在对方失势后，又效忠沃尔西的敌人诺福克公爵及其侄女安妮·博林。在安妮的推荐下，他帮助亨利八世摆脱了罗马教廷对其婚姻的干预，获得了国王的赏识，而安妮则得到了王后宝座。双方相互利用，并无忠诚可言，所以在发现国王厌倦安妮后，他迅速通过严刑逼供获得了足以置她于死地的证据。而他自己也同样因为国王喜新厌旧，在政敌的构陷下被判处斩首。

（George Boleyn）。[1]

　　唯有斯米顿在严刑逼供下承认了上述指控，而这份供词显然并不可靠。其他人则和安妮一样，都声称自己全然无辜。此外，通奸罪不至死，即便身为国王，亨利八世也不能因妻子不忠而将她处决。克伦威尔需要炮制一些更加严重的罪名，因此他将安妮的罪过上升为叛国罪，声称安妮计划谋杀国王并改嫁给其中一个情夫。而在两年前，亨利八世通过了一项法律，宣布哪怕只是讨论国王死亡的可能性也算是一种叛国行为。所以，即便安妮并未试图加害国王，她还是被定下了叛国罪。

　　这场审判早已成为定局——历史学家们注意到，在安妮得知自己受审之前，亨利八世就已经派人前去邀请那名法国剑客了——六名被告很快遭到残忍处决。这是一段交织着宫廷阴谋和残酷政斗的传奇故事，却不含任何魔法或巫术色彩。

　　事实很简单，在16世纪，针对安妮的批判总是与性有关。她受到了各方的攻击，其中大多是由外国大使发起的，他们认为她是个荒淫秽乱的魅魔，可能用了魔药和迷情剂让亨利八世为她痴狂。据说，亨利本人也曾愤怒地宣称自己遭到了巫术、符咒和妖法蛊惑[2]——他声称自己被人诱骗，娶了一个错误的女人，但并没有指出她与撒旦勾结。此后，各类小说家和传记作者一直在肆意运用这些毫无根据的说法，探询那些使用"符咒"和"咒语"的指控是否会让被告陷入更为严重的施展黑魔法和魔鬼崇拜的指控。庭审记录证明事实并非如此——克伦威尔及其陪

1　亨利八世的诸多朝臣（亨利·诺里斯、威廉·布里列顿、理查德·佩奇、弗朗西斯·韦斯顿、托马斯·怀亚特）都被卷入此事，最后只有理查德·佩奇和托马斯·怀亚特保住了性命，其余人均被处决。

2　我们从一个八卦的大使那儿得知了这个说法，他甚至不会讲英语，也未曾提及其消息来源，所以这并不是可靠的证据。——作者注

审团根本不在乎这些，他们只想找个借口处死安妮·博林。

安妮是女巫的说法更有可能诞生于20世纪。20世纪20年代，人类学家玛格丽特·默里（Margaret Murray）[1]首次提出，安妮·博林、圣女贞德（Joan of Arc）等其他几位历史名人其实属于某个古老隐秘的异教组织。当然，这绝对是胡说八道。对于那些试图与糟糕历史作斗争而身心俱疲的历史学家来说，大受欢迎的《哈利·波特》系列电影中那幅挂在霍格沃茨墙上的安妮画像让他们更加无奈。说实话，如果安妮真的毕业于这样一所魔法学校，她当年就应该朝手持利剑的刽子手施放一个缴械咒（Expelliarmus），然后逃出囚禁她的伦敦塔。

我们能轻松发现女巫版安妮是如何诞生的。虽然流行文化青睐女巫故事——从咯咯邪笑的绿皮女巫，到挥舞魔杖、形象完美的哥特少年——但在20世纪，女权主义学术界最具影响力的传统之一，就是阐释16世纪40年代到17世纪90年代的欧洲"猎巫运动"，认为那是一项旨在压制女性权力的厌女事业。这与托马斯·克伦威尔毁灭了安妮的说法非常吻合——他利用谎言，推翻了一个喜欢插手政事、抱有过多女性观点的王后。但是，为避免造成误解，我得重申一下：在那个以猎杀女巫而闻名的时代，在这场我们完全可以称之为政治猎巫的审判中，安妮·博林并未因巫术而受审。事实上，审判过程中甚至连提都没提到"巫术"这个词。

虽然安妮·博林并没有第三个乳头，但"第三个乳头可能代表邪恶"这一观念确实有个真正的近代早期遗产。早在17世纪，第三个乳头有时就会被解释为魔鬼打在人体上的标记，是这个女人或男人（是

---

[1] 玛格丽特·默里，埃及古物学家，是第一个打开木乃伊的女人。她的研究成就形成了巫术崇拜的基础，虽然她的许多作品并不受学界认可，她本人却在民间被奉为"巫术崇拜之母"。

的，男人也可能是女巫！）勾结黑暗力量的标志。据说，女巫会用这个额外的乳头哺育她们的恶魔仆从，通常指的是一只黑猫。由此我们可以得出那句"像女巫的乳头一样冷"[1]的俗语，因为任何用来养育邪恶存在的事物都毫无母性的温暖。就个人而言，我认为这证明撒旦和我一样爱吃冰淇淋，所以我开始有点喜欢这家伙了。

所以，MH-B，我担心你的老师把历史事实和虚构传说搞混了。当谈及一位像安妮·博林这样的话题人物时，人们经常会犯这种错误。但是，你要清楚，她真的没有三个乳头、五个情人或六根手指，她的故事本身就足够有趣。但我估计作家们总是想找个全新的角度来塑造安妮·博林。我们已经有了女巫版安妮：2010年，安妮·博林在辛西瑞·圣地亚哥（Cinsearae Santiago）的小说中化身为吸血鬼女王。[2]因此我相信，她在作家笔下成为一个打算毁灭地球的外星机器人只是时间问题。实话实说，摊上亨利八世这种丈夫，谁会怪她呢？

---

1 该俗语最早的纸面记录可追溯到通俗作家 F. 范威克·梅森（F. Van Wyck Mason）于1932年出版的密室悬疑小说《蜘蛛屋》（*Spider House*），书中的一个人物说"外面像女巫的乳头一样冷"。
2 辛西瑞·圣地亚哥，浪漫小说作家，热爱吸血鬼、哥特风、暗黑超自然力量，本文提到的作品是她的《都铎吸血鬼》（*Tudor Vampire*）。

2

好吧,斯蒂芬,简短的答案——"没错"。长一些的回答?

"确有其事!"

让我牵着你的手,带你来到公元9世纪的混乱年代。从表面上看,西欧正处于光辉灿烂的黄金时代——伟大的查理大帝(Charlemagne)[1]统治着法兰克帝国,阿尔弗雷德大帝(Alfred the Great)[2]的改革才干造福着英格兰,这是个知识在图书馆和修道院里繁荣发展的时代。然而,也正是在这个时代,一切都沦入了战火之中。在北方,入侵的维京人沿着河流和大海四处劫掠——他们在公元845年袭击了巴黎,又在公

提问者:斯蒂芬

1　查理大帝,或称为查理曼("曼"即大帝之意),法兰克王国加洛林王朝国王,查理曼帝国的建立者。在公元800年被教皇利奥三世加冕为"罗马人的皇帝",后世称之为"欧洲之父"(Pater Europae)。

2　阿尔弗雷德大帝(古英语:Ælfrēd、Ælfrǽd),盎格鲁-撒克逊英格兰时期威塞克斯王国国王,英国历史上第一个以"盎格鲁-撒克逊人的国王"自称且名副其实之人,后人尊称其为"英国国父"。

元9世纪60年代攻打了约克郡。在南方，一支强大的阿拉伯军队在公元846年洗劫了罗马。在东方，马扎尔人[1]在公元9世纪90年代从匈牙利向西进军，一路肆虐，兵锋远至德国南部的巴伐利亚。

在这个时代漩涡中，我们一定得提到罗马教皇。作为教会的政治和神学方面的首席执行官，教皇本应成为一股稳定时局的力量，但事实证明并非如此。实话说，如果说公元9世纪的情况十分糟糕，那么到了公元10世纪，事态就彻底烂透了。最大的问题在于许多教皇死于非命，难以善终。法律史学家小唐纳德·E. 威尔克斯（Donald E. Wilkes Jr.）[2]指出，在公元872年至公元965年的94年间，一共出现了24任不同的教皇。这确实很糟糕。特别是在公元896年到公元904年，罗马上演了一场疯狂的抢椅子游戏，短短8年时间里，竟有9位不同的教皇执政！要知道，整个20世纪才出现了9任教皇！

你可能认为这种频繁的权位更替只是因为这些教皇运气不好，他们莫非患上了反复肆虐的瘟疫？或是教会食堂伙食太好，让他们摄入了过多堵塞动脉的反式脂肪？其实，在那个混乱的世纪里，24任教皇中有7位并非疾病缠身的老人，他们身体健康，却死于竞争对手的谋杀。是的，在这一时期，围绕教皇宝座的政治斗争极为残酷无情，后世的历史学家因而将其称为"教皇权力的最低谷"。

敌对家族之间的权力斗争是公元10世纪教皇更替陷入混乱的主要原因，其中最为知名的当属图斯库卢姆（Tusculum）家族，它还有个更为拗口的名字——狄奥菲拉克特（Theophylact）家族。该家族崛起

1　马扎尔人，匈牙利人的祖先，曾经劫掠欧洲，直到公元955年才被日耳曼王奥托一世击败；后来，匈牙利王皈依了基督教，该民族从欧洲的威胁变成了抵御亚洲蛮族的保卫者，即"基督教之盾"。

2　小唐纳德·E.威尔克斯，美国佐治亚大学法学院教授，哈佛大学法律与人文科学研究员。

于公元904年，在这一年，狄奥菲拉克特伯爵尚未成年的女儿玛洛齐亚（Marozia）[1]成了教皇塞尔吉乌斯三世（Pope Sergius III）的"小"情人，后者曾下令勒死他的两位前任。呵！多么"好"的一个人啊！一个杀人犯，一个变态！我们会在后文再次提到他。

在部分历史学家看来，罗马教廷是在塞尔吉乌斯三世在位期间（公元904年至911年）才真正开始走下坡路的，尤其是因为他和玛洛齐亚生了一个私生子，还让这个私生子继任了教皇之位。这就可以解释为什么历史学家埃蒙·达菲（Eamon Duffy）[2]会这样描述那段教宗史："圣彼得的法座成了暴君和土匪的战利品，为一波波的犯罪与淫行所玷污……它成了一张通向地方统治的门票，他们愿意为此犯下强奸、谋杀和偷窃之罪。"但在塞尔吉乌斯三世掌权的7年之前（公元897年），时任教皇的司提反六世（Pope Stephen VI）所主持的那场臭名昭著的"僵尸会议"就已经把教廷的威信打入尘埃。彼时，一切就像提问者斯蒂芬所说的那样，一位死去的教皇真的遭到了审判。

公元897年1月，司提反六世在继任教皇仅7个月后，就在一次特别会议（教会会议）上，下令从坟墓中挖掘出前任教皇福尔摩苏斯（Formosus）的尸体，对其犯下的各种罪行进行审判。Formosus在拉丁语中意为"英俊"，但当一具腐烂的尸体被从地下挖出来，套上教皇长袍，推上宝座，并接受审问时，那场面可一点也不好看。

1　玛洛齐亚（890—937），教皇国史上"娼妇政治"统治时期的主要人物，控制、废立了多位教皇。她是教皇的女儿（母亲西奥多拉的情夫之一是教皇约翰九世），也是教皇的情妇（15岁就成了教皇塞尔吉乌斯三世的情妇），是教皇的母亲（与塞尔吉乌斯三世生下了教皇约翰十一世），也是教皇（约翰十二世）的祖母。

2　埃蒙·达菲，著名历史学家和学者，当代英国教会史研究领域中最杰出的专家之一，现为剑桥大学天主教历史教授，兼任罗马教宗历史委员会委员。他主要研究15—17世纪英国宗教史，著有《祭坛的剥离：英国的宗教传统》《信仰之火：玛丽·都铎时期的天主教英格兰》《圣徒与罪人：一部教宗史》等。

是的，这是一场无法模仿的作秀审判，因为死者真的受到了正式的审讯。不出意料，被告人无话可说，替他发言的是一名十几岁的教士。他站在发臭的尸体背后，扮演尸体腹语者／辩护律师的诡异角色，同时，司提反六世则在大声指责这堆腐骨烂肉。时任主教的塞尔吉乌斯也参与了此次审判。

不用说，福尔摩苏斯被判犯下了司提反六世捏造的所有罪行。他被剥去了教皇长袍，折断了曾用于祝福他人的三根手指，然后被重新埋在一个平民的坟墓里。司提反似乎很快就反悔了，也许是担心福尔摩苏斯的支持者会挖出尸骨并将之奉为圣髑。司提反六世下令再次掘出福尔摩苏斯，抛尸台伯河[1]。据说，这个计划失败了——某个修道士或渔民捞起了福尔摩苏斯的遗骸。运气不佳哟，司提反！

司提反的运气自此变得更糟。实话实说，这种审判尸体的怪异行为令他本人和天主教会都很尴尬。他还与福尔摩苏斯的支持者为敌，后者很快组织了一次成功的反政变。他们剥夺了司提反的法衣，将他降级为修道士并扔进监狱，后来，司提反在狱中遭人勒死。他的教皇地位只保住了一年，但与接下来的继任者相比，这已经算是出奇的长久了。

据推测，接替司提反位置的人就是此次政变的策划者之一，即新登基的教皇罗马努斯（Pope Romanus），他出名的主要原因是在继位仅仅4个月后，就屈辱地遭到废黜。他没救了，罗马也没了教皇，但我们不清楚他后来是被杀害了，还是尴尬地退休了。为了填补这一空缺，教会将狄奥多尔二世（Pope Theodore II）捧上了教皇宝座，他的事迹更加令人印象深刻。他下令从那位捞起遗骸的修道士或渔民那儿

---

1 台伯河，又称特韦雷河，意大利第三长河，全长405公里，源出亚平宁山脉，流经罗马，注入地中海。

迎回教皇福尔摩苏斯的尸骨，并将其厚葬。狄奥多尔二世推翻了"僵尸会议"的各项决议，在记载中留下了睿智、慈善、温和的形象。陷入危机的天主教会正需要他这样的教皇，所以你也不用猜测他的下场了……

没错，狄奥多尔二世在入主教廷12天后便离奇去世了（另一个说法是21天，但12天更有戏剧性）。你可能会问，难道这又是一起谋杀？我无法加以评论。下一位是教皇约翰九世（Pope John IX），他在教皇宝座上待了整整两年。[1]然后是教皇本尼狄克四世（Pope Benedict IV），这位坚持了三年半，同样死因不明。接着是惨遭扼杀的教皇利奥五世（Pope Leo V），他的职业生涯长达7个月。[2]后面轮到的是教皇克里斯托弗（Pope Christopher），他与其前任教皇有着完全相同的命运，只是节奏还要快上许多。[3]两任教皇在短时间内接连遭人谋杀会是一种巧合吗？无需神探可伦坡（Columbo）[4]出手，你我就能解决这个案子。

真相只有一个！犯人就是遗臭万年的塞尔吉乌斯三世，他穿上了教皇长袍，撤销了对教皇福尔摩苏斯的平反。作为"僵尸会议"的参与者，塞尔吉乌斯三世在上位后仍不忘继续污名化已经去世的对手。后来，他将上文提到的伯爵小姐玛洛齐亚收为情妇，任命自己的

1　约翰九世曾是参议院议员狄奥菲拉克图斯公爵之妻的情夫，他将竞争对手塞尔吉乌斯（后来的塞尔吉乌斯三世）直接赶出罗马并革除了对方的教籍，强行登上宗座两年后，于公元900年寿终。

2　公元903年，利奥五世继位，不久之后便遭到敌对教皇克里斯托弗推翻，在狱中死于非命，可能是克里斯托弗的心腹所为，也有说法认为他是死于塞尔吉乌斯三世之手。

3　公元903年，教士克里斯托弗自称教皇，按罗马惯例，他属于敌对教皇。次年就被塞尔吉乌斯三世推翻并放逐，有人认为他与利奥五世一样在狱中被人绞死，也有人说他加入了隐修院。

4　出自斯蒂芬·斯皮尔伯格导演的美国侦探悬疑剧《神探可伦坡》，该剧采用倒叙推理的形式讲述了刑警可伦坡的破案故事。

私生子为下一任教皇，一门心思地败坏教皇的权威。在后世的历史学家看来，他开启了一个"教皇黑暗时代"（papal Dark Ages）。塞尔吉乌斯三世的继任者同样肮脏下流，教皇约翰十世（Pope John X，公元914—928年在位）在拉特兰宫里目睹了自己兄弟的死亡，后来他自己也被绞死。[1]教皇约翰十二世（Pope John XII）则死于公元964年，他的死因极为狗血——与情妇私会时撞见了对方妒火中烧的丈夫，遭殴打而死。[2]

简而言之，在公元9世纪末和公元10世纪担任教皇的风险不下于在一战时期当一名战斗机飞行员，而且名声要臭得多。至少飞行员们不会被继任者从坟墓里刨出来接受屈辱的审判。

至少，现在还没有……

1　约翰十世是西奥多拉和玛洛齐亚这对母女的情人，托这层关系，他登上了教皇宝座，后与玛洛齐亚闹翻。玛洛齐亚唆使第一任丈夫阿尔贝里克一世推翻约翰十世，结果后者先下手为强，谋杀了阿尔贝里克一世。西奥多拉死后，约翰十世失势。公元928年，玛洛齐亚再次唆使第三任丈夫杀回罗马，突袭拉特兰宫，抓住了教皇和他的兄弟彼得，并当面将彼得砍杀。约翰十世随后被扔进地牢，最终被人用枕头闷死或被绞死。

2　约翰十二世在18岁左右便担任教皇，绰号"天主教里的卡利古拉（罗马帝国暴君）"。他将教皇居住的拉特兰宫改成了妓院，把圣彼得的金圣杯赏给情妇，和狐朋狗友四处猎艳，祸害前来朝圣的女性。他的父亲是玛洛齐亚与第一任丈夫所生的儿子阿尔贝里克二世，阿尔贝里克二世造反后推翻了与他同母异父（存疑）的约翰十一世，将母亲玛洛齐亚关进黑牢，扶持自己的儿子约翰十二世坐上了教皇宝座。

3

提问者：娜娜·波库

成为一名历史学家真的很不容易。你得学习外语和/或那些业已消亡的语言；记忆古代法律术语；辨认潦草的字迹；分析世人遗忘已久的俚语和笑话的使用语境；拖着疲惫的身躯前往遥远的档案馆；为关键资料的缺失或泛滥而沮丧不已，还总是怀疑我们有太多秘密需要发掘，也有很多历史之谜已经彻底淹没在时间长河当中。实话说，历史学家就是一群受虐狂。而我们尝试解决的最为棘手的问题之一，就是换算出古代货币对应的现代价值。根据我们参考的是当时的商品价值、经济规模还是平均工资，我们得出的价值区间相当之大。

例如，在我的那本《逝去的名流》中，我试图计算出查尔斯·狄更斯在1867年进行第二次美国巡演的票房收入的现代价值。我们知道他赚了4.5万英镑，但这笔钱很多吗？听起来并不多。经过几十年的通货膨胀，21世纪的4.5万英镑没什么大不了的——也就够买一辆闪亮的宝马5系（喜欢我的话可以众筹捐款，助我开上宝马）——但在当时这可不是一笔小数目。现在，你不可能用4.5万英镑买下一艘高速游艇，这笔钱最多只能购置一条花里胡哨、配有漂亮坐垫的脚踏船。

那么，对于1867年的狄更斯而言，4.5万英镑意味着什么呢？从前，有传记作家把它换算成了300万英镑。非常合理。而他们用于衡量这笔收入的经济试金石则是1867年的商品价值——显然，这笔钱足够买下3000匹马，在我这个从未买过马的人看来，这绝对是一大群马。但是，美国巡演是狄更斯的工作，而工作的目的就是赚钱，所以更合适的衡量方式或许是将这笔收入同那个时代的人均收入进行比较？毕竟，人们是从工资中拿出2美元来买票，而不是牵一匹马到售票处去换取前排座位。在用人均收入作为经济衡量标准进行换算后，我得到了一个全然不同的惊人结论——狄更斯的票房收入并不相当于现在的300万英镑，而是整整3000万英镑！是的，这足够买上一艘豪华游艇了。

我提起狄更斯的收入问题，是为了揭示对历史人物财富的解读会出现多么大的差异。现在，让我们回到娜娜·波库提出的疑问：**谁是有史以来最为富有的人？** 这个问题非常有趣，但也很难作答。无论给出什么答案，都会有一个闪烁的巨大彩色问号在我头顶盘旋。

在我写这篇文章的时候，世界首富是埃隆·马斯克（Elon Musk），他的个人资产已经膨胀到了一个荒诞的水平：1850亿美元。[1] 你可能因而认为他在这场从古至今的财富竞赛中赢面很大，但实际上，这还要取决于我们如何换算古人的财富（又回到了狄更斯的收入难题）。所以在回答之前，让我们先确定一下这个问题的边界。在寻找史上最为富有的人时，我们想知道的是"谁拥有最多的私人财富"，还是"谁掌控着最大的经济体"呢？因为这两个问题可截然不同。

关于第一个问题，最为简单的答案可能就是美国的约翰·戴维

---

[1] 当译者翻译这段文字时，埃隆·马斯克的身家已经高达2903亿美元，领先富豪榜第二位1000多亿美元。不知你们看到这里时，全球首富的财产会是多少呢？

森·洛克菲勒（John Davison Rockefeller）。他逝世于1937年，根据讣告，他积累的财产大约价值15亿美元，而在那个年代，一辆崭新的福特汽车也只卖750美元左右。如果结合过去85年的通货膨胀程度做一道简单的算术题，我们就能换算出洛克菲勒的财富为220亿美元，一个令人失望的数字，不是吗？但是，假使我们玩一个狡猾的经济学把戏，根据洛克菲勒的财富占当时全美GDP的比例（2%）重新换算一下，他的身家就会飙升到现在的4200亿美元，这个令人瞠目结舌的结果让埃隆·马斯克与之相比，就像是《雾都孤儿》中沿街乞讨的流浪儿。当然，问题在于这两种计算方式的结果之间存在约4000亿美元的差异，我们既可以认为洛克菲勒能在今天的福布斯富豪榜上排在大约第三十位，也有理由宣称他是有史以来的第一富豪。这两种结论可真是天差地别呢！

好吧，我们不谈洛克菲勒了。那么除他之外，还有谁有机会摘得王冠呢？让我们去看看德国银行家雅各布·富格尔（Jakob Fugger），其绰号"富豪雅各布"（Jakob the Rich）非常贴合他的"人设"。富格尔家族的第一桶金源于意大利的布匹贸易，他们借此积累了大量财富，但真正让富格尔家族富可敌国的，还是15世纪90年代对珍贵铜矿开采的垄断。这使雅各布·富格尔跃升成为能给哈布斯堡王朝提供巨额贷款的私人银行家，变成了远近闻名的大富豪，甚至连16世纪早期的一些重大政治事件都离不开这位挥金如土的大亨的资助。[1]

1519年，在神圣罗马帝国皇帝马克西米利安一世崩逝后，富格尔操纵两位皇位候选人为获得他的银行服务而展开竞标大战，迫使他们提高各自的借贷数额，然后他又收买了诸位选帝侯，以确保马克西米

---

[1] 雅各布·富格尔曾两次为自己支持的候选人买下神圣罗马帝国的皇帝宝座。

利安之孙——西班牙国王卡洛斯一世（Charles I）登上帝位（另一位候选人是法兰西的弗朗索瓦一世）。最终，卡洛斯一世成为两个独立的军事超级大国——西班牙帝国（领土位于荷兰及新大陆）和神圣罗马帝国的统治者。这是一个重塑了欧洲政治命运的王朝大联盟。那么富格尔到底有多富有呢？在富格尔于1525年去世时，他已经积攒了200多万古尔登（当时流通的金币）[1]，历经5个世纪的通货膨胀，这笔财富相当于现在的几十亿美元（无趣的结果！）。但如果我们根据富格尔的财富在整个欧洲经济中的占比重新衡量他的身家，那么他在这场竞赛中的排名应该与洛克菲勒不相上下。

如果允许君主、皇帝和政治领袖加入竞赛，事情就会变得更为棘手。整个国家的财富都属于他们私人所有吗？还是说他们仅仅是这些庞大经济体的管理者？我们可以列举出不少从广阔肥沃的土地和利润丰厚的贸易路线中获得惊人收益的皇帝：南亚莫卧儿帝国的阿克巴大帝（Akbar the Great of Mughal South Asia）、波斯帝国的大流士大帝（Darius the Great of Persia）、马其顿的亚历山大大帝（Alexander the Great of Macedon）、古埃及的拉美西斯大帝（Ramesses the Great of Egypt），以及许多中国皇帝，等等。但这些财富到底算是属于他们个人，还是整个国家呢？我倾向于后者。但为了让大家了解到更多有趣的历史故事，我打算向你们介绍所有帝王中最为富有的那位——西非马里帝国之主（约1312—1337年在位）穆萨一世（Mansa Musa）。

穆萨一世统治着一个幅员辽阔的帝国[2]，其疆域远超现在的马里共

1　神圣罗马帝国皇帝查理四世在著名的"黄金诏书"中批准各选帝侯铸造的金币，统称为"莱茵盾"，简称"盾"，或音译为"古尔登"（gulden 或 guilder）。1盾重3.54克，含金量98%。

2　马里帝国是西非中世纪的一个伊斯兰教帝国，全盛时期的版图南起热带雨林，北至撒哈拉大沙漠，西抵大西洋岸，东达豪萨人居住地。

和国。盐矿开采、残忍可恶的奴隶制以及最为知名的金矿开采，让马里帝国获得了令人窒息的庞大财富。无论是欧洲中世纪的艺术品，还是加冕仪式上的皇冠，其所用黄金基本都源自马里。我们之所以对穆萨一世有所了解，就是因为他作为一名虔诚的穆斯林，曾亲自前往今天位于沙特阿拉伯境内的麦加朝觐（Hajj）。穆萨一世没有半途而废，也不打算轻装上阵，而是率领数万名仆从，开启了一趟规模盛大的朝圣之旅。[1]

这支浩浩荡荡的队伍在开罗短暂停歇，教养良好的穆萨一世开始四处观光。朝圣队伍携带了21吨黄金，所以穆萨一世的出手十分大方，但他的慷慨之举却意外导致埃及经济崩溃！他赏赐了太多财宝，以至于黄金价格在未来20年里都一蹶不振！阿拉伯历史学家们基本上会将他描绘成迪士尼动画电影《阿拉丁》中阿里王子的现实版本，能给所到之处带来一场不可思议的盛大游行。从麦加返回时，他再次路过开罗，在这里，他招募了一大批才华横溢的建筑师、诗人、学者和神学家来扩张和美化自己的帝国，特别是有着著名图书馆的文化中心廷巴克图城。总而言之，现代历史学家大多承认穆萨一世是有史以来最为富有的人，他的财富换算成现代货币，大约价值4000亿美元。

所以，榜单上现在正处于三足鼎立的局面——穆萨一世、富格尔和洛克菲勒。而我打算让另一位皇帝也加入这场竞赛，因为在我看来，他无耻地利用了问题本身存在的一个漏洞。

这位皇帝就是罗马帝国的首位元首凯撒·奥古斯都（Caesar Augustus），原名屋大维（Octavian）。在尤利乌斯·凯撒（Julius Caesar）遇刺后，屋大维作为凯撒的养子和继承人，不仅接收了至高无

---

1 这段旅程需要穿越撒哈拉沙漠和埃及，穆萨一世为此行组建了6万多人的车队，其中包括超过1万名奴隶。

上的政治权力，得到了久经沙场的军队效忠，还继承了凯撒的个人财富。要知道，凯撒曾征服过高卢地区，他在那里拥有不少不动产。因此，作为罗马国家的第一任皇帝，屋大维坐拥总额高达约20亿塞斯特斯（sesterces）[1]的庞大税收与贸易收入。而作为普通公民，他也同样富可敌国，尤其是在阿克提姆海战中击败了马克·安东尼和埃及艳后克利奥帕特拉（Cleopatra）之后，他的个人财产因征服埃及而进一步膨胀。这是因为屋大维不仅通过此次海战的胜利赢得了荣耀，还做出了一个令人目瞪口呆的决定——将这个土地肥沃的古老王国塞入自己的口袋，把整个埃及化作了他的私产。

这个家伙非常富有。事实上，在执政初期，他显然是在自掏腰包来维持凯撒军中旧部的开销。我不确定你有否试过雇佣一支军队，但那肯定很贵。古代经济学专家沃尔特·沙伊德尔（Walter Scheidel）教授[2]指出，屋大维会利用自己的权势威胁、哄骗那些富有的公民，迫使对方在遗嘱中加上自己的名字，以获得他们的遗产。面对触怒了自己的人，屋大维也会毫不犹豫地将其驱逐或处决，同时夺走他们的财富。

据沃尔特·沙伊德尔教授估计，经过20年的敲诈勒索，屋大维的总收入达到了惊人的14亿塞斯特斯。你现在肯定想问一枚塞斯特斯大致相当于现在的多少美元吧？这又是一个棘手的问题——那时的货币价值主要基于铸币所用金属的价格，而我们现在使用的则是法定货币（fiat currency，其价值由政府设定，这里的fiat可不是指那家不靠谱的

---

1 塞斯特斯，又称塞斯太尔斯，是罗马人日常交易中最常使用的货币，由青铜铸造而成。4枚塞斯特斯可兑换1枚第纳尔（银币），25枚第纳尔可以兑换1枚奥雷（金币）。

2 沃尔特·沙伊德尔，斯坦福大学古典学和历史学教授，国际著名的古罗马史研究专家，著有《罗马和中国》（*Rome and China*）、《牛津古代近东和地中海国家研究指南》（*The Oxford Handbook of the State in the Ancient Near East and Mediterranean*）和《剑桥希腊罗马经济史》（*The Cambridge Economic History of Greco-Roman World*）等。

意大利汽车品牌F.I.A.T.[1]）。一枚塞斯特斯铜币的价值可能只有现在的50便士，但也可能相当于几英镑。它的购买力主要取决于你想购买什么东西——面包很便宜，罗马人能用一枚塞斯特斯铜币买到两条面包，但衣服可就很贵了。尽管如此，有14亿枚铜币在长袍口袋里叮当作响的感觉肯定相当不错。

我们不清楚屋大维从凯撒那里总共继承了多少遗产，但参考他的《功业录》（*Res Gestae*，一份夸耀自身成就的清单）[2]，我们可以看到屋大维自费兴建了许多建筑，其中包括一座中等规模的私人宫殿（超赞！）和一座阿波罗神庙。与童话中睡在金币上的巨龙不同，屋大维将数亿枚塞斯特斯作为赏赐分发给了那些忠诚的追随者。令人恼火的是，这让他的财富更加难以估计了。不过，"屋大维是有史以来最为富有的人"这一说法的可信度似乎挺高，因为他同时手握两大收入来源：个人私产和罗马帝国的资源。但说实话，胆小如我可不想冒着引发论战的风险公然宣布屋大维就是最终赢家。

此外，假使经济稳步发展，几年之后，埃隆·马斯克也许就能替我给出这个问题的答案。如果我好言请求，他说不定会看在我预言成功的份上赏我一辆宝马5系？

---

1 菲亚特（Fabbrica Italiana Automobili Torino, F.I.A.T.）是世界十大汽车公司之一，Jeep、道奇、法拉利、阿尔法·罗密欧、玛莎拉蒂等著名品牌都在它旗下，但在《消费者报告》中，它总是在不可靠汽车品牌排行榜上名列前茅，其百车故障数曾高达298个。

2 屋大维在公元前27年为自己的政治宣传撰写的自述。

4

没错！好，下一个问题……

等等，我的编辑正冲我……呃，显然，刚才那个回答太过敷衍。好吧，是我的错。现在，容我娓娓道来！

作为一名公共历史学家，我在Twitter和YouTube上花了很多时间去追踪人们对历史的认识。近年来，最令我担忧的一个趋势是，越来越多的人开始相信亚特兰蒂斯的原住民是外星人，或是外星人建造了金字塔。每年，加州查普曼大学（Chapman University）的研究人员都会开展"全美害怕榜调查"（Survey of American Fears），以找出令美国人担惊受怕的事物，并探查民间正悄然兴起哪些超自然信仰。2018年，41%的受访者认为外星人曾在远古时期造访地球，还有57%的受访者相信亚特兰蒂斯真的存在。与2016年相比，相关数据出现了明显的增长，在我看来，这是一种值得警惕的趋势。且听我解释。

让我们从亚特兰蒂斯这座沉入大海的古城开始讲起。这个著名的传说源自古希腊哲学家柏拉图。在对话录《蒂迈欧篇》（*Timaeus*）和

提问者：佚名

《克里底亚篇》（*Critias*）中，柏拉图讲述了他的老师苏格拉底将三人召来，讨论开天辟地和雅典从前如何应付他国对手的故事。在我们的两位关键证人克里底亚和蒂迈欧口中，亚特兰蒂斯是一个极度发达的海岛国家，在非洲和欧洲都有它的殖民地。克里底亚详细描述了亚特兰蒂斯先进的社会制度，但这不是我们要讨论的重点，所以长话短说——亚特兰蒂斯无端向雅典宣战，接着为优秀的希腊人所击败，然后这个国度因傲慢之罪[1]在一场自然灾难中彻底覆灭。

克里底亚又是从何得知这些信息的呢？嗯，当他还是个小男孩时，他的祖父同他说了这个故事，而祖父是从自己父亲那儿听说的，这位父亲又是从知名的立法家梭伦（Solon）[2]那儿了解到了这件事，梭伦则是听那些睿智的埃及祭司讲的，祭司们是从……呃，线索断了。这一段似乎有点儿不靠谱，但在世界各地，许多土著族群的知识都藏在口耳相传的历史之中，这是文明存在的重要基石，所以我们不应看轻这种传说。可是，柏拉图提到的埃及祭司们坚称那场战争爆发于9000年前，那可是雅典尚不存在的石器时代！[3]

如果是在提问现场，你都能看到我满脸怀疑的样子。

如果忽略这个可疑细节的话，一座古城沉入海底的说法似乎挺有道理，不是吗？嗯，也许吧。长期以来，存在一个历经大量调查研究，却尚未找到铁证的假设——亚特兰蒂斯即为克里特岛的米诺斯文明。在大约3500年前，锡拉岛（现在的圣托里尼岛）发生了一次规模空前

1　原文 hubris（狂妄自大），在希腊神话背景下指的是人在自然与众神面前的傲慢，这会招来灾祸和神罚，因此成为许多希腊故事的悲剧之源。

2　梭伦（约公元前640—约前558），古代雅典的政治家、立法者和诗人，古希腊七贤之一，曾于公元前594年出任雅典城邦执政官，制定法律并开启了"梭伦改革"，爱用诗歌赞美雅典城邦，歌颂法律。

3　根据柏拉图所在年代粗略推测，这场战争发生在距今大约1.15万年的中石器时代。

的火山喷发，不但摧毁了岛上的阿克罗蒂里镇，还引发了巨大的海啸，吞没了克里特岛的沿海地区，此后不久，这个正处于青铜时代的强大文明迅速衰落。[1]不过，克里特岛并没有消失在海面之下。它还在原地，如果对你胃口的话，克里特岛会是一个很棒的度假胜地。[2]而乏味无趣、顽固守旧的考古学家、科学家和古代史学家面对确凿的事实，仍在争辩不休。锡拉岛肯定发生过"**大爆炸**"，但其余诸事可就有待商榷了。

人们总爱猜测亚特兰蒂斯的下落，毕竟米诺斯文明即为亚特兰蒂斯文明的论断明显存在不少漏洞。据柏拉图所说，亚特兰蒂斯位于大西洋，是直布罗陀以西的一个庞大岛屿。这引发了对亚特兰蒂斯所在位置的各种推论：它也许在法洛斯岛、塞浦路斯岛、撒丁岛或马耳他岛，[3]也可能位于土耳其或西班牙南部沿岸，还有可能坐落于亚速尔群岛[4]、佛得角群岛、加那利群岛，或是爱尔兰、英国、芬兰、丹麦、瑞典以及加勒比群岛。

在文艺复兴时期，伊斯兰和拜占庭学者将世人所遗忘的柏拉图作品重新引入欧洲思想界，而这恰好与克里斯托弗·哥伦布

---

1 大约在公元前16世纪，此地发生了史前人类史上规模最大的一次火山爆发，至今锡拉岛上仍有厚达60米的火山灰沉积。阿克罗蒂里镇瞬间消失在了火山灰下，随之发生的地震、海啸给约70英里外的克里特岛米诺斯文明带来了毁灭性打击。虽然不像庞贝古城那样糟糕，但米诺斯文明还是迅速走向消亡，原因之一可能是数千吨冲入云霄的火山灰，其所带来的气候变化让当地中海地区农作物大面积歉收。

2 希腊第一大岛克里特岛是爱琴海的一颗明珠，素有"海上花园"的美称，游客多为欣赏古迹而来。

3 法洛斯岛位于埃及附近，岛上有世界七大奇迹之一的法洛斯灯塔；塞浦路斯岛为地中海第三大岛，被视为爱神维纳斯的故乡，在大约9000年前，人类就已经在此繁衍生息；撒丁岛位于意大利西面，是仅次于西西里岛的地中海第二大岛；马耳他岛上存在不少巨石神庙遗址，其中的"太阳神庙"有着超过1.2万年的历史。

4 亚速尔群岛位于北大西洋东中部，由9个火山岛组成。一些人认为亚速尔群岛就是亚特兰蒂斯，因为它们在地理位置和形状分布上较为相似，并认为亚特兰蒂斯是因为约公元前8500年的小行星撞击而沉入海中的。

（Christopher Columbus）发现新大陆、西班牙人征服墨西哥玛雅人的时间重合。所以，文艺复兴时期的学者们突发奇想，怀疑玛雅人起初是亚特兰蒂斯人也就不足为怪了。有些人还提出了更加不可思议的观点，他们相信亚特兰蒂斯其实位于南极洲！这无疑十分荒唐可笑，虽然我挺中意这个看法。想想看，在南极有个由一群自命不凡、口吐人言的企鹅所统治的超级大国，它们当时是这样想的："嘿，你知道是哪个混蛋惹毛我了吗？没错，就是那群雅典人！让我们游上个8000英里[1]，叫他们知道谁才是老大！等等，你听到什么声音了吗？哦，不！是地震！！"

另一些人则认为，柏拉图笔下的亚特兰蒂斯其实是民间对《圣经》中大洪水的记忆，就是那个诺亚靠谷歌快速搜到了船工基本知识的故事。[2]很多古代文明都流传有大洪水的传说，这似乎是一场全人类共同经历过的浩劫。某个建在洼地的城市可能就因此忽然沉入大海。而且，狂热的亚特兰蒂斯追寻者还特意举了失落之城特洛伊为例：坦白地说，在德国考古爱好者海因里希·施里曼（Heinrich Schliemann）于19世纪70年代发掘出特洛伊雄伟的城墙遗址之前，世人眼中的特洛伊都还只是单纯的文学神话。[3]所以，诗歌作为考古发现之基是有例可援的。

但在我看来，特洛伊城的发现只会让人更加怀疑亚特兰蒂斯的存

1　1英里等于1609.344米。——编者注

2　《圣经》里，上帝只给了要求（大小、结构、材质），没有教方法，就让毫无经验的诺亚打造一条巨大的船只，就像《冒牌天神2》里的主角翻阅《傻瓜造舟指南》来学习造船一样。作者此处是在开玩笑。

3　海因里希·施里曼是德国考古界的传奇人物，自幼便十分向往荷马史诗中的特洛伊疆场。家境贫寒的施里曼克服种种困难，努力经商致富，又在事业有成时放弃了商业生涯，怀揣着童年梦想投身于考古事业。1870年，施里曼夫妇雇用工人在土耳其境内的希沙里克山丘挖到了多层城墙遗址和金银器皿，让特洛伊古城重见天日。

在。所谓超级大国的亚特兰蒂斯在古代文献中仅出现过一次,而特洛伊城却在希腊艺术和文化作品中得到了浓墨重彩的描绘,以至于施里曼这个半路出家的考古学家都知道在土耳其西部的哪个地方能够找到这座古城。如果强盛的亚特兰蒂斯真的存在,那么为什么我们没能在出土的陶罐或其他器物上找到希腊人战胜亚特兰蒂斯人的纹饰图案[1]?抱歉让你感到扫兴,但它确实没有别的记载,因为亚特兰蒂斯根本就是子虚乌有。

人们通常将柏拉图视为“西方政治哲学之父”。在《理想国》(*The Republic*)这部关于公道正义、幸福社会以及如何治理理想城邦的里程碑式的著作中,柏拉图集中讨论了如何治理社会以及怎样应付军事对手。从这个角度来看,亚特兰蒂斯显然是一则寓言,讲述了当一个国家变得傲慢、贪婪且好战时会有什么下场。它不是史传报告文学,而是寓言故事,是一个把超级大国的毁灭视为历史因果报应的反乌托邦假想案例研究。一些学者认为这是对军事对手波斯帝国的尖锐讽刺,也有研究者觉得这是对雅典民主制度本身的攻击[2],但这个故事的重点在于道德高尚的雅典人打败了亚特兰蒂斯人——而柏拉图恰好是个道德而正义的雅典人。这是个有趣的巧合。

亚特兰蒂斯于柏拉图所处时代的9000年前消失的说法,其实是一个由人蓄意编造的、天马行空的幻想产物。它就像是《星球大战》(*Star Wars*)的片头:“很久很久以前,在一个遥远的星系里。”至于柏拉图讲述的这个故事的可信度嘛,基本就相当于他跟你说自己有位美丽动人的

---

1 古希腊陶器的特色之一就是内容丰富的瓶画,大多是对神话故事、英雄传说、戏剧情节以及战争、狩猎、生产、家庭、娱乐、体育等生活场景的记录。

2 柏拉图强烈认为,让公众拥有投票权是个糟糕透顶的主意——《英国偶像》(*X Factor*,欧洲最大的歌手选秀节目,由观众票选冠军)和唐纳德·特朗普就是典型案例。——作者注

超模女友去了另一所学园，你不会认识她的……[1]亚特兰蒂斯其实并不存在。它是柏拉图捏造出来，用于证明自身哲学观点的产物。我们之所以如此笃定，则是因为柏拉图的学生亚里士多德记下了老师的作为。

尽管（或正是因为）这个故事存在漏洞，但"全美害怕榜调查"显示，人们正对亚特兰蒂斯越发痴迷。它反复出现在流行文化当中：DC宇宙的"海王"、你可能没看过的迪士尼电影《亚特兰蒂斯：失落的帝国》（*Atlantis: The Lost Empire*, 2001）和你肯定看过的《小美人鱼》（*The Little Mermaid*, 1989）；还有儒勒·凡尔纳的科幻经典《海底两万里》（*20,000 Leagues Under the Sea*）、改编自其另一部作品的电影《地心历险记》（*Journey to the Centre of the Earth*, 2008）；以及像《刺客信条：奥德赛》《古墓丽影》这样的电子游戏。当然，还有美剧《星际之门：亚特兰蒂斯》（*Stargate Atlantis*），它巧妙地把亚特兰蒂斯和外星人联系了起来。[2]哇！外星人诶……

好莱坞总爱追捧人类之中存在外星人的想法，不过很多故事会更进一步，将外星人造访地球穿插进古老的历史当中。在雷德利·斯科特（Ridley Scott）执导的那部特效超赞但剧情稀烂的科幻片《普罗米修斯》（*Prometheus*, 2012）[3]中，人类是高级类人生命的后裔，这群外星造物主将自己的DNA混入了地球的水源之中，然后定期回到地球看看

1　柏拉图在对话录《会饮篇》中提到，最崇高的爱情是同性之间的精神之爱，这位看轻肉欲的哲学家自然不可能宣扬自己有个身材火辣的漂亮女友。公元前385年左右，他于雅典西北郊原祭祀英雄阿卡德摩斯（Akademos，academy一词的起源）之处，建立了西方最早的结构完整的高等学府之一：柏拉图学园。

2　在《星际之门》创造的世界观中，几百万年前，地球由疑似人类造物主的外星种族Ancient统治，而他们大多乘坐亚特兰蒂斯城去往了飞马星系。剧中展现了人类通过星际之门到达亚特兰蒂斯城之后的冒险故事。

3　《普罗米修斯》是这位英国导演的代表作之一《异形》的前传，耗资近1.3亿美元，包含了超过1300个电脑特效镜头。

我们过得怎么样。他们还在苏格兰留下了一幅星图，以便人类有朝一日能够认祖归宗。

此外，还有同属异形宇宙但剧情更为恐怖的《异形大战铁血战士》（*Alien Vs Predator*，2004）。故事发生在一座远古时期便已建于南极的金字塔之中，数千年来，古人一直将铁血战士奉为神明，并牺牲自己来孵化异形，以满足铁血战士的狩猎乐趣。而在《变形金刚2：堕落者的复仇》（*Transformers: Revenge of the Fallen*，2009）中，霸天虎们在吉萨大金字塔（即胡夫金字塔）里藏了能够摧毁太阳的超级武器[1]，这个做法显然违背了联合国教科文组织所提倡的最佳实践指南。

我很喜欢这些有意思的好莱坞大片，但在发现此类外星幻想渗入那些据称真实的纪录片和书籍之中时，也会感到沮丧。YouTube、播客和美剧中充斥着这种内容——特别是那部问题很大的《远古外星人》（*Ancient Aliens*）[2]——它们都在把科幻小说中的观点当成有理有据的考古推论播放。听说有个7世纪的墓葬石棺，上面有玛雅国王乘坐太空船起飞的图案？没这玩意儿！水晶头骨是古代墨西哥人与火星生命交流的工具吗？假的！那是德国人在19世纪伪造的！那……秘鲁的纳斯卡线条[3]呢？天啊！放过我吧！

---

1 这里作者有个误会。最早造访地球的6个变形金刚领袖中有5位坚持原则，不愿摧毁有生命存在的星系的恒星，但堕落金刚更看重能量，于是他们大打出手。5位领袖不敌堕落金刚，只好将能够摧毁太阳、制造能量块的装置藏到了金字塔里，又把关键的"领导模块"保存在了他们的坟墓中。

2 古代外星人理论之父埃里希·冯·丹尼肯（Erich von Däniken）导演的科幻纪录片，主要介绍了外星人在古代探访地球的假设和相关证据，比如远古洞穴壁画中的奇异生物、秘鲁的飞机跑道遗迹和印第安文字中记载的"神的飞行器"等。

3 秘鲁南部的纳斯卡荒原上的巨型的地上绘，从高空俯瞰时就好似机场跑道。这些由2000年前的古纳斯卡人制造的线条组成了各种图案，除简单的几何图形外，还有许多动植物的造型，其用途尚不明确。

这场由胡言乱语构成的汹涌海啸全都始于埃里希·冯·丹尼肯在20世纪60年代出版的畅销书《众神的战车》(*Chariots of the Gods*)，这本"佳作"至今已售出超过6500万册。你可能觉得它只是一本无伤大雅的玩笑之作，但在我看来，仅仅因为古代奇观太过不可思议，就宣称它们不可能是欧洲之外的文明的造物，而一定是火星人留下的，这实在有些出言不逊。这也让我记起了一段关于亚特兰蒂斯的隐秘历史，它的险恶程度可能会超乎你的想象。

19世纪80年代，美国政治家伊格内修斯·L. 唐纳利(Ignatius L. Donnelly)出版了《亚特兰蒂斯：太古的世界》(*Atlantis: The Antediluvian World*)，宣称亚特兰蒂斯是所有伟大文明诞生的摇篮，也是《创世记》中所描述的伊甸园。他还相信古人曾误将亚特兰蒂斯人视为神祇，他们是古希腊、印度、斯堪的纳维亚等古老文明中多神信仰的诸神原型。唐纳利笔下的亚特兰蒂斯同样因《圣经》中那场知名的大洪水而毁于一旦，只有少数亚特兰蒂斯人逃出生天。[1]

继唐纳利之后是神秘主义哲学家海伦娜·布拉瓦茨基(Helena Blavatsky)[2]。身为神智学会(Theosophical Society)的创始人之一，她宣扬印度雅利安人(Aryan)的祖先就是亚特兰蒂斯人，而雅利安人凭借其超凡的智慧和技术——加上他们的心灵感应能力(抱歉，这是认

1　伊格内修斯·L. 唐纳利在1882年出版了畅销欧美半个世纪的《亚特兰蒂斯：太古的世界》，书中引用了大量神学、语言学、人种学知识来证明亚特兰蒂斯的存在。他还宣称伊甸园、希腊神话中的至乐之原(Elysium)以及北欧神话的仙宫(Asgard)指的都是亚特兰蒂斯，并提出人类有着共同的雅利安祖先——亚特兰蒂斯人。唐纳利作为政治家，曾任明尼苏达副总督，当选过国会议员，还曾被提名为美国副总统。

2　海伦娜·布拉瓦茨基，俄国通神学家，19世纪的知名预言家和灵媒，著有《秘密教义》《神智学解答》《揭开伊西斯的面纱》等，曾游历土耳其、埃及、印度、中国西藏等地探索神秘学奥义，最终定居欧洲。她因占卜准确吸引了大量的信徒，其中包括不少德国显贵，据说对纳粹前身"极北之地"(Thule Society)的成立有一定的影响。

真的吗……？！）——创造了伟大的文明。当然，每当"雅利安人至上"一词出现时，我们的脑海中都会敲响警钟。那一代日耳曼作家的思想很快变得愈发晦涩，"极北之地"[1]这一神秘社团随之诞生，它将雅利安人的亚特兰蒂斯从印度移到了金发碧眼人种的先祖之地——斯堪的纳维亚半岛和北极圈的冰原冻土。

1912年，奥地利发明家汉斯·赫尔比格（Hanns Hörbiger）撰写的《冰川宇宙起源说》（*Glacial Cosmogony*）上架销售。书中提出了疯狂的"世界冰源论"（World Ice Theory），即行星诞生于大规模的冰块爆炸。[2]他声称，极北之地"图勒"就是亚特兰蒂斯，那里曾经生活着一个掌握读心术、能够操控雷霆的高级人种，他们是搭乘流星降临地球的"神之种"（divine sperma）的后裔。后来，一轮冰月从外太空砸向地球，亚特兰蒂斯淹没在了《圣经》所记载的汹涌洪水中，古老的统治就此终结。而那些幸存者的后代则逃到了中国西藏、日本和印度，据说这批雅利安人创立了佛教和日本神道教，就连一个名叫耶稣基督的家伙也是他们中的一员。我想，呃，这挺好的，不是吗？正好解决了耶稣是犹太人这个棘手的问题。

赫尔比格没有任何天文学或地质学资质，所有这一切都是他从梦中得到的启示。你肯定认为他的观点十分荒诞可笑，但在这些伪科学思想之中，还掺杂着强烈的种族主义色彩。在赫尔比格的神学理论中，

---

1 或译为"图勒学社"，神秘主义学者鲁道夫·冯·塞波腾道夫（Rudolf von Sebottendorf）创立了这个宣扬超自然学说和人种优化理论的纳粹德国神秘组织。古人相信在极北之地的世界尽头，存在一个名为"图勒"（Thule）的国家。

2 赫尔比格根据梦中启示提出了太阳系的成因：宇宙空间中漂浮着无数冰块星体，其中一个撞入了超级太阳中，喷涌的物质形成了太阳系中的行星，而爆炸释放的气体则在宇宙里化水成冰，把整个太阳系包在了环形冰山中，无数繁星只是寥寥可数的恒星经冰晶反射的幻象。他还认为是冰月亮撞击地球毁灭了亚特兰蒂斯文明，至于为何你头上还有颗月亮，则是因为最初有四轮冰月，而地球已被砸了三次（二叠纪和白垩纪）。

北欧雅利安人是比犹太人、斯拉夫人和非洲后裔更加优秀的人种，后面这些则都是从猿类进化而来，因此兽性难改，属于劣等民族。希特勒手下的头号走狗海因里希·希姆莱（Heinrich Himmler）就是赫尔比格怪说奇谈的狂热拥趸[1]，特别是因为"世界冰源论"否定了由犹太知识分子主导的现代物理学。一个不需要爱因斯坦就能解释宇宙起源的伪科学理论自然会受到反犹主义政权的热烈欢迎。

1931年赫尔比格去世之后，其他人继承了他的衣钵，比如担任希姆莱种族中心主义特别工作组——祖先遗产研究与教育学会（Ancestral Heritage Research and Teaching Society）首任主席的赫尔曼·沃思（Herman Wirth）[2]。该组织曾派遣考古学家、语言学家、艺术史学家和音乐学家[3]去寻找雅利安-亚特兰蒂斯文化曾经统治世界的证据。漫威漫画宇宙中的纳粹科学部门"九头蛇"和《夺宝奇兵》（*Raiders of the Lost Ark*）中的反派都在一定程度上借鉴了这一组织。可悲的是，现实生活中并未出现美国队长或是印第安纳·琼斯来狠狠地教训这些纳粹。

正如埃里克·库兰德（Eric Kurlander）[4]在他那部妙趣横生的《希特勒的怪物：第三帝国的超自然历史》（*Hitler's Monsters: A Supernal*

1　海因里希·希姆莱受此影响，炮制了臭名远扬的"生命之泉"计划，即让所谓党卫军精英与金发碧眼的女性发生关系，以纯化雅利安人血统，获得亚特兰蒂斯神族后裔的超能力，为元首打造无敌军团。

2　赫尔曼·沃思，荷兰裔德国人，业余历史学家，古代宗教和符号研究者。他认为特定符号的深层含义就储存在人们的潜意识当中，纳粹因而会借助具有历史意义的符号（卐字，代表古雅利安人的太阳崇拜）来调动政治情绪。

3　学会中的音乐学家们专门前往芬兰、法罗群岛和奥地利南部收集民谣，探索日耳曼音乐精髓。通过研究中世纪的一种维京木管乐器，他们得出结论，认为德国音乐的基音和泛音与犹太音乐截然相反。

4　埃里克·库兰德，美国历史学家，史丹森大学历史教授，专门研究德国现代史，已围绕纳粹德国撰写了三部著作，最近的这本《希特勒的怪物：第三帝国的超自然历史》曾获英国2019年度最古怪书名奖提名。

History of the Third Reich）中所指出的那样，希姆莱比希特勒及其他纳粹党人更为神秘学着迷，而元首则较看好"世界冰源论"。库兰德认为这些神秘学理念在当时的德国上下广泛传播，而理查德·埃文斯（Richard Evans）[1]爵士等历史学家则坚称它们都游离在德国文化的边缘。不管事实究竟如何，外星亚特兰蒂斯人后裔雅利安人至上的种族优越论无疑渗入了法西斯的优生计划，而这一计划也导致1100万人在犹太人大屠杀期间遭到了系统性谋杀。我的曾祖父就不幸沦为其中之一。

所以，当有人鼓吹某些古老遗迹是外星人的杰作时，他们不仅否定了欧洲之外文明的工程创造力——剥夺了他国人民引以为豪的历史——还在吸收、传播受第三帝国有害意识形态污染的、荼毒心智的思想。所以，尽管我知道这个想法很天真，但我还是真心希望大家停止传播一切有关远古外星人的胡诌乱道，不仅仅因为亚特兰蒂斯只是柏拉图为了辩赢"民主为何糟糕透顶"所引用的故事！

---

1 理查德·埃文斯，英国历史学家，英国学术院院士，皇家历史学会成员。他因德国现代史，尤其是第三帝国的研究享誉学界，曾任剑桥大学沃尔夫森学院院长，著有《捍卫历史》《历史与记忆中的第三帝国》等作品。

问： 在森林里的所有树叶中，哪一片最为干净？

答： 冬青叶，因为没人敢用它擦屁股。

这是我最喜欢的中世纪笑话。当然，它并不高明，不过在酒吧里讲了这个段子后，我还是收获了一阵轻笑。铺垫和包袱都很清楚，简洁明了而不失趣味。嗯，而且它还与腚有关——一般而言，一提到腚，肯"腚"都笑。

这个笑话摘自一本薄薄的谜语集，名为《趣味问答》（*Demaundes Joyful*），该书于1511年以英文出版，当时正值亨利八世统治初期。老实说，这本册子并没有带给我太多乐趣，那些幽默的谜语大多无法击中现代读者的笑点，即便是那些可以领悟莎士比亚戏剧中晦涩难懂的典故并为之发笑的人。"冬青叶"无疑是书中最棒的段子，以下是几个次一级好笑的问答，你可以品味出它们的差距：

问：谁杀死了世界上四分之一的人？

答：该隐，因为当他杀死亚伯时，全世界就只有四个人。

问：一个人怎么才能找出羊群里的牛呢？

答：用眼看！

平心而论，第二个笑话之所以戳中我的笑点是因为这个答案实在太蠢了，当谜面引导我们期待一个巧妙的回答时，突然冒出的蠢话就会让人忍俊不禁。与之类似的中世纪笑话还有：**什么东西是棕色而粘手的（sticky）？棍子（stick）！**颠覆期待是喜剧的一个重要组成部分，许多出色的段子手都是善于制造反转的大师。

例如，我最近注意到，Twitter上流行起了对"为什么鸡要过马路？"这一著名笑话的地狱解读[1]，网民说这实际是一只有自杀倾向的鸡一心求死的故事（原答案是"因为它想穿到路对面去"）。这是现代人过度思考的典型案例，他们误解了讲话者故意编出的反笑话的含义。而且，你会发现这种反笑话并不会单独出现，而是像之前那个在羊群中找出一头牛的笑话一样，跟在书中其他几个巧妙的谜语之后。这种设置会让经历了多次脑筋急转弯的读者期待下一个谜语也会是个令人愉悦的文字游戏，而反笑话则通过"因为它想穿到路对面去"这样简单直白的答案制造了一种巨大的反转，令读者不由发笑、啧啧称叹，摇头承认："呀，这个坏蛋！他耍了我！"

这是幽默的关键所在。你必须了解语境，很多笑话都处在文化的

---

1 化用自"地狱笑话"，一种以他人不幸为乐的笑话。

参照框架[1]之下，这就是为什么大多数古代笑话无法再取悦现代读者。时代变了，我们的思想不再相同，恐惧的事物不再相同，常用的俚语不再相同，使用的技术[2]不再相同，就连双关语也不再流行。喜剧是文化评论，而文化从来不会长期停滞不动。

笑话可能会以很快的速度失去其所有意义。历史学家鲍勃·尼科尔森（Bob Nicholson）[3]博士在Twitter上开设了一个有趣的账号，名为"维多利亚式幽默"，专门推送19世纪的报纸、书册上的笑话。你可能认为我是这些段子的完美受众，毕竟，我在喜剧行业工作，以编笑话为生，还是个能轻松解读各类19世纪文本的历史学家……然而，我经常感到这些笑话实在是令人费解，或是笑点太过复杂曲折，就像是被人用劣质的翻译机从英语译成日语，再翻译回来一样。也许那个时代的民众确实会因此捧腹大笑？或像圣诞拉炮（Christmas cracker）[4]里的糟糕笑话一样，是故意为之？

但也有一些话题是永恒不变的。世界上最古老的笑话就是一个与放屁有关的段子，它可以追溯到3900年前的古苏美尔（现在的伊拉克）：

1　参照框架，指的是一套控制感知性认识、逻辑评价或社会行为的标准、信仰或假设。该理论假设个体的判断和认知不仅受到认知或心理因素的影响，而且是发生在一个恰当的参照框架下的。

2　现代喜剧会搭配视频、音乐和PPT，可在线上进行，观众数量更多、来源更广，而传统喜剧可能只有一块幕布，台下也总是挤满了单身汉，但后者至少不会在抖了个无趣的包袱后，强塞给面无表情的观众一段录制好的"罐头笑声"。

3　鲍勃·尼科尔森，英国边山大学（Edge Hill University）英语、历史与创意写作系教授，公共历史学家，专门研究19世纪的流行文化史，利用维多利亚时代的报纸杂志来调查当时流行的笑话、娱乐、性别和跨大西洋关系等话题。

4　圣诞拉炮，或译为圣诞爆竹，是英国人庆祝圣诞时不可或缺的一项活动，据说是1850年伦敦的一名糖果小贩所发明的。现在流行的圣诞拉炮是一个形如大白兔奶糖但要大上许多倍的硬纸筒，两人各持一端，用力拉扯，纸筒断裂时会发出轻微的爆鸣声，拿到大头的人能得到纸筒中的纸王冠、卷纸哨等小玩具，或是写有笑话、谜语的纸条。英国人经常拿圣诞拉炮开玩笑，吐槽笑话无趣，小礼物既难看又没用。

（这是）一件自古以来从未发生过的事情：妙龄女子在丈夫怀里没放过屁。

这放到青铜时代算是个不错的笑话，不是吗？虽然"从未发生"和"没放过屁"构成的双重否定使这个笑话乍看上去有些不知所云，但它描绘了一个搞笑的场景。想象一下，年轻貌美的妻子正坐在丈夫腿上撒娇，突然响起了一阵噗噗声，浪漫情调立马化作一脸嫌弃，而这可能会让他在朋友面前十分尴尬。这赋予了笑话一种真正的情景喜剧能量。它运用了"展示出来，不要说出来"[1]这一写作技巧，生动的艺术表现可要比纸上干巴巴的文字（或印在泥版上的符号[2]）有意思得多。

但约翰的问题并非"什么是最古老的笑话？"，而是"什么时候出现了第一本笑话集？"，这两个问题明显截然不同。笑话集为读者而作，全靠纸面文字逗人一乐，并无插科打诨的情景喜剧演员从旁解释。而且一本集子里往往会有许多笑话。那么，第一本笑话集可以追溯到什么时候呢？

古希腊人很喜欢听笑话，在那个时代，最为诙谐风趣的剧作家当属阿里斯托芬（Aristophanes，约公元前446—前386）[3]。他在一生中完成了许多极富创意的超现实主义作品和粗俗不堪的荤段子，激起了热

---

1 原文"show, don't tell"，是一种写作技巧，让故事和人物通过感官细节和动作联系起来，而不是平铺直叙。它能带给读者身临其境之感，用俄国作家契诃夫的话说，就是"别跟我讲月光很明亮，拿一片碎玻璃来，给我看看它闪烁的光芒。"（Don't tell me the moon is shining. Show me the glint of light on broken glass.）

2 这是苏美尔人记录信息的方式，他们会将软泥制成泥版，写下楔形文字后烤干保存。苏美尔文明是最早的美索不达米亚文明，同时也是目前所知的全球最早诞生的文明（可追溯至公元前6500年）。

3 阿里斯托芬，古希腊早期喜剧代表作家，有"喜剧之父"之称，现存《骑士》《和平》《鸟》等11部作品。

烈反响。他的剧作从那时起就经常被搬上舞台,当然,其中大部分内容都经过了现代译者的净化处理。不过,尽管阿里斯托芬的戏剧中充斥着令人喷饭、笑到打嗝的情节,却也无法凑成一本俏皮笑话集。如果想进一步了解古代喜剧,你可以拜读玛丽·比尔德(Mary Beard)[1]教授的《古罗马的笑:演说家、弄臣和猴子》(*Laughter in Ancient Rome: On Joking, Tickling, and Cracking Up*)。而我将会跳过古希腊的戏剧、诗歌和陶器,直接去见识真正的笑话集。于是,我想到了《六十人谈笑录》(*The Sixty*)。

据古代作家阿特纳奥斯(Athenaeus)所述——他在《欢宴的智者》(*Deipnosophistae*)中记录了一群哲学大师在宴会之中的风趣言谈——马其顿国王腓力二世[Philip II,亚历山大大帝(Alexander the Great)之父]就是个喜剧迷,他听说在雅典郊外位于"快犬"(Cynosarges)的赫拉克勒斯神庙中会定期举办"六十人俱乐部"(The Sixty Club)活动,在那里,人们能露天欣赏到最为诙谐有趣的笑话。[2]这场酒会汇聚了60位风趣幽默、能言善辩的哲学家,他们演绎的剧目十分精彩,就连数百英里之外的敌国国王都为自己错过了这种盛事而扼腕长叹。阿特纳奥斯还告诉我们,腓力二世曾送给这群笑话大王一船银子,请他们记下最棒的笑话并寄给他。这可能就是史上第一本笑话集,完成于

---

1 玛丽·比尔德,英国著名古典学家、剑桥大学古典学教授、大英帝国勋章获得者,因其对古典文明研究做出的长期贡献而受封爵士。著有《罗马宗教》(*Religions of Rome*)、《女性与权力》(*Women & Power*)、《庞贝:一座罗马城市的生与死》(*Pompeii: The Life of a Roman Town*)等,其中《庞贝》一书曾荣获沃尔夫森历史奖。

2 阿特纳奥斯(170—230),或译为阿忒纳乌斯,罗马帝国时代的希腊作家,其对话体著作《欢宴的智者》为现代读者提供了古代风俗与饮食文化的迷人一瞥。"快犬"是位于古代雅典城墙外的公共体育馆,也是赫拉克勒斯神庙,其语源为Kynos(犬)和argos(白色的、闪光的、迅疾的)。据说,雅典人Didymos在献祭时遭一只白色、迅捷的狗夺走了祭品,接着他收到神谕,在狗放下祭品之处修建了这座赫拉克勒斯神庙。

腓力二世遭人刺杀（公元前336年）之前。

唉，《六十人谈笑录》中的戏谑调侃已经淹没在了历史之中。罗马知名喜剧作家普劳图斯（Plautus）在剧中提到的笑话集也同样不知所踪。不过再往后，还有一本保存完好的笑话集《爱笑人》（希腊原名 *Philogelos*，古典语言教授威廉·伯格将其巧妙地译为 *The Laughter-Lover*）。《爱笑人》的诞生可追溯到公元4世纪或5世纪——当时的西罗马帝国正风雨飘摇，濒临崩溃——它由希洛克勒斯（Hierocles）和菲拉格里奥斯（Philagrios）编纂完成，而我们对这两位基本一无所知。该笑话集共计收录了265个搞笑故事，而有趣的是，书中会反复使用某些固定角色，如没头脑、不高兴、医生、小气鬼、懦夫、宦官、智者、酒鬼、厌女者、风流娘们等。这很像是现代英国人不愿多想就给外地人打上的地域标签，像是小气抠门的苏格兰人、头脑简单的爱尔兰佬以及举止轻浮的埃塞克斯女郎[1]。

那么，接下来，让我们看看这些段子能否让你开怀大笑。265个故事之中的大多数都非常糟糕，甚至读起来让人完全摸不着头脑，但也有一些确实逗乐我了。我不打算选用直译版本的希腊笑话，那会损害故事原有的趣味，所以我会试着用地道的21世纪酒吧行话令它们重获生机。

试着来挑战一下吧！

1. 医生到暴躁狂家给他检查身体后说："你烧得厉害！"（You have a bad fever，直译为"你的烧很糟糕"）暴躁狂不爽了："咋的？你的烧比我的好啊？来，床就在这儿，你怎么不试试？！"

---

1 埃塞克斯郡位于英格兰东南部，埃塞克斯女郎被视为性感、拜金、品位低、性开放的"金发傻妞"。

2. 没头脑去游泳时差点溺死，于是他发誓决不在彻底学会游泳前下水。

3. **病人：**医生，医生！我每天醒来都会感到头晕目眩，半小时后才能清醒。

   医生：那你就多睡半小时再起来！

4. 某人找到没头脑，抱怨说："你卖给我的那个奴隶死了。""我向上帝发誓！"没头脑震惊地说，"他在我手下干活时可从没出现过这种事儿！"

5. 两个傻蛋在聚餐。出于礼节，他们都在饭后提出要护送对方回家。结果两人一整夜都没合眼。

6. 累坏了的没头脑不带枕头就爬上了床，于是他命令奴隶在自己脖子下面塞个陶罐。奴隶表示那玩意儿会硌得慌，于是没头脑说："好吧，那就给我拿个塞满羽毛的罐子。"

7. 没头脑与某位朋友偶遇后惊叹："我听人说你已经去世了！"朋友回答道："可我现在还活着呢！"没头脑说："但告诉我这个消息的人比你更值得信任。"

8. 没头脑带着奴隶们远航时突然遭遇了一场可怕的暴风雨，所有人都命悬一线，奴隶们吓得放声大哭。这时，没头脑转头劝道："别担心！如果我死了，我会在遗嘱中宣布放你们自由！"

9. 没头脑听说自己的一对双胞胎朋友中有一位去世了，于是他找到活着的那个，问道："死的是你还是你兄弟啊？"

10. 没头脑正准备进城，他的朋友喊道："嘿，可以帮我捎回来两个 15 岁的奴隶吗？"没头脑回应道："没问题，如果买不到两个 15 岁的，我就给你带回一个 30 岁的！"

上面这些有没有哪一条让你哈哈大笑？以现代人的道德标准来看，搞笑对话中突出的奴隶制元素使得部分段子有些沉重，但实际上，我之前也听到过一些类似的地狱笑话。所以，约翰，这就是你要的答案——《爱笑人》，也许里面的很多笑话放到今天都不再有趣，但你仍然可以从这本现存的最为古老的笑话集中得到一些欢乐。

6

提问者：托马斯

咳，一位拥有无尽智慧的伟大哲学家说过，星期一是一个星期中最糟糕的一天！他的名字就是……，呃，它的名字叫加菲猫。好吧，这确实令人费解，一只无业游猫为什么会对星期一抱有这样一种特殊的恶感？这肯定不是因为上班，毕竟主子从来不需要工作。所以，它大概是为一整个周末都在陪自己玩耍的铲屎官乔恩需要从这一天开始出门工作而感到不爽。在这种情况下，加菲猫的"我恨星期一"座右铭就化作了一曲感叹离别之苦的哀伤颂歌。当然，还有另外一种可能，那就是加菲猫气的是每到星期一，家里就少了个愿意惯着懒散的加菲，并在它心血来潮想吃千层面时满足其愿望的铲屎官。好吧，似乎后者更接近真相。

总之，托马斯提出了一个很棒的问题，和其他有意思的问题一样，它看似简单，实则复杂无比。为什么必须设立星期一呢？你可能从未想过这一问题[除非你在追那部精彩的美剧《轮回派对》(*Russian Doll*)，并为"星期四，真是个新奇的概念！"这句经典吐槽而会心一笑]。[1]将一个星期划分为几天，显然和饼干、蓝精灵以及种族主义一样，是人类所创。可这些概念是在什么时候发明的呢？它们又是从哪一刻开始拥有了现在使用的名字？实话实说，我很难给你一个绝对准确的答案，不过倒是可以聊一聊那些可能最接近真相的猜想。

有趣的是，计时的历史可追溯到青铜时代的伊拉克。在大约5000年前，古苏美尔人就已经在建造那些令人惊叹的城市，和古埃及一样，这是个融合了占星术和天文学，并对时间有一定理解的先进文明。更有意思的是，古苏美尔人还对数字"7"的纯洁性十分着迷，你可以在他们的文学作品中发现这一点。有人据此推测，古苏美尔可能是首个将一星期定为7天的文明，这大概是因为古人发现月相每隔7天就会完成一个阶段的变化。[2]这是个网络上经常引用的"事实"，但缺乏确凿的历史依据。

尽管存在一些质疑，但我想再翻一翻这个"神秘盒"，因为里面还有不少好玩的东西。在青铜时代，计时严重依赖于太阳和月亮的双重作用，在苏美尔人先为阿卡德人征服、后遭巴比伦人（约公元前2000年）取代的时期[3]，只有在观测到新月后（大约在月运周期的第30天），才算正式进入新的月份。依照古代泥版上的记载，如果遇到无法看见

---

1 *Russian Doll* 直译为"俄罗斯套娃"，国内根据剧情译为《轮回派对》。该剧讲述了一名厌世女在参加派对后意外死亡，然后陷入经典的死亡重生循环的故事。在第一季第二集末尾，当朋友玛克辛感叹在星期四派对做饭后感觉真好时，女主已经"死去活来"多次。自暴自弃又吸嗨了的女主回应道，"星期四，真是个新奇的概念！""什么意思？""永远不会有星期四了，这个派对不会结束，我们会不停地回到这一刻。"

2 一个朔望周期约为28天，月相按"新月→上弦月→满月→下弦月→新月"的顺序每7天完成一次变化。据考证，我国在周朝就已把一个朔望月分成四等份，分别命名为初吉、既生魄、既望、既死魄。

3 公元前24世纪，阿卡德人征服了早期苏美尔城邦国家，建立了第一个君主专制帝国——阿卡德帝国。公元前2006年，阿摩利人入侵两河流域，击败乌尔第三王朝，并于公元前1894年左右建立了古巴比伦王国。

月亮的阴天，祭司甚至可能会将那个月延长一天。

补充说明一下，上面这个是决定神圣仪式执行时间的宗教日历。民间同时还有一种供普通人日常使用的公民日历，这个日历更有规律，因此人们可以根据它计算出税收缴纳和商业还款计划。公民日历的一年有12个月，每个月为30天，唯一潜在的问题在于其加和不足365天，所以需要不时增设第13个月以达成平衡。

简而言之，巴比伦（以及后来的新亚述）博学睿智的祭司们以对太阳、月球、火星、水星、金星、木星和土星的位置追踪为基础，制定了神圣计时，并深入探索以预测行星的运动轨迹。祭司们相信天体的运动是神灵传达给凡人的预言，所以天文学在他们手上成了占星学工具，而不是现在的这门揭示宇宙运行模式的、真实客观的科学。但在历经数个世纪的探索实践后，到了公元前7世纪，结合了黄道十二宫这一新颖概念的占卜天文学（Predictive Astronomy）一经诞生就同样在古希腊大行其道。

尽管早在3700年前甚至更久之前，巴比伦人就已经认识这些行星，但直到公元前4世纪，在亚历山大大帝永无止境的征服欲作用下，希腊文化吸收融合了埃及和波斯的知识后，行星的大名——我这里指的是含有行星名字的名称，即土星日（农神之日）、太阳日、月亮日、火星日（战神之日）、水星日（商神之日）、木星日（主神之日）和金星日（爱神之日）——才与七曜日联系起来。所以，我们现在对七曜日的称呼实际并非巴比伦人、埃及人、波斯人或希腊人所创，而是罗马人的叫法。

不过，在此，我还要特别指出一件事，那就是学界尚不清楚"一星期为7天"这一设定的诞生时间。网民们似乎认为它是青铜时代古巴比伦人的功劳，但我不确定这个说法是否有理有据。于是，我向亚述科学和医学专家穆迪·拉希德（Moudhy Al-Rashid）[1]博士咨询了这一"事实"，但她也不太确定。所以在和同事探讨之后，热心的她回信道：

> 有少许证据表明，某些时代十分重视"第7天"（包括第7天、第14天、第21天和第28天——这显然与朔望月有关）。部分活动不得在这几天举行。有证据表明，在古亚述时期（约公元前2000—前1600），一个星期可以说有5天。

并无决定性的证据表明"一星期为7天"是古巴比伦人所设定。一些学者提出了更具说服力的观点，即认为这是古犹太人借鉴了早期巴比伦传统元素所做的创新，他们围绕一个循环出现的圣日（安息日）构建了一个更加严格的计时系统。假如关于古巴比伦人的猜想确实值得商榷，那我们只能自信地表示，"一星期为7天"这一设定至少有着2500年的历史。

但你也不要误以为"一星期为7天"就是唯一的选择。尽管融合了古犹太、古巴比伦以及古希腊传统文化的七曜日计时模式成为最终赢家，并在后来传至印度和中国，但历史上确实存在过与之抗衡的计时系统。古埃及人在一星期中塞进去了10天。而分布在今天的意大利的伊特鲁里亚人[2]和早期罗马人与披头士乐队不谋而合[3]，他们的一星期有8

---

1 穆迪·拉希德，牛津大学沃尔夫森学院科学和医学史博士，后在该校东方学院教授美索不达米亚科学史，主要研究楔形文字医学文本中描述精神痛苦时所用的隐喻。她还十分关注公共历史，并在英国伊拉克研究所理事会任职。

2 伊特鲁里亚人是位于现代意大利中部的古代城邦国家伊特鲁里亚的居民，该城邦也译作"伊特拉斯坎"或"伊特鲁利亚"。

3 2016年上映了电影《一周八天：披头士的巡演时代》（*The Beatles: Eight Days a Week — The Touring Years*）。

天，并且每一天都是按照字母顺序进行命名（从A到H）。该计时方式在罗马历史上持续使用了很长时间，到尤利乌斯·凯撒时期才走向衰落；直至公元300年，君士坦丁大帝正式将"一星期为7天"定为罗马官方计时规范后，它才被完全废除。

可我现在还想进行一项与星期一有关的、更为较真的调查，因为严格说来，一星期之中，星期一实际出现在了错误的位置上。你可能会感到有些糊涂，请听我细细道来。

在大约2000年前，罗马作家普鲁塔克（Plutarch）[1] 写了一篇题为《一星期的顺序为什么与七曜的实际顺序不同？》（"Why Are the Days Named After the Planets Reckoned in a Different Order from the Actual Order?"）的文章。就我个人而言，这听上去可不像是一篇哲学论文，而更像是个醉汉在凌晨三点打出的谷歌提问。好吧，你现在可能在想："咦？他说的'顺序不同'是什么意思？"遗憾的是，我们再也找不到这篇文章了，但我想你们可以领会到这个启发性标题的用意。

普鲁塔克想要知道的是，一星期的顺序为什么与古代天文学家定下的行星实际顺序不同。这些古代学者一直在为七曜的远近以及如何排列它们的顺序争论不休，不过天文观测者们大多认同这一顺序（由远及近）：土星、木星、火星、太阳、金星、水星、月球。依据这种情况，一星期应该从星期六开始，接着是星期四、星期二、星期天、星期五、星期三，最后到星期一结束。然而事实并非如此。那么，为什么不按行星顺序排列呢？除了普鲁塔克已经遗失的论述之外，其他古典文献还提出了两种理论，而我更偏向于罗马作家卡西乌斯·狄

1　普鲁塔克，罗马帝国时代的希腊作家、哲学家、历史学家，以《比较列传》（*oi βίοι παράλληλοι*）一书闻名后世。

奥（Cassius Dio）[1]的观点。现在，请大家跟紧我，接下来的内容略有复杂……

嗯，卡西乌斯·狄奥认为一个星期被划分为168个小时，每隔24小时就会诞生新的一天（这继承自古巴比伦人，他们习惯用十二进制计时，所以现在的一小时就是60分钟）。据说，每天的第一个小时是最为重要的一个小时，或者说是一天的"**控制者**"，所以这一小时将被献给一颗神之星，这一天也需要冠以神的尊名。简而言之，第一天的第一个小时献给了最为遥远的土星（Saturn，即农业之神），于是这天被命名为**星期六**（Saturday）。第二个小时献给了第二远的神之星——木星（Jupiter，即主神），第三个小时献给了火星（Mars，即战神），以此类推，到了第八个小时就会再回到土星，因为那时只有7颗行星可供选择。

可是，严格来说，当时间来到第二十五个小时，新的一天即将诞生，哪颗行星对应上了这60分钟，就会成为新的控制者，接下来的这天也会冠以它的神名。第二天与第一天难免会由不同的神所掌控，因为7颗行星为一轮，第一颗很难再成为第二十五颗。在这种情况下，尽管古代天文学家们认定的天体顺序是土星、木星、火星、太阳、金星、水星、月球，但在每24小时诞生一位控制者的计时系统中，一星期将会是这副模样：

土星日（星期六）、太阳日（星期天）、月亮日（星期一）、火星日（星期二）、水星日（星期三）、木星日（星期四）、金星日（星期五）。

---

1 卡西乌斯·狄奥，古罗马政治家与历史学家，其著作记录了从公元前8世纪中期到公元3世纪早期的罗马历史，现仅存残篇。

挺有意思的，不是吗？英语世界的星期一（Monday）显然与月亮（Moon）有关，这一拼写源自古英语单词Mōnandæg，而后者则可能追溯到古斯堪的纳维亚语中的月亮之神Máni。罗马人显然不会讲古斯堪的纳维亚语，所以他们表示星期一的拉丁语单词是 *Dies Lunae*，意为lunar day（太阴日），也是法语Lundi（星期一）的起源。

事实上，英、法在命名传统上存在很大分歧。在英语体系中，古老的日耳曼诸神主宰了一个星期中的4天：战神提尔（Tiw）分到了星期二（Tuesday）、主神奥丁（Woden）分到了星期三（Wednesday）、雷神索尔（Thor）分到了星期四（Thursday）、爱与美之神弗丽嘉（Freya）分到了星期五（Friday）。[1] 而法国人沿用了罗马的命名传统：星期一Lundi（月亮）、星期二Mardi（火星）、星期三Mercredi（水星）、星期四Jeudi（木星）、星期五Vendredi（金星）和星期六Samedi（土星）。只有在星期天（Dimanche），他们才会抛开异教的多神教，拥抱基督教的理念——Dimanche源于 *Dies Domenica*，意为"主日"。不过，西班牙人则把安息日定为星期六而非星期天，所以他们的星期六叫Sábado[2]。

因此，关于托马斯所问的"星期一存在多久了？"这一问题，我得指出"一星期为7天"这一设定可能比星期一更早出现，因为古犹太人采用了数字1到7而非行星来命名一星期中的7天。直到大约2400年前（当我们发现希腊世界确实建立并采用了新亚述的黄道十二宫体系），才正式出现了以月亮命名的一天。托马斯，我希望这个回答能让你满意。不过，说真的，我还得再跟你唠叨几句。

---

1 余下的3天则用月亮、太阳与罗马神话的农神来命名。

2 出于宗教原因，西班牙语、意大利语中的星期六为"安息日"，星期天为"主日"，所以他们的星期六、星期天分别是Sábado、Domingo和Sabato、Domenica。

你看，如果加菲猫讨厌星期一的理由是星期一为工作日第一天——意味着铲屎官乔恩在伺候它度过了一个愉快周末后要在这天离开——那么严格来说，有着2400年历史的星期一根本不符合这只猫的标准！对于多神论的罗马人（一星期有8天）而言，实际上一星期的第一天是星期六，所以星期一实际上属于第三天。基督教传入罗马后，基督徒借鉴了犹太教将星期六设为安息日的做法，不过，他们将这个日子改到了星期天，宣称星期天是上帝创造天地万物之后休息的日子。这使得星期天既是创世的第七天，又是新一星期的第一天，是不是有点令人困惑……

　　罗马的星期一就这样从一星期的第三天变成了仅次于星期天的第二天，这也成了包括美国在内的多个国家所共有的文化传统。然而，在20世纪初，19世纪的工业化兴起和不断变化的大规模劳作节奏，促成了"周末"这个全新时间概念的诞生。这赋予了星期一全新的、世俗的、更具经济意义的含义，并得到了国际标准化组织（International Organization for Standardization）的正式支持，所以现在是星期一而非星期天标志着一个星期的开始。

　　托马斯，这样看来，虽然星期一有着至少2400年的历史，但加菲猫讨厌的这种星期一实际上只存在了一个世纪。

7

『疾风一代』到达英国后遭遇了什么？

提问者：玛莎

1948年6月21日，一艘名为"帝国疾风号"（Empire Windrush）的舰船抵达埃塞克斯郡的蒂尔伯里港。这原本是一艘德国客轮，后作为战争赔款的一部分被英国人讨要了去，此时，它正将一群殖民地居民从加勒比地区和中美洲运往英国。据说该船当时载有近500人，可英国国家档案馆的文件显示，船上实际上共有1027名乘客，其中802人来自加勒比群岛。

大多数乘客作为大英帝国的终身公民在"母国"开始了新的生活。这一主要由非洲裔加勒比移民构成的人群，就是所谓"疾风一代"（Windrush generation）的首批成员，他们在1948年至1973年间来到英国谋生。到了1958年，"疾风一代"的人数稳步增长至12.5万人，此后，这一数字持续攀升到50万人左右（令人沮丧的是，相关统计数据十分模糊）。

与普罗大众的认知所不同的是，"疾风一代"还包括1973年之前，从南亚、非洲及其他英联邦国家来到英国的居民。不过，由于这艘极具象征意义的轮船与加勒比海的故事密切相关，而我又恰巧对这一段历史了如指掌，所以我将着重解答非洲裔加勒比移民的遭遇。

第二个常见的误解是，认为黑人在1948年才第一次大规模涌入英国。事实上，"帝国疾风号"是继1947年的"奥蒙德号"（Ormonde）和"阿尔蒙扎拉号"（Almonzara）之后，第三艘带来超过百名非洲裔加勒比移民的船只。而在第二次世界大战期间，英国曾热情接待了（基本如此）15万名美国黑人士兵。更有意思的是，早在18世纪末期，就已经有至少2万名黑人在英国生活，实际上，黑人的存在甚至可以追溯到罗马时代。[1]

"疾风一代"移民到英国的原因五花八门，比如对英国的归属感——部分移民曾于战争期间在英国皇家空军、海军或陆军服役，还有一些则因为自己成长于此而对这个帝国魂牵梦绕。对美好生活的向往让许多人登上了移民的船。但这并非只是天真烂漫的追梦之旅，它在大多数情况下还是人们想抓住的绝望中亮起的那道希望之光。

加勒比地区英国殖民地的经济并不发达。哪怕奴隶制在一个世纪前就已经终结了，他们仍停留在种植园制度，而大萧条又加剧了所有的系统性问题。20世纪30年代，岛上经常爆发工人罢工、反饥饿游行和暴力事件。当地居民迫切希望改善生活。

1938年，英国政府派遣了一支皇家委员会前去该地调查情况。调查结果——详细记录在了所谓《莫因报告》（*Moyne Report*）中——由于全球战争的爆发而推迟发布，而1945年发布的报告则给出了不痛不痒的建议，令人大失所望。英国重新拨给了加勒比地区一些资金，但

---

1 如想了解更多相关内容，我强烈推荐戴维·奥卢索加（David Olusoga）教授的叙事史大作《黑人与英国人》（*Black and British*），以及哈基姆·阿迪（Hakim Adi）教授的论文集《英国黑人历史：新视角》（*Black British History: New Perspectives*）。——作者注

这远远不足以解决问题。

而在这个时候，宗主国的日子也并不宽裕。反法西斯战争结束后，英国经济一筹莫展，劳动力严重不足，空缺职位更是多达130万个。所以每当非洲-加勒比的殖民地居民翻开报纸，都会受到来自大洋彼岸"虚位以待"的招聘广告轰炸。看到这些广告后，英国殖民地的这些灰心丧气的失业人群怎么会不产生"我应该去伦敦闯闯！"的念头？

你是不是觉得英国工党政府一定会热烈欢迎这些英国急需的潜在劳动力资源？并非如此。恰恰相反，英国劳工部派出了一个代表团，试图粉碎有关英国存在大量就业机会的"谣言"——鉴于这些"谣言"是印在报纸上的白纸黑字，政府的抵赖行为就显得相当愚蠢——并尝试说服牙买加、特立尼达、巴巴多斯等英属殖民地的人民[1]：英国不需要他们，也不想看到他们，而且如果他们真的来了，还可能会因承受不了"母国"的寒冬而患上严重的肺部感染，所以他们最好待在殖民地别过来。

这些唬人的招数并未奏效。"帝国疾风号"得到起航许可后，时任英国首相的克莱门特·艾德礼（Clement Attlee）[2]感到十分恼火，并试图让这艘船改道开往东非。当"帝国疾风号"停靠在蒂尔伯里港时，船上的所有乘客都持有英国护照，所以从法理上没有借口遣返他们。于是政府调整了政策，决定尽可能地将这些移民分散到英国各地，希望这样能够避免他们抱团形成社区，并杜绝移民船再度出现。

---

1 牙买加是加勒比岛国，1655年，大英帝国从西班牙殖民者手中夺走了牙买加；特立尼达也是英国在1802年从西班牙那儿夺得的，后与多巴哥岛合并为英国殖民地；巴巴多斯位于东加勒比海小安的列斯群岛最东端，1624年被英国划为殖民地。它们独立后仍为英联邦成员国，且都属于热带气候。

2 克莱门特·艾德礼（1883—1967），工党政治家，1945年接替丘吉尔任英国首相。对外，他在大英帝国殖民地纷纷独立时选择放手，冷战前试图交好苏联而"力排众议"送出关键技术，感受到苏联的威胁后又转头加入北约。对内，他提出了英国社会主义，成立了国民保健署，并将钢铁、煤矿等重要产业收归国有。

让我们回到玛莎所询问的这些移民到达英国之后的境遇问题。下船后，大多数乘客都找到了事先定下的工作，或与提前约好的联系人碰了面。但也有约230人被转移到了伦敦克拉彭公园（Clapham Common）的一处废弃地下防空洞中。[1]他们乘坐一辆摇摇欲坠的木制电梯进入了黑暗的地下空间，配发的物资就只有薄毯子和防空洞自带的三层床铺。当地志愿者为他们提供了热茶和少得可怜的食物配给——黏糊糊的面包。"母国"的亲切招待让这些习惯了热带阳光的移民感到有些难以置信。其中一位在后来回忆道："我们惊疑地探头看着那一条条灯光昏暗、潮湿发霉的地下隧道，这就是'母国'为我们准备的新家——粗制滥造，令人不适，就像个简陋的养兔场。但在一片全然陌生的土地上，你基本别无选择。"

这些移民不受英国欢迎并不令人意外。工党政府内部不想对此负责，他们担心种族不和只会加剧英国日益严重的社会问题。一名议员宣称，来自加勒比地区的大规模移民"可能有损于英国人民与社会生活的和谐、力量和团结，并给所有相关人员带来冲突与不快"。殖民大臣阿瑟·克里奇·琼斯（Arthur Creech Jones）[2]向焦虑的同事们保证，英国严酷的冬天将替他们赶走那些移民。然而，事实很快证明，这些吃苦耐劳的移民很受英国雇主青睐，他们哪儿都不会去。

当乘客们在蒂尔伯里港下船时，记者彼得·弗莱尔（Peter Fryer）——后来撰写了具有里程碑意义的《坚韧不拔：英国黑人史》（*Staying Power: The History of Black People in Britain*）——结识了不少

---

1 克拉彭公园是伦敦南部的一处占地220英亩（约0.89平方千米）的大型绿地。在克拉彭地下30米处，有一个二战时为应对纳粹空袭而修建的巨大防空洞，由1300多条隧道组成，最多可同时容纳8000人。

2 阿瑟·克里奇·琼斯，英国政治家、和平主义者，曾因在一战期间组织反征兵会议遭监禁，从政后多次支持殖民地人民自治。

移民，并在三周后再次联系了他们，询问这些人的近况如何。弗莱尔在报道中表示："移民之中，有76人在铸造厂工作，15人进入了铁路部门，15人出卖劳力，15人选择加入农场，还有10人当了电工。其余人等则从事着各式各样的工作，比如邮局的文职工作、汽车木工（coachbuilding）[1]以及管道工。"早期的"疾风一代"基本都为男性。与阿瑟·克里奇·琼斯的预测相反，他们挺过了在英国的第一个冬天，当水仙花在来年春天绽放之时，他们依旧在兢兢业业地工作。

起初，非洲裔加勒比移民的人数相当有限。1948年10月，又有180人乘坐"欧比特号"（Orbita）抵达利物浦，然而，后续几年的移民加在一起也就只有数百人。随着温斯顿·丘吉尔（Winston Churchill）再度出任首相，1951年，移民人数上升到每年1000人，并在1953年达到了每年3000人。在移民早期阶段，"疾风一代"大多为成年男性。毕竟举家迁往英国的耗费着实不低，所以留在故土的家人需要努力凑钱，以期有朝一日能与亲人团聚。然而，在1954年，移民人数猛增至1万人，这又是为什么呢？

最有可能的一种情况是，尽管《莫因报告》点破了殖民地的乱象丛生，但加勒比地区的居民依旧生活困苦。没有迹象表明英国会承认殖民地的政治独立，政府也未曾给当地的失业者提供福利，所以人们唯一的希望就是背井离乡，告别亲人，登上那艘移民船。1955年，有4.2万人踏上了这段旅程，这一数字随后保持稳定，这是因为主要雇主（如国民医疗服务机构、酒店和伦敦交通公司）开始招聘非洲裔加勒比移民为医院、酒店和公共汽车提供服务。

殖民地的教育体系将英国塑造成了人间天堂，在殖民地居民的认

---

1 负责制作早期汽车的木制骨架。

知中，"母国"是个繁荣昌盛、高雅大气的礼仪之邦，连街道都是黄金铺就的！可事实上，英国当时遭受了重创，直到1954年还在施行食物配给制度，而人们所能找到的工作，也大多是卖力气的低技能岗位。彼得·弗莱尔发现，在20世纪50年代的伦敦，超过一半的加勒比裔移民的工作是在大材小用。他们得上夜班、做体力活、打扫街道，从事那些白人所不愿干的服务性工作。而最糟糕的是，没错，英国的天气。

总的来说，"疾风一代"大多都有类似的感受。历史学家大卫·奥卢索加（David Olusoga）教授在其著作中指出，"疾风一代"的回忆录中使用频率最高的词就是"失望"。这些认为自己属于英国公民的移民，从卑微的工作中感受到了"母国"对他们的轻贱。在所有糟糕的情况中，最令人沮丧的是住处难求。许多房东拒绝将房屋租给移民，其中一些言语尖刻、充满敌意，而在更多情况下，他们会虚情假意地表示同情，却对为何不愿提供住处只字不提。这些令人心力交瘁的歧视待遇，却大大方便了那些冷酷无情的"贫民窟房东"[1]招揽生意。这些恶棍假装支持黑人群体，但随即就暴露出敲骨吸髓的本性，其中最为臭名昭著的当属彼得·拉赫曼（Peter Rachman）[2]。

随着英国街头的黑人面孔越来越多，社会局势也愈发紧张。历史学家阿曼达·比德纳尔（Amanda Bidnall）博士指出，起初，英国媒体对"疾风一代"大加赞扬。从20世纪40年代到50年代中期，电视新闻和报纸都亲切地将来自殖民地的移民称作"英国上下引以为豪的爱国者"，宣扬他们对英国的贡献。可当移民人数达到每年4.2万人后，这

---

1 "贫民窟房东"，收取高额租金却只提供破房烂屋的恶劣房东。
2 彼得·拉赫曼是英国伦敦诺丁山奥名昭著的房地产商，他赶走白人租客，借助媒体打造亲移民的人设（他自己就是犹太和波兰混血的移民），骗人入住后便大力盘剥这些不受相关法律保护的弱势群体。连牛津词典都收录了由他名字演化而成的Rachmanism一词，意为"拉克曼式剥削"，指房主对贫民区租户的肆意剥削和胁迫。

种态度就急转直下。各种偏见肆意滋长，歧视行为屡见不鲜。英国人通常认为非洲裔加勒比移民是原始落后、目不识丁的代名词，他们会传播疾病、性欲旺盛，甚至有人相信他们是食人族。移民与白人之间的跨种族友谊或恋情只会受到他人的白眼和诅咒。

怨恨仇视与种族主义是暴力的温床。华莱士·柯林斯（Wallace Collins）这个年轻人在从牙买加来到伦敦的第一个周末，就体会到了这种无处不在的恶意：他被骂作"黑鬼"，还有人拿着刀冲他比画。1958年，英国诺丁汉市爆发了圣安骚乱（St Ann's riots），这是一起可怕的袭击事件，一小群黑人遭到了一大批持刀暴徒的围攻。据说，冲突最初发生在酒吧中，起因是有人看到一名黑人男子在与当地一名金发白人女子聊天。当警察赶到时，街上已经陷入千人混战，许多人因刀伤严重紧急送医。

就在接下来的一周里，伦敦西部又爆发了臭名远扬的诺丁山骚乱（Notting Hill riots）。这次的起因是，一对跨种族的夫妇（加勒比裔黑人丈夫和瑞典白人妻子）同一伙敌意满满的白人发生了争执。次日，这群白人指控瑞典妻子犯有反种族罪并袭击了她。随后，400名白人男子成群结队——不少人来自伦敦其他地区——高喊着种族主义口号冲到黑人社区，破门而入，肆意殴打非洲裔加勒比移民，并向黑人商店投掷汽油弹。[1]

许多受害者回忆说，当暴力犯罪者被捕并受到指控时，警方对黑人群体几乎毫无同情之意。[2]尽管受害者和当值警察提供了大量证词，

1　这些白人男子大多属于"泰迪男孩"（Teddy boy），是活跃在20世纪五六十年代由英国白人青年构成的暴力组织。

2　由于后期黑人也使用了汽油弹等武器展开反击，警方最后共逮捕了108人（72名白人和36名黑人）。

但高级官员仍试图把此次骚乱归咎于暴徒而非种族主义者。政府在极力掩盖英国是此类公然歧视现象的发源地这一可耻的事实。

这不仅令受害者感到失望和幻灭，更觉得自己遭到了背叛——大肆鼓吹的"母国"的开放包容，到头来事实却证明一切都是海市蜃楼。一位名叫巴伦·贝克（Baron Baker）的移民在后来接受采访时回忆道："在骚乱之前，我以为自己是土生土长的英国公民——我出生在英国国旗下。但种族主义骚乱让我意识到了自己究竟是谁。这些种族主义者使我成为一个立场坚定的牙买加黑人。如果拒绝承认自己的身份，那无异于自欺欺人。"

诺丁山骚乱中的暴力事件震惊全国，受到了社会各界的一致谴责，但媒体与部分政客依旧乐于为反移民浪潮推波助澜。甚至连一些伟大的政治家都在思考如何利用这股仇恨情绪。英国首相哈罗德·麦克米伦（Harold Macmillan）[1]在日记中提到，在骚乱爆发的三年之前，即1955年，温斯顿·丘吉尔就曾私下考虑使用"保持英格兰洁白无瑕！"（Keep England white!）这一"极好的竞选口号"。更加恶名昭著的是伊诺克·鲍威尔（Enoch Powell）在1968年发表的"血河"（Rivers of Blood）演说，他在演讲中猛烈抨击大规模移民政策。他因而被从影子内阁中除名，但这也让他赢得了保守党核心选民的大力支持。[2]

这些故事发生在半个世纪之前的英国，但可悲的是，现在的政客们依旧在针对"疾风一代"。玛莎询问了他们刚刚到达英国时的境遇，

1　哈罗德·麦克米伦（1894—1986），英国政治家、教育家、作家及世袭子爵，于1957年至1963年出任英国首相，著有《政变之风》《战争疾风》《幸运之潮》《指明道路》等。

2　伊诺克·鲍威尔（1912—1998），英国政治家、古典学者、作家及军人。在伯明翰保守党集会上，鲍威尔发表演说，表示如果还不制止英联邦属民移居英国，就会像当年的罗马一样酿成动乱，到时候就会看到"台伯河上泛着鲜血的泡沫"（引自罗马诗人维吉尔的《埃涅阿斯纪》），媒体因而称之为"血河"演说。

然而历史显示，他们在近些年遭到了更为严重的背叛——而且政府辜负的还不仅仅是非洲裔加勒比移民。2018年，《卫报》（Guardian）披露了英国内政部的一桩丑闻——拒绝给予在1973年之前从英联邦和殖民地来到英国的弱势群体应有的权利，甚至将这些人驱逐出境，尽管他们都是合法的长期公民。特蕾莎·梅（Theresa May）的反移民政策制造了一个针对移民的"敌对环境"，政府轻率而残忍地毁掉了"疾风一代"的生活，而结果证明，这项举措其实是非法侵扰。[1]在移民们争取上诉的同时，已有至少11人被驱逐出境，倒在了流亡途中。

玛莎，我只能惭愧地说，"疾风一代"背井离乡来到英国，为战后重建提供帮助，却被那些本应维护其权益的人辜负了两次。

---

1 英国政府没有留存足以证明"疾风一代"法律地位的文件，还在2010年销毁了所有移民登陆卡。而特蕾莎·梅又强制推行新举措，要求移民必须提供可证明其合法身份的文件，否则就会被拘禁、驱逐，这让英国移民问题愈发尖锐。为安抚愤怒的移民，特蕾莎·梅宣布建造"疾风一代"纪念碑以表彰他们在战后重建过程中的贡献。

8

我不清楚你的看法，安娜，但我从来都不喜欢庆生，至少不愿意庆祝自己的生日。我是奶油蛋糕的忠实拥趸，所有人都会为收到礼物而高兴，但在我活在这颗星球上的38年中，我的记忆宝库里只有很少一部分与生日有关，而只有两次让我情绪激动：21岁生日，我醒来时发现睾丸上多了个肿块（当时觉得自己命不久矣）；30岁生日，我和家人、朋友欢庆自己挺过了一段悲观厌世的时光。

生日旨在庆祝生命的诞生，但不知怎的，在我愚蠢的头脑中，生日却象征着死亡必将到来。这并不意味着我是一个性格乖戾、愤世嫉俗、害怕衰老的讨厌鬼（好吧，一定程度上我是有点儿……），而似乎是对一种至少可以追溯到早期犹太习俗的古老传统的延续。根据《塔木德》（*Talmud*，至关重要的犹太法典）所记载，伟大的先知摩西在他120岁生日那天去世。这种预先设定死亡之日的想法——一个人到了自身时间耗尽的那天便会立即失去呼吸，就像一款软件到达了产品许可期限一样——在早期的基督教神学中也得到了延续。据说，耶稣基督去世之日与那场奇迹受孕的日期（3月25日）相同，这好像也是上帝说"要有光"的创世纪念日。

这里插一段与话题关系不大的名人之死冷知识，有哪些名人是在生日当天走向死亡的？名单上有威廉·莎士比亚、英格丽·褒曼（Ingrid Bergman）[1]、刺杀凯撒的罗马阴谋家卡西乌斯（Cassius）[2]和拉斐尔（Raffaello，文艺复兴时期的艺术家，不是那只忍者神龟）[3]。卡西乌斯输掉决战后，选择用刺杀凯撒的匕首在生日那天自我了断。拉斐尔则死于纵欲过度。我想大家都知道哪种死法比较好。

让我们继续讨论最早记住自己生日的那个人。我们不知道摩西是什么时候行走在大地上的——假使他真实存在的话——不过许多学者认为摩西出生于公元前14世纪并活到了公元前13世纪。这可能使120岁的摩西成为有记录以来知道自己生日的最年长的人，同时也是最早记住自己生日的那个人，尽管我们不知道他是否会庆祝生日。那天，他很可能又老又累。想象一下，在经历了一辈子的沙漠流浪和徒步爬山后，这位老人家的膝盖关节炎会有多严重！[4]

关于已知的生日纪念活动，我们可能要把目光转向摩西那位著名

1　英格丽·褒曼（1915年8月29日—1982年8月29日），瑞典影后，出演过众多脍炙人口的经典影片，包括《卡萨布兰卡》《美人计》《郎心似铁》《圣女贞德》《真假公主》等，因罹患癌症病逝。

2　卡西乌斯，全名盖乌斯·卡西乌斯·朗吉努斯（Gaius Cassius Longinus，公元前85年10月3日—前42年10月3日），罗马元老院议员和军事将领，和小布鲁图斯合谋刺杀了凯撒，后来在腓力比战役中不敌屋大维和安东尼联军，兵败自杀。

3　拉斐尔，全名拉斐尔·桑西（Raffaello Sanzio，1483年4月6日—1520年4月6日），意大利画家、建筑师，与列奥那多·达·芬奇和米开朗琪罗合称"文艺复兴艺术三杰"，代表作是梵蒂冈教宗居室内的大型壁画《雅典学院》。

4　据说，在旷野中艰难跋涉了40年后，120岁的摩西在生日当天遵从上帝旨意爬上海拔870米的尼泊山，眺望了应许之地，随后便在山顶辞世。上帝亲自埋葬了他，只是至今没人找到摩西的坟墓。

的对手。据《出埃及记》记载，有一位强大无比的埃及法老残忍地奴役着犹太人，逼迫他们为自己建造城市和纪念碑。但这里提到的究竟是哪一位法老呢？现代学者倾向于将矛头指向那位名气最响的埃及法老——拉美西斯大帝[1]，这位确实十分热衷于大兴土木，还将自己的巨型雕像设立在了各大城市。

我们不清楚拉美西斯大帝所庆祝的是他实际出生的那天，还是他的神诞之日[2]——成为法老的那天——但他似乎至少纪念了其中的一个，我将其记为严格意义上的生日。然而，导游经常跟游客们说，拉美西斯大帝在这两天都会开办庆典，甚至命令阿布辛拜勒神庙的建筑师们精心调整建筑朝向，以确保在每年2月和10月中的这两天，他的雕像都能沐浴在阳光下。阳光照耀下的雕像确实十分威严庄重，但没有任何证据表明这与庆生有关。

当然，先知和法老距离凡人太过遥远，那么普通百姓是否也会戴上派对帽，在吹灭蜡烛时许下愿望呢？关于普罗大众是否庆祝生日，我们可以向古希腊历史学家希罗多德（Herodotus）[3]求证。据他所说，2500年前，波斯人——所建立的庞大帝国阿契美尼德王朝（Achaemenid Empire）已扩张到中东和西亚——无论自身社会地位如

---

1 拉美西斯大帝（古埃及第十九王朝第三位法老），古埃及政治家、文学家和建筑家，在位期间兴建了宏伟的阿布辛拜勒神庙，给一些古老的神庙增添了建筑结构（石柱大厅、拱门等），还在埃及各地设立了大量庙宇、雕像和石碑。为了"取材"，他甚至拆毁了吉萨的哈夫拉金字塔。

2 埃及臣民视法老为太阳神阿蒙［Amun，后与太阳神拉（Ra）合为阿蒙拉］之子，是神在地上的代理人和化身。

3 希罗多德（希腊语：ΗΡΟΔΟΤΟΣ，约公元前480—前425），出生于小亚细亚西南部一个波斯治下的希腊城市哈利卡纳苏斯（Halicarnassus，今土耳其博德鲁姆），西方文学奠基人，著有史学名著《历史》（Ἱστορίαι）。这位四处旅行的"历史之父"记录了各地的历史神话，不管真实与否，他都会保留受访者所说的一切内容。

何，都会举办盛大的生日庆典。希罗多德写道："每个人最珍视的那天就是自己的生日。在这一天，人们会享用比平日更加丰盛的一餐。富人会在面前摆上新鲜出炉、外焦里嫩的烤全牛（或是驴、马、骆驼）；穷人养不起这些大型牲口，他们的菜色较少，得一道道端上桌，美味大餐则会压轴出场。"听起来挺美味可口呢。

值得注意的是，罗马人不仅喜欢为自己庆生，还热衷于参加朋友、赞助人、老板和皇帝的生日庆典。确实，人际交往的重点之一就是让别人感受到你的关心在意，特别是那些会对你的家庭事业产生一定影响的人。那些保存至今的罗马生日寄语似乎有点过于一本正经、多愁善感和拖沓冗长，我不确定他们是否会喜欢我在史密斯连锁书店（WHSmith）买到的那些顽皮无礼的生日玩笑贺卡，上面将"亲爱的×××"改成了"胖胖的""丑丑的"或是"萎靡的"。

说到这里，我想到了古罗马帝国皇帝马可·奥勒留（Emperor Marcus Aurelius）[1]的那条搞笑寄语："在生日那天，朋友们会为寿星祈福。但我爱你就如爱我自己一般，所以在你的生日上，我会为自己祈福。"哇，那我真是得谢谢你了，马可！你不会还以我的生日为由给自己买了份礼物吧？真是个厚脸皮的家伙！以马可·奥勒留的脾性，他可能会欢庆多个生日：自己的诞辰（*dies natalis*）、朋友和家人的生日、偶尔提起的历代皇帝诞辰纪念日以及自己的登基之日（*dies imperii*）。在日历上这特殊的几天里，马可肯定淹没在了购书券和礼物包装纸下，其中大部分大概都是他送给自个儿的。

所以，罗马人是生日庆典的狂热拥趸，那他们又是如何庆祝的呢？考古学家找到了他们举办生日宴会的证据。在哈德良长城

---

1 马可·奥勒留（121—180），罗马帝国政治家、军事家、哲学家，拥有"凯撒"称号，是罗马帝国五贤帝时代最后一位皇帝，人称"哲学家皇帝"，著作《沉思录》流传至今。

（Hadrian's Wall）的军事要塞——阻止皮克特人入侵不列颠的北方屏障——考古学家发现了许多文德兰达木牍（Vindolanda tablets），上面记录了士兵之间、士兵与家人及其他联系人之间的日常通信。[1]其中一件木牍是一位名为克劳迪娅的女士寄给朋友索皮希雅的生日派对的邀请函。至于生日聚会上的活动，我想可能包括赠送礼物、穿上特殊的白色无袖外衣、焚香仪式和分享小蛋糕，可能还会举行动物祭祀，以及将特制的酒液洒在嘶嘶作响的火堆上。这似乎十分有趣，虽然罗马人的生日庆典更像是一场神圣仪式，而非欢乐的派对。

在收尾之前，我还有个关于生日历史的有趣故事要和大家分享——安娜，我猜你每年都是在同一天庆生吧？可是在过去，有些人的生日却得挪到别的日子。乔治·华盛顿在其一生之中的前20年都是在2月11日庆生的，但在20岁之后，他的生日就变成了2月22日。这可不是他个人的突发奇想，而是英国从旧儒略历（Julian calendar）改为格里高利历的结果（1752年的华盛顿还是一个骄傲的英国人）。[2]为了实行新历法，有11天被删除了，即9月2日之后便是9月14日。[3]

华盛顿的21岁生日是在过完20岁生日的365天之后，而这里面有11天被抹除了。从2月11日到2月22日是一个完整的日历年（这么说

---

1 皮克特人是铁器时代晚期居住在苏格兰东部和北部的族群。为抵御这些北方蛮族，罗马皇帝哈德良下令在不列颠的泰恩河口和索尔威湾一线修建了这座长城，后来，哈德良长城随着罗马帝国的衰落而逐渐废弃。在文德兰达要塞遗址中，考古学家找到了1300余件记录了公元1世纪末到2世纪初罗马军队日常文书的木牍。

2 儒略历是由罗马共和国独裁官儒略·凯撒（凯撒大帝）于公元前45年1月1日起执行的一种历法（约每128年就误差一日）。由于实际使用过程中累积的误差随着时间越来越大，1582年，教皇格里高利十三世颁布推行了格里高利历（又译格里历），也就是现在全球通用的历法（约每3300年误差一日）。

3 1701—1799，格里历日期减11日等于儒略历日期；1901—2099年，格里历日期减13日等于儒略历日期。

挺怪的），严格来说，这意味着在华盛顿庆祝自己又长了一岁的那天，
他的生理年龄距离21岁还差一周半呢！

9

啊哈，又是这个老生常谈的话题！当我在巡回推销自己的第一本书，那部围绕日常生活历史展开的作品时，就经常在公关活动中被问及这一问题。是的，我心中确实有个答案，但我总是挥手拒绝、避而不答。因为自人类诞生以来，一共有大约540亿名女性来到这个世界，如果我直接给出一个笼统的答案，就可能会过度概括许多不同的个人经历，特别是当并非每个女性都经历过例假时。但是，话说回来，如果我每遇到这类问题都为了自保而佯装不知，那么本书就会变得相当枯燥乏味。所以，让我们来试试解决这个疑问，不过还得提前说明一点，那就是我的回答仅适用于本人最为熟悉的欧美地区。

首先我想指出的是，对于许多女性而言，"例假"不仅仅是每月例行的失血和不适，它同时也是一个令人担忧的健康波动问题。在抗生素出现之前的年代，食物匮乏，疾病流行，许多人都会因维生素缺乏、疾病缠身、压力过大或疲惫不堪而感到不适。古代医学史家克里斯蒂·厄普森-赛亚（Kristi Upson-Saia）[1]博士曾在播客上表示，罗马人把身体难受当作常态，将一时安康视为难得的享受。事实上，亚历山德拉·洛德（Alexandra Lord）[2]博士已经证实，在18世纪的爱丁堡，当地的贫困女性习惯了在冬季没有例假造访，因为在这个季节，她们十分缺乏营养丰富的食物。1671年，助产士简·夏普（Jane Sharp）[3]曾指出，例假"时而太快，时而太慢，时而过多，时而过少，或是停止、完全不流……"

在古代和中世纪，人们对激素失衡尚不甚了解。一些声名远播的思想家，如著名的古希腊医生希波克拉底（Hippocrates）和盖伦（Galen）就认为，人体是一个由4种体液组合而成的系统：黑胆汁、黄胆汁、黏液和血液。这4种体液不仅决定了一个人的性格或"气质"——从中衍生出了抑郁质、胆汁质、黏液质、多血质这些气质形容词——而且体液失衡还会引发疾病。[4]一般认为，生病是内脏器官太

1　克里斯蒂·厄普森-赛亚，美国洛杉矶西方学院（Occidental College）教授，主要研究古代地中海宗教服饰与表演，以及医学、健康和治愈的历史，著有《早期基督教服饰：性别、美德和权威》（*Early Christian Dress: Gender, Virtue, and Authority*）等。

2　亚历山德拉·洛德，加州大学健康科学史博士后，在美国国家博物馆医疗与科学部任职，主要研究自1798年公共卫生服务诞生以来的医学文化以及公共卫生的历史，著有《自然清洁卫生：女性、性教育和美国公共卫生署，1918—1928》（"'Naturally Clean and Wholesome'：Women, Sex Education, and the United States Public Health Service, 1918-1928"）等。

3　简·夏普，17世纪的英国助产士，生平不详，她在1671年出版了《助产士之书》（*The Midwives Book*），是第一个出版助产学书籍的英国女性，而该领域原来都是由男性作家主导，虽然他们并没有实践经验。

4　希波克拉底（公元前460—前370）是古希腊伯里克利时代的著名医师，被西方尊为"医学之父"。他认为有4种产自不同器官的体液决定了人的体质：其中，黏液生于脑，性质偏冷；黄胆汁生于肝，性质偏热；黑胆汁生于胃，性质渐温；血液出于心脏，性质干燥。盖伦（129—199）是古罗马时期的医学大师，他从希波克拉底的体液说出发创立了气质学说，后发展为4种经典气质：血液占优势的多血质，表现为活泼、敏感、好动、乐于交际；黄胆汁占优势的胆汁质，表现为直率、热情、精力旺盛、易于冲动；黏液占优势的黏液质，表现为安静、稳重、沉默寡言、情绪内敛；黑胆汁占优势的抑郁质，表现为孤僻、行动迟缓、多愁善感。

热、太冷、太湿或太燥所致，因此，需采取调节饮食或放血疗法以使身体恢复到自然平衡状态。

在希波克拉底缔造的传统认知中（后受亚里士多德影响），男性体质既热又干——造就了他们的暴力倾向——而这也使男性的躯体可通过排尿、排便、出汗、流鼻血、长胡子和粗大的蓝色血管，更加高效地排出多余杂质。女性体质则偏冷且湿，所以不会流鼻血，不会长胡子，血管纤细，也不会像男人那样消化食物。所以，女性清除体内有害物质的唯一方法就是借助子宫。而既然身体把这一物质排出体外，那么它一定对人体有害，既然它对人体有害，那它显然十分危险，对不对？！

这种观念似乎也影响到了宗教教义。《希伯来圣经》中《利未记》（Book of Leviticus）[1] 第15章将人体排泄物视为不洁不净之物，而依照正统派犹太教（Orthodox Judaism）流传的犹太教法（Halakha）[2]，来了例假的女性必须连续7天睡在白色床单上，接着在浸礼池沐浴之后，方可恢复正常的性生活。伊斯兰教和印度教的某些传统也包含类似的规则。这些教派不仅认为经血有些黏腻恶心，还普遍相信它是一种污秽之物。我们可以在古罗马博物学家老普林尼（Pliny the Elder）[3] 的荒诞观点中找到对月经恐惧的最为离谱的表述。这是一位聪明而又鲁莽

---

1 《利未记》是《圣经·旧约》（又名《塔纳赫》或《希伯来圣经》）中的一卷，是摩西五经中的第三本，共有27章，记载了利未族的祭司团所需谨守的一切律例，所以犹太人也把此书称为祭司手册。

2 正统派犹太教是犹太教中最大的派别，主张严格遵守拉比对犹太教法的解释，谨守犹太教历规定的圣日。他们拒绝变革，坚信弥赛亚会降临并恢复犹太国家，重建圣殿。"哈拉卡"，希伯来语Halakha的音译，原意为"规则"，是犹太教口传律法的统称。

3 老普林尼（以区别于其以书札文章传世的养子小普林尼），全名盖乌斯·普林尼·塞孔都斯（Gaius Plinius Secundus），古罗马百科全书式作家，一生写就7部作品，现仅有《自然史》流传于世。书中结合了作者的观察发现与神话传说，既翔实又怪诞，比如认为独角兽就是狮子，海胆烧成灰可治疗秃头，中国丝绸是树上结成的绒等。

的罗马博物学家——公元79年，维苏威火山喷发[1]时其他人都在逃跑，而他却掉头冲向死亡。他把经血说的像是那些化学废料堆中渗出的剧毒物质："新酒经此（来例假的）女子之手就会变酸，庄稼沾过经血就不会结籽，嫁接的植物因其枯萎，花园里的种子因其干瘪，树上的果实因其掉落，刀剑的刃口因其变钝，象牙的光泽因其暗淡，蜜蜂因其死于巢内，就连铜器铁器也会因其而迅速生锈，空气中弥漫着一种恐怖的气味；舔到它的狗会发疯，疯狗的咬伤带有一种无法治愈的毒素。"显然，如果在火车上，你旁边坐着的那个男人突然开始小声嘟囔说，蜂群因为他的姐妹来了例假而陷入崩溃[2]，那你肯定会马上调座位。

这些希腊-罗马时代的传说像帽贝一样紧紧吸附在人们的头脑中，几个世纪都挥之不去，并催生出了中世纪流行的一种观念，即认为来了例假的女性一个眼神就能让男人身缠诅咒，一滴经血就会灼伤敏感的阴茎，好像例假不是子宫内膜脱落造成的正常生理现象，而是《异形》电影中那些恐怖异形血管中流淌的酸液。当时认为，如果一个中世纪男性非常勇敢或是过于饥渴，而让一个女人在例假期间怀孕，那么她就会从男性的火热中获得力量，而他则会因女性的湿冷而变得虚弱，所生的婴儿也将会是一个性格怯懦、身体畸形的"姜头"[3]（各位红发读者，这可是无意冒犯……）。更重要的是，这种"危险"并不会随着女性年龄的增长而减弱，他们相信围绝经期的女性在一生中积累了

1　这次喷发毁灭了庞贝古城，位于意大利南部那不勒斯湾的维苏威火山也成了"欧洲最危险的火山"。

2　"蜂群崩溃综合征"确实存在，这是个在2006年才发现的自然之谜，蜂巢内的工蜂莫名其妙地大批消失。

3　在英语世界，红发会被侮辱为 Ginger head，意为"姜头"。这种欺凌现象十分常见，就像《哈利·波特》中马尔福嘲笑罗恩那样，甚至连英国哈里王子也未幸免，情况也许会在他像其他王室男性那样迈入秃顶行列之后有所好转。

大量危险的经血，所以她们的眼睛和鼻子中会冒出毒气，会污染甚至杀死身边的婴儿和动物。

过去的许多女性当然也会发生痛经。中世纪的女修道院院长宾根的希尔德加德（Hildegard of Bingen）[1]解释说，这是夏娃劝亚当吃下伊甸园禁果而受的惩罚。我之所以提到这一点，是因为一些中世纪的修女会通过极端禁食和放血来尽力抑制她们的月经周期，并将月经停止解释为上帝有感于她们令人钦佩的圣洁而将这种女性世代承受的惩罚改为缓刑（……**缓刑**？）。我们现在知道，那只是极端贫血，也就是所谓"圣厌食症"（Holy Anorexia）的结果，她们的情况和我在上文提到的那些生活在18世纪，到了冬天因营养不良而停经的爱丁堡女性没有什么区别。

虽然部分修女会为避开例假而采取一些过激的手段，但在古代医学作家们看来，规律的月经周期对女性健康至关重要，所以许多女性会优先考虑让紊乱的生殖系统恢复正常。对于月经不调的已婚女性，古代的医学手册通常会给出规律性生活、健康饮食这些现在看来都觉得不错的建议。如果作用不大，手册中还有更加温和的疗法，包括草药和红酒混合的药酒，以及用捣碎的果蔬制成的阴道栓——听上去像是格温妮丝·帕特洛（Gwyneth Paltrow）的Goop公司旗下的产品[2]，但

---

1 宾根的希尔德加德，本名圣希尔德加德·冯·宾根（Hildegard von Bingen, 1098—1179），中世纪德国神学家、作曲家、作家、天主教圣人、教会圣师，同时也是科学家、医师、语言学家及博物学家，著有记录其灵视内容的《认识主道》（*Scivias*）、宗教剧《美德典律》（*Ordo Virtutum*）、《自然奇妙百用之书》（*Liber subtilatum*）等。

2 格温妮丝·帕特洛凭借《莎翁情史》成为奥斯卡影后，但中国观众更熟悉的可能是她饰演的钢铁侠的红颜知己"小辣椒"。她创办了名为Goop的健康公司，主打女性健康和美容护理，但售卖的不是化妆品，而是驱魔圣水、电磁波养生贴纸、吸血鬼通灵喷雾（能和圣水一起用？）等。这里作者想吐槽的大概是那款经典产品"能量宝石"，帕特洛宣称将它放入体内可起到排毒养颜、调理月经、提升性福感等作用，并表示这是中国古代的神奇秘方……

与后面提到的内容相比，这些还不算太糟糕。

幸运的是，理发师操刀的放血疗法是对付月经不调的最后手段，尽管在希波克拉底看来，给一名年轻女性放血和她自己流出经血没有什么区别。如果这还不起作用，那么接下来最好的办法就是刺激子宫活动。是的，前面提到的怪异的偏方出场了。希波克拉底建议把某些死甲虫塞进阴道，最好选用斑蝥（芫菁），因为它含有某种能引起肿胀和血流量增加的有毒化学物质。[1]斑蝥俗名"西班牙苍蝇"，是历史上最为臭名昭著的毒药和/或春药之一，其药效因使用剂量不同而有所差异。事实上，在我看来，服用这玩意儿就像一场冒险的睡前赌博，而我从来都不是一个喜欢寻求刺激的人。

往下体塞入有毒的死甲虫听上去更像是某些下作的日本电视游戏节目中的大冒险环节，但在古代医生看来，这是一种必要的治疗手段，否则子宫就会干涸，然后在体内漫游，附着在另一个湿润器官上。没错，古希腊医师阿莱泰乌斯（Aretaeus）认为，子宫就像一个生活在女人体内的动物，而幸运的是，它对强烈的气味很敏感，所以可以通过给病人灌下臭气熏天的混合物逼迫它回归原位，或是用气味芬芳的阴道栓诱使它回归原位，就像用香肠把窜出去逮松鼠的狗引回来那样。我猜这大概就是果蔬碎末型阴道栓的用途吧？答应我，别把这事儿告诉格温妮丝，好吗？

这些治疗旨在帮助女性完全恢复生殖健康。毕竟，生育后代是一项重要的宗教和社会责任。当然，医生们也担心，如果不及时接受治疗，令人发狂的经血可能会积聚在女性心脏周围，导致其发烧、痉挛、

---

1 斑蝥别名芫菁，能分泌名为斑蝥素的有毒液体以抵御敌害，从古希腊时期就有使用它作为春药的记载，服用它有助于"持续勃起"，虽然那其实是斑蝥素刺激泌尿道导致发炎的中毒症状。它现在的名字叫"苍蝇水"。

心情抑郁，流露出震惊、恐惧之情，或做出明显的男性化行为，比如咒骂、暴怒和大声发表意见。到了17世纪，这被称为"歇斯底里病"（hysteric affection），后被重新命名为"歇斯底里"（hysteria，源自希腊语hystera，意为"子宫"）。它由于最初被视为一种子宫疾病而历史相当混乱，但在17世纪，人们终于认识到这种神经疾病同样也会出现在男人身上。[1]

所以，上面这些就是古代医生开给月经不调的欧洲女性的医嘱。现在，我们来谈谈女性健康时期的生理卫生问题。如果你相信互联网上的信息（建议你最好深思熟虑），那你就可以在网上查到希波克拉底曾提到，原始的卫生棉条可能就是裹上柔软棉绒的小木棍。听起来似乎挺合理的，不是吗？唉，这个说法其实可能是现代人的一种误解，古代生殖医学史专家海伦·金（Helen King）[2]教授已证明这是一种错误观念。我们拿不出任何支持性证据来证明古代确实存在卫生棉条这类事物。

不过，有充分证据表明，2000年前的罗马女性就已经懂得使用月经垫，而这种做法也许能往上追溯到更加古老的年代。毕竟，这并非一项复杂的技术：将回收利用的或劣质的布料夹在双腿之间，吸收后清洗还可重复使用。月经垫在每个时代都有各不相同的名字，比如《圣经》中将其称为"月经布"（menstruous rags），而医学史学家萨

1　19世纪和20世纪早期，人们就生理和情感的因果关系争论不休，派生出不少对立的观点。立场摇摆不定的西格蒙德·弗洛伊德认为男性也会出现歇斯底里。尽管如此，"歇斯底里"一词还是被高度性别化了，它一般仍被用于描述情绪激动的女性。但奇怪的是，它同时也是一个褒义词，可用来形容某人十分搞笑。所以说，语言学这个神秘盒子里还有许多含混不清的信息。——作者注

2　海伦·金，英国开放大学古典研究荣誉教授，关注古代医学史（特别是妇科）和社会人类学。

拉·里德（Sara Read）[1]博士发现，在莎士比亚时代，它们在英国的名字是"月事带"（clouts）。

你也许理所当然地认为"月事带"是塞在内衣里的，然而事实可能出乎你的意料，内裤是现代才有的事物。19世纪之前，大多数欧洲女性都和21世纪初的林赛·罗韩（Lindsay Lohan）[2]一样是真空上阵的（不过那时可没有恶意满满的狗仔队）。那么，显然冒出了这样一个问题："怎样固定月事带才能避免它们滑落呢？"嗯，据说英国女王伊丽莎白一世有三条黑色丝绸腰带，她会把亚麻（荷兰布）月事带系在上面。即使丝绸十分昂贵，很多不同阶层的女性也都会买上这样一套腰带。

另一种常见的习惯是放弃使用月事带，任其流淌到衣服或地板上。现在已经见不到这样做的人了，因为19世纪后期的"病菌理论"[3]革命引入了细菌和病毒这些骇人概念，使得人们疯狂地追求个人卫生。随之而来的是奢侈的肥皂品牌、早期的除臭剂，以及一种新型营销手段——通过贬低顾客、伤人自尊来诱使他们跑去最近的商店，购买那些据说能让其重新快乐起来的昂贵而神奇的产品。听起来是不是很熟悉？

这种背景下，在20世纪的前20年里，一位身着爱德华时代服饰的优雅女士可能会在裙下加穿一件"月事围裙"（menstrual apron）——这是一条由布带/皮带固定在身上的、可清洗的亚麻尿布，后面连着起保护作用的橡胶短裙，以免衣服上出现令人尴尬的显眼污渍。为了确保温暖和体面，她们还会在月事围裙下穿上一件长及脚踝的无裆女式

---

1 萨拉·里德，拉夫堡大学讲师，近代早期文化和医学领域的专家，著有《闲聊之选》（The Gossips' Choice）等。

2 林赛·罗韩，美国模特、演员、歌手，2004年因主演电影《贱女孩》而走红，穿衣大胆，有好莱坞"坏女孩"之称。

3 法国科学家路易·巴斯德（Louis Pasteur）发明了巴氏消毒法，提出了"疾病细菌说"，为疫苗研究做出了巨大贡献。

衬裤。不过，随着一项古老技术实现突破，这些笨重的内衣逐渐被一次性卫生巾或卫生棉条淘汰。

第一次世界大战期间，一家名为"纤维棉"（Cellucotton）的公司[1]发现，他们专为战壕里的士兵们所设计的木质纤维战地绷带也被战地护士拿去垫在她们的裤子里了。事实证明，该公司创造出了一种高吸水性、健康卫生的月事带替代品。该公司收到风声后，并没有谴责护士，而是决定把这种护垫打造成一个新的商业品牌——"高洁丝"（Kotex），并通过铺天盖地的广告宣传，强调这款产品的可靠、舒适和轻松。这无疑是个明智之举。

至于卫生棉条，那是美国整骨医生厄尔·哈斯（Earle Haas）[2]博士的发明。他在20世纪20年代发明了"导管式卫生棉条"，可以让使用者在不接触下体的情况下插入吸收性栓体（absorbent diaphragm）。这是一个伟大的发明，但却很难推向市场，所以在1933年，哈斯把专利卖给了一个勤劳肯干的德国移民，她就是格特鲁德·滕德里奇（Gertrude Tendrich）。滕德里奇开始手工制作卫生棉条，最初她只有一台缝纫机和一台空气压缩机。但大家都知道什么叫德国效率。没过多久，这个只有一名女工的小作坊就发展成了一家名为"丹碧丝"（Tampax）的公司。如今，这家企业据说已经占据了全球卫生棉条销售的半壁江山。哈斯博士的后代想必会为自己没有保留丹碧丝的股票期权而捶胸顿足吧。

1　1914年，凭借造纸业起家的美国金佰利公司（Kimberly-Clark Corporation）研制出了纤维棉。六年后，世界上最早的一次性女性卫生巾品牌"高洁丝"诞生了，月事带的时代走向了落幕。值得一提的是，这款产品采取的"自助售卖"模式大获成功，女性可以直接在专柜投币自取，无需交流，以免发生尴尬。

2　厄尔·哈斯毕业于堪萨斯城骨疗法学院（Kansas City College of Osteopathy），他在1931年申请了卫生棉条专利，两年后，在发现无法让人们（以及强生公司）对他的发明感兴趣后，便将专利转卖。

10

作为一个慢性哮喘患者，许多刺激都会让我出现过敏反应。冬天的寒意会令我气喘不已；面前的一只小猫能让我像个老头子似的喘不上气；靠近马儿，我将不停地打喷嚏；狗从我身边跑过会使我泪流不止；我不能食用贝类，不然我的身体就会像安全气囊那样迅速肿胀；仅仅闻到坚果的气味，我就会喉头发痒，若是真的吃下去一颗，怕是会彻底毁掉我的整个下午。哪怕用紫色的变性酒精作为燃料使烧烤派对没有那么烟熏火燎，我的双眼也会不争气地发酸落泪。我这套一触即发的免疫系统就像个出了故障的汽车报警器一样，每个月都要响上好几次。但奇怪的是，我从没得过花粉热。就算来上一场"花粉"桶挑战，我也神奇地不会出现鼻塞症状。

对历史学家而言，花粉热是个棘手的话题，因为直到200年前，它才真正获得了现在使用的这个名字，而且跨越时空诊断疾病从来都不是一件易事。我们当然可以在中国古代、古埃及和古希腊的医学典籍中，找到这个在夏季引起人体过敏反应的幽灵，这些医书的作者们也曾考虑可能是环境因素致人呼吸短促或鼻腔发炎，但那也可能只是哮喘和感冒。事实上，花粉热最早的历史记载来自阿布·巴克尔·穆罕默德·伊本–扎卡里亚·拉齐（Abu Bakr Muhammad ibn-Zakariya al-Razi，欧洲人称Rhazes）[1]这位杰出的波斯学者，他在9世纪晚期提出了一个令人信服的论点：可能是玫瑰花丛散发出的浓烈香气让某些人在春天涕流不止。叮！答对了！拉齐得10分。

那么花粉热在现代是怎么被发现的呢？这个故事的主角是利物浦的内科医生约翰·博斯托克（John Bostock），1819年，他在一篇医学论文中描述了令某位病人饱受折磨的所有鼻窦炎症状，而这个病人其实就是博斯托克本人。他从少年时代起就一直为"眼部和胸口的周期性疼痛"所困扰，这些症状在6月尤为严重。为此，他尝试了各种稀奇古怪的治疗方法，比如放血疗法、冷水浴和吸食鸦片。1828年，博斯托克发表了第二篇论文——此时他已经找到了28名和他症状相同的患者——在文中，他将这种疾病称为"夏季卡他症"（summer catarrh）（对照"卡他性失聪"而命名，在19世纪，医学界认为那是一种由鼻腔和耳咽管中寄生虫引起的传染性疾病）。[2]

然而，在那时，已有人拜读了他的第一篇论文，并给这种疾病起了个更容易让人记住的名字："干草热"——虽然博斯托克本人认为自己的症状与干草无关，而夏季高温才是真正的诱因。[3]后来，研究人

---

1 拉齐（864—924），中世纪伊斯兰世界著名医生、哲学家和自然科学家。他发明了肠线缝合、酒精消毒和内科精神治疗法，被誉为"阿拉伯的盖伦"，其代表作有《曼苏尔医书》《医学集成》《药物学》等。

2 "卡他"，拉丁文，意为"液体性的；不断的；向下滴流"，指黏膜渗出液多的病症，比如鼻黏膜表层的炎症，症状包括咳嗽、流涕、打喷嚏、鼻塞等。"卡他性"可与化脓性等炎症连用。

3 当时，人们认为是干草（主要是豚草）的味道引发了过敏症状，所以又称这种疾病为"干草热"。博斯托克之所以觉得病因是夏季的高温炎热，是因为当他在海边消暑时症状就会缓解。

员展开了各种各样的医学调查，而其中贡献最大的当属查尔斯·哈里森·布莱克利（Charles Harrison Blackley），在19世纪70年代，他通过一系列了不起的实验发现花粉才是真正的罪魁祸首。[1]他测量了空气中的花粉含量，记录了花粉在大风天的传播距离，以及花粉在液体溶液中稀释后所能引起的过敏反应。于是不久，他就得出了花粉是引发"干草热"的主要幕后元凶这一正确结论。问题完美解决了，万岁！

好吧，现在暂时还没到庆祝的时候……

布莱克利困惑地发现，那些整天被花粉包围的农场工人根本不用担心花粉热，他在全科医生诊所中见到的喷嚏连连、涕流不止的花粉热病患，反而大多是那些身居华屋之中、手捧艺术典籍的贵人。他由此推出两个潜在原因：要么是长期接触花粉让乡下人获得了免疫能力，要么花粉热是一种只影响高雅人士的"富贵病"。显然前者更加贴近事实，不幸的是，真正流行起来的却是后者。

19世纪晚期正是一个英美权贵阶层处于高度焦虑之中的时代。传统秩序迎来了全新挑战——女性穿着灯笼裤，骑上自行车，还要争取选举权；[2]同性恋和双性恋人士因所谓堕落罪而被拉上法庭；非洲战场的失利让盎格鲁-撒克逊人的种族优越感逐渐破灭。新兴的高速通信技术似乎也让生活节奏变得更加快速紧张。在这种焦虑的漩涡中冒出来

---

1 布莱克利进行了自体实验——让花粉接触自己的眼睛和皮肤，证明了花粉确实会引起过敏反应，并为后来过敏症免疫疗法的诞生奠定了基础。直到今天，我们还在沿用这种皮肤过敏测试方法。

2 1850年，美国女权运动支持者艾蜜莉亚·詹克斯·布卢默（Amelia Jenks Bloomer）采用短裙配灯笼裤作为女性解放运动制服，这种服装从此便被冠以她的名字——bloomer（灯笼裤）。"自行车热"中，许多女性穿着灯笼裤参加火爆的骑行比赛以证明自己不逊色于男性，她们可能是最早的女运动员，有的甚至取代男性成为家庭经济支柱。自行车在19世纪的女性选举权运动中也发挥了重要作用，并被女权主义者苏珊·安东尼（Susan Anthony）称为"自由机器"。

了一种假想的新型神经"疾病"——神经衰弱[也就是俗称的"美国病"（Americanitis）]，据信只有受过良好教育、智力超群且举止高雅的人才会患上这种疾病。奇怪的是，花粉热也被套上了同样的逻辑。

正如医学史家马克·杰克逊（Mark Jackson）教授在其大作《过敏：现代疾病史》（*Allergy: the History of a Modern Malady*）中所指出的那样，鼻塞流涕此时已成为区分种族、阶级以及性别的标志。我们可以在安德鲁·克拉克（Andrew Clark）[1]爵士于1887年发表的演讲中发现这种情况——他声称，花粉热"通过选择男性而非女性、选择文明绅士而非无知之辈，进一步揭示了这种疾病与神经系统的密切联系……比起热带，它更喜欢温带；相较农村，它更衷爱城市；而无论在哪一种气候中，它都会先找上盎格鲁–撒克逊人，或至少是讲英语的人种"。

接下来，在1903年，人种改良主义的坚定拥护者美国医生威廉·邓巴（William Dunbar）表达了对这一种族主义逻辑的支持："野蛮人不受花粉热困扰，文明国度的劳动阶级几乎也不会染上花粉热，这些事实……表明我们必须将花粉热视为高等文明的产物之一。"此种令人生厌的观点源自莫雷尔·麦肯齐（Morell Mackenzie）[2]爵士的《花粉热与阵发性喷嚏》（*Hay Fever and the Paroxysmal Sneezing*），这名喉科医生在书中写道："花粉热患者可能会从下面这一事实中得到些许安慰，那就是这种疾病几乎只会缠上高素质人群……我们也许可以借此推断，智力水平越高就越容易患上这种疾病。所以，正如已经暗

1　安德鲁·克拉克（1824—1902），英国工程师、军人、政治家，曾任海峡殖民地总督和英国防御监察长。

2　莫雷尔·麦肯齐，维多利亚时期的英国喉科专家，著有《喉镜在咽喉疾病中的应用》（*The Use of the Laryngoscope in Diseases of the Throat*）、《白喉：性质与治疗》（*Diphtheria: Its Nature and Treatment*）等。1887年，他为"百日皇帝"弗里德里希三世看病，否定了德国医生的癌症诊断，同年获封爵士，次年弗里德里希三世死于喉癌。

示的那样，我们这个民族容易染上花粉热可被视为我们优于其他种族的证据。"

经过理智分析，你我可能会推断出，那些雇用仆人来完成所有清扫除污工作的病患，可能只是因为不曾接触过敏原而没能产生免疫力。可对于花粉热（当时被视为一种富贵病）患者而言，这些令人难受的症状反而会带来一种奇怪且错位的自豪感。事实上，在1911年，当美国内科医生威廉·哈德（William Hard）吹嘘花粉热已成为"美国人的专长……英国人已经退出竞争行列"时，容不容易患上花粉热都成了国家层面的竞争要点，而这句话仿佛在证明美国已经超越其昔日宗主国，变成了一个所有国民都喷嚏连连的先进文明。

当然，医生们这般吹捧花粉热也是为了从中获利。富裕的病患可能会因这样的马屁式诊断——"您这是因为太过睿智才被花粉热盯上！"——而感到飘飘然。好消息是，费用高昂的健康诊所确实提供了一种治疗手段。是的，治疗富贵病的最大好处就是可以额外收取治疗费用，治疗师将涕流不止的病患们带到同一个疗养地，不仅承诺会缓解他们的症状，还为志趣相投的病患们打造了活动中心，让疾病隔离区瞬间化作大受欢迎的上流人士社交会所。这让进花粉热疗养院和去汉普顿避暑没什么区别。[1]

一些人十分看重这种诊断结果，并把鼻塞流涕视为人品高尚的标志，媒体通常将这些人戏称为"花粉热派"（hayfeverites），但他们似乎毫不介意。而在美国，他们欢乐地加入了"美国花粉热协会"（United States Hay Fever Association）——该协会成立于1874年，每年会先后在新罕布什尔州的怀特山脉、纽约州美丽的阿第伦达克山脉的普莱西

---

1 汉普顿位于纽约长岛，是世界闻名的避暑胜地之一，因豪宅林立而被视作政商名流的后花园。

德湖俱乐部开办聚会。后者显然是个远离花粉的安全区，尽管入场券相当昂贵。同时，该疗养地估计也不会欢迎黑人或犹太人。按照某些家伙的逻辑，上述人种并不需要此类服务，因为在他们眼中，黑人或犹太人的种族并不如喷嚏连连的白人盎格鲁-撒克逊新教徒那样优越……

1906年，克莱门斯·冯·皮尔凯（Clemens von Pirquet）创造了一个全新的科学术语——"过敏反应"（allergy）。[1]这种疾病是区分的标志，但花粉热的发病率开始在全美、全英逐渐攀升，随后蔓延到世界各地。这可能是大规模工业化和农村人口向城市迁移的后果，也可能只是因为人们愈发注重家居清洁和个人卫生——市面上所能买到的肥皂和消毒剂越来越多——导致人体免疫系统在对抗虚假的健康威胁时反应过度。

在20世纪30年代，5%的美国人已经有了一到夏季就喷嚏不断的毛病，报纸也开始在天气预报中添加空气中花粉含量这一指标。在各个国家，引起花粉热的罪魁祸首各不相同：美国人因豚草头疼，英国人为青草花粉闹心，法国人因柏树发愁，日本人为雪松苦恼。自那以后，花粉热的发病率就在不断攀升，这意味着优生学家所讨论的人类例外论早已消亡。我显然就是一个极为罕见的案例，因为哮喘病人总会最先败给花粉热。我很少夸赞自己那套愚蠢的免疫系统，但这次我打算破例。干得漂亮！

---

1 克莱门斯·冯·皮尔凯（1874—1929），奥地利科学家，过敏研究的创始人，在细菌学、儿科学和免疫学方面做出了突出贡献。allergy也译作"变态反应"，源于希腊语allos（改变）和ergon（反应）。

11

儿时的我可能是被灌输了太多帝国主义冒险故事，所以经常陷入沉思，想象自己如何潇洒地从流沙中逃生，或是怎样巧妙避过被高喊口号的部落战士扔进巨大炖锅的命运。说实话，流沙的威胁对我而言太过遥远——在林木繁茂的萨里郡基本遇不到这种暗藏杀机的地面环境——至于同类相食，我的认知全都来自那部《沉默的羔羊》（*The Silence of the Lambs*）。不管怎样，确实一直存在"同类相食只会发生在遥远的丛林"这一殖民主义说辞。好吧，如果你觉得上述判断没有什么问题，那我就只能送你四个字：尸体医学（corpse medicine）。没错，凯蒂，欧洲人确实服食过木乃伊碎末。

自古以来，世界各地都有同类相食的现象，但其中一些并非饥饿所迫，而是希望借此吸收他人的生命力来治愈自己。罗马人就热衷于此，他们觉得饮下当场战死的角斗士的鲜血可以治疗癫痫（还相信猝死的年轻人之血的效力尤为强劲），并认为食用人类肝脏也有不少滋补功效——我猜汉尼拔·莱克特（Hannibal Lecter）用基安蒂酒来佐餐只

提问者：凯蒂

是随意之选。[1]16世纪的人们也抱有同样的逻辑，穷人们在处刑台周边徘徊，希望从身首异处的罪犯身上接到一杯鲜血，我不清楚他们是否会饮用它，但想必他们有一些充分的理由去收集血液。那个时代的某些作家还建议将血液加热，制成一种黏稠的"果酱"。如果好莱坞打算将《理发师陶德》（Sweeney Todd）和《帕丁顿熊》（Paddington）混搭成一部恐怖片，那么一定适合加入这个情节。[2]

如果弄不到人血，古希腊罗马医生盖伦在公元2世纪晚期的著作中还开出了用磨碎的人骨熬制肉汤的药方，但他也明智地建议不要告诉患者真相，以免他们恶心反胃。在17世纪，英国皇家学会早期的杰出人物之一、爱尔兰自然哲学家和化学家罗伯特·波义耳（Robert Boyle）[3]很乐意推荐病患服用人类头骨上长出的苔藓以治疗鼻出血症状（据说头骨碎屑还可以预防癫痫发作）。而与波义耳同时代的托马斯·威利斯（Thomas Willis）[4]则偏爱将头骨碎屑与巧克力混合服用，我想这大概是重制版《理发师陶德遇见威利·旺卡》[5]中的情节吧？

同时，战场上的死尸也可能会被提炼成人油这种常见的药物成分。

---

1 《沉默的羔羊》中，汉尼拔·莱克特与女主见面的开场白就是"上次有个调查员想试探我，于是我就着蚕豆，配上香醇的基安蒂酒，美美地享用了他的肝脏"。这个有着意大利贵族血统的食人魔选择了意大利知名红酒基安蒂。

2 《理发师陶德》改编自同名音乐剧，是一部包含了复仇、割喉、放血、食人等黑暗元素的惊悚电影。《帕丁顿熊》则是一部喜剧片，讲述了爱吃果酱的秘鲁小熊来到伦敦后的奇妙经历。

3 罗伯特·波义耳（1627—1691），出身于爱尔兰贵族世家，被誉为化学科学的开山祖师，近代化学的奠基人。他提出了波义耳定律，发明了石蕊试纸，著有《怀疑派化学家》（The Skeptical Chemist）等。

4 托马斯·威利斯（1621—1675），英国著名的神经解剖学家、精神病学家和神经科学家，著有《大脑解剖学》（Cerebri Anatomehe）等，人类大脑底部的动脉环结构（Willis环）就是以他的名字命名的。

5 约翰尼·德普在奇幻喜剧电影《查理和巧克力工厂》（Charlie and the Chocolate Factory）中扮演的是巧克力工厂的主人威利·旺卡，在《理发师陶德》中则饰演了男主陶德。

事实上，正如理查德·萨格（Richard Sugg）[1]博士在那本令人着迷的《木乃伊、食人族与吸血鬼：从文艺复兴到维多利亚时代的尸体医学史》（*Mummies, Cannibals and Vampires: The History of Corpse Medicine from the Renaissance to the Victorians*）中所描述的那样，在欧洲历史的不同阶段，几乎人体的每个部位都可以入药，包括头发、大脑、心脏、肝脏、尿液、经血、胎盘、耳垢、唾液乃至粪便。

接下来，让我们言归正传，毕竟凯蒂想要了解的只是木乃伊。就我个人而言，经典的木乃伊形象应该是缠上绷带的古埃及人遗体，或是《史酷比》（*Scooby-Doo*）中裹着绷带试图吓跑黑帮的守卫。只要包好绷带，就算是具猫木乃伊我也能接受。然而，mummy（木乃伊）一词实际源于波斯/阿拉伯语的mumiya，翻译过来大致就是我们现在所说的"沥青"（一种用于铺设路面的材料）。古埃及人在加工木乃伊时，会将这种黏腻的物质涂满王公贵族的遗体。所以，严格说来，抹上沥青才是木乃伊制作过程中真正重要的一环，而非裹上绷带。

从中世纪晚期开始，欧洲人就已经将古埃及木乃伊当作药物服用，而大量进口也导致这种"资源"出现了短缺。供求法则自然开始生效，于是，许多黑心商家决定造假。他们把从埃及当地、阿拉伯或是加那利群岛[2]运来的普通尸体烘干，制成一具具"新鲜出炉"的木乃伊。17世纪的作家们曾警告人们不要被这些山寨货给骗了，但上当者实在太多，相关欺诈行为因而屡禁不止。买下木乃伊后，药剂师会从保存完好的肉块里提炼出油脂，并将其添加到药用混合物中，得到一种有时

---

1 理查德·萨格，曾在英国杜伦大学和卡迪夫大学教授历史，著有《灵魂之烟》（*The Smoke of the Soul*）、《仙子：危险的历史》（*Fairies: A Dangerous History*）、《约翰·邓恩》（*John Donne*）等10余部作品。

2 加那利群岛，西班牙的一个自治区，位于非洲大陆西北的大西洋中，由7座较大的岛屿组成。

被不当地戏称为"木乃伊糖浆"的药物——它可用于治疗咳嗽、骨折、开放性伤口、疼痛性溃疡、痛风、疲劳、中毒、瘫痪，以及任何其他疾病。

你可能想知道，怎样才能熬制出这种糖浆呢？1651年，约翰·弗伦奇（John French）[1]在他那本《蒸馏的艺术》（Art of Distillation）中记录了该配方："取4盎司[2]木乃伊（即干硬的人肉）切成小块，再取10盎司掺入了松节油的酒精，一同倒入一个表面上了釉的容器中（混合物占容积的四分之一），放入马粪中存放一个月，之后取出混合物并循环压榨一个月，接着用'希波克拉底之袖'（Manica Hippocratis，一种过滤酒中杂质的布袋）[3]过滤，最后通过蒸馏除去挥发性液体，直到蒸馏装置底部只留下油状物质。这就得到了真正的'木乃伊万灵药'（Elixir of Mummy），它可以保护人体免受一切传染病的威胁……"

约翰·弗伦奇当然不是这类处方的首创者。中世纪伊斯兰世界的博学大师伊本·西拿（Ibn Sina）[4]在其医学论文中也推荐了一副药方：将木乃伊与马郁兰、百里香、接骨木、大麦、玫瑰、扁豆、大枣、枯茗籽、葛缕子、藏红花、肉桂、欧芹、醋蜜剂[5]、葡萄酒、牛奶、黄油、蓖麻和桑椹糖浆混合。我不知道你怎么想，但这听上去出奇的美

---

1 约翰·弗伦奇，17世纪英国医师，他还记录了"蒸馏人脑"这款治疗癫痫的特效药配方，其中同样少不了红酒。

2 1盎司约等于28.35克。——编者注

3 即 Sleeve of Hippocrates，直译为"希波克拉底之袖"，是由棉布或毛毡制成的带有尖头的过滤袋。

4 伊本·西拿（980—1037），既是医学家，也是哲学家、自然科学家、诗人、博物学家、天文学家和数学家，所著《医典》在数百年后仍是亚欧广大地区的主要医学教科书，因而被称为"世界医学之父"。

5 醋蜜剂，由草药、果醋、蜂蜜调和而成的酸甜草药糖浆，希波克拉底在《急性病治疗方案》（On Regimen in Acute Diseases）中指出它有祛痰、平喘、利尿之效，当然，其他疗效还要取决于医者具体使用了哪种草药。

味——我敢说，按照这个配方真的可能会将木乃伊做成一道佳肴。当然，我并没有说自己赞成同类相食，但如果**非要**我在木乃伊万灵药和桑葚风味的木乃伊糊糊中做出选择不可的话，我肯定选择后者。

同样美味可口 / 令人作呕（看你口味咯）的是中世纪阿拉伯地区颇具传奇色彩的"蜜人"安葬风俗。根据后来中医药学家李时珍的记载，"蜜人"是一些愿意舍身济人的老者，他们在生命中的最后一个月里只食用蜂蜜，且只在蜂蜜中沐浴，直到他们像人形蜜蜂一样连排泄物都成蜂蜜，人便会死去。[1] 显然，他们死于急性糖尿病。下葬百年之后，即可取出当作药物服用。

让我们返回欧洲，在文艺复兴时期的英国文坛，莎士比亚、约翰·邓恩（John Donne）[2]和埃德蒙·斯宾塞（Edmund Spenser）[3]都在各自的经典作品中提及了木乃伊制成的口服药物。这也是许多君主都十分青睐的保健品。据说，在16世纪初，法兰西国王弗朗索瓦一世（King Francis I）会随身携带一个装有大黄和木乃伊碎末的囊袋，以处理外出打猎时可能发生的磕伤或擦伤。

弗朗索瓦一世驾崩后，他的儿子亨利二世（King Henri II）继承王位并聘请了一名新的御医，而这位对木乃伊可一点儿都不感冒。他就

---

1 《本草纲目》第五十二卷"人部"列出了与人体有关的35味可入药之物。其中的"蜜人"则是引自陶九成的《辍耕录》，根据选段"绝不饮食，惟澡身啖蜜，经月便溺皆蜜。既死，国人殓以石棺，仍满用蜜浸之"来看，并无"只在蜂蜜中沐浴"一说，而是尸身浸在蜂蜜之中。李时珍也没法验证其真假——"陶氏所载如此，不知果有否？姑附卷末，以俟博识。"此外，蜂蜜也不是蜜蜂的排泄物。

2 约翰·邓恩（1572—1631），17世纪英国诗人、教士，玄学派诗歌开创者，代表作为《歌与十四行诗》。

3 埃德蒙·斯宾塞（1552—1599），从杰弗雷·乔叟到莎士比亚之间的最杰出的诗人，代表作为长篇史诗《仙后》、牧歌集《牧人月历》、十四行诗集《小爱神》《婚前曲》《祝婚曲》等。

是安布鲁瓦兹·帕雷（Ambroise Paré）[1]，16世纪的医学巨匠之一，同时也是通过实验判断疗效的早期倡导者。他表示自己用木乃伊入药做了一百次测试，发现这其实是种非常邪恶的治疗方法，还会产生意想不到的副作用，如胃灼热、头晕想吐以及"口腔异味"。真不错，只可惜他的这些斥责之言在从法语翻译成英文时一定出现了误译。因为在一个世纪之后，苏格兰、英格兰及爱尔兰国王查理二世（King Charles II）仍然在快活地服用木乃伊粉和骷髅头酒以增强自己的免疫力。[2]

你我可能认为啃食古尸（或同类相食）的行为十分恶心，这是可以理解的。但其实圣人相食的概念早已纳入了基督教的神学思想：圣餐变体论认为，天主教圣餐仪式中的圣餐酒和圣饼会变成弥赛亚真实的血肉。这样看来，吃上几片3000年前干瘪的古埃及人遗骸也就没什么好大惊小怪的了吧？同样的逻辑或许足以解释为什么濒死的教皇英诺森八世（Pope Innocent VIII）[3]会在1492年饮下三个犹太男孩的鲜血（这可能是人类第一次尝试输血）。实际上，这个故事很像是反教皇和反犹宣传中的内容，而且可能完全是在胡说八道，但我还是提到了它，没办法，哥特风的吸血鬼教皇这一形象实在太酷了！

19世纪初，尸体医学逐渐走向消亡。此时，人们对木乃伊的迷恋从其药用价值转向了它们的历史意义，木乃伊分解秀顺势兴起，这

1　安布鲁瓦兹·帕雷，"现代外科之父"，曾先后侍奉4位法国君主，以擅长治疗枪伤和处理截肢时的结扎动脉止血法而闻名，同时还是鸦喙钳和"钳夹止血法"的发明者，著有《铳创疗法》《外科学教程》《帕雷全集》等。

2　查理二世这位奉行享乐主义的"快活王"饮用的是泡着人类头骨的酒，他也许确实提升了免疫力，这才能在放血、催吐、灌肠、涂粪、火烧等神奇的治疗手段下坚持了好几天才咽气。

3　英诺森八世，罗马天主教皇，在任期间生活奢侈，屡次对外兴兵，为敛财而疯狂出售神职和赎罪卷，甚至典当了教皇冠冕。这个故事源自《罗马城日记》（*Diarium urbis Romae*）这本缺少第三方证明资料的反教宗野史。

一领域的知名人士托马斯·"木乃伊"·佩蒂格鲁（Thomas 'Mummy' Pettigrew）[1]的著作是我们了解尸体医学历史的关键来源之一。嗨！我这里说的是"S-O-U-R-C-E"（来源），而不是"S-A-U-C-E"（酱）哦！希望你这篇看下来不会满脑子都是人血果酱什么的。唔，突然好想吃桑椹果酱……诶？！小丑原来是我自己……

---

1 佩蒂格鲁医生的木乃伊解剖秀深受达官显贵的欢迎，他会先就古埃及文化发表一段科普演讲，然后进入激动人心的"开盲盒"环节——将一具古埃及木乃伊从彩绘棺材中取出并当场拆解，每个观众都能分到刚刚重见天日的几片碎布、一节枯骨或是半块神秘护符，以供他们细细把玩，满足其猎奇心理。

12

在漫长的人类历史中，我们针对许多疾病尝试了五花八门的治疗手段。其中一些成功起效，一些无害无益，也有一些相当危险（详见后文，敬请期待！）。而保罗所提问题的有趣之处在于，他想找到历史上看似最为疯狂，后来却被证明科学有效的疗法。好消息，保罗！关于你的问题，我这儿有不少案例可供分享。

让我们从水蛭开始谈起。一看到你的问题，首先浮现在我脑海的就是英国广播公司（BBC）经典情景喜剧《黑爵士》(*Blackadder*)[1]。在某一集中，身处16世纪的男主埃德蒙向一位江湖郎中求医问药，却发现对方无论治疗什么疾病都只会一招，那就是放吸血水蛭：

---

[1] 由"憨豆先生"罗温·艾金森主演，主角爱德蒙是自封为"黑爵士"的中世纪英国王子，该剧后面几季讲述了黑爵士后人的故事，如第二季中的爱德蒙是伊丽莎白一世的朝臣，第三季中成为乔治王子的管家。

黑爵士：没有什么病是这个医生无法用水蛭治好的。耳朵疼就把水蛭贴在耳朵上，治便秘就将水蛭放在臀部……

事实上，这种狂热的放血疗法放到今天肯定是行不通的，但在19世纪之前的很长一段历史时期中，四液学说（见第9问）都是广受认可的医学理念，这意味着无论病患是发烧、头部受创、胸部感染或只是身体不适，都可以通过一套标准的治疗程序将多余的血液排出体外。大约20只水蛭就可吸走一品脱[1]的血液。

原本生活在池塘里的吸血虫被广泛用于治病救人，这听上去就让人觉得是中世纪才有的荒谬之举，充满了哥特式的恐怖色彩。但这口锅实际上并不应该扣在中世纪头上——水蛭到了16世纪方才加入医疗体系，中世纪的放血疗法靠的其实是理发师手上的锋利刀片。说实话，历史上的许多病人都在死前失去了全身四到五成的血液，比如乔治·华盛顿，多位热心过头的医生的轮番治疗让他的喉部感染急剧恶化[2]（事实上，他的朋友桑顿医生迟来一步，没能参与治疗过程，但他提出了给华盛顿输羔羊血的建议，并希望这能使一具冰冷的尸体再度复活[3]）。不过，我们可别把医生的错误归咎于水蛭。

事实上，不可思议的是，在现代外科手术中依然存在水蛭的身影——虽然其医疗用途与先前截然不同——并成为整形外科医生的丑陋助手。水蛭会在患者血液中释放抗凝血物质，这使得它们在微创精

1　1英制品脱约等于568.26毫升。——编者注

2　华盛顿感冒后，上门诊治的三位医生给他放了4次血，还开出了多种漱喉药液，令他的病情雪上加霜。

3　丧尸版乔治·华盛顿完全可以加入《生化危机》（*Resident Evil*）系列游戏并为之带来巨大转变，我已经想好了这一全新版本的名字:《生化危机之丧尸总统》（*President Evil*）。——作者注

密重建手术中，成为将切开部位重新接合这一过程的出色医疗助手。血管接驳后通常会肿胀得厉害，而水蛭却能将多余的血液吸走，并在饱餐一顿的同时释放天然麻醉剂，因而病人不会产生任何不适之感。它很丑，可是也很温柔呢！

据说，拿破仑·波拿巴也接受过水蛭疗法。1815年，在滑铁卢战役前夕，这位法国皇帝因长时间坐在湿冷的马鞍上而得了非常严重的痔疮。鉴于第二天一早就要打响一场具有划时代意义的大战，拿破仑召见了他的外科医生拉雷（Larrey）[1]男爵，我们怀疑后者使用了水蛭疗法，以促进痔疮缩小，帮助那位常胜将军重回战场。这也不是拿破仑首次尝试这一治疗手段了，他之前还曾借助水蛭治疗便秘。

另一种看似野蛮，实际却是现代手术之基的肛周脓肿切开术，最早也是在恶臭充血的法国屁股（没错，说的就是臭屁的拿破仑！）上动刀的。在14世纪，英国外科先驱约翰·阿德恩（John of Arderne）[2]是治疗肛瘘的头号医者，尤其是因为他经历过百年战争，给许多因马鞍与臀部频繁接触而患病的骑士解决了难言之隐。他记录道：

> 对于长在肛门附近的脓肿，不应任其自行破裂……要大胆地用一把锋利的柳叶刀剖开它，放掉腐败的脓血。否则……肛门附近的那节直肠会在体内涨破……如果内外都出现了破裂，就必须

1　拉雷，全名多米尼克·让·拉雷（Dominique Jean Larrey, 1766—1842），拿破仑近卫军的首席外科医生，开创了野战医院和军队救护队制度，制定了战争伤亡的分类规则，大大降低了士兵死亡率。瓦格拉姆战役后获封帝国男爵。

2　约翰·阿德恩，曾作为一名军医在英法百年战争期间效力于英国军队。他是第一个命名肛瘘（fistula in ano）的医生，擅长瘘管切开术，为肛肠外科做出了杰出贡献，著有《约翰·阿德恩关于肛瘘的论文节选》（*A Treatise Extracte of Maistre John Arderne of Fistula in Ano*）等。

有个手艺高超的外科医生出马才能治愈这种病症。因为从那一日起，肛周脓肿就发展成瘘管了。

　　这恰好让我想起了法国那位雄才大略的统治者——路易十四（King Louis XIV）。当这位国王在17世纪晚期患上肛瘘时，御医们全都束手无策，似乎没有人记得约翰·阿德恩的医疗手段。于是，路易十四的外科医生——一个名为查尔斯·弗朗索瓦·费利克斯（Charles-François Félix）的勇士——到一家慈善医院里待了几个月，在许多农夫身上做了简陋的切割实验。我不知道这些人有多热衷于做志愿者，要知道他们中的一部分很可能死于术后感染，但费利克斯确实完成了他的肛瘘治疗研究。最终，积攒了充足经验的费利克斯拿着自己设计的肛瘘切除工具对国王的臀部发起进攻。手术奇迹般地成功了。不过，由于路易十四的任何行为都会受人追捧，许多贵族大臣都希望也给自己来上一刀。[1]慌乱无措的费利克斯做出了一个理智的决定，他表示除非必要，否则决不再管这些"屁事"。

　　保罗，请原谅我对屁股的执着——我有这种幼稚的癖好都是因为在《糟糕历史》（*Horrible Histories*）的工作把我的画风带歪了——不过，我还想和你分享更多与屁股有关的历史。这次，故事的主角是公元1世纪受雇于罗马军队的古希腊医生迪奥斯科里斯（Pedanius Dioscorides）[2]。这位药理学家因一部记录药草的大作而名垂青史，但他

1　"太阳王"路易十四就是潮流的化身，不但他的红底高跟鞋引领了潮流，就连患上的肛瘘也成了时髦的富贵病。为了与国王拉近关系，一些达官显贵不管是否患病，都想挨上一刀，假装自己也是"有痔之士"。
2　迪奥斯科里斯，古希腊药理学家、植物学家和画家，曾随罗马皇帝尼禄征战。其代表作《药物论》（*De materia medica*）收录了约600种植物，是现代植物术语的重要来源，也是欧洲药理学在接下来的16个世纪中的主要教材。

也曾建议使用电鳐来治疗肛门脱垂。[1]这在你我看来，往好了说叫愚不可及，往坏了说就是彻底疯狂。

然而，在2017年，《解剖学杂志》（*The Journal of Anatomy*）上发表的一篇论文讲述了"电刺激肛门直肠结构"（anorectal electro-stimulation, ARES）如何"带给患者积极影响"。其研究结果显示，这"不仅会为所有肛肠组织的结构（形态）带来积极影响，更重要的是有益于增强肛肠肌肉结构……提高了无创治疗肛门失禁过程中ARES的适用性"。真是诡异！看来，迪奥斯科里斯的"电臀"疗法确实是个行得通的好主意，不过医生也许需要花上一番功夫才能说服病患。

呀！再次深表歉意，但我实在忍不住想要再分享一个曾搞得我笑出眼泪的电击肛门趣事。在18世纪90年代，杰出的德国科学家和探险家亚历山大·冯·洪堡（Alexander von Humboldt）[2]出于对电流的痴迷，拿自己做了一次实验：口含一支锌电极，再将一支银电极插入直肠"约4英寸[3]深"，然后按下开关，接通电路。于是就上演了一幕只有亚历山大·冯·洪堡受伤的滑稽戏：

> 电流入体时会产生令人恶心的肌肉痉挛，同时伴有胃收缩带来的胃部不适，接着是剧烈的腹部绞痛……随之而来的是尿失禁……

但我更喜欢下一行……

1　古希腊医生还会建议病人触碰电鳐以治疗风湿等疾病，只要不找条大家伙，它们的电压一般并不致命。

2　亚历山大·冯·洪堡，德国科学家，近代地理学创建人之一，首创了等温线、等压线概念，著有《新大陆热带地区旅行记》等。

3　1英寸等于2.54厘米。——编者注

更让我震惊的是……将直肠内的银电极插得更深后，我的双眼前出现了一道亮光。

每次读到"更深"这里，我都会忍俊不禁。这家伙可真是个受虐狂！他没把自己电死实属命好。不然，想象一下他的家人[1]在葬礼上泪流满面地念诵着这样的悼词："亚历山大为自己所热爱的事业——直肠电击献出了生命。我们都将深深怀念他。"

我之所以在这里提到他，是因为洪堡在1799年到1804年间探索了南美洲的动植物群。那个地方确实危机四伏，不过，假如他遭到了豹子的扑袭，倒是可以使用大自然馈赠的手术针来缝合伤口。该地区有一种以宽阔锋利的上颚而闻名的"鬼针游蚁"（Eciton burchellii）[2]。在阿兹特克人和其他中南美洲原住民手中，这种蚂蚁的大颚变成了原始的手术缝针。诀窍是捏住蚂蚁，对准伤口，待其咬住伤口两边皮肤时扯下蚂蚁头部，只留下如缝合钉一般牢牢夹住伤口的上颚。

用扯下的蚂蚁脑袋只能DIY一场相当粗糙的缝合手术，如果想见识一下真正硬核的颅骨手术，就让我们一起回到石器时代晚期，那时，原始人会在彼此的头上钻孔。虽然也会在活生生的人头上打洞，但他们并不是恐怖电影《电钻杀手》[3]中的变态杀人魔。有超过一半的头骨显示出愈合多年的痕迹，也就是说，大部分开了脑洞的人都活了下来。可他们为什么要冒这个险呢？据推测，戳洞是为了治疗头痛、癫痫、

---

1 比如他的哥哥，柏林洪堡大学的创立者，大名鼎鼎的威廉·冯·洪堡（Wilhelm von Humboldt）。

2 即"布氏游蚁"，生活在南美洲热带雨林的一种行军蚁，我们看到的"大牙"其实是它发达的上颚。

3 《电钻杀手》，阿贝尔·费拉拉执导的恐怖、惊悚电影，于1979年上映，该片讲述了一位艺术家变得精神异常，并开始一系列残忍行为的故事。

创伤性脑损伤或精神疾病。这种名为"钻孔术"或"环钻术"[1]的疗法在世界各地都十分盛行，在欧洲、中国、南美洲和非洲的历史遗址都发现了相关证据。

19世纪60年代，当法国医学人类学家保罗·布罗卡（Paul Broca）[2]首次找到这些石器时代的证据时，他的外科医生同行们都感到十分困惑。他们也实施了不少起"环钻术"——这种疗法传承至今——但在他们手上，病人的死亡率总是居高不下。可那些住在洞穴的史前人类却在术后活了下来。这是为什么呢？维多利亚时代的外科医生们不知道的是，他们未经消毒的手术刀、脏兮兮的双手，以及更糟糕的——每天要接待多位病患，这些都大大增加了病人的术后感染风险，而石器时代的医生基本无需面对排成长队的病患。

然而，当懂得病菌理论的外科医生开始使用抗菌药物后，环钻术就成为一种安全有效的、可解决头部受创患者脑肿胀问题的急救手段。奇妙的是，这意味着石器时代的原始人所施行的开颅手术和我们今天为挽救车祸受害者而进行的手术基本相同，并且许多病患都保住了性命，这个治疗故事也因而流传于世。

刚刚我提到了抗菌，我打算以此收尾。2015年，一项微生物学研究登上了世界头条，该研究宣称，有一种1200年前的古老药方可以对付医院里的超级细菌MRSA[3]。研究人员惊讶地发现，将洋葱、大蒜、

1　环钻术的工具（圆锯）就像带有摇动手柄的钻头，原始人会用石头、果壳、葫芦、金银来覆盖手术伤口。

2　保罗·布罗卡（1824—1880），法国外科医生、神经病理学家及社会人类学创始人。他是研究古人类颅骨的专家，也是大脑语言中枢的最早发现者，运动性言语中枢"布罗卡氏区"就是以他的名字而命名的。

3　MRSA，全名为"耐甲氧西林金黄色葡萄球菌"，具有广谱耐药性，能抵抗所有青霉素，多存在于医院和社区。

韭菜、葡萄酒和取自牛胃的胆汁混合并置于铜锅泡上9天，所得的药膏居然莫名其妙地消灭了一种每年会杀死超过一万名美国人的耐药菌。[1]这个药方最初是在公元9世纪的古英语文献《伯德医书》(*Bald's Leechbook*)[2]中发现的，其目的是治疗睫毛毛囊感染。而当现代研究人员根据中世纪药方还原了这款眼膏后，他们惊讶地发现其杀菌能力可与最为强大的抗生素相媲美。

保罗，我们可以从上述一系列神奇而又古怪的疗法中发现，有时人类的第一次尝试就碰巧撞上了正确答案，所以，也许在世人遗忘已久的古老文献中，还埋藏着许多治病良方等待着我们的发现？不过话说回来，我可不想在屁股底下塞条电鳗。我也是有底线的！

---

1 《一种传承千年、可抗葡萄球菌的抗菌药物》(*A 1,000-Year-Old Antimicrobial Remedy with Antistaphylococcal Activity*)，发表于《微生物学》(*mBio*)，作者为 Freya Harrison、Aled E. L. Roberts、Rebecca Gabrilska、Kendra P. Rumbaugh、Christina Lee 和 Stephen P. Diggle。——作者注

2 《伯德医书》，一本用盎格鲁-撒克逊语书写的中世纪医书，书名源自书中题词："这本书是我伯德让抄写员 Cild 创作的，我希望不要有人从我手中抢走或骗走这本书，因为对我来说，没有比书更珍贵的东西了。"

13

嗨，亚历克斯，我是在新冠肺炎全球大流行的第九个月写下了这篇文章，只能说这段经历多少改变了我对政府无能的看法。简而言之，如果可怕的丧尸病毒真的暴发并彻底摧毁了我们的生活，我担心官方的反应会是提前一小时关闭酒吧，并要求公众穿上"防咬"锁子甲。是的，虽然大街上可能有成群结队、一瘸一拐的饥饿丧尸在贪婪地寻找新鲜人肉，但这不是关闭经济的理由！当然，后来大家就会发现，拿到锁子甲分销合同的是交通部部长的兄弟，尽管他在2月份就已经进了丧尸的肚子。我愤世嫉俗？完全没有！

好莱坞大片已经把我们吓坏了，在电影中，人类基本上不可能战胜丧尸末日，因为感染病毒的患者会飞速转化成新的威胁。他们不需要住院治疗，只需要被爆头斩首。但被迫击杀丧尸化的家庭成员将会让人感到内心无比煎熬，哪怕对方满身是血，大声嘶吼着"脑——子——"向你冲来。遇到这种情况，肯定会有许多人在痛下决心之前多犹豫了那么几秒，结果就被亲人咬伤，而这致命的一口很快也让他们自己成为丧尸的一员。于是，丧尸数量会像滚雪球一样激增，军队不得不残酷地将所有感染者屠杀殆尽。社会秩序也完全崩溃。

与新冠肺炎大流行一样，丧尸病毒暴发时，城市人口密度会是个特别让人头疼的问题。丧尸出现在伦敦可比出现在地广人稀的湖区（Lake District）[1]可怕多了。最为关键的还属影迷们历来争论不休的那个问题：丧尸到底是像蹒跚学步的孩子那样晃晃悠悠地靠近，还是会像凶悍威猛的运动员那样狂暴地冲过来？2015年，康奈尔大学的一个统计建模团队宣称，如果丧尸属于后一个品种，那么随着感染率或"R值"[2]的飙升，拥有数百万人口的首都可能会在短短24小时之内沦陷为末日地狱。而乡村地区则有更多的反应时间去适应末日。

来看看亚历克斯的问题：哪个历史时代的人类社会最有能力应对丧尸病毒暴发？首先要讲清楚一点，这是个"假设性问题"（what-if question）——我后面会解释我为什么不愿意搭理此类问题——但这次，亚历克斯，我愿意就此好好聊聊，因为这是一个可以搬到荧幕上的绝妙创意，也许某个制片人会读到这篇文章，然后豪掷百万英镑买下改编权？经过一番搜肠刮肚，我想到了好几个历史上最有能力抵御丧尸的人类社会，但我会基于自己制定的一些有用标准，给出最不容易引起争议的答案。

这是我琢磨出来的变量清单，任何想要对抗丧尸末日的古代人类社会可能都需满足下列条件：

· 农村人口多于城镇人口

---

1 湖区，位于英格兰西北海岸，靠近苏格兰边界，是一座占地2300平方公里的国家公园。

2 R值，即"基本传染数"（basic reproduction number），指在易感人群中，没有外力介入时，一个病患可感染的二代病患的平均个数。R值≤1，传染病趋于消失或成为地方性流行病，数字愈大，流行病就愈难控制。

- 随处可得便于斩首的锋利兵器
- 民众普遍受过军事训练或经常参加健身运动
- 聚居地附近有浩瀚水域和大量船只（我假设丧尸不会游泳！）
- 可提供充足的防咬护具
- 能认识到咬伤会感染丧尸病毒
- 存在提及不死生物的神话传说或文学作品，民众因而不会被丧尸吓懵
- 拥有可向他人示警的交流网络

那么我的答案是什么呢？好吧，可能是因为我曾经是个中古史学家，所以我脑海中最先浮现的就是一幅维京人在风景如画的斯堪的纳维亚峡湾追杀丧尸的画面。没错，如果你想对抗丧尸末日，维京人将是最佳队友。原因如下。

维京基本属于农耕社会。据考古学家估测，中世纪早期的斯堪的纳维亚城镇通常只有几百位居民，即便是卑尔根（Bergen）[1] 这样的大城市，也只有寥寥数千人。事实上，一些学者推测，在维京时代[2] 的挪威和丹麦，只有不到10%的人口分布在城市中心地带。分散聚居的小型社区意味着当病毒在城市中心暴发后，丧尸们得花上好长时间才能赶到下一个"食堂"。它们要么无人可咬，要么在事态失控前，镇民就已经求援成功。

真实的维京人并不像流行文化中塑造的那般暴力变态，他们大部分时间都在贸易、耕作、吟诗和钓鱼，而非挥舞斧子四处劫掠。话虽

1　卑尔根，挪威霍达兰郡的首府，由国王奥拉夫（Olav Kyrre）于1070年建立，保存着许多汉萨同盟时代的古建筑。

2　维京人（别称北欧海盗）在8—11世纪经常侵扰欧洲沿海和英国岛屿，这一时期因而得名"维京时代"。

如此，真正发生战斗时他们也毫不畏惧。相当多的维京人在日常生活中会接触到带有锋刃的冷兵器——不只是刀剑、斧头、匕首这些武器，还包括一些农具（如果你遇到致命威胁，就算一把锄头也能造成不俗的伤害！）。有正规军事经验的战士还可能备有一件足以抵挡丧尸撕咬的锁子甲。

除了战士，维京平民（身强体壮的农民、水手、铁匠、木工和渔夫）也能在抵御丧尸时自保。能够参战的还有一群处于维京社会底层、适应了繁重体力劳动的奴隶。我还可以列举出更多家伙，但不是只有成年男性才能对抗丧尸。假使真的遇到丧尸袭击，维京男孩也有加入战斗的本事，因为他们在成长过程中或许接受过一些基本的战斗训练。虽然16岁才算成年，但维京男孩可能在12岁时就已经掌握了一些剑式、枪法、斧招、箭术和标枪投掷技巧。

至于维京女性，在挪威的传奇故事中，她们是穿着裤子的女战士，也叫作"盾女"（shield-maidens）。书中的女战士有的在沙场上横冲直撞、拼斗厮杀，也有的扬帆出海、乘风破浪，过得好不快活。不过，朱迪思·杰施（Judith Jesch）[1]教授和约翰娜·卡特琳·弗雷德里克斯多蒂尔（Jóhanna Katrín Friðriksdóttir）[2]教授这两位关注维京性别的历史学家警告说，这些故事角色更像是我们的超级英雄，所以也许不能作为普通维京女性的代表。她们强调，也有一些维京女性通过其他不那么暴力的方式为自己争取到了权力。

也就是说，还有许多专家正在研究调查维京人女战士，而最近的

---

1 朱迪思·杰施，英国诺丁汉大学维京研究教授，主要研究斯堪的纳维亚民谣、维京时代的女性、北欧符号与铭文等。
2 约翰娜·卡特琳·弗雷德里克斯多蒂尔，中古史学家，曾任耶鲁大学讲师，后在挪威国家图书馆工作，著有《瓦尔基里：维京世界的女性》。

一个考古发现甚至让全球媒体都兴奋起来。我说的是"最近",但其出土其实可以追溯到1878年。那是一具在瑞典比尔卡[1]发现的战士遗骸,在20世纪70年代之前,人们一直将其认作男性,因为这具遗骸被埋葬在军营附近,陪葬品中还包含一些武器与赌具。然而,最近的一项染色体分析证明,这位战士在生理上是名女性。哇!全网为之沸腾!维京姑娘和维京汉子一样能打!

不过,随后又冒出来了一些谨慎的声音。多位专家指出,这具骨骼上并未留下作战受伤的痕迹,也没显示出经常锻炼所带来的肌肉发育迹象。他们不认为这是一位"女武神",并怀疑陪葬品中的武器和赌具是其领导地位而非战斗能力的象征,所以这位女士更可能是一位重量级的政治人物。当然,也有可能是因为她身手高超,从未受伤?或者说她完全是个战场新丁?有趣的是,这项研究的主导者尼尔·普莱斯(Neil Price)[2]教授——他是《维京传:冰与火之子》(The Children of Ash and Elm)的作者,那是我读过的关于维京人的最棒的一本书——承认这名女性可能是名战士,并相信未来考古学家可能会发现更多的类似案例。值得称赞的是,治学严谨的他慎重强调我们应该将各种可能性纳入考虑范围,比如——把XX染色体放在一边——也许她曾以男性的身份生活,并被他人视为男性。

弗雷德里克斯多蒂尔教授在其著作《瓦尔基里:维京世界的女性》(Valkyrie: The Women of the Viking World)中指出,冰岛的故事传说在提到战士时会默认使用阳性单词,这意味着虽然大多数文学作品将盾

---

1 比尔卡,瑞典古城遗址,约公元800年建于瑞典东南部梅拉伦湖的比约克岛,城外有近1200座火葬和尸葬冢。
2 尼尔·普莱斯,英国考古学家,瑞典乌普萨拉大学考古和古代史教授,主要研究维京时代的斯堪的纳维亚半岛和萨满教。

女描述为好斗的女战士，但当她们拿起武器后，就会被赋予阳性的名词和代词。这究竟是一种文学手段，还是一条揭示挪威社会如何表达性别的线索呢？

我们可以就此提出五花八门的问题，却无法给出明确的答案。比尔卡遗骸中发现的染色体组成属于科学事实，但如何解释它们还有待讨论。遗憾的是，我们无法令其开口自辩。然而，考虑到已有的这些考古和文学证据，我认为没有理由排除以下两种可能性：也许一些维京人属于跨性别者或性别不符（gender non-conforming）[1]，也许维京女性也像战士一样战斗。

我们可以笃定，许多维京女性既坚强勇敢，又足智多谋。在男人们外出劫掠或进行贸易的这几个星期中，她们常常要留在后方主持大局。与英格兰的诺曼系英国人（Anglo-Normans）相比，她们不仅拥有更大的政治、法律影响力，还可能得应对各种偶发事件，比如击退敌人的突袭、赶走偷猎者或罪犯、追回出逃的牲畜、搞定互殴的醉鬼等。如果她们能开办一场单身狂欢派对，畅饮自酿的蜂蜜酒并打破酒量纪录，那我可以肯定她们也能收拾掉那些丧尸。

当然，迎战丧尸并不是唯一的选择。维京人完全可以发挥自身的另一大优势：经常驾船出航的他们拥有维京长船、商船、渔船等各式各样的船只，可在任何水域肆意纵横。他们擅长在平静的峡湾、汹涌的河流，甚至是危险的大西洋中航行，其中的佼佼者，著名的探险家莱夫·埃里克森（Leif Erikson）[2]，甚至一路远航到了北美的纽芬兰。由于维京人大多居住在沿海地区或主要水道附近，他们只需跳上长船，站在安全距离用火箭射杀丧尸，就可以轻松避开任何丧尸潮。

1　行为、文化或心理特征与自身性别不符。
2　大约在公元1000年左右，这位维京开拓者成为有史以来第一个登陆北美的欧洲人。

最后一件让我对维京社会的丧尸抵御能力充满信心的事情是，冰岛维京人——与挪威、丹麦和瑞典的维京人有点不同——的神话传说中其实提到了一种类似丧尸的怪物。据《格雷蒂斯萨迦》（*Grettis Saga*）[1]记载，"尸鬼"（draugr）是一种肿胀腐烂的不死生物，大多待在坟墓中守护着陪葬的财宝，但有时也会跑出来袭击活物。不同于脚步蹒跚的好莱坞丧尸——就像某些家伙一夜狂欢后，从宿醉中醒来，发现自己正抱着马桶，然后试图拖着掉到脚踝的裤子晃晃悠悠地离开——尸鬼拥有超凡的力量和不低的智商。但是它们并未保留自己曾经的人类身份或记忆。这些死而复生的怪物没有知觉且浑身恶臭，在黑魔法的作用下，它们能够变形、散布诅咒、侵入梦境、传播疾病，还可以将白天转化为黑夜。

那么斯堪的纳维亚英雄格雷蒂尔是如何消灭这种怪物的呢？他砍下了尸鬼的头颅，并将其放在对方的膝盖之间。简单吧！中世纪英国传说中的"返魂尸"（revenant，一种吸血鬼和丧尸的混合体）[2]和尸鬼十分相似，这也是一种能够散播瘟疫的邪恶存在，到了夜间就会侵扰自己曾经的家园。感谢12世纪的编年史家纽堡的威廉（William of Newburgh）记录了这些怪物的暴行，据他所说，人们可通过斩首消灭返魂尸，或是在尸体口中塞块砖头以免诈尸咬人。这种恐怖文化似乎超越了传说故事，其影响力渗透到了现实生活中：考古学家在中世纪坟墓中确实发现了塞入口中的砖块、失去头颅的尸骨，或是遭到斩首、头颅位于双膝之间的遗骸。

---

1 又名 *Grettir's Saga*，讲述了英雄格雷蒂尔（Grettir）打败尸鬼 Glámr 的故事。Saga 一词源于古日耳曼语，本意为"说、讲"。公元13世纪前后，冰岛人和挪威人把口口相传的英雄故事加工成一篇篇萨迦。

2 原文 revenant 意为"归来的亡魂"，源自法语 revenir（返回），一种从坟墓中出来的有形的鬼魂或类似僵尸的生物。

由此可见，中世纪的维京人已经熟练掌握了对付丧尸末日的方法，所以我应该算是稳妥地回答了亚历克斯的问题。那么现在，更重要的问题来了！有没有哪位豪气阔绰的电影制片人愿意采纳我的创意来拍部片子？请直接致电我的经纪人，谢谢！

14

好吧，列夫，我是不信教的，而你的这个问题，许多基督徒不需要怎么思考就能给出答案。第一批素食主义者当然是最早的人类——亚当和夏娃，按照亚伯拉罕系一神教[1]的设定，他们是《行星地球》最初的剧组成员。据《创世记》一书记载，上帝把那对新婚夫妇扔进伊甸园，然后你们懂的，在冰箱上留下一张便利贴告诉他们只可以吃植物和水果（智慧之树的果实除外）。亚当和夏娃不可以食用伊甸园中的其他动物，动物之间也不允许互相吞食。看来，人间天堂中的狮子、老虎大概只喜欢芒果冰沙和羽衣甘蓝脆片。

当然，后来事态变得极为糟糕，亚当和夏娃被逐出了伊甸园。人类获得智慧后，成了罪孽深重的恶徒，后悔不已的上帝按下了"大洪水"这个重置按钮，抹去一切，只留下诺亚和他的海上动物园。这次

---

1 亚伯拉罕诸教包含了世界三大一神宗教：犹太教、基督教、伊斯兰教，其起源均与先知亚伯拉罕有关。

灾难之后，上帝放宽了用餐礼仪规则，宣布现在大家可以吃肉了！诺亚和他刚刚拯救的美味动物之间的气氛一度变得十分尴尬，上帝一句话的工夫，这些动物就从同舟共济的素食伙伴变成了彼此的午餐。

简而言之，素食主义的乌托邦理念可追溯到最为古老的亚伯拉罕系一神教——犹太教。关于这些思想究竟有多古老，学界一直众说纷纭，争议不断。至关重要的《妥拉》（Torah，《希伯来圣经》之首五卷，基督徒口中的《摩西五经》）可能没有想象的那么古老，它也许只完成于公元前6世纪，但其中肯定有一些元素可以追溯到大约3000年前的大卫王和所罗门王时代。我在意的是，这种素食主义是否可能不仅仅是一个创世神话，而是古代犹太人日常生活的一部分？鉴于大多数肉食并不违背犹太教的饮食戒律，我猜答案可能是否定的。

除了亚当和夏娃，还有哪些可能的答案？据我所知，大部分古代欧亚社会——包括古埃及——都不怎么食用肉类。原因很简单，肉太过昂贵或是无法进行大规模养殖。你可能觉得我有些尖刻，但如果你不愿大嚼菲力牛排的唯一原因是囊中羞涩，那我很难判断这到底算不算素食主义。不过，一些广受欢迎的历史书倒是经常将古埃及祭司定义为素食者，认为那是他们需要严格遵循宗教规定、保持身体纯洁的结果。这是真的吗？嗯，答案可能取决于我们所关注的时代……

通过解析各种墓室铭文，我们了解到，在青铜时代——距今大约4500年到3000年——祭司的职责是在神庙主持动物祭祀，而他们的福利之一是可以与亲人分享剩菜。事实上，在2010年，曼彻斯特大学的一个研究小组推翻了某些史书的论断。他们研究了多具古埃及祭司木乃伊，发现这些家伙根本不是清修之人，而更像是拉斯维加斯时期的猫王那样大嚼鹅肉汉堡，这种高脂肪的快餐式饮食引起了动脉阻塞，让这几个祭司的心脏在50岁前就停止了跳动。

既然如此，古埃及祭司是素食主义者的流行观点又是从何而来的呢？我怀疑它出现的时间较晚，大概在所谓"后期埃及"（Late Period）[1]，多亏了古希腊旅行家和历史学家希罗多德，他笔下的轶事野史极大地丰富了我们对那一时代埃及文化的认知。这位一直活到了公元前425年，当时，古埃及已被波斯帝国征服，也就是在这一时期，精神上的素食主义几乎同时出现在了希腊、印度、波斯和中国。

那么，谁是这场突然涌现的豆腐食用热潮中最大的推手呢？最早的素食主义哲学家也许是琐罗亚斯德（Zoroaster），你可能更熟悉他的另一个名字"查拉图斯特拉"（Zarathustra，因尼采那本《查拉图斯特拉如是说》而闻名）。[2]这位大约出生于公元前7世纪的波斯祭司宣称自己从主神阿胡拉·马兹达（Ahura Mazda）那里得到神启，要求他按照一神论路线改革宗教与社会。查拉图斯特拉禁止开荤并限制动物祭祀，直到今天，伊朗仍有许多拜火教徒在遵循这些规矩。

我可不敢断言查拉图斯特拉就是人类历史上的第一个素食主义者，那是在给自己挖坑，但他的这种思想可能渗透到了波斯治下的埃及，从而改变了那些据说是素食者的埃及祭司的行为。如果是这样的话，那么埃及祭司反过来又对古代最为著名的素食主义者之一，希腊哲学家和数学家毕达哥拉斯（Pythagoras）产生了重大影响。据不可靠消息，毕达哥拉斯起初是为了求学研究而在公元前535年造访埃及，后被波斯人扣押并带到了巴比伦。有不止一份古典文献资料显示，毕达哥拉斯曾直接拜在查拉图斯特拉门下，不过我们对此尚持怀疑态度。

---

1 即 Late Period of Ancient Egypt，指公元前656—前332年，从第二十六王朝到被亚历山大征服。

2 查拉图斯特拉，古代波斯帝国国教拜火教的创始人，波斯语名为 زرتشت，希腊语音译是 Zoroaster，古阿维斯陀语作 Zarathustra。原文中，作者表示"查拉图斯特拉"因理查·施特劳斯的交响诗《查拉图斯特拉如是说》（*Also sprach Zarathustra*）而闻名；为便于中国读者接受，译者选择了与之同名的尼采著作。

你可能觉得毕达哥拉斯只是一个痴迷于几何图形、直角斜边的数学呆子，但他除了用数学解释音乐的和谐外，还自己创建了一个拥有超过2000名信徒的神秘教派，成为最为古怪的异教领袖之一。[1]从表面上看，毕达哥拉斯学派的戒律显然有些过于严苛。信徒入教后，需修持5年沉默之誓，且此间不可瞥见毕达哥拉斯的面容。信徒不得开荤——显然是因为这会影响心灵接收预知梦——还不可以穿着动物制品，或食用蚕豆[2]，因为蚕豆中可能会有亡友转世的灵魂！

没错，这种奇特的同类相食观念导致蚕豆被踢出了素食行列。事实上，在一个古老的故事中，毕达哥拉斯宁愿遭到一群愤怒暴徒的杀害，也不愿意穿过挡在逃跑路线上的一片蚕豆地，因为他不想踩到那些转世的旧友——不管你怎么看他，他这都是为了践行自己承诺遵守的生活方式而不惜生命。毕达哥拉斯因其厌恶肉食而闻名，所以直到20世纪早期，欧美的素食主义者都还被称为"毕达哥拉斯主义者"。

当毕达哥拉斯于公元前6世纪创立神秘教派时，宗教素食主义在印度也开始不断发展，这要归功于在摩诃毗罗（Nataputta Mahavira）[3]推动下兴起的耆那教和同一时代由乔达摩·悉达多（Siddhartha Gautama）创立的佛教。全能的征服者阿育王（Ashoka the Great）不再穷兵黩武，转而推行这种平和的思想，将佛教传遍了南亚。在佛教于印度流传的

1　毕达哥拉斯探讨了弦长比例与音乐和谐的关系，并将音乐纳入其以数为中心对世界进行抽象解释的理论之中。公元前6世纪末，他创立了集政治、学术、宗教于一体，拥有秘密仪式和严格戒律（不要碰白公鸡，不得擘开面包，不要迈过门闩等）的"毕达哥拉斯学派"，成员大多是数学家、天文学家、音乐家。

2　关于这点还有许多其他猜测，比如该单词发音不雅、防止坐而论道时有人放屁、避免信徒死于蚕豆病等。

3　摩诃毗罗，本名若提子·筏驮摩那（Nataputta Vardhamana），耆那教（Jaina，意为"战胜欲望的胜利者"）第24祖，教徒尊称其为Mahāvīra，意为"伟大的英雄"，较释迦牟尼（Śākyamuni，本名Siddhāttha Gotama）年长。

同时，儒道两家的基本理念也在中国不断传播，这两者后来都与素食主义有所关联，但并不严格要求食素。事实上，我曾在一篇文章中了解到，孔子有次被音乐打动，之后连续三个月都几乎没有开荤，虽然后来他还是会少量吃肉。[1]

我们可能永远都无法知道谁是第一个素食主义者，过去可能出现过数以百万计的素食主义者，但他们并未留存在历史记载当中。不过，我们可以肯定的是，在大约2500年前，素食主义道德思想就已受许多地位崇高、声名远播的哲学家所推崇，并开始在各大古老帝国中广泛传播。人们通常认为现代素食主义是20世纪的产物，但在19世纪初至19世纪中叶，它就已经因为和激进政治、基督教社会主义[2]、禁酒运动和早期女权主义挂钩而在英国变得相当流行。

当然，我们可以看到，近些年来，不仅素食主义迅速发展，就连全素主义也得到了广泛传播。[3]我很好奇后者是否会被历史证明是一场同样持久的革命。不过，作为焗豆吐司[4]的狂热爱好者，我更担心毕达哥拉斯学派的回归，因为它会毁掉我的午餐。嗨！别碰我的豆子！

---

1 出自《论语·述而》。"子在齐闻《韶》，三月不知肉味，曰：'不图为乐之至于斯也。'"意思是，孔子在齐国欣赏《韶》乐后十分沉醉，以至于很长时间吃肉都尝不出滋味。

2 基督教社会主义，亦称僧侣社会主义，19世纪三四十年代产生的一种以基督教教义为基础，涂上了社会主义色彩的社会思潮；认为只要实行基督教的"博爱""互济"等教义，就能使劳动人民摆脱社会苦难。

3 "素食主义"是一种避免食用肉类的饮食方式，包含了多种类别，其中部分允许食用乳制品、蛋类和蜂蜜等。"全素主义"则更严格，拒绝消费所有含动物成分的产品或从事相关职业。

4 欧美地区大受欢迎的英式简餐：烤好的松脆吐司片表面抹上一层黏糊糊的焗豆（baked beans）。baked beans直译为"烤豆子"，但它其实大多是以番茄汁、玉米糖浆和红糖为酱汁的炖豆子，是种廉价的罐装食品。

15

关于这一问题，我可以给出两种截然不同的答案。你可以认为它非常古老，但也可以说它距今不远。是的，和先前一样，这取决于你对咖喱的定义。讨厌，又是这样……

今天，全球餐桌上都有咖喱的身影：日式盖饭咖喱、泰式绿咖喱、牙买加羊肉咖喱、马来西亚仁当咖喱、马尔代夫鱼肉咖喱、南非夹馅面包咖喱，当然，还有各种著名的南亚经典咖喱——文达卢（vindaloo）、巴尔蒂（balti）、玛萨拉（tikka masala）。[1]但它们真的起源于南亚吗？许多食品历史学家都认为咖喱是英国人的发明，而这其实就是种教科书级别的文化挪用。

提问者：佚名

---

1 "文达卢"的起源可追溯到16世纪葡萄牙统治下的印度果阿邦，它改编自葡萄牙菜carne de vinha d'alhos，即"用葡萄酒和大蒜腌制的肉"，其主要原料克什米尔辣椒粉使这道红咖喱辛辣无比；"巴尔蒂"是根据烹饪这种咖喱的炊具——16世纪随着葡萄牙人传入的烹饪锅balde（意为"桶"）——命名的，所以没有固定配料；"玛萨拉"因咖喱鸡而闻名，一般会加入奶油和茄汁，据说是半个世纪前英国厨师的即兴之作。

直到最近，curry（咖喱）一词在印度次大陆的诸多语言中依然没有任何含义。在葡萄牙航海家瓦斯科·达·伽马（Vasco da Gama）[1]率领船队绕过非洲，并于1498年登陆印度数年后，方才有了curry一词，而它很可能是对泰米尔语单词karil或kari（香料酱）的误用。口语中，葡萄牙人把kari发音成了caree，后者又逐渐演变为curry。神奇的是，中世纪英语也有一个与之十分相似的单词——cury，意为"烹饪"。事实上，大英图书馆收藏了一本写于14世纪90年代的早期烹饪书，名为《烹饪的方式》（*The Forme of Cury*），其中收录了许多使用葛缕子、肉豆蔻、小豆蔻、姜、橄榄油、胡椒、丁香和番红花饭的食谱。这些美味的食材可以制作出绝妙的咖喱，但书名的cury与咖喱的curry完全无关，两者的相似只是一个奇怪的巧合。值得一提的是，当时，这些香料是极其昂贵的奢侈品。以肉豆蔻为例，全世界唯一出产这种香料的地方是印度尼西亚的班达群岛，而每年仅有一批肉豆蔻会从阿拉伯商人那儿转到威尼斯商人之手，然后才能运达英国。

当代英国人对咖喱美食十分痴迷。据估计，2019年，咖喱的堂食和外卖为英国经济贡献了50亿英镑，虽然其中至少有10亿英镑是因为我点了太多的蒜香印度烤饼（味道好极了！）。英国人对咖喱的喜爱可以追溯到17世纪初，当时，东印度公司（East India Company）刚成立不久，那些巧舌如簧的代理人成功取代葡萄牙人，获得了统治着东南

---

1 瓦斯科·达·伽马，初代维迪格拉伯爵，开拓了从欧洲绕非洲好望角到达印度的航线，欧洲国家也随之进入殖民掠夺时代。在第二次印度"探险"中，他率领舰队绑架东非贵族，炮轰印度港口城市，袭击埃及商船（米里号事件），满载而归，劫掠的财富超过了航行总支出的60倍。后任印度总督，因感染疟疾在印度去世。

亚大部分地区的莫卧儿皇帝贾汗吉尔（Jahangir）[1]的青睐。这些英国商人使用印度港口、获得当地资源的机会越来越多，到了18世纪中期，东印度公司已经成为一个到处作威作福的商业霸主，甚至组建了私人军队以维护自身利益、加强土地掠夺。掌控这片土地后，东印度公司掠夺了无数财富，吸引了许多怀揣着发财美梦的英国年轻人出海加入东印度公司，来到遍地黄金的异国他乡。

到达印度之后，许多英国人都逐渐爱上了南亚风味，其中一些有着悠久的历史。最近，在印度和巴基斯坦，考古学家在青铜时代的哈拉帕文明[2]遗址中找到了一批4500年前的碗状器皿，并在其表面发现了姜黄、茄子、大蒜和生姜的残留物。这些香料能形成很棒的风味，但却缺少了重要的一味：辛辣。印度美食离不开一系列香料的调味增香，虽然其中一些并非本土植物，但亚洲、非洲、欧洲和中东之间自古以来就有着广泛的贸易关系。因此，印度能通过丝绸之路进口葫芦巴、洋葱、芫荽、莳萝、肉桂、茴香和罗望子，同时将印度特产的胡椒出口各国。比如，公元4世纪的罗马富人就很爱吃撒上胡椒的帕提亚烤鸡。

然而，最大的烹饪变革发生在1492年之后的数十年中。1492年，克里斯托弗·哥伦布试图开拓一条全新的通往印度的香料之路，却误入新大陆并发现了辣椒（chilli peppers）。不过他把辣椒和真正的印度胡椒（pepper）混为一谈，这也是我们现在把辣椒称为 chilli peppers 的原因。欧洲人很快在新大陆接连发现了番茄、土豆等新奇食材，在16世纪，这些陌生食材被海商引入欧洲和南亚的餐桌。辣椒就是其中之

---

1 贾汗吉尔，本名努尔丁·穆罕默德·萨利姆（Nur-din Mohammad Salim），莫卧儿帝国第四任皇帝。Jahangir（贾汗吉尔）是登基后所用名，意为"世界征服者"。
2 哈拉帕城是印度河流域文明的中心，哈拉帕文化起源于公元前7000年，在公元前1900年走向衰落。

一，在印度果阿邦登陆后，这种热辣的香料传遍了整个印度次大陆。

好，现在关键问题来了：在美洲辣椒传来之前，印度就已经有咖喱了吗？要是问我，我会这样回答："当然，只是那时人们不称其为咖喱而已！"作为一名只能接受微辣到中辣的食客，我最爱的是椰香咖喱，而对于那种把人辣到满头大汗，仿佛面部就要融化的咖喱，我一向敬而远之。事实上，南亚菜并不等于变态辣，正宗的南亚美食中不乏味道柔和的菜肴。所以我觉得从风味入手稍稍有助于打开局面，毕竟古老的哈拉帕食谱并不像酷玩乐队（Coldplay）的英式说唱专辑那样柔和清淡，其所添加的胡椒与芥末的强效混合物能给味蕾带来强烈刺激。但是，我们能凭借这一点称其为咖喱吗？我可不觉得自己有资格做出评判！

所以，让我们看看专家们怎么说。在玛德赫·杰佛里（Madhur Jaffrey）[1]——在20世纪70年代，许多西方读者就是通过她的作品认识了印度菜——等多位食品历史学家看来，咖喱的出现，正如我们所理解的那样，并不早于大航海时代。因为咖喱是英国殖民者的发明，他们从风味多样的南亚料理中提取出同质元素并将其融为一体，得到了这种名为"咖喱"的酱料配方。在英国人到达印度之前，某位中世纪的中国作家就曾写道："印度人的饮食非常讲究——他们掌握了上百种烹饪方法，每天都不重样。"

不过，英国殖民者更喜欢偷懒地将这些丰富的感官享受归纳为一道食谱。正如食品历史学家莉齐·克林汉姆（Lizzie Collingham）[2]博士所说：

---

1 玛德赫·杰佛里，印度女演员、食谱作者、电视名厨，出演过电影《晚期四重奏》《糟心的我》《印度总铺师》等。

2 莉齐·克林汉姆，英国历史学家、剑桥大学历史学博士，华威大学副研究员，皇家文学基金会驻剑桥大学纽纳姆学院研究员，著有《帝国体制》《咖喱传奇》《战争的滋味》《饥饿帝国》等。

curry一词不仅成了英国人用来形容一系列陌生的印度炖菜、炖肉的术语，还变为一道为身处印度的英国人所创的菜肴。一位外科医生将咖喱描述为"一种最为复杂的香料混合物，需用白杵将姜、肉豆蔻、肉桂、丁香、豆蔻、芫荽、红辣椒、洋葱、大蒜和姜黄混合捣碎，研磨成粉，和以酥油，制成糊状……多在炖羊肉或炖鸡块时加入"。

英国人不仅把整个印度次大陆的烹饪传统扔进了一个大桶里，并贴上一个印度人根本没用过的错误名称，还宣扬了一种不靠谱的论调，即咖喱只有一种正宗且标准的风味，那就是大家都熟悉的"咖喱粉"的味道，而这狡猾地实现了咖喱粉的大卖。当东印度公司的员工及其家属回到英国老家，在周日晚上失望地嚼着味道寡淡的水煮牛肉，啃食半生不熟的蔬菜时，他们发现自己无比怀念那些古老的亚洲香料。为满足他们的需求，英国进口了咖喱粉（预先混合的经典香料），来自异国他乡的咖喱随即开始征服英国人的味蕾。

1747年，最早的中产阶级家庭女神之一汉娜·格拉斯（Hannah Glasse）写了18世纪最为畅销的烹饪指南，书中收录了第一张英文咖喱食谱。很快，咖喱粉在人们心目中就成了一种具有食疗效果的美味配料。1784年的一则广告就自豪地宣称：

> 这种装在**索兰德盒**（SOLANDER）[1]的珍贵香料来自遥远的东印度群岛，它的名字是"**咖喱粉**"。想要风味纯正的咖喱粉吗？**现在**只有在"索利的香料铺"（皮卡迪利大街23号，近艾尔街）才

---

1 索兰德盒，一种以瑞典博物学家丹尼尔·索兰德（Daniel Solander）名字命名的、用于保存笔记和标本的书盒。

能买到。它是烹饪东印度名菜、调和浓醇酱汁的好帮手。美味健康，促进消化，就用咖喱粉！

1773年，英国出现了第一家将咖喱加入菜单的餐厅——诺里什街咖啡馆（Norrish Street Coffee House）；到了1796年，一位名叫莎拉·谢德（Sarah Shade）的工人阶级女性开了个咖喱外卖摊，专为那些从印度归来，却难以忘怀莳萝和小豆蔻的人们提供原汁原味的咖喱。谢德在印度待过一段时间，据说她曾在虎口下逃生，并两次在战斗中负伤，真不知道她这算是运气好还是运气坏，或是兼而有之？

1810年，萨克·迪安·穆罕默德（Sake Dean Mahomet）[1]在伦敦开了英国第一家纯粹的印度餐厅。这个家伙出生于印度，在来英国之前有过丰富多彩的生活经历，魅力十足的他很快借着为伦敦富人提供洗发护理（印式头部按摩）的机会与上流社会搭上了线。随后，为了打造正宗的印度风情，他开了这家印度咖啡厅（Hindoostane Coffee House），客人可以半躺在竹制家具上，抽着水烟吞云吐雾。穆罕默德还向那些出手阔绰的洗发客户们推销了各式各样的印度菜。可惜这个全英首家印度咖啡厅仅仅开了两年就关门歇业了。是因为财务压力太大吗？还是说这家餐厅的倒闭与店主的出身有关？我们不清楚真正的原因，不过那些英国白人开的咖喱餐厅倒是经营得相当不错。[2]

当然，到了20世纪，又有一批南亚餐馆老板涌入英国，许多咖喱

---

1 萨克·迪安·穆罕默德，儿时被英国军官收养，后成为东印度公司的实习军医，来到英国后出版了他在印度的冒险故事，后在布莱顿小镇开设提供草药蒸汽浴和印式按摩的洗发理疗中心，曾任乔治四世和威廉四世的洗发外科医生（shampooing surgeon）。

2 幸运的是，当萨克·迪安·穆罕默德搬到有钱人经常光顾的海滨小镇布莱顿后，他便找到了发家之路，成为国王的御用"洗发外科医生"，并获得了许多高级客户的青睐！事实上，我们还得感谢他让"洗发水"（shampoo）一词使用至今。——作者注

店在我们的乡村城镇遍地开花，而他们知道不用操心英国人周五晚上想吃什么。在BBC的经典小品喜剧《我的天啊》(*Goodness Gracious Me*)[1]中，一群亚裔笑闹着来到一家英国餐厅，冒失地问道："最不辣的是哪一道菜？"这个笑话所反映的现象与一些英国人寻找最辣咖喱的吃辣挑战——越热辣，越喜欢——恰恰相反。事实上，我第一次参加咖喱之夜时，就只坐那儿看着朋友们汗流浃背地吞咽文达卢咖喱，然后一个个满脸通红，败下阵来。我感到十分困惑，他们一边花钱找罪受，一边全程假装不怕辣，好像令人口欲喷火的辛辣味道对他们味蕾的影响不比一杯优诺儿童酸奶(Petits Filous)[2]强到哪去。

他们是觉得如果自己不敢吃正宗的印度料理，就会被亚裔同事所嘲笑吗？也许是吧。但事实上，文达卢、玛萨拉、马德拉斯(madrases)、拷玛(kormas)等咖喱都不是正宗的印度菜。[3]声名远播的巴尔蒂咖喱（需要在铁锅里快速翻炒）可能是20世纪70年代在英国伯明翰诞生的，而文达卢——我之前和朋友们吃印度菜时，它还是最为热辣的咖喱[4]——则是中世纪葡萄牙菜carne de vinha d'alhos（意为"用大蒜和酒醋腌制的肉"）的错误发音引起的误解。当葡萄牙人在印度果阿邦登陆时，他们让当地厨师制作了这道酸爽开胃的葡萄牙菜，

---

1 1998年到2001年热播的喜剧，剧中上演了一幕幕传统印度文化与现代英国生活冲突、融合的场面。四位印度裔英国演员来到英国餐厅，点了清淡的食物和大量薯条，以讽刺英国人对印度菜的刻板印象。

2 Petits Filous是法国乳制品品牌"优诺"旗下的一款儿童酸奶，直译为"小淘气"。

3 "马德拉斯"是用印度南部城市马德拉斯命名的，经过调整更符合西方口味，混合了椰奶或酸奶，也有的添加了罗望子或柑橘汁；"拷玛"起源于16世纪的莫卧儿时代，可能是最为清淡的一款咖喱，也叫腰果咖喱，除肉桂、孜然、小豆蔻、丁香等咖喱配料外，还加入了腰果或杏仁，并在炖煮时加入了奶油、椰奶或酸奶。

4 现在世界第一热辣的是法尔咖喱(Phaal，一般会添加印度鬼椒、哈瓦那辣椒或苏格兰帽椒)。——作者注

而当地厨师在菜里添加了其他香料。17世纪，文达卢的配料中加入了来自美洲的辣椒，后来，这种果阿风格的融合菜肴在现代得到了重新诠释和包装，以满足那些无辣不欢、想把咖喱辣度提高到辣出眼泪程度的英国人。

简而言之，正如我在文章开头所说的那样，"**咖喱有多古老？**"是个很难回答的问题，其核心元素可轻松追溯到4500年前。然而，咖喱本身却是现代欧洲强加给南亚的意志，迫使心怀亚洲传统的现代厨师使用世界另一端的食材，重现18世纪的英国人发明的食谱来招待食客，并赋予了它一个毫无意义的名字——curry。玛德赫·杰佛里对此评价道："咖喱是对博大精深的印度菜的侮辱，就像'李鸿章杂碎'是对中国菜的贬低一样。"

然而，虽然杰佛里很想让人们领略到正宗印度菜的无数精妙之处，但她还是不得不把自己的其中一本畅销书命名为《终极咖喱圣经》（*The Ultimate Curry Bible*）。所以，在某些方面，咖喱有着古老的传承，而在另一些方面，它又是殖民主义的产物。可对于试图推翻古老神话的现代厨师而言，故事可能才刚刚开始。不过，考虑到咖喱在英国的热度，我认为咖喱——不管指的是什么——不会很快失宠。事实上，我甚至觉得玛萨拉烤鸡可以算作英国的国菜。

16

烹饪是如何发展的？怎么会有人想到制作面包、奶酪，以及分离蛋白并将其打发到硬性发泡呢？从本质上讲，是谁发明了蛋白霜，为什么要发明它？

提问者：亚历克斯

亚历克斯，我非常喜欢这个问题的展开方式。你的问题以人类掌握的所有烹饪方式开头，而你意识到这有些宽泛，于是又特别指定了三种食品；即便如此，放在一个问题里还是显得过于臃肿，然后——可能是在一脸渴望地盯着糕点店橱窗时——你突然决定，"算了，我真正想知道的是蛋白霜到底是怎么出现的？！"向你致敬，亚历克斯，绝妙的问题设置！

而且，我也很高兴能回答这个问题，因为我对蛋白霜的热爱就像小狗垂涎于拖鞋一样。直到今天，我的父母仍会经常提起我在25年前的一桩趣事。当时我们一家去参加某个朋友举办的圣诞派对，她叫玛丽，是一位很好的女士。她烤了一大摞点缀着菠萝块的蛋白酥[1]，而我

---

1 不同蛋白霜可制成多种甜品：除了此处的蛋白酥（烤蛋白霜）外，法式蛋白霜可制作蛋糕胚；意式蛋白霜可直接食用，多抹在蛋糕表面；瑞士蛋白霜基本用于制作蛋白酥、翻糖饼干或装饰蛋糕（可直接食用）。

慢条斯理地接连吃了13块。其他客人都愣愣地看着我在自己的座位和甜点桌之间来回穿梭，每次我只会在盘中放上一块蛋白酥（因为我觉得直接端走一堆会显得粗鲁无礼）。据我估计，那次我一口气摄入了2000卡路里、150克纯糖和一整个菠萝。我居然没有因此患上糖尿病！不过那天晚上我的血糖确实很高。

总之，亚历克斯共问了我3个或是4个问题，我将在下一个问答中解决关于面包的疑问。而奶酪的情况也差不多。如今，考古科学的发展速度比助力车牵着的惠比特犬[1]还快，所以当你读到这段文字时，我的答案可能已经被时代淘汰了。布里斯托大学的一个研究小组分析了在波兰出土的奶酪滤网上的乳制品残留物，发现其有5000年的历史。而在土耳其北部发现的罐子中，也找到了6500年前的乳制品残留物。这并没有什么好惊讶的。毕竟奶酪制作起来十分简单，通常，你只需要在奶中加入柠檬酸，就会发生凝乳过程，令凝乳与不需要的乳清分离。

不过，史前人类制作奶酪时可能并不会去挤柠檬汁，而是使用牛羊的胃，因为里面含有凝乳酶，在加入牛奶后，其效果和柠檬酸基本相同。谁也不知道古人为什么会想到把牛胃浸在牛奶中，也许他们是想在牛胃上打些小孔制作一个方便的滤网，或者是打算把牛胃改造成储奶容器？无论如何，掌握了凝乳手段意味着大量新石器时期的乳糖不耐受人群可以享用到营养丰富的布里奶酪[2]，而无需担心胀气和腹部绞痛问题。

至于一般意义上的烹饪，好吧，这可真是一个**大**课题，所以我打

---

1 惠比特犬是英国的一种赛犬，因姿态好似骑马挥鞭奔驰（whipped up）而得名Whippet，音译为"惠比特"，其运动量很大。
2 布里奶酪是法国布里地区出产的软质奶酪，是最为古老的奶酪之一，据说是查理大帝（公元8世纪）的最爱。

算向大家介绍近期的一项在亚述研究者、食品化学家与来自哈佛和耶鲁的烹饪历史学家之间展开的合作。他们根据几块古巴比伦的楔形文字（已知的最为古老的文字）泥版，共同还原了青铜时代的食谱。这些菜肴已有4000多年的历史，其中一道炖羊肉直到今天仍是伊拉克人的美食。[1]古代厨师并非随便找些食材，然后一股脑地塞进锅里，而是不断尝试风味与口感的组合。泥版甚至还收录了外来文化的食谱。是的，就连青铜时代的潮流美食作家似乎也在宣扬异域美食带来的简单乐趣："亲爱的，你有试过埃兰[2]肉汤吗？哦，你一定要试试看！做法相当简单，却又那么美味！"

好了，就此打住，接下来是重头戏：蛋白霜登场！

让我们从蛋白霜所用的糖开始讲起。第一个掌握了蔗糖提纯技术的是古印度文明，太平洋群岛成了最早享用蔗糖的地方。你可能觉得蔗糖会很快传向四方——毕竟它比蜂蜜甜得多——但当计划征服一切的亚历山大大帝率军踏入南亚之时，却仍将蔗糖视为一味稀有药材而非一种食物，所以直到11世纪，欧洲人的甜点碗中才出现了蔗糖的身影。与之相反，蔗糖在中东世界各种文化里得到了长足发展，它最早被当作药物使用，后来则成了富人的美食。我们现在会用"糖和香料"（sugar and spice）这一短语来区分两者，而在当时的人们看来，蔗糖就是香料的一员。厨师们会把蔗糖结晶与杏仁混合制成杏仁膏，并尤为擅长将其提炼成一种味道纯正、色泽洁白的美味甜品。

然后就是中世纪臭名昭著的十字军东征，在这场屠杀中，四处劫

1　美索不达米亚地区的古老食谱翻译自耶鲁皮博迪自然历史博物馆收藏的4块泥版。哈佛大学和耶鲁大学的学者们在《古美索不达米亚开口说话》（*Ancient Mesopotamia Speaks*）中重现了这些食谱。

2　埃兰文明起源于公元前2000年，位于美索不达米亚以北（今天的伊朗），留有乔加·赞比尔古城遗址。

掠的欧洲人在无意之中发现了不少伊斯兰文化的美好事物，其中就包括吃糖的乐趣。13世纪，威尼斯开启了蔗糖贸易；到了15世纪，葡萄牙人和西班牙人分别在各自的殖民地马德拉（发现于1419年）和加那利群岛（征服于1402年至1496年）种植甘蔗并获利颇丰，于是后来，两国以此为原型在美洲建立了殖民地。可悲的是，蔗糖需求量激增引发了另一场可怕的活动：残酷的非洲奴隶贸易；它强迫奴隶劳动，让巴西为殖民者带来了无穷无尽的财富，而英国人也不甘落后，开始在巴巴多斯（这里的糖被称为"白金"）使用奴隶。

这就是蔗糖在16世纪得到广泛应用的地缘政治背景，[1]所以蛋白霜在这时开始出现在烹饪书中也并非巧合。嗯，说起**蛋白霜**……它的定义其实相当开放。食品历史学家艾伦·戴维森（Alan Davidson）与同时代的其他人一样，认为蛋白霜的前身是一种由甜奶油和蛋清打发而成，尚未达到硬性发泡[2]的甜点，被称为"雪"。以下是后来的一份食谱，在1653年从法语翻译而来：

> 往牛奶中加入少量花水，煮沸，与半打以上鸡蛋的蛋清混合，搅拌均匀，接着放糖。准备上菜时，再次端到火上加热，任选下列其中一种处理方式为甜品上一层"琉璃芡"：将剩余蛋清打发后均匀抹在表面；浇上火候适当的半熟蛋清。用烤炉盖或烧红的火铲盛着，并随糖水送上桌。

---

1 残酷而高效的奴隶种植园体系使得欧洲的糖消费量大幅增加。1700年，每人每年大约消费4磅（1磅约等于0.45千克）糖，而到了1800年，这个数字飙升到了18磅。在1750年，光是蔗糖就占了欧洲进口货物总量的五分之一。——作者注

2 打发蛋清时，可随时提起打蛋器观察蛋白霜垂下的尖头情况，判断打发程度处于湿性发泡阶段、中性发泡阶段（偏湿时可制作轻乳酪蛋糕）还是干性发泡（硬性发泡，可制作威风蛋糕）阶段。

还有一个技术问题需要注意，那就是在16世纪，欧洲人还没开始使用叉子——那是17世纪的事——所以厨师们不得不用筛子搅打蛋清，或者用一束桦树嫩枝搅动蛋清。他们可以两手并用，靠手掌来回搓动细枝，或是单手握住整束细枝，就像拿着个时髦的打蛋器。

接着让我们来到1604年，一位名叫埃莉诺·费蒂普莱斯（Elinor Fettiplace）[1]的富有的英国女人在这一年随手写了本烹饪书——这本食谱代代相传，许多家族成员都在其中加上了自己的注解——我敏锐的蛋白霜雷达感知到食谱中存在某种与我在圣诞派对上的最爱截然不同的东西：

> 取一磅半的糖，一捧上等白面粉，一打鸡蛋的蛋清，精心打发，再加一点茴香籽，把所有东西调匀，直到它和粥一样稀，装入纸盒，塞入烤箱，制作出一份精粉面包卷（manchet）[2]。

部分食品历史学家认为这是一种早期的蛋白霜，因为制作时对加糖的蛋清进行了打发，但它同时也使用了面粉，而且最终产物是一种名为manchet的面包，所以尽管这个面包可能看上去挺……呃……"蛋白霜的"（meringuey，真有这个单词？）[3]，我还是有理由将它踢出蛋白霜的行列。

在17世纪后期，我们终于见到了第一批蛋白酥，它们通常叫作

---

1 埃莉诺·费蒂普莱斯，英国烹饪书作家，以其著作 *Elinor Fettiplace's Receipt* 而闻名。
2 英国宫廷菜标配，一种手掌大小的面包卷，会加入红糖或肉豆蔻、肉桂等香料调味，最早的书面记录出现在16世纪的英国，因必须选用产自萨塞克斯郡的精细面粉而被视为王公贵族才有资格专用的食物。
3 有些名词可加"-y"变形容词，如cloud和cloudy，但meringue（蛋白霜）不在其中。

"糖泡芙"（sugar puffs）——听起来很像现代的一款谷物早餐[1]——但也会被误称为"饼干"（biscuits）。那么，meringue（蛋白霜）一词最早是什么时候出现的呢？经典的说法是，它是在1720年由一位名叫加斯帕里尼（Gasparini）的厨师在瑞士小城迈林根发明的。也有人宣称meringue源自波兰语marzynka，是为国王斯坦尼斯瓦夫一世（King Stanislas I Leszczynski）[2]发明的，他的女儿在1725年与国王路易十五（King Louis XV）成婚时将这种甜点引入了法国。

上述两个有趣的故事并非蛋白霜的真正起源，因为meringue一词早在1691年，就已经傲然出现在了弗朗索瓦·马西亚洛（François Massialot）所著的烹饪书《皇家与小资菜谱》（*Le Cuisinier Royal et Bourgeois*）中。当时，他是法国国王路易十四魅力非凡的弟弟奥尔良公爵菲利普一世（Philippe, Duke of Orleans）的私人厨师。菲利普一世以作战英勇而闻名，而他同时也是一名性别流动的双性恋者，他有过两任妻子，也有不少同性情人，还喜欢在宫中穿着华美的女装。[3]

所以，我们不清楚究竟是谁发明了蛋白霜，也不知道它为什么会叫这个名字，但我们可以确定的是，18世纪的糕点师已经能够做出硬性发泡的尖顶甜点。这是因为在搅拌过程中，糖与蛋清混合使氨基酸形成一个包裹着大量气泡、支撑起一个结构稳定的蛋白质网络。[4]早期食谱中使用了含有脂肪的奶油，而脂肪无法帮助蛋白霜成形，所以16

1　桂格麦片在1955年推出的一款谷物早餐，是裹着糖浆和蜂蜜的膨化小麦。

2　斯坦尼斯瓦夫一世，本名斯坦尼斯瓦夫·莱什琴斯基（Stanisław Leszczyński, 1677—1766），波兰贵族，两次登上王位，两次均被推翻，女儿玛丽·莱什琴斯卡（Maria Leszczyńska）机缘巧合下，在22岁时嫁给了15岁的路易十五。

3　作为现代的罗马天主教大多数皇室成员的先祖，菲利普一世有着"欧洲的祖父"这一绰号。据说，这位身材矮小、腆着肚腩的殿下喜欢踩着高跟鞋，穿上女装，在凡尔赛宫中四处穿梭，喜欢和俊美小伙达成"吻颈之交"。

4　蛋白打发的本质把蛋清里的蛋白质变成了使泡沫能够稳定存在的网络结构。

世纪的"雪"就只能打成松散的泡沫状。

另一个让蛋白霜更加坚实的办法是在一种铜碗（法语中流行的外号是cul de poule，意为"鸡屁股"）里进行打发，这样一来，把水果、果冻、奶油冻等其他配料小心翼翼地放在上面后，它们就会附着在蛋白霜表面，而不是将其压塌并滑到碗底。因为铜比大多数材料更具化学活性，对制作蛋白霜十分有利。

到了19世纪末，担心蛋白霜不够坚实的厨师有了新的小手段来避免成品出现令人尴尬的破裂情况。那就是塔塔粉，一种酸性粉末状的酿酒副产品，在打发时加入会产生二氧化碳，效果和让面包变得蓬松的酵母一样。多余的气体有助于更快地将蛋白霜打发至硬性发泡，这种使用了塔塔粉的蛋白霜叫作瑞士蛋白霜（还有常规无添加的法式蛋白霜以及需要加热的意式蛋白霜[1]）。有了这些小技巧的帮助，一位名为赫伯特·萨克斯（Herbert Sachse）的澳大利亚酒店主厨在1935年掌握了水果奶油蛋白霜的制作技术，并将其命名为安娜·巴甫洛娃（Anna Pavlova），以纪念这位举世闻名的俄罗斯芭蕾舞女演员的轻盈、甜美与优雅。

然而，在过去的90年里，食品历史学家们也一直在争论是谁最先向巴甫洛娃致敬，因为还有其他几道甜点也是以她的名字命名的。虽然蛋白酥十分美味，但它的历史可没想象中那么单纯甜美。事实上，鉴于我每次都能一口气吃下一整包蛋白酥，也许这些糖真的会在哪天要了我的命。不过无所谓了，毕竟甜蜜地逝去也算是个不错的下场。嗨，再给我来点蛋白酥，这次要加菠萝的！

1　意式蛋白霜，将蛋清打发到一定程度后，加入烧至120摄氏度的糖浆再继续打发的产物。

17

伊梅尔达提出的这个问题也是上文亚历克斯关于蛋白霜的问题的一部分，所以我打算放在这里一并解决。我收到了许多类似的问题，这不足为奇。自从2020年可怕的新冠肺炎疫情暴发以来，全球发展陷入停滞，恐慌的英国人冲到距离自己最近的商店，一包包的往家里扛厕纸。发现厕纸不能当饭吃后，他们又跑回商店扫光了货架上的意大利面。回到家后，他们开始觉得无所事事，然后陷入焦虑，接着除了意大利面什么都想吃。也正是在这时，全欧洲都出现了面粉短缺。

是的，在惊悚的头条新闻和每日感染人数的统计数据中冒出了疫情时期最为惊人的故事之一，那就是火遍全国的烘焙热潮。无论这是一种平复内心的活动，还是单纯为了减少食物开支，人们都在为酵母疯狂，Instagram 和 Twitter 上也充斥着推崇自制面包的图片与视频。当时，记者和新闻评论员都对此感到十分惊讶，而酵母和面粉的供应商则更是被产品脱销给弄得措手不及。不过，我觉得大家无需对此大惊小怪。《英国家庭烘焙大赛》(*The Great British Bake Off*) 等流行电视节

提问者：伊梅尔达

目一直让我们抱有乌托邦式的美好幻想，渴望亲手将美味的面团烘焙成令人愉悦的形状，但我们又忙于事业与家庭，无法抽出时间享受田园牧歌的生活。这次疫情一来，许多人冷不丁地被困在家里，急需找点儿事干来打发时间。于是，烘焙大赛正式开始！

但在我看来，这种情况背后还有许多原因。面包带有一些基本属性。它是地球上大多数国家的主食（虽然直到16世纪40年代才由葡萄牙商人引入日本）。面包营养丰富，饱腹感强，常常成为穷人们的救命稻草，其重要性在许多历史文化中都得到了充分重视。

古希腊诗人荷马曾说，与饮神酒、喝琼浆的神灵相比，人类是"食面包的凡人"。在讲阿拉伯语的埃及，"面包"（aish）一词的字面意思就是"生命"。在罗马人看来，面包对社会运转至关重要，以至于国家会给20万贫困公民免费发放少量面包。对维多利亚时代的人而言，面包颜色代表着食用者的社会地位——棕色代表贫贱，白色彰显富裕。当穷人饥肠辘辘时，就会掀起面包暴动，甚至面包革命[问问玛丽·安托瓦内特（Marie Antoinette）[1]就知道了]。面包与我们的身份密切相关——假设你不是一个拒绝摄入麸质[2]和碳水化合物的怀疑论者——其根源可追溯到人类文明的开端，甚至更加遥远的时代……

在2000年初，当我还是个懵懵懂懂、一头蓝发的考古系学生时，我可以很自信地告诉你，农业是在距今大约1.2万年的石器时代（新石

---

1 玛丽·安托瓦内特（1755—1793），奥地利帝国公主，法王路易十六的妻子，不通政事，只爱花天酒地，因而得名"赤字夫人"，后在法国大革命中被推上了断头台。卢梭在《忏悔录》中暗指她曾在法国贫民吃不起面包时笑问大臣这些人为何不吃蛋糕（类似"何不食肉糜"的晋惠帝），不过这更可能是后人的泄愤。

2 一些欧美超市会专给少数对麸质过敏（会患上乳糜泻）的顾客提供"无麸质食品"（麸质含量小于20 mg/kg），不过也有一些购买者并不对麸质过敏，而是因为坚信麸质会诱发细胞炎症，提升患上神经退行性疾病的风险。

器时代）末期出现的。人类在这一时代首次开始建造聚居地并蓄养牲畜（充当食物或出于其他目的），他们自然而然地定居在一个地方，不再像过去那样只能在田野中追逐猎物，转而以屋后种植的作物为食。但到了现在，又有引人瞩目的全新证据表明，人类早在3万年前就已经开始尝试耕作。这可不算新石器时代了，而是进入了旧石器时代的范围。

　　首先，在中欧的多个可追溯到2.8万年到3万年前的遗址中，我们发现了充分的证据，表明生活在这里的古人类曾研磨植物、制造面粉。他们得到面粉后干了什么？好吧，我们不是很确定，不过找到的一些线索可能会将我们引向有趣的地方。另一处遗址位于以色列加利利海[1]沿岸，距今大约2.3万年。研究人员发现，这个地方的古人类收集了140种不同的植物，包括野生二粒小麦和大麦，但也有很多不同种类的杂草。这是个令人鼓舞的发现。任何一个稍微懂点园艺知识的人都知道，杂草是惹人讨厌的不速之客，每当你想种下些好东西时，杂草就会争相从土壤中冒出头来。它们在耕地上肆意蔓延，美滋滋地挤占掉我们真正想要培育的柔弱花朵。所以在土壤样本中发现杂草是一个相当惊人的证据，这表明当时的人类不仅会食用野生作物，或许也在自己种植粮食。显然，这将我学生时代所认为的农业诞生时间提前了1.1万年。

　　不止如此，考古学家还发现了用于研磨谷粒的石板和收割作物的镰刀型刀片。所有这些2.3万年到3万年前的遗址，能否证明史前人类会在早上外出狩猎前做上一份简易的麦片粥来补充能量呢？或者这可能是"家庭"这一概念发明之前最早的家庭烘焙尝试？尽管我觉得让

1　以色列最大的淡水湖，是的，它不是海，只是传统上称为海，现代地图将其标为加利利湖或提比哩亚湖。

原始人版本的保罗·霍利伍德（Paul Hollywood）[1]对石器时代的烘焙表现进行打分是个不错的点子，但还是不能确定这一史前时代是否存在面包烘焙理念，当然，确实有这种可能性。

让我们把时钟拨到1.45万年前，将目光从以色列挪到现代约旦的一处遗址，那是纳图夫人的半永久定居点，他们以狩猎采集为生，但也试着进行耕作。这次我们找到了生产原始面包的确凿证据。主持这次发掘的首席考古学家是阿玛伊娅·阿兰茨-奥代吉（Amaia Arranz-Otaegui）[2]博士，她在壁炉灰烬中找到了无酵面饼的存在证据。它可能是纳图夫人用杵、臼或磨石反复研磨的产物。对于这一可能存在的过程，她描述道："他们将谷物和藨草属植物根茎研磨成细粉，加水混合制成面团，然后放在壁炉的热灰中，或置于热石板上烘烤。"

可为什么古人类要辛苦地磨碎谷物，而不像黑猩猩吃树叶那样大嚼呢？阿兰茨-奥代吉博士给出了答案："制备面包时的改造过程（即谷物脱壳、碾磨、干燥、蒸煮和烘焙）有助于减少有害和难以消化的成分，比如富含纤维素的谷糠，提高了人体对淀粉和蛋白质的吸收，还产生了一种特殊的味道。"没错，谁会喜欢吃满是粗糠的羊角面包？反正不是我！因此，制作面包可能是最为安全美味的热量获得方式。

不过，我不认为纳图夫人会像我们一样在周二大啖面包卷。他们的面包产量似乎相当有限，而且还需要许多人手参与制作。所以食用面包对他们而言可能是种少有的享受，或与某些宗教活动有关。如果农业发展不够完善，土地出产就会大打折扣。而纳图夫人显然拥有数

---

1 保罗·霍利伍德，因担任真人秀《英国家庭烘焙大赛》的评委而走红，出演了《保罗教你做派和布丁》等电视纪录片。

2 阿玛伊娅·阿兰茨-奥代吉，曾任哥本哈根大学跨文化与地域研究系研究员，在法国国家自然博物馆任职。

千年的时间去摸索正确的面包制作诀窍。一旦有了可靠的农业产出，人类就能大批量制作面包并将其当作主食，青铜时代的古埃及文明、苏美尔文明（在美索不达米亚）和印度河流域哈拉帕文明（位于巴基斯坦和印度）正是借此一步步实现扩展。

尽管这些大型城邦在面包房里建造了能将面包烤得松软美味的圆顶面包炉，但他们最初喜欢的却是面饼。古人可能是在无意之间认识了发酵过程（酵母菌产生二氧化碳并使面团膨胀），比如某些粗心大意的啤酒酿造者在畅饮时把发酵的混合物泼在一盘生面团上。事实上，啤酒基本可以算是液体面包，一些考古学家认为，作为一种热量来源，啤酒在早期社会中的地位与面包等同，甚至更加重要。古人类最早是在什么时候认识到了神奇的发酵过程呢？我们不得而知。它有可能发生在很久以前，但学者们对是否能够追溯到3000年前持谨慎态度，不过埃及和美索不达米亚确实较早掌握了发酵技术。

所以，如果问的是"**早期人类是怎么发现如何做面包的？**"，那么答案可能是通过反复试错，偶尔的意外，不小的努力，以及某人或许打翻了酒杯！但发酵实验可能要比我们想象之中还要古老，这意味着考古学家正借助面包的历史，重新定义我们对人类史诗基本要素的看法。

18

噢，不！克里斯，你问了那个该死的问题！以往那些争论不休的历史学家们的鬼魂全都被你召唤出来了！现在好了，我的房间里挤满了嚎叫的幽灵，他们在互相咆哮，针对什么是历史，什么不算历史（以及历史是否应拼为首字母大写的History），指出彼此在规范主义定义方面存在的缺陷漏洞。对了，麻烦赶紧致电捉鬼敢死队，告诉他们E. H. 卡尔刚飘过去给G. R. 埃尔顿来了一记锁喉！[1]

克里斯，你可能会感到讶异，这居然会是个棘手的问题？因为在你看来，历史学家肯定知道自己在研究什么。对于这种合理的推断，

我是一名超爱恐龙的动物学家，大家都管它们叫『史前』生物，那么问题来了，『历史』是什么时候开始的？

提问者：克里斯

---

1 E. H. 卡尔，全名爱德华·霍列特·卡尔（Edward Hallett Carr, 1892—1982），英国历史学家，关注国际关系史和苏联史，在史学理论方面留下了代表作《历史是什么？》（*What Is History?*），认为历史就是与现实不断的对话；G. R. 埃尔顿，全名杰弗里·鲁道夫·埃尔顿（Geoffrey Rudolph Elton, 1921—1994），剑桥大学历史系教授，英国皇家历史学会主席，其著作《历史学的实践》（*The Practice of History*）固守实证史学传统，与同时代卡尔的作品形成了鲜明对比。

我得告诉你一个重要的事实：我们的共同称号就是历史学家们"论证"得出的，所以你大概也就清楚研究历史的人会有什么样的脾性了。也许我可以用动物学术语向你解释。我不是研究恐龙的行家，不过，据我所知，恐龙的研究领域最近也在围绕恐龙家谱展开争论。

我记得，过去所有的恐龙要么归为蜥臀目，要么归为鸟臀目，但现在又有了第三个类群——鸟腿目（Ornithoscelida）[1]需要考虑，并且引发了许多激烈的争论。历史学家在面对不断冒出的分歧时也是如此，我们陷入了语义学和哲学的争论，还得应对那些改变了我们的历史认知的新型考古证据。归根结底，"历史"一词存在多重含义，所以我们很难就历史何时开始达成共识。不过，我向来不怕吃苦受挫，所以来和我一起解决这个难题吧……

让我们先从通用语言中的那些明显的问题开始讲起。"历史"是个模糊到令人恼火的词，它会被用于各种情况。最明显的是充作"过去"（the past）的同义词——许多基于某个周年纪念日的播客、书籍和推文都叫作《历史上的今天》（On This Day in History）[2]。除此之外，当我们去看医生或牙医时，他们也会在诊疗前翻阅我们的"病史"（patient history）；当我们在YouTube上找不到好玩的内容时，就会打开自己的"浏览记录"（internet history）；如果在派对上，你发现有两个人表情尴尬，互相避免眼神接触，某位朋友可能就会俯下身在你耳边小声八卦道："哇哦，我敢打赌他俩有过一段情史！"（Oooh, I bet they've got history!）；当一名运动员赢得奖杯，或是政府通过了一项法律时，他

---

1 2017年，英国剑桥大学古生物学家马修·巴伦（Matthew Baron）提出要对过去所用的以臀部骨骼结构为依据的二分法进行彻底重组，并建议将兽脚亚目和鸟臀目恐龙归为"鸟腿目"这一全新类群。
2 曾是英国广播公司第一台（BBC One）的晨间节目。

们都在"创造历史"（making history）。事实上，许多人都会欣然接受历史就是过去发生的事，可以是昨天，也可以是刚才（就像你正阅读到这儿，然后到这儿，还有这儿）。

凡是过往之事，均算作"历史"，而"具有历史意义的"（historic）是任何可能为未来的人所铭记的重要事情。在日常使用层面，上述用法问题不大，但当穿上专业历史学家的"服装"时，我就会斟酌使用更为精准的语言，只要这有助于透彻理解。在我这个无趣的书呆子看来，"历史"（首字母大写的History）指的不是过去的时间或地点，而是一种需要开动脑筋、重建我们认为过去发生了什么的尝试。历史学家**钻研**历史的方式，就像大侦探波洛[1]在乡间庄园侦查案情一样，都是一种基于现有证据的调查过程。令人头疼的是，我们无法像侦探波洛那样把所有犯罪嫌疑人召集到客厅来宣布案件真相，也只有部分历史学家会用古怪的比利时口音宣布自己的发现。

我不是阿加莎·克里斯蒂（Agatha Christie）的狂热粉丝，所以可能会言过其实，不过每次在看《大侦探波洛》或《马普尔小姐探案集》[2]这些改编剧时，凶手似乎都会立即在所有人面前坦白恶行，而一边的波洛/马普尔小姐则为自己的推理能力沾沾自喜。可惜历史学家基本听不到死者的坦白，大多数情况下，我们穷极一生也只能得出一些破碎的结论。事实上，有时我觉得自己就像一个肖像画家，必须给一位素未谋面的家伙画像，而我们手头却只有对方的钱包、工作日志、一张

1　波洛，全名赫尔克里·波洛（Hercule Poirot），阿加莎·克里斯蒂所著系列侦探小说中的主角，比利时名侦探，初次登场于《斯泰尔斯庄园奇案》。他的故事后改编为英国侦探剧《大侦探波洛》（*Agatha Christie's Poirot*）。

2　马普尔，全名简·马普尔（Jane Marple），阿加莎·克里斯蒂创造的乡村侦探，侦探小说中为数不多的女侦探之一，英剧《马普尔小姐探案集》（*Agatha Christie's Marple*）就是根据她的系列故事改编而成。

餐馆的收费单据和一件衣物——你可以从这些东西中推理出一个人的很多信息，但仍可能不小心画出一个与真实的她/他全然不同的人。

接下来是最重要的一点——**过去**是无法改变的。除非你能搞到一辆德罗宁跑车[1]，在你那位满头白发的科学家朋友被恐怖分子袭击时，以88英里/小时的速度驾车冲出去。与之相比，**历史**是不断变化的，历史是无休止的争论和解释，每一代人都在改写他们眼中过去发生的事情。这是历史作为一种追求的本质，每当看到报纸专栏作家在愤怒谴责"历史学家正在篡改历史！"时，我要么发笑，要么绝望——视心情而定。一尊地标性质的民族英雄雕像也可能碰巧描绘了一个奴隶主。[2] "是的，很明显！"我想这样大喊，"我们每天都篡改历史！这就是为什么你家附近的水石（Waterstones）连锁书店会有那么多新的历史书上架，你个大笨蛋……"

让我们回到克里斯的问题——**"历史"是什么时候开始的？** 古希腊作家哈利卡纳苏斯的希罗多德是历史这门知识实践公认的先驱人物，他对希腊和波斯战争的权威研究《历史》——完成于大约公元前430年——是最早的史学著作，记录了这位学者周游各地，收集大量证据，然后得出自身判断的过程。

我们现在所用的"历史"（history）一词其实源于希腊语historia，意为"调查"或"研究"——希罗多德正是因此得名"历史之父"，不过那些认为他的旅程充满胡编乱造的人更喜欢称他为"谎言之父"。这里补充说明一下，古希腊人也提到过老一辈的历史学家，比如吕

1　经典科幻电影《回到未来》中，古怪科学家布朗博士改造的跑车时光机——德罗宁DMC-12。

2　弗洛伊德事件后，美国爆发了拆除种族主义历史人物雕像的运动，英国布里斯托尔的慈善家爱德华·科尔斯顿（Edward Colston）的雕像也被推倒并丢入水中，因为在其发家史中，他常常把生病的奴隶丢到船外。

底亚的桑索斯（Xanthos of Lydia）和兰普萨库斯的卡戎（Charon of Lampsacus），[1]但现代学者无法确定他们究竟是比希罗多德更早或更晚出场，还是和他属于同一时代。所以现在，希罗多德基本保住了自己的冠军宝座，也有人在继续他们的调查……或者说他们的historia？

那么，我们是否可以就此宣布研究历史的想法大约始于2500年前？也许吧，但希罗多德并非最早关注过去事物，并想着"嘿，我要把这些记录下来！"的人。如果我们愿意调整标准，摆脱对希罗多德及其同伴的分析性来源批判，就能找到更加古老的历史故事。根据犹太教传统，《旧约·士师记》属于《希伯来圣经》中所谓类似《申命记》的文本，它们可能在希罗多德长出胡茬前的一个世纪就已经写作完成。

这些神圣的文本并不像希罗多德的作品那样穿插着作者的评注。它们采用的是传统的故事叙述方式，凸显关键人物、重大事件及前因后果，以解释以色列人是怎么不断遵从和背离耶和华的《圣经》的。这些文本似乎并不像是"历史著作"，因为里面没有历史学家批判的声音，但它们确实属于史书，只是以一种更为宏大的方式记录了一个民族的历史，包括以色列人最终如何沦为巴比伦之囚的历史。于是，主要症结出现了：我们是想要历史成为一项专注于研究和解释的智力活动，还是放松标准，变成对过往之事的任意解释？

如果我们接受后者，就可以在古埃及或古巴比伦的著作中找到许多历史记录。多亏了文字的发明，今天的我们才能知道这些历史。文字出现在大约5400年前，最早出现的是苏美尔人发明的楔形文字——一种用芦苇笔在泥版上书写的三角形符号系统——不久之后，埃及人发明了象

---

1 吕底亚是小亚细亚中西部古国，历史学家桑索斯出生于该国首都萨迪斯；兰普萨库斯是一座古希腊城市，出生于此的历史学家卡戎撰写了波斯等地的历史和家乡的书志。

形文字，中国的早期文字也在数百年后现世。这些技术属于改变了人类进程的重大创新，而文字的诞生则通常被视为"有文字记录的历史"的开端。

在这一时间点之前的所有事物都会自动打包塞入考古学家存放待处理内容的收件盘，并有资格贴上"史前"（prehistoric）这个最早由丹尼尔·威尔逊（Daniel Wilson）[1]在1851年提出的厚重标签。值得注意的是，虽然我不确定这是否得到了官方认可，但pre-History一词通常指的是**智人**及早期人类祖先所在的石器时代，而对于人类成为懂得使用工具的直立猿之前（距今大约300万年）的、任何与地质学或克里斯心爱的恐龙相关的事物，才会改用prehistoric一词。也就是说，pre-History通常与人类有关，其余情况则多用prehistoric。还有更令人困惑的"自然历史"（natural history），这种对无数自然奇迹的研究早在2000多年前就出现在了老普林尼的著作《自然史》（*The Natural History*）的标题中。

不过，这里还存在另一个让人头疼的问题。如果我们承认"历史"（首字母大写的History）不是分析性的，而只是一种对过往事件、历史人物、前因后果的结构化叙述，那么我们就能像胡迪尼（Houdini）[2]大师那样从写作的重重枷锁中脱身，转向贾普瓦龙（Djab Wurrung）[3]这支生活在维多利亚州中部的澳洲土著，或是俄勒冈州的美洲原住民克拉

1　丹尼尔·威尔逊，苏格兰裔加拿大考古学家、民族学家和作家，曾任苏格兰古物协会名誉秘书，著有《苏格兰考古及史前学年鉴》（*The Archaeology and Prehistoric Annals of Scotland,* 1851）等。

2　胡迪尼，全名哈里·胡迪尼（Harry Houdini, 1874—1926），匈牙利裔美国魔术师，享誉国际的脱逃艺术家。

3　贾普瓦龙生活在维多利亚州中部的火山平原，其位于加里韦德（Gariwerd）的古老遗址可追溯到大约2.2万年前。

马斯人（Klamath）[1]。有趣的是，根据他们通过准确背诵和重复而代代相传的口述历史，其祖先事迹甚至可追溯到一万年前。

这不禁让人瞠目结舌，尤其是因为帕特里克·纳恩（Patrick Nunn）[2]教授等当代地质学家已能通过比较那些涉及火山爆发、洪水泛滥和其他自然灾害的故事与实际存在的地形证据，来检验这些历史是否真实可信。纳恩教授在其大作《记忆边缘》（*The Edge of Memory*）中讲述了在文字尚未出现的年代，古人类怎样借助口述历史将彼此团结起来，形成一个个聚落，以及历史如何作为重要的信息来源，将应对恶劣环境变化、全新生存挑战的各种手段流传后世。

那么，很明显，"历史"（History）的历史提供了充分的机会来热议"历史"从何开始，而有个合理的说法认为，人类数千年来都是在从历史角度进行思考，因为了解我们过去是谁可以帮助我们认清现在的自己，反之亦然。确实，伟大的历史学家E. H. 卡尔在1961年的著作《历史是什么？》（*What Is History?*）中指出，"历史"（首字母大写的History）成形于此时此刻，因为历史学家成长的世界将影响他们在遥远的过去提出的问题和从中发现的意义。

这样看来，你们现在所读的这本书不仅通过读者想要了解的那些问题，揭示了21世纪人们关注的热点，还暴露了我回答中隐藏的些微偏见。当我书写过去的时候，总是会忍不住谈及现在。这也是为什么本书处处都在暗指我所钟爱的托特纳姆热刺队（Tottenham Hotspur）及其在让球迷失望上从不让人失望的本事。你可能以为我在讨论古希腊人或是别的什么，但实际上，我只是在处理毛里西奥·波切蒂诺

---

1 克拉马斯人，居住在俄勒冈州南部和加州北部的印第安部落，主要以渔猎为生。
2 帕特里克·纳恩，澳大利亚阳光海岸大学的地理学教授，主要研究太平洋岛屿文化和古老文明的口头传说。

（Mauricio Pochettino）[1]在热刺的执教失利给我带来的悲伤心碎。哦，波切，我是那么爱你……

---

1 毛里西奥·波切蒂诺，全名毛里西奥·罗伯托·波切蒂诺·特罗塞罗（Mauricio Roberto Pochettino Trossero），阿根廷前男子职业足球运动员，2006年宣布退役，后开始执教，曾于2014—2019年担任英超托特纳姆热刺足球俱乐部主教练。

19

那些历史时代都是谁命名的？既然『伊丽莎白时代』已经用过了，那未来的历史学家要怎么称呼我们呢？

提问者：艾莉森

艾莉森，我很喜欢你的问题，不过我的回答方式可能略显奇怪，且听我娓娓道来。在2008年，我成为BBC一档全新的儿童节目《糟糕历史》的史学顾问。那是个以真实信息为核心的荒诞喜剧，而我则突然需要负责向编剧团队讲解所有能抓住7岁儿童好奇心的历史。在工作过程中，我感受到了不小的压力，同时也收获了很多乐趣，并发现了自己经过培训而习得的思考过往事物的方式中的一些缺陷。要知道，历史分期就像足球规则中的手球问题，看似十分合理，可一旦你真正尝试定义它，麻烦就大了。[1]

这档节目改编自泰瑞·狄利（Terry Deary）[2]的畅销丛书，每一本

---

1 "手球"指足球比赛时球碰到上肢造成的犯规，但在执行时经常引发争议（接上页）（需考虑手臂离开躯干的角度、球员是故意为之还是无意触碰、手球的实际拦截效果等诸多问题和现场情况），在判罚上也很难保持一致。

2 泰瑞·狄利，英国儿童文学作家，做过演员和戏剧导演，他的《糟糕历史》系列丛书因猎奇和幽默而大受欢迎。

都讲述了一个完全不同的历史时代：恐怖的都铎王朝、可怕的古埃及、牛气的撒克逊人、奢靡的乔治王朝、邪恶的维多利亚时代等等。与原著中每本书只关注一个时代不同，我们会在每集节目中穿梭于不同的历史时代。考虑到年轻观众可能会因此感到困惑，在每次跳跃到其他时代前，我们都会在转场时打出下个时代的指示牌，这些时代名称均选自泰瑞·狄利16部作品的书名。在每节新的幽默短剧开始之前，都会突然冒出一个新时代的卡通人物来介绍它。

为了给编剧提供有效指导，我将这16个时代按时间顺序排列如下：

- 石器时代
- 古埃及
- 古希腊
- 古罗马
- 撒克逊时代
- 维京时代
- 中世纪
- 文艺复兴时期
- 阿兹特克
- 印加帝国
- 都铎王朝
- 斯图亚特王朝
- 乔治王朝
- 维多利亚时代
- 第一次世界大战
- 第二次世界大战

当我把上述时代打乱，并请编剧将它们按时间顺序依次排列时，我感到颇为得意。我觉得自己就像个日间智力竞赛节目的主持人，漫不经心地责备他们把维京时代和都铎王朝的顺序搞错了。唉，那时的我可真是得意忘形！然而，这种自命不凡却让我自取其辱。后来，一位编剧问我这些时代是如何定义的，这让我一下子尴尬地意识到自己的"正确"时间线充满了各种逻辑问题。

最显著的问题是，许多时代是相互重叠的。古罗马、古希腊和古埃及分属不同的文明，但是罗马人征服了希腊人，希腊人和罗马人又先后成为古埃及托勒密王朝的统治者。[1]所以，当我们以埃及艳后克利奥帕特拉（曾与亚历山大大帝并肩作战的马其顿将军托勒密一世的后代）为主角创造一段搞笑剧情时，应该在转场时使用泰瑞·狄利的哪个书名？她算是罗马人、希腊人还是埃及人？

同时，中世纪早期的英国人，也就是泰瑞所说的撒克逊人，与维京人处于同一时代，但我却把他们划分到了不同的时代。而上述两者通常又都归附在更大的"中世纪"概念（我将其限定在1066年至1485年之间）下。当然，阿兹特克和印加帝国也可能与中世纪有所重叠，[2]可我又将它们彼此划归为不同的时代。更重要的是，文艺复兴可以说始于14世纪的法国和意大利，而此时的英国仍在播放收录了黑死病、百年战争、农民起义等经典曲目的中世纪精选集。而米开朗琪罗等伟大的文艺复兴时期的艺术家们则大多生活在被我归为"都铎王朝"的16世纪。

哦，别跟我提"都铎王朝"！虽然这是一个威尔士语的名字，但在16世纪，它是一个极其以英格兰为中心的专名，苏格兰人在听到

---

1 托勒密王朝（公元前305—前30）是在亚历山大大帝死后，埃及总督托勒密一世开创的、由希腊人统治的王朝，也是世界公认的最后一个古埃及王朝。凯撒时期，埃及成为罗马共和国的附属国。

2 阿兹特克帝国是存在于14世纪至16世纪的墨西哥国家；印加帝国是11世纪至16世纪时位于南美洲的古老帝国。

这个词时会翻白眼也算情有可原，因为在这一时期，他们正处于斯图亚特王朝，而英格兰人直到1603年女王伊丽莎白一世去世后才开始迈入斯图亚特时代。也就是说，《糟糕历史》围绕苏格兰女王玛丽一世（Mary, Queen of Scots）打造的幽默短剧——字面上是斯图亚特[玛丽一世的本名是玛丽·斯图亚特（Mary Stuart）]——要放在"都铎王朝"这一节播放。同时还有莎士比亚，他从都铎王朝活到了斯图亚特王朝，由于莎士比亚经常在节目中出镜，将他归为哪个时代成了一个难以摆脱的麻烦。

　　都铎王朝和斯图亚特王朝同属于一个更大的时代，即历史学家们所说的"近代早期"（Early Modern period），请不要问我近代早期的定义是什么，我可不想卷入与中古史学家、文艺复兴专家的争论之中！过了近代早期，我们就进入了"现代时期"（Modern period）——历史学家们令人困惑地将（大约）1700年以后的一切都归于现代时期——而英国人喜欢称之为"乔治时代"（Georgian era）[1]，因为这一时期的汉诺威王朝连续四任国王都叫乔治。可是威廉四世（King William IV）和1832年的大改革放哪里呢？[2]我们能把他塞进维多利亚时代吗，虽然当时维多利亚女王尚未登基？还是为他专门设定一个听上去奇奇怪怪的"威廉时代"（Williamite Age）或"威廉时期"（Williamian Era）？呃，不，那样太麻烦了。算了，不管了！

1　大不列颠王国汉诺威王朝1714年至1837年（即乔治一世至乔治四世在位时间）的一段时期。

2　威廉四世是大不列颠及爱尔兰联合王国和汉诺威国王，乔治三世之子，乔治四世之弟。1830年，65岁的威廉在乔治四世驾崩后继位，并在执政期间推行变革。1832年，英国发生了著名的"议会改革"，议会开始施行代议制（选举议员代表选民行使权力），新兴的工业资产阶级获得了参与国家管理的政治权利。

然后是爱德华七世（King Edward VII）[1]。他只执政了10年，泰瑞·狄利也未曾以爱德华时代为名出书，所以当我们围绕他制作短剧时，会把一些搞笑片段归到维多利亚时代——尽管那时他的母亲维多利亚女王已经去世——而把另一些放到第一次世界大战时期，虽然那时他已经驾崩了。接着我们进入了20世纪二三十年代。这些是第一次世界大战的后果，还是第二次世界大战的起因？我们在节目中必须将其归为前者或是后者，但它们可能哪种都不属于。啊！

几乎每次编剧会议都会在我的脑海中掀起一场混乱的思维风暴，直到现在我都没能摆脱这种问题。而令我个人头晕脑胀的还只是历史分期的沧海一粟。历史学家们几个世纪以来一直就此争论不休。在学者 A. 甘加瑟兰（A. Gangatharan）[2]看来，时间是个永无止境的连续体，而"历史学家们不得不通过界定历史分期来创造意义"。简而言之，历史学家随心所欲地创造边界，将大量人类生活分割开来，使之更加易于管理。我们对过往的一切加以点评，将历史上的关键时刻视为可用于划分时代的过渡分水岭。但那些历史事件对于当时的人们而言算是一种过渡吗？有时确实如此！但没人会在1250年1月1日起床后转头对自己的伴侣说："我上床的时候还是中世纪中期（High Middle Ages），一觉醒来就突然迈入中世纪晚期（Late Middle Ages）了！"

艾莉森，对于你的**"那些历史时代都是谁命名的"**这一明智的提问，简单的回答是"一些历史学家干的！"但我们真的很纠结于历史分期，而且这也不是当代历史学家才有的全新爱好。早在公元5世

---

1 爱德华七世，大不列颠及爱尔兰联合王国国王及印度皇帝，维多利亚女王和阿尔伯特亲王之子。

2 A. 甘加瑟兰，贝拿勒斯印度教大学社会科学学院历史教授，主要关注印度达利特运动与妇女运动的历史。

纪早期，极具影响力的基督教神学家希波的奥古斯丁（Augustine of Hippo）[1]就已经将每一千年划分为一个时代，得到了"世间的六个时代"（Six Ages of the World）：

1. 从上帝创造伊甸园到大洪水暴发
2. 从大洪水暴发到亚伯拉罕[2]
3. 从亚伯拉罕到大卫王
4. 从大卫王到巴比伦囚房
5. 从巴比伦囚房到基督降生
6. 从基督降生到基督再临（弥赛亚将会降临……）[3]

这条神圣的时间线持续沿用了千年之久，直到大名鼎鼎的文艺复兴时期的历史学家莱昂纳多·布鲁尼（Leonardo Bruni）[4]开创了一种全新的思维方式，将过去划分为古代、中世纪和现代这三个时代，而现代历史学家又古板地将其进一步细分为古典时代晚期、中世纪早期、中世纪中期、中世纪晚期、文艺复兴时期、近代早期、启蒙时代、浪漫主义时期以及漫长的18世纪等。对了，不仅有历史学家参与其中，到了19世纪60年代，考古学家们也从窗户探进头来喊道："早安！我们刚刚发明了石器时代这一概念，麻烦把它加在前面，好吗？"

所有历史学家都在运用历史分期，但在每个时代的起始与终结上却存在很大分歧。我可没有在开玩笑，就在我写下这篇文章时，历史

1　希波的奥古斯丁，全名圣·奥勒留·奥古斯丁（Saint Aurelius Augustinus, 354—430），天主教会四大圣师之一。

2　传说中古希伯来人的祖先，神赐名"亚伯拉罕"（希伯来语：מהרבא），意为"多国之父"。

3　弥赛亚（希伯来语：חישמ），与希腊语的"基督"（christos）同义，直译为"受膏者"（受膏是对上帝选中的人进行的宗教仪式）。弥赛亚降临是基督教末世论的一部分，各个教派对此有着不同的解读。

4　莱昂纳多·布鲁尼，意大利文艺复兴时期人文主义者、历史学家，曾任教皇秘书，著有《佛罗伦萨人民史》。

学家道恩·桑德斯（Dawn Saunders）在Twitter上发起了一项群众调查：
"漫长的18世纪指的是以下哪个时段？"

  a）1688—1815

  b）1660—1831

  c）1660—1850

  d）1700—1800

  一半参与者投了a选项，但她还收到一些建议，得到了另外9种可能的时段（作为一个讨厌鬼，我顽皮地添上了1688—1832这个时段）。你可能会认为这非常荒诞，"一个时代怎么会存在13个可能的起点与终点？！"但是，文化分水岭会因该名历史学家在文学、宗教、建筑、艺术、语言、政治、军事技术、科技发展、勘察探索、最高统治权等方面是否有所研究而产生差异。甚至连重大战争的日期都难以达成一致。所有人都认为第一次世界大战爆发于1914年，然后一直打到1918年。可事实真的如此吗？

  第一次世界大战确实是在1918年11月宣告停战、结束争斗的，但各国直至1919年方才签署了凡尔赛条约。在美国，国会的战时紧急权力一直延续到了1921年3月，甚至借机通过了臭名昭著的禁酒令。这怎么可能？原来，在哈丁总统于1921年7月2日签署一项联合决议，终结了始于1917年的战争状态之前，美国政府都还在法律上视自己仍与德国处在战争状态。近年来，一些历史学家，如罗伯特·格沃斯（Robert Gerwarth）[1]教授，将第一次世界大战的终点继续后推，认为欧洲直到1923年才迎来和平，也许这个时间点更适合作为第一次世界大战的终点？

---

1 罗伯特·格沃斯，德国历史学家和作家，专攻欧洲历史。

历史学家在命名各个时代时，也会给它们贴上那一时期未曾用过的错误标签。阿兹特克人自称**墨西加人**（Mexica，这也是墨西哥的由来）而非阿兹特克人；维京人并不称自己是维京人；古希腊人自称是**希伦人**（Hellenes）；古代中国人称自己为**汉人**；都铎王朝的历代君主都不太乐意称自己为**都铎**，而亨利·都铎（Henry Tudor）的手下败将理查三世（Richard III）也不会说自己是金雀花家族的一员；[1] 君士坦丁堡的拜占庭人也不会说"嗨，我们是拜占庭人！"他们是**罗马人**，只不过是东罗马帝国的。

也就是说，并非所有的历史时代名称都是后人赋予的。"中世纪"（拉丁语：*Medium Aevum*）这一概念最早是在14世纪40年代，由意大利的十四行诗诗人彼特拉克（Petrarch）[2] 提出。他为自身所处时代的阴郁晦暗而忧心忡忡，这个概念有时会被翻译成"黑暗时代"（Dark Ages），但这个词实际上在很久以后方才出现，并且容易引发歧义，因为现在人们所说的"黑暗时代"大多指的是大约公元500年到公元1000年，而非14世纪中叶。此外，如果你在提到"黑暗时代"时不带上讽刺意味，就会遭到历史学家们的死亡凝视。[3] 总之，彼特拉克向往着古罗马的光辉岁月。在满怀遗憾地回顾过去，接着心存希望地展望

1　1154年到1399年，英格兰由金雀花王朝统治，金雀花王朝的旁支约克王朝的末代国王理查三世在和里士满伯爵亨利·都铎的大战中因部下背叛而死。亨利·都铎即位后建立了都铎王朝，史称"亨利七世"。

2　彼特拉克，全名弗兰齐斯科·彼特拉克（意大利语：Francesco Petrarca，1304—1374），意大利学者、诗人，以其十四行诗闻名于世，作为文艺复兴第一个人文主义者，他也被誉为"文艺复兴之父"，代表作为《歌集》。

3　和人类历史上的野蛮时期这一概念相同，有时人们会用"黑暗时代"指代历史证据严重匮乏的时代，比如公元6世纪后罗马时代的英国。说实话，这两种说法都是谬误，只会激怒听到此类发言的中古史学家。所以永远别在专业人士面前提"黑暗时代"，除非你一边不断在空中比画引号，一边做出一副吃了苍蝇的表情。——作者注

未来的过程中，彼特拉克不经意间提出了文化复兴，或是文化重生的想法——没错，我们现在称他为文艺复兴时期的诗人。

至于"文艺复兴"（Renaissance）一词，则要特别鸣谢16世纪的知名传记作家乔尔乔·瓦萨里（Giorgio Vasari），他的大作《艺苑名人传》（*Lives of the Artists*）是我们的快乐源泉，记录了大量关于米开朗琪罗、列奥纳多·达·芬奇等满身颜料的艺术大师的趣味八卦。瓦萨里也提到了"文艺复兴"（Rinascita），但直到19世纪，这个想法才真正开始流行并为历史学家所追溯应用。但至少它是个从当时的使用者那儿借用的、真正的外来词。

到了18世纪，我们迎来了所谓"启蒙运动"（Enlightenment）——一场涵盖了科学理性主义、宗教怀疑主义和探求真理的哲学文化运动。虽然历史学家们在提到它时会加上定冠词the以表特指，但启蒙运动的诸多主角也在使用它。比如，德国著名哲学家伊曼努尔·康德（Immanuel Kant）就发表了论文《什么是启蒙？》（*Was ist Aufklärung?*），并呼吁读者别再懒惰而要"敢于求知！"（Dare to know!），这其实就是我们今天常用的"醒醒吧，愚众！"（Wake up, sheeple!）[1]，只是不会提到化学凝结尾、蜥蜴人等无脑疯狂的阴谋论[2]。

说到这里，正好可以解答艾莉森的第二个问题，未来人们要怎么称呼我们现在所处的愚昧时代？头脑理智的记者兼BBC播音员安德鲁·马尔（Andrew Marr）继同行詹姆斯·诺蒂（James Naughtie）在2012年出版了《新伊丽莎白时代》（*The New Elizabethans*）后，在自己

---

1 sheeple由"羊"（sheep）和"人"（people）组合而成，指像跟群羊一般随波逐流、缺乏主见的人。

2 "化学凝结尾"和"蜥蜴人"是西方非常流行的阴谋论，前者认为飞机留下的凝结尾迹中含有政府用于控制人口、改变天气的生化制剂，后者则宣称人类高层都是蜥蜴人伪装的。

2020年的作品中将我们称为"伊丽莎白时代的英国人"(Elizabethans)。后世的历史学家也许会借鉴这种君主制视角，从伊丽莎白时代（Elizabethans）、伊丽莎白二世时代（Elizab2thans）、女王伊丽莎白二世时代（QE2s）、新伊丽莎白时代（New Elizabethans）以及丽佐时代（Lizzos，若他们像我的澳大利亚朋友那样）等标签中任选一个。

但我想说的是，自1952年以来，文化和科技的巨大变化可能已经不是一个时代标签所能涵盖的了。事实上，我不认为只有我们面对这一问题。如果你曾不幸和我一同困在电梯里，最终肯定会听到我喋喋不休地讲述那个备受争议的观点，即维多利亚时代可能根本不算是一个单独的时代。虽然这个时代是由一些自称"维多利亚时代的人们"（Victorians）的作家在19世纪命名的，但在我看来，如果比较一下1837年和1901年之间的惊人技术差异及其对思想文化的影响冲击，我们就会发现应将维多利亚时代切分开来（赶紧补充一下，这里讲的可不是开膛手杰克的那套残忍手段）。毕竟在20世纪，许多时代都被缩短到了以10年为单位：兴旺的20年代、大萧条、摇摆的60年代！鉴于社会从1837年到1901年之间发生了巨大变化，将它们全都归于长达64年的维多利亚时代似乎不太合适。我很乐意把它分成维多利亚早期和维多利亚晚期。

就我个人而言，我敢说我们的时代跨度不会被定义得太宽，而且后人会将互联网的革命性影响视为这个时代的重点。我觉得它可能会被称为"数字时代"（Digital Era），并以1989年作为这个时代的潜在起点，因为柏林墙就是在这年倒塌，也是从这时开始，越来越多的家庭逐渐拥有了个人电脑。或者，如果杰夫·贝索斯（Jeff Bezos）[1]继续主

1　杰夫·贝索斯，美国最大的网络电子商务公司"亚马逊"的创办者，曾多年被评为世界首富。

宰着网络购物市场，也许我们的孙辈会称我们为"亚马逊时代的人们"（Amazonians）？在研究写作本书时令我受益良多的好友亨利建议我把数字视角、特朗普和英国脱欧文化战争结合起来，推出一个既包含1和0，也包含对立政治身份的"二元时代"（Binary Age）。这样一来，我们就会被叫作……嗯……"二元时代的人们"（Binarians）？呃，好吧，也许不会**如此**。

后世的历史学家在看待我们时也许会带上愤恨绝望的目光，因为这个时代的许多决定使他们不得不承受各种糟糕后果，他们还会就应对气候变化、依赖化石燃料、资本主义危机和全球人口过剩方面，认为这是因人类怠惰而引发灾难的时代之一。也许我们会被叫作"自私的一代""无能的一代"或是"有罪的一代"！这样看来，我们还不如祈祷外星人入侵地球，这样我们就能免受后人的怨恨怒视，而把黑锅扣在火星人头上。"先生，这不是我们的错，一切都怪星际死亡射线！真的！"

20

2002 年，唐纳德·拉姆斯菲尔德（Donald Rumsfeld）[1]在一次新闻发布会上留下了一段格言。当记者问他如何看待缺乏证据表明伊拉克持有大规模杀伤性武器时，拉姆斯菲尔德用他的"知道论"解释了这一问题，指出存在"已知的已知""已知的未知"和"未知的未知"。很多人嘲讽这是一通胡言乱语，特别是因为每个人都憎恨这个战争贩子，但我相信这实际上是他说过的最智慧的一段话语。我可能厌恶这个人本身和他的政治理念，但"未知的未知"这句格言对我的历史思想造成了不小的影响。

提到历史上那些伟大的失传文本，我们显然无法找到未知的未知，

---

1 唐纳德·拉姆斯菲尔德（1932—2021），德裔美国政治家，前美国国防部长，小布什内阁的鹰派代表人物之一。在伊拉克问题上，他发表了一段著名的"知道论"："我对那些说某事还没有发生的报道总是很感兴趣，因为正如我们所知，有些东西是已知的已知，那些东西我们知道我们知道了。我们还知道存在已知的未知，即我们知道有些东西我们不知道。但也存在未知的未知——那些我们不知道我们不知道的东西。"

因为我们都不知道它们的存在。不过倒是有很多已知的未知（失落的杰作），我会试着在回答丹尼尔的问题时将它们一一列出。我脑海中最先浮现的是拜伦（Byron）[1]勋爵未能出版的那部回忆录，这本书被他的密友托马斯·莫尔（Thomas Moore）烧毁了。但后者并非一个笨手笨脚的傻瓜，也不是一个追求诗意的纵火狂，而是无可奈何地遵从了拜伦诸多好友的指示——为了防患于未然，他们投票选出并毁掉了那些可能在拜伦逝世后有损其名誉的东西。显然，这让后世的我们错失了不少有趣的八卦。另一部化为灰烬的作品是托马斯·卡莱尔（Thomas Carlyle）[2]的《法国革命史》（History of French Revolution）第一卷，他把书稿寄给了朋友约翰·穆勒（J. S. Mill）[3]以求斧正，结果穆勒的女仆在引火时无意将其塞入了壁炉。可惜她并没有像喜剧《黑爵士》中的人物那样，自行匆匆忙忙地重新写上一本放回原位。不过，卡莱尔顶住了这记沉重打击，疯狂地将整本书重写了一遍，可以说因此创作出了一部更棒的作品。

显然还有许多我们错过的名家作品尚未完结就被作者带到了坟墓之中，比如简·奥斯汀的《桑迪顿》（Sanditon）和查尔斯·狄更斯的《艾德温·德鲁德之谜》（The Mystery of Edwin Drood）。同样佚失的还有莎士比亚的剧作《卡丹纽的历史》（History of Cardenio），以及那部存在争议的《爱的胜利》（Love's Labours Won）[4]，它可能是部失传的喜剧续集，或仅仅是《驯悍记》（The Taming of The Shrew）的一个别名。鉴于那些懒得动脑的好莱坞电影续集大多十分糟糕，我不确定这部喜

1　拜伦，全名乔治·戈登·拜伦（George Gordon Byron, 1788—1824），英国世袭勋爵，伟大的浪漫主义诗人，代表作品为《唐璜》《恰尔德·哈洛尔德游记》《曼弗雷德》等。

2　托马斯·卡莱尔（1795—1881），苏格兰哲学家、评论家、讽刺作家、历史学家和教师。

3　约翰·穆勒（1806—1873），英国著名哲学家、心理学家和经济学家。

4　可能是《爱的徒劳》（Love's Labour's Lost）的续集，如果你在剧院里看过《爱的胜利》，那是因为它其实是对莎士比亚另一部喜剧《无事生非》（Much Ado about Nothing）的改编。

剧续集是否值得一阅。真希望火焰吞噬的是这些垃圾续集，而不是拜伦那本俏皮有趣的回忆录。

说到喜剧，很遗憾的是，亚里士多德的《诗学》（*Poetics*）[1]中阐述喜剧规则的那一卷失传了，创作了超过百部戏剧的古代剧作家米南德（Menander）[2]也只给我们留下了一部完整的喜剧。你可能认为这是令人痛心的损失，不过在20世纪，学者们重新找到并翻译了米南德的许多作品片段，他们为此十分激动，直到后来发现那些失落的戏剧对许多学者来说，实际上……呃……有些令人失望。数个世纪的炒作造成了现代文学史上最大的幻灭之一，所以，也许其他作品最好的归宿还是消失在历史中？

罗马喜剧作家普劳图斯完成了110多部作品，可到我们手上就只剩下20部（以及许多片段），不过，更让我沮丧的是阿里斯托芬，他的40部喜剧中仅有11部流传至今。我在前文回答有关最古老的笑话集的问题时提到过他们，如果你还记得的话，就知道阿里斯托芬是个多么幽默搞怪的家伙了，因此我们肯定失去了一个插科打诨的笑料宝库。同样让我们怀念的还有前文答复中提到的马其顿的腓力（Philip of Macedon）的那部著名的笑话集。

至于古典诗歌，享誉世界的古代女诗人莎孚（Sappho）[3]只流传下了屈指可数的几首诗歌和些许残篇，抒情诗人品达（Pindar）[4]的诗集也

---

1 《诗学》是亚里士多德创作的美学著作，现存26章，据说共有两卷，而第二卷已经失传。

2 米南德，希腊名 Μένανδρος，古希腊剧作家，新喜剧诗人，完整流传的作品为《古怪人》（别名《恨世者》）。

3 莎孚，亦译"萨芙"（公元前7世纪晚期至前6世纪初期），希腊抒情诗人，也是世界历史上最早的一位女诗人。

4 品达，希腊名 Πίνδαρος，又译"品达罗斯"（Píndaros），古希腊抒情诗人，被视为九大抒情诗人之首，代表作为《皮托竞技胜利者颂》，传说他的诗歌之所以婉转动听，是因为蜜蜂往熟睡的他的嘴上吐了蜜。

存在大段缺失。非常有趣的是，一些学者认为如今流传的荷马的《伊利亚特》（*Iliad*）和《奥德赛》（*Odyssey*）并非其原始版本，鉴于上述两者是欧洲文学的基石，这个假设会引起轩然大波。

接下来是悲剧，古希腊有三大悲剧作家：索福克勒斯（Sophocles）、欧里庇得斯（Euripides）和埃斯库罗斯（Aeschylus）。[1] 其中，索福克勒斯的作品失传了116部，埃斯库罗斯的失传了84部，欧里庇得斯的失传了大概70多部。所以我们要么错过了一大批感人至深、催人泪下的悲剧故事，要么——如果你还记得米南德的话——避免了浪费大量时间。我猜两者兼而有之。

至于古罗马的纪实作品，我们现在仍然可以欣赏到尤利乌斯·凯撒亲自执笔的关于他征战高卢的精彩记述——这里面可没有阿斯泰利克斯（Asterix）和奥贝利克斯（Obelix）——但这只会使他其余作品的失传更加令人惋惜。[2] 凯撒在野蛮残暴和自传编撰方面都很有一套，所以他的作品也总让人瞠目结舌。尤利乌斯·凯撒的继任者，罗马首位同时也是最为伟大的一位皇帝凯撒·奥古斯都的自传也早已散佚了，据推测，那本自传可能会促成一场对虚荣自负的伟大研究。埃及法老克利奥帕特拉的失败和自尽与凯撒·奥古斯都脱不了干系，她可是写下了许多有关药物与美容产品的文章，[3] 唉，可惜我们永远无法在YouTube上看到她的美妆教程，因为那些作品也全都佚失了。

---

1 埃斯库罗斯的《被缚的普罗米修斯》、索福克勒斯的《俄狄浦斯王》和欧里庇得斯的《美狄亚》被称为"三大悲剧"。

2 《高卢战记》是尤利乌斯·凯撒创作的报告文学，是他对自己功业所做的看似"平实"的记录。阿斯泰利克斯和奥贝利克斯是法国著名漫画《高卢英雄传》中的角色，故事讲述了他们如何靠魔法药水智斗罗马侵略者。

3 古代确有个名为克利奥帕特拉的人写了这些作品，但学者们对此人是否为克利奥帕特拉本人各执一词。——作者注另一位费尽心机地写了本回忆录结果却失传了的有权有势的女人，是热衷于投毒的皇后小阿格里皮娜（Agrippina the Younger）[1]，她是卡利古拉的妹妹、克劳狄的妻子、暴君尼禄的母亲。她的一生颇具传奇色彩，确实有许多故事值得一讲！说到她令人咋舌的政治生涯，我们只能从苏维托尼乌斯（Suetonius）[2]等男性历史学家那儿得到对她的尖刻批评，他的那本趣味高雅的经典著作《名妓传》（The Lives of Famous Whores）我们现在也读不到了。

同时，小阿格里皮娜的丈夫克劳狄（据说是被她用毒蘑菇害死的）是个了不起的书呆子，他完成了20卷关于伊特鲁里亚、8卷关于迦太基的历史作品，以及多达43卷的罗马历史。为了收藏如此庞大的书目，著名的亚历山大图书馆（Library of Alexandria）专门新建了一个以他的名字命名的侧厅来存放这些作品。可惜，一切都烟消云散了，这严重有碍于我们认识古代文明，了解成立不久的罗马是如何崛起并击溃他国的。

至于科学和自然历史，人们过去弄丢了古希腊天才阿基米德——在浴室里大喊"Eureka!"[3]的那位——的两部作品，他告诉我们，萨摩斯的阿利斯塔克（Aristarchus of Samos）[4]在一篇已经遗失的文献中提到了日心说的观点（不过，从后人的那些借鉴了相关数据和论点

---

1 这个名字是为了与其母亲大阿格里皮娜区分开来。小阿格里皮娜是罗马帝国第三任皇帝卡利古拉的妹妹，与第一任丈夫生下了尼禄，据说她毒死了第二任和第三任丈夫（她的舅父第四任皇帝克劳狄一世），最后被尼禄所杀。
2 苏维托尼乌斯（69—122），罗马帝国早期的著名历史作家，代表作为《罗马十二帝王传》。
3 古希腊感叹词，意为"我发现了，我找到了"。据说阿基米德在浴池泡澡时，看到水流溢出而有了计算皇冠体积的灵感，于是大喊一声"Eureka!"。
4 阿利斯塔克（公元前315—前230），古希腊天文学家，萨摩斯人（爱琴海萨摩斯岛）。他是历史上最早提出日心说的人，代表作为《太阳和月球的大小与距离》。

的摘要或作品中，我们确实找到了其中的很多内容）。在《对地球大小的修正》（*On the Measurement of the Earth*）中，古希腊数学家和地理学家埃拉托色尼（Eratosthenes）[1]试图计算出我们脚下的这颗行星究竟有多么庞大，而我们现在只能找到对该书内容的一段描述。皮西亚斯（Pytheas）[2]记录自己的英国和北极圈之旅的著作失传了，泰勒斯（Thales）[3]关于分至点的作品散佚了，古希腊几何学巨擘欧几里得的4部书稿也消失不见。更倒霉的是，我们再也读不到由人类史上第一位科学史家欧德摩斯（Eudemus）[4]所书的三部关于数学起源的历史著作了。

然后我们会谈到古代哲学家，坦白地说，我不打算对此多费唇舌了，因为我会在这个问题上耗掉整个星期。所以我会这么告诉你，我们搞丢了苏格拉底、恩培多克勒（Empedocles）、第欧根尼（Diogenes）、德谟克利特（Democritus）、赫拉克利特（Heraclitus）、克莱托马库斯（Clitomachus）、克利西波斯（Chrysippus）等人的作品。罗马将军弗罗伦蒂努斯（Frontinus）[5]的一本军事手册也失传了。而让我感到沮丧的是老普林尼的5本著作的散佚，尤其是因为我对他的那本研究如何在骑马时投掷标枪的军事手册极为好奇。对于一本书而言，这个话题也太小了吧！难道这本书他只写了三页？！

1　埃拉托色尼（约公元前275—前194），古希腊数学家、天文学家和地理学家，对地图学的贡献尤为卓著，根据坐标原理利用经纬线绘制出了世界地图，被尊称为"地理学之父"。

2　皮西亚斯，希腊商人，于约公元前330年为开辟商路启程探索欧洲西北海岸，将探险经历记录在了《海洋》中。

3　泰勒斯，被称为"希腊七贤之一""科学和哲学之祖"，开创了古希腊最早的哲学学派"米利都学派"。

4　欧德摩斯，希腊哲学家、科学史家，亚里士多德的得意门生，开创了罗德岛学派，著有《论推理》等。

5　弗罗伦蒂努斯，罗马军事家、工程师，曾任不列颠总督，也管理过罗马的给水工程，著有兵书《谋略》。

如你所见，丹尼尔，关于这个问题的答案本身就可以出一本书。其实，你可以参考斯图尔特·凯利（Stuart Kelly）的那部有趣的《失落的书》（*The Book of Lost Books*）。德高望重的印刷文化史家安德鲁·佩特格里（Andrew Pettegree）教授就曾指出，人类在迈入16世纪之后，就经常会出现书籍散佚的情况，它们要么被官方封禁（相当少见，除非它们宣扬了违法的宗教信仰或政治理念），要么人们觉得这些书不值得保存（更为常见）："出版目的已经达成……即可丢弃。这些书很多都只流传下了一个又脏又破的版本。在1601年之前印刷的已知的书籍中，有大约30%都属于这种情况。"

不过，最后，我打算以一些可能惊喜地在建筑夹层中找到的欧洲之外的书籍作为收尾。首先，令人遗憾的是，全世界只剩下4篇来自古中美洲玛雅文明的文献，因为其余书籍都被西班牙征服者残酷地付之一炬。秦始皇统治期间，也曾下令焚毁诸多先代典籍，据说还坑杀了不少儒生。[1]后人复原了孔子整理的六经中的5部，但《乐经》的命运却一直饱受争议，有的学者认为它业已失传，也有一些声称这本书根本就不存在，还有一部分觉得它可能被收录到另一部作品《礼记》中了。无论如何，我们永远都不会知道孔老夫子究竟更喜欢爱莉安娜·格兰德还是泰勒·斯威夫特。

如果你觉得这已经非常糟糕了，那我得告诉你，在1900年，西方列强与中国的冲突引发了义和团运动，导致《永乐大典》这套人类史上最伟大的杰作之一惨遭浩劫。这部巨著的编撰始于1402年的明朝，由2000多名学者合作完成，令人目不暇接的11095册书籍涵盖了近23000个章节。这部集中国古代知识于大成的典籍大约有3.7亿字，你

---

1 《史记·儒林列传》记载："及至秦之季世，焚诗书，坑术士，六艺从此缺焉。"焚毁书籍中的六经是孔子晚年整理而成，原文误将它们当成孔子所著。

可以将它视作中世纪的维基百科。遗憾的是，在成书之后的几个世纪中，《永乐大典》散失不少；1899年，义和团运动时期的一场火灾毁掉了更多的藏书。[1]欧洲的士兵和官员确实拿走了部分书册，使它们流散在世界各地的图书馆中，就算加上这些，《永乐大典》也只有3%左右流传至今，这才叫真正的悲剧。

这还未曾提到那些消失在历史当中的宗教文献：那些在《希伯来圣经》和《新约全书》中只剩下名字的失传古籍、新约外传、完整版的死海古卷，以及伊本·希沙姆（Ibn Hasham）在编写《先知传》前所参考的那部由伊本·伊斯哈格（Ibn Ishaq）撰写的最早的穆罕默德传记。不过，在20世纪四五十年代发现的死海古卷和20世纪初在洞穴发现的敦煌遗书让我们看到了一丝希望：也许哪天我们就能找回某些失传文本。

最近，盖伊·拉热尔（Guy Lazure）教授在丹麦档案馆发现了一部16世纪的精彩书籍，使得这本斐迪南·哥伦布（Ferdinand Columbus，克里斯托弗·哥伦布之子）编纂的《馆藏目录》（*Libro de los Epítomes*）重见天日。[2]这本厚达2000页的大部头包含了馆内藏书的内容摘要，斐迪南·哥伦布希望它能成为自己在16世纪30年代所能找到的全部书籍的一个大型对照检索目录。这部书基本上相当于16世纪版的打开搜索引擎后跳出的推荐网页，人们可以快速浏览，找到自己的最爱。

收集了一整个图书馆2万本藏书内容摘要的《馆藏目录》，无疑是

---

1 "使馆之围"中，藏书（包含《四库全书》底本）所在的翰林院位于英使馆北处，遭人纵火焚烧。

2 斐迪南·哥伦布这个私生子继承了父亲的冒险血脉，四处游历的他一生中收集了约2万本书，并将它们保存在西班牙的塞维利亚大教堂，希望建立天下第一的通用图书馆，据说光是《馆藏目录》这类超过一英尺厚的馆藏目录就有16本之多，不过因为天灾人祸，约四分之三的书籍都已损毁或遗失。

一个揭示了16世纪知识规模之巨大的惊人发现。然而颇具讽刺意味的是,《馆藏目录》的重现并没有降低散佚古籍的数量,反而列出了一长串全新的失落文本!你会为此感到兴奋还是沮丧取决于你的个人品味,不过在我看来,这是一件好事——我们原本处于"未知的未知"中,而《馆藏目录》带我们走进了"已知的未知"。历史学家们现在可以开始追寻书中列出的那些陌生的失落古籍,我打赌他们会有所收获……

21

哦，天啊，我的宿敌又出现了！抱歉，我不是在说你，戴夫，我相信你是个好人。我指的是这种假设性问题。你好！我是格雷格·詹纳，我对"如果历史上发生了……会怎样？"的问题抱有病态的怀疑态度。澄清一下，我可以接受"如果历史上没有发生……会怎样？"的问题，而且会立刻愉快地回答这类问题，因为这种思维训练有助于抵消仅仅出于知道故事结局就认为历史事件全都必然发生的美妙诱惑。事实肯定并非如此。探索历史事件的混乱的偶发性是一件明智之举，虽然这确实会勾起我们的想象。

如果你看过科幻电影《回到未来2》（*Back to the Future Part II*），一定记得在那令人不安的反乌托邦未来中，反派贝夫·泰南（Biff Tannen）是怎么利用后世的一本体育年鉴大发横财，然后铁腕统治了主角的家乡，使其沦为满是赌鬼恶棍的人间地狱。事实上，这种耸人听闻的时空推论是现代流行文化最爱的桥段之一，它为《瑞克和莫蒂》（*Rick and Morty*）中的超现实冒险提供了笑料，给超级英雄电影加上了逆转时空的剧情，并在《高堡奇人》(*The Man in the High Castle*) 中打造了一个纳粹和日本帝国赢得第二次世界大战的邪恶世界。"如果历史上发生了……会怎样？"的问题提醒我们，即便只给过去的一些变量进行最为细微的改动，也可能会引发极其巨大的蝴蝶效应。

上面这些都很棒。但到了下一段，我的脾气就上来了。"蝙蝠侠！快上吐槽专车！"[1]

我坚持认为如果人类活动是混乱无序而不可预测的，那么那些与现实相反的故事也应该同样如此。这并不意味着，假使希特勒倒在了第一次世界大战的战壕里，到了20世纪30年代，德国就会由一只存在意识知觉的龙虾[2]，或是踏着正步的元首机器人统治。并非所有的混乱无序都像萨尔瓦多·达利 (Salvador Dalí)[3] 的画作中表现的那样，它也可以是一群面色憔悴的人沉闷地对着地图指指点点。

但是，每当我看到有人真心实意地追寻架空历史时，就不得不见证各种各样令人困惑而又必然发生的复杂事物被集中塞进了一个语言简练、条理清晰的叙事结构中。想要做到这点，似乎需要编剧动用逻辑思维去判断不可知且无法预测的事件的发展，并根据历史上确实发生的事件推断出架空历史中出现的全新可能，而这又基于每个历史人物在新的历史情境中的行为模式都与过往相同这一假设。对此我只能**大喊："一件事改变了，一切都会改变！"**

1　原文 "Quick, Batman! To the Harrumphmobile!"，改编自电影台词 "QUICK! TO THE BATMOBILE!"。原文直译："蝙蝠侠！快上吐槽专车！"；或可意译："有些东西如鲠在喉，不吐不快！"

2　英国政府委托的一项调查显示，章鱼、螃蟹和龙虾能够感到痛苦，所以受到新出台的动物福利法的保护。

3　萨尔瓦多·达利，西班牙画家，因超现实主义作品而闻名，擅长描绘怪异梦境般的形象，代表作为《记忆的永恒》。

毕竟，在宏观与微观经济学、科技创新、艺术创造、文化时尚、语言演变等诸多领域的浪潮背后，有着无数次细微渺小的推动，它们有时相互否定，有时却又汇聚成无法阻挡且可以改变世界的浪潮。如果你在架空历史中假定弗朗茨·斐迪南大公（Archduke Franz Ferdinand）在1914年没有死在加夫里洛·普林西普（Gavrilo Princip）的枪口之下，那你不仅需要重新设想原本将会毁灭的几大帝国（奥匈帝国、奥斯曼帝国、沙皇俄国）的命运，还得考虑没了第一次世界大战，会给爵士乐、毕加索的绘画、查理·卓别林的电影、女足的出现、燃油的价格、女性在职场中的角色、整形手术的发展、飞机设计的演变等无数其他事物带来怎样的影响。

即使是一点小小的调整也会造成多米诺骨牌效应，摧毁你对事件走向的所有认知，让整个架空世界变得完全陌生。你不仅需要对原本就活着的人及其所作所为进行一番解释说明，还得推测那些原本死去，却在新的时间线上活得好好的人的一生。如果有潜力在20世纪50年代成为杰出科学家的士兵没有在1916年战死于索姆河战役呢？我们要如何搞清他可能会产生什么影响，而不是靠胡乱猜测？如果第一次世界大战没有发生，"猫王"埃尔维斯（Elvis）还会成名吗？会不会有个在新的时间线上没有再战死沙场的家伙抢了他的风头？假如1918年的那场全球冲突未曾爆发，英属马来亚（British Malaya）[1]的橡胶价格因此趋于稳定，从而抑制了美国合成橡胶工业的发展，这会不会导致年轻的埃尔维斯（当时还是个卡车司机）因其老板无力购置一套昂贵的进口轮胎而不幸死于车祸呢？这类推测是无穷无尽的！

也许你很喜欢这种架空历史？毕竟，热门电影《昨日奇迹》

1　大英帝国殖民地之一，独立后作为马来亚联合邦加入英联邦，在1963年与其他自治邦重组为马来西亚。

（*Yesterday*）的设定就是如此，电影世界中没人知道披头士乐队的存在，而一个年轻音乐家在醒来后脑子里就装满了他们的歌曲，从而摇身一变成了有史以来最为杰出的词曲作者（哼，剽窃者），名头甚至盖过了温文尔雅的"黄老板"艾德·希兰（Ed Sheeran，他在这部影片中饰演他本人）[1]。创意不错！但假如世界上没有披头士乐队，也就不会诞生我们认识的艾德·希兰。这里还有一个更为有趣的假设——编剧理查德·柯蒂斯（Richard Curtis）在重写剧本前，在杰克·巴斯（Jack Barth）的初稿中发现了它——无名小卒就算坐拥大量金曲也有可能怀才不遇。柯蒂斯认为列侬（Lennon）和麦卡特尼（McCartney）的歌曲无论放到哪个世界都会绽放光芒，所以在他的剧本中，这个业余歌手靠脑海里的优美曲调一跃成为超级巨星。而在原剧本《翻唱》（*Cover Version*）中，愤世嫉俗的巴斯认为当上明星不只需要天赋跟作品，所以在他的笔下，这个歌手并未能够借此收获成功。

　　《昨日奇迹》是一部轻松有趣的浪漫喜剧，在片中，虚拟世界的一处改变就会引发多个重大后果，让知道现实发展的我们会心一笑。不过，两位编剧在面对同一历史假设时却设置了截然相反的剧情。这证明两位历史学家在研究同一历史假设时也可能产生巨大分歧，使双方的推论看似都不靠谱，尤其是因为无数小事叠加造成了很多复杂偏差，超出了人类的解释能力。

　　所以，当人们问我"嘿，格雷格，如果历史上发生了……会怎样？"，无数可能性立刻浮现在脑海之中，这太可怕了，让人压根儿提不起回答的欲望，我恨不得狠狠掐自己一下以停止这种胡思乱想。疯狂的是，支持探究与现实相反的架空历史的人们相信，自己是在完成

1　艾德·希兰，英国男歌手、词曲创作才子，代表单曲为《你的身姿》（*Shape of You*），国内多称他为"黄老板"。

一项严肃的学术活动，即通过评估某一历史事件不曾发生会造成的损失，彰显历史关键变数的重大意义。事实上，经济史学家非常看好这种研究方法。但回答"如果历史上发生了……会怎样？"的问题就像是在编写一部枯燥乏味的科幻小说。

好吧，我知道这是我不对，我不应该贬低并拒绝回答你的问题，戴夫，我没有吼你的意思，作为补偿，我就来讲讲我最"喜欢"（呸！才不是！）的历史假设。1983年9月，在冷战正酣之时，位于莫斯科附近的苏联军事基地的自动预警系统侦测到了一次即将到来的飞弹攻击。导弹预警系统显示百分之百有导弹来袭，接着基地上空响起了刺耳的警报声，屏幕上持续闪烁着可怕的字眼：**"导弹来袭"**。难道美国人最终决定要用毁灭一切的核爆来结束冷战？

当天负责值班的是斯坦尼斯拉夫·彼得罗夫（Stanislav Petrov）[1]，这位军官没有展开核反击的权限，桌上也不存在那个巨大的红色按钮。他的职责就是在剩下的几分钟内将信息上报，迎接爆炸冲击，然后由上级们决定是否对美国发起核反击。他身边的那些训练有素的士兵们也都有着相同的职责。但彼得罗夫觉得此次警报另有蹊跷。这批"导弹"的数量太少，并且是依次而非同时发射的。这太奇怪了，如果美国真的打算先下手为强，不是应该同时发射大量导弹，制造一场"核弹雨"，打得苏联措手不及吗？

彼得罗夫盯着面前这台由俄罗斯顶尖科学家设计的、嘟嘟作响的先进计算机。它就是专门为了应对今天的这种情况而设置在军事地堡里的。针对这一情况，军方已做好应对预案，每个士兵都受过培训，对自己的职责一清二楚。当时正值冷战高峰期，美苏关系处于历史冰

1　斯坦尼斯拉夫·彼得罗夫（Станисла́в Евгра́фович Петро́в, 1939—2017），苏联国土防空军中校。

点——苏联在三周前刚刚击落了一架韩国客机，机上人员全部罹难。[1]美国似乎有理由因此对苏联展开报复性打击。

虽然基地中警铃大作，多块屏幕闪个不停，各种证据都指向了导弹来袭，但彼得罗夫并不信任这台哗哗乱叫的计算机。故事发展到这儿通常会出现戏剧性的一幕，彼得罗夫现在背负着整个人类世界的命运，若他拿起电话上报遇袭信息，政委接着大喝一声"为祖国复仇！"，一切就会彻底乱套。事实上，彼得罗夫并不是在拿自己同胞的生命作为赌注——如果核导弹真的飞向了莫斯科，那么人类末日就已成定局——就算他打了那个电话，也不会立刻引发美苏决战。因为收到消息的上级们可能会在确认莫斯科已遭毁灭之后，再下令展开报复。

没人知道苏联官方面对核打击会采取哪些行动，但他们一定对此准备过预案。当然，多年之后的我是待在舒适安全的房子里，冷静理智地回顾整个事件的内在逻辑。而当时的彼得罗夫却身处风暴中心，只需一个小小的动作，就可能引发最为糟糕的后果，他不知道电话那头是个循规蹈矩的理性派，还是个一点就爆、憎恨美帝、心狠手辣、本能地从最坏的角度揣测敌人的反动分子。谁知道这个虚惊一场的警报会不会刺激到一位像奇爱（Strangelove）[2]博士那样神经过敏的苏联将军，导致他将反对自己的战友一枪爆头，接着下令封锁地堡，展开核反击？

警笛长鸣，刺耳无比，宣示着核弹即将砸到他们头顶，而彼得罗夫在这一刻却选择静观其变。

1　大韩航空的一架波音747从纽约起飞，原定经阿拉斯加飞往首尔，中途却偏离航线，进入苏联堪察加半岛和库页岛领空，被苏联军方视为间谍击落，导致269人遇难。此次事件疑点重重，引发了无数阴谋论。

2　根据彼得·乔治的惊悚小说《红色警戒》改编的黑色幽默喜剧片《奇爱博士》中的同名核战争狂人。

23分钟之后，莫斯科依旧安然无恙，克里姆林宫也同样完好无损。没有核导弹划过天际，轰向繁华城市。彼得罗夫赌赢了，是那台计算机出了故障。云层中阳光反射所造成的误报，差点导致美苏两国同归于尽。彼得罗夫的行为既没让他获得奖励，也未令他遭到惩罚，但后来，他情有可原地因为承受了世界末日的压力而精神崩溃了。那天对于世界上其他几十亿人而言只是寻常的一天，但对彼得罗夫和地堡里的那些士兵来说却是这辈子最可怕的一次俄罗斯轮盘赌。

所以，如果你一定要逼我讲出个"最爱"的历史假设的话，那就只能是这个了：斯坦尼斯拉夫·彼得罗夫在那天喝了几口变质的汤水，接着开始闹肚子，于是他跑进厕所，忙于"清空库存"；就在这时，警铃大作，他那经验不足的属下抄起电话就给上级拨了过去，电话另一头的家伙顿时吓得六神无主……很快，苏联人喊着复仇的口号架设起了核导弹，然后美国的卫星扫到了导弹发射坪上的异动，北美防空司令部（North American Aerospace Defense Command）立即进入高度戒备状态，并告知里根总统苏联正计划突袭美国。核武大国之间的战争一触即发，两个死对头开始疯狂试探对方是否即将发起核打击，接着……真是个**极其骇人**的历史假设，不是吗？我喜欢《昨日奇迹》的情节套路，谢谢。

22

好吧，奥利维亚，我相信你指的是"山羊"（goat）而非网络用语"GOAT"——"有史以来最为伟大"（Greatest Of All Time）的缩写——因为那会让你看上去像个狂热的撒旦崇拜者，当然，我知道你不太可能是那种人。所以我想你问的应该是为什么撒旦常常以山羊的形象出现。美剧《路西法》（*Lucifer*）中的主角路西法也在思考这一问题，他对撒旦崇拜者称自己为"山羊"感到十分困惑，直到后来才知道那是他的天使哥哥散播谣言制造的一场搞笑的恶作剧。

总之，尽管《圣经》中的撒旦是一头末日灾兽，但古代经文只粗略记载了它的形象。[1]而在传统的文学艺术作品中，撒旦有着许多不同的形象。杰弗里·伯顿·罗素（Jeffrey Burton Russell）教授在其著作《路西法：中世纪的魔鬼》（*Lucifer: The Devil in the Middle Ages*）中指

---

1 依照《圣经·启示录》第12章1至17节，撒旦的化身是一条七首十角、每个头上都戴着冠冕的大红龙。

出，人们相信撒旦会以长者、女郎、渔夫、牧师、圣人、天使甚至耶稣本人的形象出现，这个擅长欺诈的魔鬼喜欢戴上亲善的面具引诱灵魂走向堕落。撒旦也能变身为其他物种，比如鳄鱼、鹿、蛇、猴子、蝙蝠、巨龙、狐狸、乌鸦、猪猡、蜥蜴、公鸡，没错，还有山羊。

所以，著名的红魔鬼——我想到了《南方公园》(South Park)中那个一身横肉，却与萨达姆·侯赛因陷入虐恋的撒旦[1]——并非基督教艺术最初千年之中的撒旦形象，而是形成于中世纪中期和文艺复兴时期，其目的大概是震慑那些放肆的罪人。不过，如果我们不再关注艺术品，转而查阅宗教文献，就会发现撒旦在更早之前就已经有了那副知名的头上顶角的形象。

公元447年，教会的高级教父们在托莱多会议(Council of Toledo)上抨击、谴责了普里西利安派(Priscillianists)的异端神学[2]——可惜后者与澳大利亚旅游巴士上的变装皇后[3]们无关——在会议上，教父们也趁机统一了撒旦的形象，将其描绘为一头体形庞大、浑身散发硫黄臭味儿的黑色怪兽，它有着驴的耳朵、发光的眼睛、恐怖的獠牙，并长有蹄子和尖角，以及乱入的巨大生殖器。这听起来像只山羊？呃……可能确实存在相似之处，但也有点儿像头公牛或是驴子。这只虚构的怪物可比毛茸茸的反刍动物可怕多了。

我们在中世纪早期的艺术作品中发现了其他一些揭示撒旦与山羊的

---

1 《南方公园》是由特雷·帕克和马特·斯通创作的动画讽刺喜剧，动画中的撒旦富有爱心、个性脆弱，还有"男颜之瘾"，其男友之一萨达姆·侯赛因有着很强的施虐欲和控制欲。

2 "教父"指基督教早期的宗教作家及宣教师，他们给后人留下了许多教会历史和教会生活记录。"普里西利安派"是4世纪末诞生于西班牙的古代基督教派别，信仰类似"上帝一位论"，主张人的肉体为恶神所造，因而婚配是罪恶行为，因多次遭到正统教会谴责和罗马帝国迫害而在6世纪逐渐消亡。

3 男扮女装的男性，但并不是变性人。

联系，却十分微妙的线索。在位于意大利古城拉韦纳（Ravenna）的新圣阿波利纳雷教堂（Basilica of Sant'Apollinare Nuovo）[1]中，保存着一幅精美的6世纪镶嵌画，上面描绘了末日审判的场景。耶稣身穿魅力十足的紫色长袍，左右是两位年轻的天使：一个披着红袍，像是青年版的演员杰里米·帕克斯曼（Jeremy Paxman）；一个套上蓝袍，帅气程度堪比20世纪90年代中期欧美男团的颜值担当。红衣天使旁边是三只绵羊，俊俏的蓝衣天使身侧是三只山羊。这幅镶嵌画描绘了《马太福音》中，耶稣像牧羊人分开绵羊和山羊那样，将得救赎者同有罪之人区别开来的场景。蓝色天使是路西法，难道"山羊"是"有罪的灵魂"的简写？如果是这样的话，山羊们显然十分亲近路西法，它们一个个都挂着迷人的微笑，似乎对自己永堕地狱的下场十分满意。这画面倒有几分可爱呢。

那么山羊与撒旦的缘分就是从这里开始的吗？我可不这么认为。因为早在基督教诞生之前，故事传说里就已经存在强大的山羊人形象，其中最为知名的当属古希腊神话中的潘神——一个有着人类躯干，头上长角，腿似山羊，满脸须发，酷爱音乐和舞蹈的森林之神。而关注古埃及文明、克里特文化、美索不达米亚乌尔王朝、印度哈拉帕文明等青铜文明，乃至石器时代晚期的土耳其文明的考古学家们，却都发现了更为古老的头上长角的神灵形象。比如，古埃及神话中的阿蒙（Amun）、古印度神话中的帕舒帕蒂（Pashupati），以及铁器时代法国高卢宗教中的科尔努诺斯（Cernunnos）。[2]

---

1 这座拜占庭教堂坐落在拉韦纳城南的平原地带，以镶嵌画《基督和代表十二使徒的羊》闻名。

2 主神阿蒙，意为"隐藏者"，从未以本来面貌示人，当儿子孔斯请求一睹他的真容时，阿蒙用公羊的皮和头把自己包了起来；帕舒帕蒂是印度教主神湿婆的名号之一，意为"一切生物的保护者"，喜欢化身为鹿；科尔努诺斯，意为"有角者"，是古罗马凯尔特神话的神祇之一，形象多为"鹿首人身"。

这些神灵貌似更像是动物王国的主宰。但一神教尤其是基督教的兴起压制了这些古老的多神教的发展，长角的神灵被扭曲成了肮脏邪恶的妖魔。让我们直接跳到15世纪30年代，意大利画家弗拉·安杰利科（Fra Angelico）以可怕的撒旦为主角创作了那幅《末日审判》（*The Last Judgement*），画中，堕入地狱的灵魂饱受头上长角、绿黑相间的恶魔的折磨。画作底部藏着撒旦，那是一头通体暗黑、生有许多白色小角的狰狞巨兽，贪婪地张着血盆大口将罪人撕碎吞噬。而当我欣赏弗拉·安杰利科所绘制的撒旦时，根本没发现一丝山羊的影子，如果一定要说这位撒旦像什么的话，那就是全新版本的"咕噜牛"（Gruffalo）[1]。

还有哪些线索呢？好吧，根据记载，在欧洲疯狂的女巫审判时期（16世纪40年代到17世纪90年代）确实存在一些与山羊有关的诡异行为，基督教认为女巫们会进行一种名为"羞耻之吻"（Kiss of Shame）的邪恶仪式——亲吻山羊和猫的"菊花"！在汉斯·巴尔东·格里恩（Hans Baldung Grien）[2]等艺术家围绕魔宴这一不详主题绘制的可怕插图中，女巫们跨坐的是飞天山羊而不是飞天扫帚。这里或许包含了某种性暗示。人们总是将长角山羊同男性强欲联系起来，在某人脑后做出"恶魔之角"[3]这个手势也成了对这个家伙被戴了绿帽子的讽刺嘲笑。简而言之，图画中反重力山羊背上的女性代表撒旦掌握着色诱这一天赋能力，能给女巫们带来夜夜春宵。

虽然有些扫兴，但现在我不得不强调，这些飞天山羊并非撒旦本

1　BBC圣诞节期间推出的儿童节目《咕噜牛》（*The Gruffalo*）中的"怪兽"。

2　汉斯·巴尔东·格里恩（1484—1545），文艺复兴时期的德国艺术家，以绘制裸体女巫等超自然题材的祭坛画而闻名于世，他擅长版画、雕刻，同时还是位彩色玻璃艺术家，代表作为《魔宴》（*Hexensabbat*）等。

3　直译为"角的标志"，即伸出食指和小指来形象地比画出撒旦的两根犄角，多见于摇滚、说唱当中。

魔，而是同那些臭名昭著的黑猫一样是撒旦的恶魔眷属。所以，恕我冒昧，奥利维亚，我想你眼中的恶魔山羊可能根本不是撒旦，而是我们在塔罗牌中看到的，以及《吸血鬼猎人巴菲》(*Buffy the Vampire Slayer*)中的图书管理员贾尔斯在尘封已久的旧书里找到的"安息日之羊"。[1]这个额头刻有五芒星的形象实际上并非中世纪的产物，而是放弃圣职、跳槽为神秘学巫师的法国隐秘学者艾利佛斯·列维(Éliphas Lévi)于19世纪中叶绘制的作品[2]。那么，他的灵感又源自何方呢？嗯，这似乎是受到了中世纪阴谋论的影响(是的，没有Facebook并不影响古人传播流言蜚语)。

列维称自己绘制的羊人为"巴弗灭"(Baphomet)，而这可能是对穆罕默德之名(Mahomet)的误传(先知穆罕默德的名字为Prophet Muhammad)。中世纪的文学作品经常抨击穆斯林信徒将穆罕默德本人当作偶像崇拜，而非崇拜真主阿拉。

这是我们遇到的第一个阴谋论，现在让我们转向另一个与之同时存在的阴谋论：强大的中世纪骑士团——圣殿骑士团。你可能听说过这个名字。多年以来，人们围绕它创作了许多广泛流传、质量堪忧的传说，如果你受过《达·芬奇密码》(*The Da Vinci Code*)的摧残——无论是原著还是电影——那么请接受我的同情。大部分关于圣殿骑士的故事都是彻头彻尾的胡编乱造，[3]不过历史上确实存在这一组织。1307

---

1 "安息日之羊"指的是世人所熟知的羊头恶魔，第二原罪"巴弗灭"；美剧《吸血鬼猎人巴菲》讲述了高中生巴菲同好友及她的守护者鲁珀·贾尔斯(巴菲所在学校的图书管理员)一起对抗各路魔怪的故事。

2 即《曼德斯的巴弗灭》(*The Baphomet of Mendes*)，画中的形象有着山羊的头和腿、女性的胸部，两角之间有火把。

3 更多真实可靠的历史详情可参考丹·琼斯(Dan Jones)出演的历史纪录片《埋藏的历史：圣殿骑士团和圣杯》(*Buried: Knights Templar and the Holy Grail*)。——作者注年，富甲一方的圣殿骑士们在法国国王操纵的异端审判中全员遭到处决。阴谋论称这些骑士举行了许多秘密仪式，包括祭拜一颗属于某个长髯神秘男子（可能是穆罕默德）的魔法头骨，他们称之为……我看看……"巴弗灭"。

然而，圣殿骑士崇拜的所谓巴弗灭并非山羊形象，那是艾利佛斯·列维从古埃及神灵"门德斯山羊"（Goat of Mendes）[1]那儿获得灵感并自行添加的元素。在列维绘制巴弗灭之前，塔罗牌中的撒旦是个肚子上长着第二张脸的人形怪物，它的膝盖上生有眼瞳，脚是狮爪，背上有蝠翼，头顶还有鹿角——这个造型不错。有时，它还拥有丰满的乳房和巨大的阴茎。1850年，列维在画作中抹除了大部分上述肢体部位，但保留了乳房和阴茎，并增设了前额的五芒星和硕大的羊角，从而得到了我们今天常见的肌肉发达的羊头恶魔形象。

美国撒旦教会（奥利维亚，希望你不是它的成员！）就采用了列维设计的巴弗灭形象，并在底特律建立了一座酷炫的撒旦雕像，不过为了不引起当地居民的恐慌，他们剔除了撒旦原有的性别特征，而用男孩和女孩的塑像代替性器官，以彰显撒旦的双重性别。

所以，奥利维亚所问的"**为什么撒旦是只山羊**"这一问题相当棘手，因为撒旦在传统上拥有许多形象，只有在巴弗灭这一形象诞生后，撒旦才有了山羊的特征。事实上，在中世纪的故事传说中，撒旦不会变成长角巨兽或是咩咩直叫的公羊这类形象来诱人堕落，而是化身为一位值得信赖的密友来接近你。这样才会让人放松戒备，变成怪物蹦出来什么的……

---

1 古埃及孟斐斯三柱神之首，工匠与艺术之神"普塔"（Ptah）的一个化身。

23

1802年，英国博物学家兼牧师威廉·彬格莱（William Bingley）出版了一部大受欢迎的野生动物指南——《动物传记》（*Animal Biography*）。在作品大卖之后，他又更新了多个版本。在那引人入胜的文字中，有这么一段专门描绘了一种性情凶悍、鲁莽好斗的生物，它只要受到一丁点儿的挑衅，就会冲上去攻击狗、马以及人类，并且往往不死不休：

> 它似乎除愤怒外没有任何激情。因此它会攻击每个胆敢靠近它的动物，且毫不在意对方的个头。它的脑子里没有逃跑的概念，即便被打得粉身碎骨也不会投降屈服。如果被它咬住了手，你就只能弄死它，因为它绝不会在丧命前松口……它们同族之间甚至也会爆发内战。当两只……相遇时，双方就会殊死搏斗，而胜者会干掉输家。

这听上去像是某种可怕的怪物，对吗？不过，真相可能会吓你一跳，朱丽叶，因为这种好斗的恐怖野兽其实就是我们非常熟悉的宠物：仓鼠。

没错，我对此也十分惊讶。儿时，我们学校教室后头也养了一只仓鼠，而且还有轮值制度——每个孩子都可以将它带回家饲育一周。我至今仍记得轮到我带它回家时的激动雀跃，以及当它在我的看护喂养下突然死亡时涌上心头的哀痛与恐慌。等等，先别着急打电话给英国皇家防止虐待动物协会（RSPCA），那不是我的错！它是自然死亡，真的！它可能是太老了，我不知道具体的死因，只知道我们把它埋在花园里，然后从宠物店买一只新的仓鼠来代替它。我给新来的取名为"爵士"——在7岁的我看来，这是个很酷的名字——但我的老师决定让它继承前辈的名字。就像007系列电影中的M和Q一样，[1]教室里的小仓鼠与其说是个独立的存在，不如说是组织中的一个角色。

那么，彬格莱书中的那头狂暴野兽是如何变成我小学教室里那只肥嘟嘟的可爱宠物的呢？事实是，两者并非同一种生物。彬格莱描述的是欧洲的一种名为"黑腹仓鼠"[2]的野生动物，没戴防护手套的孩子最好对它敬而远之。事实上，维多利亚时代的博物学家纳撒尼尔·劳伦斯·奥斯汀（Nathaniel Laurence Austen）曾试图驯养一只黑腹仓鼠当作宠物，他记录道：

> 它极其敏感且脾气暴躁，除了我，谁也不让碰。当它生气时

1　M是詹姆斯·邦德的上司；Q是007系列电影中的英国陆军情报六局（MI6）军需官，负责给詹姆斯·邦德打造各种高科技工具。

2　黑腹仓鼠，又名欧洲仓鼠、欧洲黄金鼠，是一种原产于比利时、中欧、俄罗斯的夜行动物。

（这是常有的事，只要发现有陌生人在盯着它看），就会像头小野猪那样愤怒地哼哼唧唧，接着仰面朝天，咬牙切齿，恶狠狠地撕咬身边的一切事物。

奥斯汀曾试图在这只黑腹仓鼠旁边鸣枪来吓它，结果仓鼠只是瞪着他，就像是在说"你只有这点本事？"还有一次，它在奥斯汀离开的片刻时间里杀死了一只小猫。所以说，真的别惹欧洲仓鼠！幸运的是，你基本不用担心被它们袭击，而不幸的是，欧洲仓鼠因其皮毛遭到了大量猎杀，现正处于极度濒危状态，所以你不太可能在黑暗的巷道中遇到它。

那么问题来了，朱丽叶所问的那种漂亮可爱的金毛仓鼠[1]又是从何而来的呢？答案是，叙利亚。1839年，伦敦动物学会的负责人乔治·沃特豪斯（George Waterhouse）第一个将金仓鼠动物标本带回了英国。我们还发现，英国外交官詹姆斯·亨利·斯基恩（James Henry Skene）在1880年引进且饲养了一批叙利亚仓鼠，并将其作为礼物赠予友人。这个繁育基地在斯基恩于1886年去世后仍在营业，直到1910年方才关门。

但假如你想搞清楚仓鼠是如何从野生动物变成家庭宠物的，就需要回到1931年，认识一下医学家索尔·阿德勒（Saul Adler）[2]博士。他打算进行动物实验来研究利什曼病，但手头的中国仓鼠顽固地拒绝繁衍，培育失败，而从亚洲进口仓鼠又有些不切实际。耶路撒冷希伯来

---

1 金毛仓鼠，即金仓鼠，原产于叙利亚、黎巴嫩、以色列等地，常见毛色以由脸颊到腹部为白色，背部为褐色居多。

2 索尔·阿德勒（1895—1966），英国皇家学会荣誉会员，耶路撒冷希伯来大学教授，以色列寄生虫研究专家，曾利用活寄生虫研制出利什曼病疫苗，以治疗这种由利什曼原虫感染引起的人畜共传疾病。

大学的阿德勒教授不由十分无奈，难道要去附近的沙漠挖洞逮老鼠吗？他觉得自己需要一个动物学家来帮忙出谋划策，选出合适的实验对象。

于是，阿德勒教授找上了他的同事，动物学家伊斯雷尔·阿哈罗尼（Israel Aharoni），希望对方能提供一些合适的物种。阿哈罗尼就想到了叙利亚仓鼠，他向一位名叫乔治的叙利亚向导求助，乔治联系到了一位乐于助人的酋长，后者派了一批劳工前来帮忙。他们一同在野外花了很长时间捕捉仓鼠。这比想象中难多了，不过最终他们还是挖到了一个仓鼠窝，里面有12只仓鼠：一只仓鼠妈妈和它的11只宝宝。一看到人类"捕食者"，仓鼠妈妈就立刻咬断了离它最近的仓鼠宝宝的脖子。为了保住剩下的仓鼠，惊慌失措的阿哈罗尼不得不快速杀死了仓鼠妈妈。

随后，阿哈罗尼把仓鼠宝宝们交给了希伯来大学的动物设施系创始人海因·本-梅纳钦（Hein Ben-Menachen）。接着就是一场灾难，半数幼鼠咬穿笼子逃了出去，不知藏在实验室的哪个角落，更糟糕的是，有只雄性幼鼠吃掉了一只雌性。最后，他们手头只剩下4只仓鼠，鉴于抓捕过程十分艰辛，这是个令人相当头疼的消息。神奇的是，在短短一年内，4只幸存的仓鼠就繁育出了一个拥有150只成员的家族，并被分批运往世界各地的实验室。这是科学上的重大胜利，它意味着实验室能够自行培育实验用鼠……但它们并不是真正的小白鼠。当然，这在后来还引发了严肃的动物实验伦理问题。

原本在欧美地区几乎不为人知的仓鼠突然在民间变得大受欢迎，尽管战时配给制度下资源较为匮乏，英国官方还是在1945年成立了仓鼠俱乐部。通过选择性繁殖那些脸蛋肥嘟嘟的叙利亚仓鼠，人们培育出了更加可爱迷人的品种。世界上第一个顶级仓鼠饲育专家是美国人艾伯特·马什（Albert Marsh），搞笑的是，他最初接触仓鼠是因为他继承的一笔赌债中就有这些小家伙——鬼知道拉斯维加斯赌场上还能用仓鼠当筹码？随后不久，马什出版了一本仓鼠饲养指南，而这部手册居然在1948年至1951年间卖出了整整8万册。这种全新的宠物已然风靡全美。

在众多购书者之中，有位名叫埃弗雷特·恩格尔（Everett Engle）的14岁男孩响应了马什刊登在杂志上的广告。他从父亲那儿借钱，在自家后院建了一座饲育棚。尽管埃弗雷特还只是一名学生，他却很快成了美国中西部的仓鼠供货商。1961年，他将一对仓鼠出售给了一位非常著名的顾客——约翰·肯尼迪总统，后者将它们命名为杰基和比莉，送给了自己的女儿卡洛琳。就像杰奎琳·肯尼迪成为美国第一夫人一样，杰基和比莉也成了美国第一仓鼠。杰基和比莉没有抛弃自己的家族传统，它们很快逃出了鼠笼，人们一通好找，最后发现它们在肯尼迪的浴室里上蹿下跳。一场典型的仓鼠狂欢！

这对仓鼠是十分逗人喜爱的小家伙，但负责照料总统的所有宠物的白宫狗舍管理员特拉弗斯·布莱恩特（Traphes Bryant）却并不这么认为，他后来回忆道："这窝仓鼠上演了一部希腊悲剧。起初，一名成员溺死在了总统浴缸里，接着，仓鼠爸爸吃掉了其余小仓鼠。最后一幕尤为出人意料——仓鼠妈妈杀死了仓鼠爸爸，不久之后，可能是因为消化不良，前者也一命呜呼了。"这充分验证了肯尼迪家族诅咒的存在，就连他们养的宠物都会死于非命。[1]

虽然大家都很喜欢可爱的仓鼠，但它们确实存在可怕的暴力行为。我在为朱丽叶编写这段回答的同时，也在Twitter上分享了彬格莱对黑

---

1 肯尼迪家族命运多舛，其成员屡屡遭遇飞来横祸，不是重伤、死亡，就是产业受挫、丑闻缠身，仅肯尼迪四兄弟中就有三位横死：小约瑟夫·肯尼迪战死，总统约翰·肯尼迪和司法部长罗伯特·肯尼迪遇刺身亡。

腹仓鼠的观察记录，然后评论区就被无数恐怖故事淹没了，有人抱怨遭到了自家宠物仓鼠的攻击，也有人发现笼子里的仓鼠居然同类相食，吃掉了它们的家人（这是个悲惨的故事，一个男孩发现10只满脸是血的俄罗斯仓鼠幼崽正分食它们的妈妈！）。

所以，朱丽叶，你要的答案是，仓鼠是在近70年才成为一种流行宠物。在它们可爱无害的外表下暗藏着暴力倾向，事实上，它们就像动物世界的麦考利·卡尔金（Macaulay Culkin）——《小鬼当家》（*Home Alone*）的主角。敢惹仓鼠，后果自负！

24

好吧，让我们直奔主题。屎尿屁这类事一向好笑而有趣。作为一名醉心于公共卫生清洁历史的专业人士和《糟糕历史》的节目顾问，我一看到这个问题，就知道它必将出现在本书之中。不幸的是，这个问题出奇地棘手。唐尼、特里利和凯瑟琳对时代的限定让我有些束手无策，不得不承认，关于亨利八世治下的伦敦究竟有多少匹马，我无从获得可靠资料。故而很抱歉我只能基于比较提供答案，而无法给出直接证据。

马的体形相当庞大，其排便次数也同样惊人。一匹健康的马平均每天会排便8到12次。至于排尿，那可就更加频繁了——24小时大约可排出10升尿液，足以装上满满一桶。一天下来，一匹马所产生的粪便和尿液通常重达20公斤，接近一名6岁儿童的体重。天啊，我还以为自家的宝贝女儿已经很能拉了呢！

毫无疑问，一个大型城市很快会因高头大马川流不息而变得脏乱不堪。而我无奈地发现，这是自己所能得出的最为具体的结论了。16

世纪30年代，在亨利八世掌权的多事之秋中期，伦敦人口大约有6万到8万，可我却摸不准马匹的数量。也就是说，如果你在脑补一座车水马龙的繁荣城市，那你可以停下这种想象了！那个时代的欧洲，马车可是十分稀罕。它本质上只是个随意放在一对车轴上的木制车厢，没有任何减震装置，因此乘坐起来极为颠簸。似乎只有王室女性会选择搭乘马车出行，而贵族男性更偏向于骑马或坐轿。

亨利八世逝世后不久，情况发生了巨大变化。16世纪中期，在其女玛丽一世和伊丽莎白一世在位期间，[1]新型马车（coach）开始从匈牙利向欧洲西部传播——coach一词源于匈牙利语kocsi，后者取自匈牙利村庄Kocs，正是这个村的车匠发明了弹簧减震设计。马车这种更加舒适的公共交通工具逐渐流行开来，而适合拉车的动物无疑是马，但在之后的很长一段时间里，绝大多数人都无力购置马车。

亨利八世统治初期的情况恰恰相反，想象一下，那时，套在四轮货车上的牲畜大多是牛，而所载的也基本是货物而非乘客。当然，道路上也会有些马儿经过，但这种情况在伊丽莎白一世执政时期更为普遍。据说，那时每天会有2250匹马从恩菲尔德前往伦敦北部，它们主要负责将麦酒运往大城市。马车也是运输纺织品的首选，因为船舶运输可能会让布匹受潮。除四轮货车、板车和奢华的马车外，亨利八世1516年创立的邮政机构[2]的信使也需要用马，甚至还有为没钱买马的人提供租借服务的地方。

---

1 亨利八世病逝后，由其子爱德华六世继位，后者去世后，玛丽一世（血腥玛丽）废黜并处死了原定继任者，成为英格兰及爱尔兰女王（1553—1558年在位）；1558年，玛丽一世去世后，伊丽莎白继承王位，她是都铎王朝最后一位英格兰及爱尔兰女王（1558—1603年在位）。

2 1516年，亨利八世成立了一家名为Master of the Posts的邮政公司，它是现在的"英国皇家邮政"（Royal Mail）的前身。

到了16世纪，马匹的拥有量急剧增加。马史学家彼得·爱德华兹（Peter Edwards）[1]教授——他是一位研究马匹社会及经济史的专家，并非**真是**一匹研究历史的马[2]——已经表明，即便是在林肯郡的霍布灵农庄，也有60%的土地拥有1到10匹马，还有14%的土地的马匹数量远高于这一数字。一个小小的偏僻农庄拥有如此之多的马，这绝非偶然事件。

除了对几任夫人心怀不满外，亨利八世还恼怒地发现自己的国度严重缺乏马匹，尤其是那些迅捷有力、纵横沙场的战马以及吃苦耐劳、保障军需的强壮驮马。尽管战争的性质到了16世纪30年代已经发生改变，火药武器的崛起终结了骑兵冲锋的时代，但亨利八世仍然沉迷于获取更好、更大、更快、更强和更多的马匹，特别是在1540年了解到4匹荷兰马的牵引力要强于7匹英国马后。

亨利八世下定决心改变这一糟糕国情，他重新推行了自己父亲的法律[3]，将向国外出口马匹定义为犯罪行为，同时加强了对国内马匹销售的监管。他还把皇家公园和猎场改造成了种马场，并对国内的大贵族和领主软硬兼施，花言巧语、威逼利诱，说服他们加入自己的骏马育种计划。此外，亨利八世也与欧洲大陆大规模开展贸易，出口Irish hobbies[4]这一马种，以换取各类挽畜和坐骑。

---

1 彼得·爱德华兹，罗汉普顿大学的近代早期英国社会史教授，是主要从历史角度从事马匹研究的英国学者之一，著有《近代早期英国的马与人》（*Horse and Man in Early Modern England*）。

2 "马史学家"，原文horse historian，有可能被误解为"研究历史的马"，作者表示此处horse historian指的是"研究马匹社会及经济史的专家"。

3 亨利七世曾多次颁布法令，禁止羊毛（特别是优质羊毛）和半制成品呢绒的出口，此举通过王权控制贸易往来，初步形成了保护工商业的重商主义经济政策。

4 13世纪之前在爱尔兰培育的一类业已灭绝的马种，为几个现代马品种（康尼马拉马等）提供了基础血统。1375年，诗人约翰·巴布尔（John Barbour）在《布鲁斯》一诗中提到了它，并称之为hobynis。

如果你并非爱马人士，你可能觉得世上只有三种马：小巧可爱的设得兰矮种马、昂首嘶鸣的赛马和高大健硕的夏尔马。[1]但是，马的品种远不止以上几种。财力雄厚的领主恨不得将所有种类的骏马都塞到自家的马厩里。例如，1512年，英国诺森伯兰公爵马厩中的一份马匹清单就囊括了十余个用途各异的马种。按照爱德华兹教授的说法，清单中，gentell hors指的是一种身价不菲的纯血马；palfrey是一种小巧敏捷、步伐平稳，适合女性骑乘的马；hobbies和nags都是力量较弱的小型战马；chariott horse和gret trotting horsys是肌肉发达、专职拉车的马；trottynge gambaldyn是一种因高抬腿动作而闻名，擅长表演花样骑术，适合显摆的马；而cloth sek和male hors这两种马则多用于在崎岖地形运送行李与盔甲。

因此，尽管在亨利八世的时代，路上的马儿没有后来那样常见，但这一时期的马匹数量与销售价格正随着亨利八世军事野心的膨胀，以及马匹的经济影响力的扩大而激增。而现在，让我们回到那个棘手的问题：伦敦每天会产生多少马粪马尿？实话实说，我只能对此做出不太可靠的粗略估测。

据我所知，在1795年（亨利八世死后约250年），一个名为乔治·罗伯逊的当地农民声称，爱丁堡（包括利斯）每年会产生4万车马粪尿。而在那个时代，爱丁堡的居民人数可能与都铎时期的伦敦居民人数大致相同。因此，我们可以对比一下这个数字，然后得意地宣称，亨利八世治下的伦敦每年会产生4万车马粪尿。

---

1 "设得兰矮种马"是苏格兰设得兰群岛的特色品种，已有2000年以上的存在历史，这种有着小短腿的矮种马的平均高度在70至100厘米左右，因而被戏称为"马中柯基"，是最适合儿童的坐骑；"夏尔马"是体形最大的马种之一，肩峰最高纪录超过2米，是著名的挽用马，可拉动5吨重物。

但是，18世纪的爱丁堡居民能够经常享受到舒适的马车服务，都铎时期的伦敦市民却没有这个福气，所以在这两个时代中，马的拥有比例和使用目的可能全然不同。说真的，我没有底气给出一个数字，很抱歉让你失望了。不过，你记得吗，我们在上文提过，一匹马平均每天会排出20公斤的粪尿，而在伊丽莎白一世统治时期，有条道路一天会经过2250匹马。可想而知，那条路会是多么的难以下脚。

　　至于凯瑟琳、唐尼和特里利提出的关于马粪尿的处理问题，谢天谢地，这个我们知道的比较多。当前流行的观念认为，中世纪的居民经常把便桶直接倒向窗外，但实际上，这种粗鲁的行为会受到巨额罚款，纵容牲畜在大街上排泄也一样。在都柏林（自亨利八世于1541年至1542年间宣称成为爱尔兰国王之后，都柏林开始受英国法律管辖），人们都知道马儿肯定会随地大小便，但1557年的一份公告显示，任何在大街小巷留下粪便尿液的人都会被罚款，其中一半罚金归公，另一半则奖励给举报者。而正确的做法是将排泄物运到城外的特定粪堆那儿去。

　　与此同时，亨利八世治下的伦敦开始铺设道路，并试图建立下水道系统以处理地表污水。水沟会将街道上的污水引入下水道，流往小河或污水池。当然，我们也不要自欺欺人，街道还是十分脏乱。讲究的人可能会穿上厚实的套鞋，避免漂亮的鞋子、斗篷或裙摆碰到肮脏的地面。不过有趣的是，这些污水并不会被放任不管，任其发酵。

　　一般情况下，城镇居民必须按要求每周清洗一次自家门口的街道，这通常会在星期六进行（大概是为了确保神圣安息日的路面整洁），而在1550年，约克市出台了一条规定，要求"每周都要清洁打扫"（twyse clensyd and swepyd every weyk）街道。我们还通过约克市的记录了解到，该市会固定在星期二、星期四和星期六收集排泄物。在英格兰、苏格兰、威尔士和爱尔兰的其他村镇和城市中，如果地方官员未安排定期收集排泄物，当地商人或地主可能会出钱向官方购买处理粪便的资格，这样他们就能自己收集粪便（更有可能会去雇用个掏粪工），然后作为肥料转手卖给当地农民。

其实，人类和动物粪便的价值惊人——甚至偶尔用以入药——因此，与其说当时的人们会随意将屎尿往街上一泼后窜回家，他们更可能会把排泄物囤积在自家旁边作为收入来源。依照地方法规，这种私人堆肥只准放置一周，但据历史学家考察，实际存放通常会超时。一般而言，最为基本的规则是，这堆粪肥不得挡在他人门口，或侵占邻家土地。如果粪堆体积过大，或其所有者厚着脸皮违背上述规定，那么他们就要为自己的行为支付一笔粪堆税。

作为21世纪的中产阶级人士，我除了正常缴纳市政税之外，还得额外付给萨里郡议会一笔税款，用于每两个月一次的园林废弃物（我把它们放在一个超大的绿色带轮垃圾箱里）清理服务，而中世纪和都铎王朝的人们与我们不同，他们是为了有机会保存并出售自家的废弃物（放在阴沟或垃圾堆里）才被迫掏钱。我们都懂得消费经济在现代资本主义中的重要性，但在那时则是一种字面上的消费、分解与货币化的近代早期经济，我将其命名为"**粪堆资本主义**"（crapitalism）[1]（我拒绝为此道歉）。

16世纪80年代，在兰开夏郡的普雷斯科特镇，人们可以通过将粪肥堆积在远离街道的自家后院来避免支付巨额税费。正如"莎学家"布鲁斯·博勒（Bruce Boehrer）教授所说，在这种情况下，应该是**珍贵**而非无用的废弃物阻塞了近代早期的空间。那时，马粪是值得刮起并保存至少一周左右的肥料。引用博勒教授的原话："就连威

1　作者在capitalism（资本主义）中添加了一个r，将其改写为crapitalism，而crap意为粪便。

廉·莎士比亚的父亲也曾于1553年[1]'因其在亨利街的家门口放置粪堆（sterquinarium）'而被罚款一先令。"

因此在那个时代，对于道路上的马儿随意大小便这一问题，已经存在一个专门清理排泄物的体系，而且人们还能从中获得可观的利益。然而，更让地方当局头痛的问题是混入水源的粪水。1556年（亨利八世驾崩10年后），地方法院开庭审理了伦敦斯特兰德地区的一批鱼贩，庭审记录显示，他们因纵容自己的马匹在"公共水道"肆意便溺导致水道堵塞而被罚款。随着伦敦的迅速发展，河流溪水中涌入了越来越多的排泄物，这无疑造成了严重的卫生健康隐患，而此类问题直到约瑟夫·巴泽尔杰特（Joseph Bazalgette）设计的交叉下水道系统（1865—1875年）建成之后才得以解决。

在这种情况下，路面肯定脏乱不堪，但我想你更不愿意碰那臭水，不是吗？

1　布鲁斯·博勒在其 The Fury of Men's Gullets: Ben Jonson and the Digestive Canal 一书中的原文为"1552年"，此处当是作者引用错误。

25

这真是个有趣的巧合，在撰写这篇文章时，我大部分时光都是在萨里郡的骄傲——英国皇家园艺协会威斯利花园（RHS Wisley）[1]中度过的。我有幸住在附近，所以我们一家经常来这儿游玩，而我的父亲——一位专业的园丁——总能让这段旅程变得十分难忘，因为他喜欢一边欢乐地踩着华尔兹舞步，一边指着四周珍稀的灌木树丛，拿它们的名字来考较我。在这场游戏中，我的表现总是很糟，自从父亲让我在学校放假时担任他笨手笨脚的割草机助手后，我在园艺上的表现就从未令他满意过。因此，当我回答问题时，面对所有长满浆果的灌木，我的回答都是"矮生栒子（*Cotoneaster dammeri*）[2]！"；对于任何看上去不是橡树的树木，我都回以"这似乎是一棵李属（*Prunus*）植物！"；如果我一点儿灵感都没有，就会胡诌一个明星的名字："等一下，老爹……我想起来

1　威斯利花园建于1904年，目前占地面积约97公顷，被誉为"英式花园的百科全书"。
2　矮生栒子，蔷薇科栒子属植物，常绿灌木。

了，它好像叫"高山瑞塔·奥拉"（alpine Rita Ora）[1]！"

　　尽管在我看来，父亲在植物方面已经相当博学了，但他每次都能在威斯利花园的神奇之旅中收获惊喜。这座花园坐拥1.2万种植物——远远超出了他的鉴别能力——但相比全球植物种类总数（据估计约有39.1万种！）还是小巫见大巫了。地球上居然有着如此丰富的植物资源，想想都觉得不可思议，而且近年来人类还在不断发现新的植物。不过，尽管威斯利花园确实是随着18世纪和19世纪的帝国殖民、园艺学和现代全球化而诞生的，但不要就此误以为引进外来植物是件新鲜事儿，事实远非如此。

　　据我所知，虽然作物驯化的遗传史还是一团迷雾，但人类早在1.2万多年前的新石器时代就已经开始试着种植粮食和果树了。有的植物需要经过许多代的繁衍才会进化成一个全新物种，而有的则要快得多。

　　以最为常见的苹果为例，出人意料的是，人类对苹果的驯化改良只能追溯到大约3000到4000年前的青铜时代。现代苹果的祖先是一种至今仍生长在哈萨克斯坦的塞威士苹果（*Malus sieversii*）[2]。将字母s改为m，就会得到Malum一词，它在拉丁语中意为"苹果"和"邪恶"。圣哲罗姆（St Jerome）[3]在拉丁文版《圣经》中巧用了这一双关语。17世纪，约翰·弥尔顿（John Milton）在史诗《失乐园》（*Paradise Lost*）中指出亚当、夏娃偷食禁果的罪过，进一步强调了"苹果"和"邪恶"的关联（就是弥尔顿让人们开始认为禁果是苹果，实际上《圣经》中

1　作者为了不让老爹一眼识破自己编造的植物名，特意选择了一位英国90后女歌手瑞塔·奥拉，还加上了"高山"这一植物名前缀（比如高山紫菀、高山蓝盆花、高山火绒草等）。

2　塞威士苹果，即"新疆野苹果"，大约在元朝末年传到中原地区，古人将其称作"柰"。

3　圣哲罗姆（约340—420），早期基督教拉丁教父，耗费20多年翻译了拉丁文版《圣经》（"武加大译本"）。

只说了那是水果）。这也是为什么白雪公主的继母会因为有毒的"史密斯奶奶苹果"（Granny Smith）[1]而得到额外的加分——如果你要犯罪，一定要将凶器变成一个高明的语言学笑话！

总之，古人类通过将塞威士苹果与其他三种苹果杂交，意外得到了现在的这种苹果，而这一过程似乎发生在联通了东亚、欧洲和中东的丝绸之路上——更多信息详见彼得·弗兰科潘（Peter Frankopan）[2]的大作《丝绸之路》（The Silk Roads）。也许这是因为古人将种子视为一种可用于贸易的硬通货或值得出手的食品技术，但更可能是一种无意之举，即在人吃马嚼的过程中，将苹果种子排出体外，导致其在丝绸之路上散落传播。所以，也许"苹果"（apples）应该更名为"粪果"（crapples）[3]？太过分了？抱歉，是我的错。

一讲到古希腊和古罗马，就不得不提及重大的农业管理问题，包括亚里士多德、老加图（Cato the Elder）、维吉尔（Virgil）、特伦提乌斯·瓦罗（Terentius Varro）和科卢梅拉（Columella）在内的多位古代作家都曾围绕这一话题大书特书。[4]尤其是罗马人，身为满腔热情的园

---

1 "史密斯奶奶苹果"，又称澳洲青苹果，原产于澳大利亚，据说是老奶奶玛丽亚·安·舍伍德·史密斯（Maria Ann Sherwood Smith）无意繁育的，因而得名"史密斯奶奶苹果"。

2 彼得·弗兰科潘，英国历史学家，牛津大学伍斯特学院高级研究员，牛津大学拜占庭研究中心主任。

3 crap（粪便）与 apples（苹果）的合成词。

4 老加图，本名马尔库斯·波尔基乌斯·加图（Marcus Porcius Cato），罗马共和国时期的政治家、演说家，代表作为《农业志》（De Agri Cultura）；维吉尔，本名普布留斯·维吉留斯·马罗（Publius Vergilius Maro），罗马诗人，著有《牧歌集》《农事诗》等；特伦提乌斯·瓦罗，全名马库斯·特伦提乌斯·瓦罗（Marcus Terentius Varro），古罗马学者和作家，以学识渊博著称，先后写有74部著作，唯一流传至今的完整作品是《论农业》（De re rustica）；科卢梅拉，全名卢修斯·尤尼乌斯·莫德拉图斯·科卢梅拉（Lucius Junius Moderatus Columella），罗马帝国最为重要的农业作家之一，其12部作品中也有一本《论农业》存世。

丁和认真劳作的农民，他们普遍养成了保存种子的习惯，即挑选出长势最好的植物作为来年播下的种子，或与其他土地所有者交换良种以促进植物多样性。他们会把种子装在袋子里交易吗？也许不会，但在我看来，这也并非全无可能。

当然，夏洛特所说的成袋出售种子总让人联想到自家附近的园艺中心，那里有令人身心愉悦的咖啡厅，还簇拥着许多陶瓷侏儒摆件[1]。这一行业诞生于20世纪60年代，当时植物苗圃打算全年营业，将服务范围从批发扩展到零售，以满足摩拳擦掌、计划打造精致花园的郊区房主的需求，其中许多人都是新手园丁。到离家最近的花市买包种子或是一株培育好的盆栽，就能让那块毫无特色的蓬乱草坪变身为一座任你培育的迷你伊甸园。虽然园艺中心是件新奇事物，但早在4个世纪以前，你就已经可以在店里买上一包种子。事实上，这个"伊甸园"的比喻是我厚颜从一位17世纪的作家那儿借来的。

他就是才华横溢、博学多才的弗朗西斯·培根——科学方法的最早倡导者之一（据说他于1626年为研究冷冻食品献出了自己的生命，呃，因往鸡肚子里塞雪而着凉病逝）。在《说花园》（*Of Gardens*）一文的开篇，他写道："万能的上帝是最早的花园经营者。园艺之趣也确实是人类最为纯粹的快乐。"在培根生活的时代，英国人愈发痴迷于园艺设计。此前，某些商人会顺带着售卖植物种子，但那只是他们的一项小业务。然而到了17世纪，为应对长期存在的种子短缺问题，市场上涌现了一批专门兜售种子的卖家。园圃用地需求激增，追求潮流的社会阶层也在争先恐后地设计打理自家花园，以供休闲娱乐和种植草药。

事实上，人们对种子的庞大需求还导致一种欺骗行当应运而生，

---

1 陶瓷侏儒摆件，即庭院侏儒、花园侏儒，源自德国的一种彩色花园装饰物，大多由石头、陶瓷或塑料制成。

一些奸商会在英国各地向容易上当受骗的冤大头出售陈年、发霉、干瘪或不符合顾客需求的种子。1599年，理查德·加德纳（Richard Gardiner）牧师就曾在其所著的一本早期蔬菜种植指南中，怒斥"那些贩卖园艺植物种子的普通商贩……"。在他看来，这些卖家用陈年、死掉的种子糊弄了许多顾客，让他们花冤枉钱买下了无用的产品，还害得他们在施肥和租用土地上投入巨资却颗粒无收。加德纳牧师在最后写道："想想看，这群毛毛虫每年会从公共财富中夺走多少英镑。"我不知道你是怎么看的，但我觉得将这些园丁之敌骂作"毛毛虫"着实很有创意，因为毛毛虫的确会对植物造成破坏。要是换作我，就会使用"蛞蝓"——我园艺工作失利的灾祸之源（而且还会夜袭厨房！）——来骂那些奸商。

不过到了17世纪末，英国各大城市都有了声誉良好的种子专卖店。1677年，威廉·卢卡斯（William Lucas）印发了他在伦敦斯特兰德大街售卖的商品目录："植物根茎、沙拉菜种、野菜种子、香草种子、药草种子、花种、常绿及开花树种、豌豆黄豆等豆种、改善土质的种子、花卉根茎等多种花草树木"，他还出售各类园艺工具和精心培育的植物盆栽。实际上，在1680年到1780年间，随着英国从海外引进越来越多的植物品种，伦敦的种子专卖店数量也从区区3家上升到了35家。

17世纪，英国的贵族领主们开始沉迷于园艺景观，日记作家约翰·伊夫林（John Evelyn）[1]和军事指挥官约翰·兰伯特（John

---

1　约翰·伊夫林，英国作家，英国皇家学会的创始人之一，从11岁开始终身坚持日记写作，著有《日记》（*Diary*）、《森林志，又名林木论》（*Sylva, or A Discourse of Forest Trees*）等30余部作品。

Lambert）¹就是其中的佼佼者。花园不仅可以用于种植药草，还是有益于静思冥想、自我完善的休闲去处。1688年，执政荷兰的新教徒"奥兰治的威廉"（William of Orange）²登基为英国国王，史称"威廉三世"（King William III），园艺设计也随之成为皇家风尚。威廉三世与妻子玛丽二世（Queen Mary II）共治英国，他们都很热爱规模庞大、结构井然的花园。事实证明，这位从荷兰找来的君主是最为狂热的园艺花卉爱好者，在其执政时期，英国也引进了更多植物品种。

据园林史家马尔科姆·西克（Malcolm Thick）³估计，亨利八世治下的英国只有200多种经常栽培的植物。而当大英帝国的版图扩张到美洲、印度、澳大利亚及其他遥远地区后，可供选择的植物种类就多得惊人了。1837年，当年方18的维多利亚女王登基时，英国人可在花园中欣赏到大约1.8万种植物。正如科琳·福勒（Corinne Fowler）⁴教授在其著作《绿色不乐土》（*Green Unpleasant Land*）中指出的那样，我们在法定假日与周末所参观的美丽花园、迷人建筑，大多都是大英帝国及其暴力殖民的产物。

与此同时，在美国，包括乔治·华盛顿（残酷奴役了数百名黑奴为他耕作，出产的作物因品质一流而闻名四方）在内的许多农场主都会储存良种。而那些打算直接购买种子的人则转而加入了一个名为"震教

1　约翰·兰伯特，英国将军和政治家，英国第一部成文宪法《政府文书》的编写者，热爱园艺种植和绘制花卉。

2　奥兰治的威廉，本名威廉·亨德里克·范·奥兰治（William Hendrick Van Orange），荷兰政治家、军事家、奥兰治亲王，尼德兰执政。1688年，英国爆发了"光荣革命"，他推翻岳父詹姆斯二世，与妻子玛丽二世共治英国。

3　马尔科姆·西克，英国作家，皇家历史学会会员，关注近代早期的伦敦园艺市场，著有《英格兰与威尔士农业史》等。

4　科琳·福勒，英国莱斯特大学后殖民文学教授，主要关注英国殖民时代留下的遗产和文学作品。

派"（Shakers）的小型边缘宗教团体。它是英国贵格会在美国的分支，其成员不只是千禧年信徒，还接受彻底的性别平等，并宣称其领袖之一"安妈妈"（Mother Ann Lee）是以女性形象再度降临人间的耶稣基督。[1]来自缅因州的詹姆斯·霍姆斯（James Holmes）和约西亚·霍姆斯（Josiah Holmes）是首批成袋出售种子的震教徒，而震教派教友之间早已存在这种交易。震教徒不会去追求娇艳鲜花或是观赏果树，亚麻、洋葱和黄瓜才是他们的最爱。

所以，大家可能觉得只有在当代，我们才能从附近的园艺中心或切尔西花展（Chelsea Flower Show）[2]的礼品店买上一些芬芳鲜艳的宿根花卉[3]种子，然而，早在17世纪晚期，伦敦人就已经开始买卖种子，18世纪末的美国肯定也普遍存在这种情况。不过，当他们买下的种子无法发芽时，他们会将其归咎于狡诈的"毛毛虫"，而当我种下的种子没有动静时，我就只能听到风中传来老爹失望的叹气声，好像这百分之百是我的失误。没办法，毕竟不是所有男孩都有本事把自家的割草机开进池塘。

1　贵格会（Quakers，意为"颤抖者"）为乔治·福克斯所创，兴起于17世纪中期的英国及其美洲殖民地，据说是因福克斯在宗教裁判中警告法官"将在上帝面前颤抖"而得名；安妈妈，本名安·李（1736—1784），英国贵格会成员，认为自己是新的弥赛亚，1774年，同8位追随者移民美洲，创立了美洲震教派。

2　切尔西花展创办于1862年，由英国皇家园艺协会主办，是全世界名气最响、规模最盛大的园艺博览会之一，在每年5月于伦敦举办。

3　宿根花卉，能够存活两年或两年以上，成熟后每年都会开花的多年生草本植物。

26

正如托尔金（J. R. R. Tolkien）[1] 经常在他的奇幻巨著中提到的那样，树木是一种神奇的存在，它们默默见证了人类世界的各种变迁。古人喜欢在参天巨树的四周聚居，因为它强韧庞大、沧桑瑰丽，还能让人一眼找到家的方向。树木在许多重大历史事件中都扮演了关键角色，或在事后被奉为神圣的象征。鉴于鲁比问的是造成深远影响和拥有趣味故事的树木，我会从"重大影响"开始讲起，以围绕树木的笑谈收尾。

我当然得提到那棵给了艾萨克·牛顿爵士万有引力灵感的知名苹果树。这个故事在流行文化中衍生出了许多版本，它并非空口无凭，虽然当事人没有回应此事，但牛顿的好友威廉·斯蒂克利（William

---

1 托尔金，全名约翰·罗纳德·瑞尔·托尔金（John Ronald Reuel Tolkien, 1892—1973），英国作家、诗人、语言学家，因其围绕中土世界创造的《霍比特人》《魔戒》等系列奇幻作品而被奉为"现代奇幻文学之父"。

Stukeley）在其于1752年出版的《艾萨克·牛顿爵士生平回忆录》（*Memoirs of Sir Isaac Newton's Life*）中留下了这样一段文字：

> 晚饭后，天气转暖，我们步入花园，坐在苹果树的树荫下喝茶……牛顿告诉我，他之前也是在这种情境下，脑海中突然冒出了万有引力的想法。当时，他正坐在那儿静心沉思，突然掉下来了一颗苹果。于是他心想，为什么苹果总是垂直落到地面呢……

在科学史上，牛顿的苹果树是名副其实的树界名流。但还有几棵树木也是因为激发了人类灵感而闻名于世，比如生长在印度菩提伽耶镇的"菩提树"（Bodhi Tree），又名"神圣的无花果树"，它可能是宗教领域名头最响的圣树。大约2500年前，悉达多就是在菩提树庄严神圣的天然穹顶下顿悟佛理，修成正果。人们扦插培育了那棵圣树的枝条，如今，包括菩提伽耶大菩提寺在内的许多佛门圣地中的菩提树都是圣树的后代。[1]

让我们继续讨论宗教人物，不过这次是从点亮哲理之光到点燃蜡烛之火。传说，第一个将蜡烛点燃，放在圣诞树顶的人是16世纪的新教创立者，德国宗教改革家马丁·路德（Martin Luther）。1800年，在乔治三世（King George III）的德国妻子夏洛特王后在温莎城堡装点了一株紫杉圣诞树后，这一习俗传到了英国。[2]但直到维多利亚女王及其

---

1 圣树早已遭异教徒伐毁，大菩提寺西面的菩提树是从狮子国（今斯里兰卡）圣树后代那儿移植的分枝。

2 乔治三世与德国女公爵索菲·夏洛特（Sophie Charlotte）在见面当天就举行了婚礼，当时女方甚至不懂英文，但他们的婚后生活却相当和谐（她英语学得很快，所以这并非因为吵架时言语不通），有15位子女。

德国王夫阿尔伯特亲王（Prince Albert）[1]在1848年拍了张冷杉圣诞树的照片，往室内摆放圣诞树的习俗才真正在英国流行起来。

当然，还有一些圣诞树属于室外。自1947年以来，伦敦特拉法加广场上每年冬天都会放上一棵高大的挪威冷杉，这是挪威政府送来的年度礼物，以感谢英国在纳粹占领挪威时庇护了流亡伦敦的挪威政府和国家元首哈康七世（King Haakon VII）。[2]不过，对于挪威人而言，更能引起他们情感共鸣的那棵树其实是莫尔德的皇家桦树（Royal Birch in Molde），哈康七世和他的儿子就是在这棵树下躲过了1940年4月的那场德国空袭。后来，哈康父子身着军装，在树下拍摄的庄严肃穆的合影成为抵抗纳粹的有力象征。尽管后来破坏者们毁掉了那棵皇家桦树，但挪威人在它原本生长的地方又补种了一棵。

树木之下也经常是人们聚集起来以示抗争到底或团结一致的地方。比如马萨诸塞州波士顿的那棵"自由之树"（Liberty Tree），1765年，"自由之子"（Sons of Liberty）[3]就是在这棵树下集会抗议英国的印花税法案（British Stamp Act），[4]这也为后来美国独立战争的爆发埋下了伏笔。不过，到了1775年，仅仅在独立战争爆发后的几个月，英国人就打到了这里，伐倒"自由之树"并将其劈成木柴，用来生火。

---

1 阿尔伯特亲王，德国公爵之子，也是维多利亚女王的表弟，在她向他求婚后，又成了维多利亚女王的丈夫，但他没有名分；直到1857年，女王才打破先例，授予了他"王夫"（Prince Consort）的尊号。

2 哈康七世因其妻子莫德皇后出身英国，在政治上颇受英国支持，流亡政府也是因此来到英国寻求庇护。挪威每年送出的这棵"礼物"都会经过十分严格的筛选，只有树高20米左右、树龄超过50年的杉树才能入选。

3 "自由之子"，美国独立革命期间为反抗英国统治而建立的秘密组织，其创建者塞缪尔·亚当斯（Samuel Adams）在1773年发动了成为美国独立战争导火索的"波士顿倾茶事件"，故该组织俗称"波士顿茶党"。

4 1765年，英国议会通过了印花税法案，要求北美殖民地的印刷品使用印花纸，进而上交印花纸的税费。

再往前两个世纪，我们来到了1549年，在这一年，罗伯特·凯特（Robert Kett）宣布反对政府的29项政策，并于英格兰东部的诺福克郡发动了一场起义。据说，凯特在一棵橡树的树荫下召开了会议，这棵如今早已不复存在的橡树因而得名"凯特改革之橡树"（Kett's Oak of Reformation）。在浪漫传说中，凯特随后率军驻扎在了怀门德姆附近的一棵橡树旁。这是故事中的第二棵橡树，它被称为"凯特橡树"（Kett's Oak），至今仍屹立不倒。起义失败后，政府在诺维奇城堡处死了凯特，不过依照传统，一些义军头目可能被吊死在了以凯特名字命名的橡树上，因为他们之前就是在这棵树下密谋对抗爱德华六世（King Edward VI）的。[1]

与政治有关的树木还不止这些。还有"智慧树"（Tree of Knowledge），1892年，澳大利亚工党（Australian Labor Party）就是在这棵树下成立的。另一个离奇故事的主角是巴基斯坦的一棵榕树。一般来说，榕树在南亚地区一直是神圣的存在，因为印度教相信榕树是死者和神灵的灵魂安息之所。但故事中的这棵榕树却迎来了截然不同的命运，据说，在1898年，一名醉醺醺的英国军官逮捕并铐住了它。他大概是想告诉当地人，这就是反抗英国殖民统治的下场。不过，鉴于事实是烂醉如泥的军官将一动不动的大树误认成了寻衅者，他的抖威风显然成了一个笑话。

说到醉汉与大树的奇闻轶事，也许就不得不提到具有象征意义的"特内雷之树"（Tree of Ténéré）[2]。那是一株孤单得令人惊讶的金合欢

1　可这一年，爱德华六世才11岁。

2　穿越特内雷地区的商队不会砍它的树枝生火，还约束骆驼别去吃它的叶子，因为人们已将其视为穿越沙漠之人的守护神（部分原因是人们在树的附近打了井），它就像沙海中指引方向的灯塔。

树，直到1973年，还在撒哈拉沙漠中部默默生长。它位于非洲国家尼日尔，是方圆250英里内唯一的一棵树，因而被广泛誉为"世界上最孤独的树"，所有见过它的人都为其生命的顽强惊叹不已。"特内雷之树"可能已经在这片荒漠中存活了许多年，但不幸的是，事实证明它不是醉驾司机的对手——虽然这片无边无际的荒芜之地到处都空空荡荡，但他还是驾车一头撞上了"特内雷之树"的主干。尼日尔国家博物馆收容了被害树的残骸，今天，在其原本生长的地方另外竖起了一座金属打造的荣誉雕塑。这棵代替品能否抗住卡车撞击尚有待测试……

看到鲁比的提问后，除了牛顿的万有引力果园，最先跃入我脑海的就是查理二世在英格兰什罗普郡逃亡时，躲到了博斯科贝尔庄园的"皇家橡树"（Royal Oak）枝头树叶中这桩趣事。[1]这棵树完全符合鲁比的两大要求，既造成了深远影响，也相当好笑。因为这个躲藏计划实在是有些……好吧，只能说他成功瞒过追兵的机会十分渺茫。这场惊险无比的躲猫猫发生在1651年，当时英国内战刚刚结束，议会军在伍斯特战役中彻底击溃了查理二世的部队。他的父亲查理一世也已遭到公开处决，所以此时的查理二世基本算是走投无路。他必须逃脱追捕，否则就是死路一条。可是逃亡之路上却有个很大的难题，那就是查理二世的外貌实在太过扎眼。

你可能觉得，在没人清楚国王具体样貌的17世纪50年代，想要伪装逃亡岂不是小菜一碟？可是，查理二世有着一头乌黑卷曲的长发、一对深棕色的眼睛、一张丰满的嘴唇，以及一身遗传自他的意大利外

1　1642年英国内战爆发时，年仅12岁的查理王子随父参军，结果保王党军战败，查理一世在1649年被判斩首。次年，加冕为苏格兰国王的查理二世开始进攻英格兰，在伍斯特战役中被克伦威尔打得全军覆没，顶着1000法郎的悬赏（当时不到100法郎就能买到一匹上好的战马）开启了接近10年（1660年复辟）的穷困潦倒的流亡生涯，这大概解释了他为什么会在重登王位后变成那位热衷于花天酒地的"快活王"。

祖母玛丽·德·美第奇（Marie de Medici）[1]的较深的肤色。同时，查理二世还从祖母"丹麦的安妮"（Anne of Denmark）[2]那里继承了维京人的魁梧身材，这意味着他在人群中就像是鹤立鸡群。贴满全郡各地的通缉令称查理二世是"一个高大、黑色的男人"——指的是他的发色和面容——这简直丝毫不差。对了，上面还写到他的口音听上去不太像是什罗普郡本地人……

查理二世的支持者们都在尽力掩盖国王的行踪。[3]他们为国王换了个发型，将植物染料涂在他的头发和面部，还给查理二世上了速成班，教他如何像当地人一样讲话，这显然需要多加练习才能掌握。而且查理二世还得学着以著名的伍斯特步态走路，说实话，这让我一头雾水——真的存在具有地方特色的走路风格？显然，当时确实如此。遗憾的是，查理二世这堂课的成绩很差。总之，我讲的可能有些过了，因为这些伪装手段都要等他避开第一天的追捕之后方才生效，也就是在他爬上橡树躲过一劫之后。

查理二世在伍斯特战役中大败而逃，但逃跑路线上却有重兵把守。他只能像头扎进树篱的巨獾一样毫无意义地躲藏着，直到夜深人静才跑到了威廉·吉福德（William Gifford）的博斯科贝尔庄园。查理二世遇到了同样躲藏在此的一位效忠于他的军官，倒霉的是，这个家伙名叫威廉·凯尔利斯（William Careless）[4]。此时，克伦威尔的手下正在搜

1　玛丽·德·美第奇，法国国王亨利四世的王后，她的女儿亨利埃塔·玛丽亚（Henrietta Maria）嫁给了查理一世。

2　丹麦的安妮，丹麦国王弗雷德里克二世的次女，嫁给了詹姆斯一世，是查理一世之母。

3　例如，帮他上树藏身和改头换面的平民潘德拉一家（the Penderel Family）、为他疗伤并提供藏身之处的天主教神父约翰·赫德尔斯顿（John Huddleston）、将他伪装成自家仆从通过关卡的简·莱恩（Jane Lane）等。

4　Careless意为"粗心大意"，相当于名叫"威廉·马虎鬼"，但这个姓氏在当时意为"无忧无虑"。

查这片区域，室内显然无处可藏，于是吉福德的仆人潘德拉兄弟将二人领到户外，帮他们爬上了一棵高大的橡树。他们在树上躲了好几个小时，只能靠凯尔利斯藏在口袋里的少许面包、啤酒和奶酪充饥。

过了一会儿，查理二世居然枕在凯尔利斯的大腿上睡着了，好一幅君臣情深的温馨画面，但四肢逐渐麻木的凯尔利斯却觉得他们已经到了生死存亡的紧要关头。雪上加霜的是，克伦威尔的士兵就在两人正下方散开搜查。幸运的是，凯尔利斯并不像他的名字所暗示的那样粗心大意，他及时叫醒了自己的君主，否则他们会掉下树来，要么摔断脖子，要么被乐于看到他们被斩首的士兵逮捕。

一旦暂时安全，查理二世就开始接受逃跑技能培训，这在我看来类似于《碟中谍》式的蒙太奇镜头，还添加了伍斯特步态（鬼知道这是什么？！）。历经了6个星期的逃亡之旅，查理二世终于离开了英国。这些在他落魄时期伸出援手的人后来都得到了嘉奖，比如贴心照顾君主的威廉·凯尔利斯就有了个新名字——威廉·卡洛斯（William Carlos）。同时，在查理二世于1660年重登王位后，他向臣民们宣布将5月29日设为"橡树苹果节"（Oak Apple Day）[1]，以纪念他像只巨型松鼠一样挂在树上的那天。奇怪的是，此次逃亡实际发生在9月而非5月，但查理二世肯定觉得5月29日更好，因为这天既是他的生辰，也是他复辟的纪念日。

所以，这大概就是我所能想到的影响深远又不失趣味的树木故事了，不过在分享我最喜欢的树木故事之前，不如先来看看我的粉丝们

---

1 "橡树苹果节"，又名"皇家橡树节"（Royal Oak Day），节日庆典上，表演者的腰部以上全被鲜花覆盖，在他人牵引下骑马游街。橡树苹果并不是橡树上长的苹果（那是《我的世界》的设定），而是因为有种瘿蜂会在橡树树叶上产卵，而孵化幼虫的化学物质则造成橡树长出苹果状的栎瘿，这种虫瘿就是Oak Apple。

在看到我发到Twitter上的鲁比的问题后，提到了历史上哪些不可思议的树木故事吧。他们确实找到了不少传说，一起快速浏览一下吧：

- 内森·霍格（Nathan Hogg）推荐了法国阿鲁威尔-贝尔佛斯（Allouville-Bellefosse）的那棵漂亮的"教堂橡树"（Chapel Oak），这是棵树龄至少800岁的粗壮橡树。它在17世纪末遭到雷击，燃起的火焰烧毁了树干，于是当地修道院院长决定在它的内部建造两座小教堂，并在外面搭设楼梯。法国大革命期间，当激进分子开始冲击教堂时，"教堂橡树"差点再度毁于大火，幸亏有个机灵的当地人将它更名为"公理殿"（Temple of Reason），这才平息了抗议。现在，你仍然有机会参观它。

- 蕾切尔·利特尔伍德（Rachel Littlewood）指出，纳粹曾在德国普拉滕堡（Plattenburg）的常青树林里精心种植了100棵黄色的落叶松，从而创造了一个天然的"卐"字图案（从空中俯瞰）。尽管这些树早被砍掉了，可不幸的是，"卐"字图案处却仍有黄色落叶松不断长出来。

- 艾德·卡特（Ed Carter）提到了莎翁的桑树，据说它是这位伟大的剧作家在故乡埃文河畔斯特拉特福的新居（New Place）庭院里栽下的。由于詹姆斯六世想要开创英国丝绸产业，桑树在那个年代风靡一时。18世纪中期，早已与世长辞的莎士比亚被奉为全民偶像，这处庭院也成了名人故居，不过这里的新主人主教弗朗西斯·加斯特里尔（Francis Gastrell）[1]却受够了那些在莎翁花园里走来走去的愚蠢游人，于是他砍倒了这棵桑树。当地匠人用这些木头制造了不少莎士比亚纪念品，不过绝大多数都是赝

---

[1] 弗朗西斯·加斯特里尔，切斯特主教、神学家，他于1753年买下了莎士比亚的这处居所。

品，专门卖给那些容易上当的书呆子，他们也不想想一棵桑树能有多少木料⋯⋯

• 一些人认为，诺丁汉郡舍伍德森林中的那棵千年"大橡树"（Major Oak）[1]可能就是侠盗罗宾汉（Robin Hood）及其手下的绿林好汉的家园。不过历史学家汉娜·尼科尔森（Hannah Nicholson）博士认为，他们的基地应该是舍伍德森林里的另一棵巨树——"格林戴尔橡树"（Greendale Oak）。1734年，亨利·本廷克（Henry Bentinck）打赌这棵粗壮的橡树足以让一辆由三匹马并排牵引的马车通过。为了验证这个说法，他在树干上凿穿了一个大洞。根据后来的记载，"拱门上方的树干周长为35英尺[2]3英寸，拱门高度为10英尺3英寸，中部宽度为6英尺3英寸，全树高达54英尺"。这真是棵巨无霸！

以上就是与树有关的奇闻轶事。而我最喜欢的是一则适合投到《趣味野史》专栏的故事——据说，罗马著名政治家盖乌斯·撒路斯提乌斯·帕西埃努斯·克里斯普斯（Gaius Sallustius Passienus Crispus）[3]曾与一棵树谈情说爱。帕西埃努斯是个腰缠万贯、聪慧过人、地位尊贵的万人迷，他是小阿格里皮娜的第二任丈夫（因而成了少年尼禄的继父）。然而，尽管如此——或正是因为如此——依据老普林尼的说法，

---

1 英国最大的橡树，树冠宽达28米，树干周长11米，据估计重量可达23吨。其内部中空，人们猜测这是多棵树苗融合生长为一棵树的结果。这棵橡树之所以成名，是因为海曼·鲁克（Hayman Rooke）少校于1760年在书中介绍了它，所以Major Oak（大橡树）或许应为Major's oak（少校的橡树）。

2 1英尺等于30.48厘米。——编者注

3 盖乌斯·撒路斯提乌斯·帕西埃努斯·克里斯普斯，公元1世纪罗马帝国的一个以财富和权力而闻名的大人物，他是"罗马三大史学家"之一的盖乌斯·撒路斯提乌斯·克里斯普斯（Gaius Sallustius Crispus）的养孙。

帕西埃努斯爱上了献给女神狄安娜（Diana）[1]的树林中的一棵圣树，除了给它斟酒外（仰躺在那儿把酒水倒在树根上），他还会爱抚并亲吻这棵圣树。世人都笑话他的愚蠢，但这个故事也让帕西埃努斯和这棵圣树闻名于整个罗马世界。

好了，鲁比，这就是你想要的：一座由树的历史故事构成的森林。如果你还想知道更多，就去看看我的那条推文下的粉丝回复吧。

1　狄安娜，罗马神话中的月亮与橡树女神，十二主神之一，吞并希腊女神阿尔忒弥斯（Artemis）后成了狩猎女神。

27

　　哇，又是个棘手的问题，迈卡。抱歉，但我总是忍不住卖弄学问，这就像是种本能反应。是的，我们经常把"美"挂在嘴边，可你知道吗，在这上面还悬着一个哲学问题，就像在圣诞节悬挂的槲寄生一样——"美"可以被定义吗？一看到美的事物，我们就会觉得它美吗？"美"是像三角形那样属于普遍、客观的真理，还是一种纯粹取决于"个人眼光"（套用莎士比亚的"in the eye of the beholder"）的主观感受？请把答案写下寄来！

　　这是哲学界最为古老的辩论之一。启蒙思想家大卫·休谟（David Hume）[1]和伊曼努尔·康德（Immanuel Kant）[2]基本站在主观这边，虽然

1　大卫·休谟（1711—1776），不可知论哲学家、经济学家、历史学家，苏格兰启蒙运动的代表人物之一。

2　伊曼努尔·康德（1724—1804），德国古典哲学创始人，启蒙运动时期最后一位主要哲学家。

有时他们也会感到困惑迷惘。支持客观的则有亚里士多德和英国著名哲学家安东尼·阿什利·库珀（Anthony Ashley Cooper）[1]——第三代沙夫茨伯里伯爵（3rd Earl of Shaftesbury），卒于1713年。库珀认为美是一种宇宙常量，而人类生来就懂得欣赏和谐与秩序，这也是为什么我们会喜欢音乐跟建筑。他还提出，欣赏美人与盯着辣妹并不相同，前者是冷静理性地鉴赏美学形态，后者是为热辣冒汗的嬉戏打闹而神魂颠倒。当然，库珀的原话中并没有直接提到"热辣冒汗、嬉戏打闹"，不过我相信他会喜欢这个的。

迈卡问题的出发点有些古怪，但我发现这个完全合理的问题引出了不少我们必须避免的概念陷阱。在部分世界历史中举足轻重的大思想家（所谓"西方"思想家……）看来，并不存在**最为奇怪的**（strangest）美的象征，因为他们认为美是普遍的，不可能出现陌生的美（strange最初意为"**陌生的**"）。即便是当代历史学家，比如饱受争议的亚瑟·马威克（Arthur Marwick）[2]，也坚持认为美基本上就是条数学公式，时尚一直在变，而美学原理始终如一。

然而，还有一批思想家则一直坚持美高度依赖于文化。法国哲学家伏尔泰曾说，在人类看来，癞蛤蟆奇丑无比，但在癞蛤蟆眼中，美就是"它家那位有着小小的脑袋，两只向外凸出、硕大浑圆的眼睛，扁平的大嘴，黄色腹部和棕色后背的癞蛤蟆妻子"。他还针对几内亚人

---

1 安东尼·阿什利·库珀（1671—1713），又名"夏夫兹博里"（Shaftesbury），英国伦理学家、美学家，新柏拉图派代表人物。他认为上帝创造了大宇宙，大宇宙的和谐是"第一性的美"，而自然和人内心世界的美都是大宇宙美的影子。

2 亚瑟·马威克，全名亚瑟·约翰·布里尔顿·马威克（Arthur John Brereton Marwick, 1936—2006），英国开放大学教授，左翼社会与文化历史学家，围绕美的历史认知出版了《历史之美》，并在书中攻击女权主义而引发了许多论战。

说了一些可怕的种族主义言论，[1] 又讲了些关于撒旦只喜欢长有尖角利爪的恶魔眷属的怪话。真是可悲，有时候某些引领启蒙运动的哲学家自己却是最需要启蒙的……

抛开他的种族主义言论，伏尔泰更为广泛的观点还是有道理的。你欣赏的美在他人眼中也许丑陋不堪，反之亦然。所以，在解答这个问题的过程中，我将尽我所能呈上一些历史上令人咂舌的审美标准，它们其实并不奇怪，只是与我们现在的观念有所差异罢了。对了，这里小小地提醒一下大家，美并不总与相貌身材挂钩。历史学家汉娜·格雷格（Hannah Greig）[2] 博士曾在书中介绍，18 世纪英国上流社会的贵族女性如何因其仪态、服饰、才智、举止、品味及地位而被奉为美人。权势使人美丽，她们的真容反而并不重要（当然，真正的绝代佳人还是能够颠倒众生）。

作为一名研究名人文化的历史学家，即便是我本人，从小到大也见证了不少审美标准的改变。在我十几岁的时候，BBC 喜剧节目《快秀》（*The Fast Show*）[3] 中女演员阿拉贝拉·韦尔（Arabella Weir）所饰演的角色唯一关心的就是"我穿这件衣服会显得臀部太大吗？"她想要的回答是"不会！"可如果在今天重做这档喜剧，她想要的回答就会变成"是的！"卡戴珊-詹纳家族[4] 的名人效应在这一转变中发挥了重大作用，整形外科医生表示，想要拥有卡戴珊式丰臀的女性客户大幅增加。

---

1 法国启蒙思想家、文学家、哲学家伏尔泰在其《风俗论》（*Essai Sur Les Moeurs*）的引言及书信（*Les Lettres d'Amabed*）中，表达了对法国殖民地几内亚的黑人的厌恶。

2 汉娜·格雷格，英国约克大学历史教授，英剧《波尔达克》（*Poldark*）的影视顾问。

3 《快秀》，又名 *Brilliant!*，由保罗·怀特豪斯（Paul Whitehouse）等人主演，发布于 1994 年。

4 卡戴珊-詹纳家族，名媛家族，在美国体育界和娱乐圈享有很高的声望，被誉为娱乐界的肯尼迪家族。

如此快速的审美转变并不是件新鲜事。在19世纪90年代，人们心中完美的女性身材是丰乳肥臀加上紧身胸衣塑造的纤腰。后来，伊芙琳·内斯比特（Evelyn Nesbit）[1]等苗条娇小的名人改变了这种审美，将美重新定义为身材纤细和少女感。当然，到了20世纪50年代，玛丽莲·梦露又唤起了公众对匀称丰满的曲线型身材的喜爱，接着就是20世纪90年代由凯特·摩丝（Kate Moss）引领的病态美学（heroin chic）[2]。现在，人们又绕回来，推崇卡戴珊的身材曲线。显然，时尚就是个轮回的圈儿。

关于时尚的讨论就到此为止吧。接下来，让我们来看看历史上有哪些不同寻常的审美标准。第一个案例，浓粗的一字眉曾在古代地中海地区风靡一时。据说，古希腊女性会给自己画上一字眉，或在眉心处涂抹生长激素，在那个年代，她们使用的是驴尿。所以说，假如弗里达·卡罗（Frida Kahlo）[3]穿越到了古代雅典，她一定能够收获大批拥趸。著名学者阿莎娜·纳吉玛巴蒂（Afsāneh Najmābādi）[4]教授也指出，在19世纪的波斯，人们将上唇留着薄而柔软的小胡子的女性视为美人，就连沙阿（Shah）之女埃斯马特公主（Esmat al-Dowleh）也不例外。[5]

1　伊芙琳·内斯比特（1884—1967），美国知名艺术模特，被奉为"史上第一位超模"，以她为模特的著名作品有《红色丝绒秋千里的女孩》《女人：永恒的问题》等。

2　直译为"海洛因时尚"，英国超级名模凯特·摩丝曾在20世纪90年代中期掀起了简约主义与病态美学风潮，她身材瘦削，神情淡漠，却深受时尚界宠爱，就算爆出了吸毒史也没对其事业造成任何长期影响。

3　弗里达·卡罗（1907—1954），墨西哥画家，弗里达的自画像以她的一字眉和嘴唇上薄薄的髭而闻名。

4　阿莎娜·纳吉玛巴蒂，哈佛大学社会性别史教授，关注女性、性别与性研究，著有《有胡子的女人与没胡子的男人》等。

5　埃斯马特公主，本名法蒂玛·哈努姆·埃斯马特·道莱（Fatemeh Khanum Esmat al-Dowleh, 1855—1905），网上流传的"最美波斯公主"，是卡扎尔王朝第四任君主纳赛尔丁·沙阿·卡扎尔（Naser al-Din Shah Qajar）的女儿。Shah是波斯古代皇帝头衔شاه的英译，中文译名简称为"沙阿"，如"花剌子模沙阿"等。

如果我们穿越到文艺复兴时期的意大利，就会发现这里的审美趣味与上文截然相反，其中最为惊人的潮流当属脱毛，因为高额头成了时尚女性的必备特征。有时，女性会选择剃除头发以抬高发际线，但那一时期的各种美容手册表明，更为常见的手段是使用碱性脱毛膏。其原材料包括猪油、杜松子、芥末和煮熟的燕子，而我们在1532年的一份配料表中发现了最令人目瞪口呆的成分：醋拌猫屎。说实在的，现代美容产品中也添加了诸如蜗牛黏液提取物之类的诡异成分[1]，但我想巴黎欧莱雅可不敢在广告中一边往明星身上涂抹猫屎，一边将这款新品推销给观众——"你值得拥有"。而在17世纪，商家推销的是塞缪尔·佩皮斯（Samuel Pepys）[2]妻子所用的同款润肤霜：小狗尿液。狗尿敷脸和驴尿涂眉哪个更加臭不可闻？我可不想知道答案。

　　除了头发外，脱毛膏还可以用于去除体毛。在文艺复兴时期的意大利，深色体毛是女性身体欠佳或过于阳刚的象征，所以她们迫切希望摆脱体毛。在1528年出版的一部女主人公最终沦为老鸨的小说《洛莎娜的肖像：热情的安达卢西亚姑娘》（*Portrait of Lozana: The Lusty Andalusian Woman*）[3]中，我们还了解到妓女可能会去除阴毛，这也许是出于卫生考虑，或只是为了取悦嫖客。而到了17世纪和18世纪，情况正好与此相反，英国的性工作者们开始给下身戴上有助于保持自然外观的"假发"（merkin），并在接客后取下以避免染上阴虱。

　　事实上，脱毛行为可以向上追溯到青铜时代，并且它不仅仅是

1　早在古希腊时期，希波克拉底就已经开始用牛奶和碾碎的蜗牛治疗皮肤表面的伤痕。
2　塞缪尔·佩皮斯，英国作家、政治家、皇家学会会长，他的《佩皮斯日记》是17世纪最为丰富的生活文献。
3　西班牙经典著作，作者为弗朗西斯科·德里加多（Francisco Delicado），小说描写了安达卢西亚姑娘洛莎娜从漂泊四方到从事皮肉生意，再到受上帝惩罚幡然醒悟的故事。中译本为《安达卢西亚姑娘在罗马》。

女性的专利。按照希腊历史学家希罗多德的说法——没错，又是这位——古埃及祭司们会拔除包括眉毛在内的所有体毛。同时，追求时尚的古埃及人还会剃成光头，戴上精心制作的假发，而且在开展社交活动的体面场合，特别是参加宴会时，他们似乎有时会给假发配上香熏蜡锥[1]。古埃及人相信神明也钟爱芳香，所以这可能是在表现对神圣的向往。

对身体进行效果更为持久的改造备受中美洲玛雅人的青睐，他们不仅文身——在我们看来这很正常，但当年它确实让西班牙征服者吓了一跳——还会为了让笑容更加闪耀而在牙齿上钻孔并镶嵌玉石。[2]还有一种说法（尚未形成定论）认为，玛雅人会在孩子前额系上一块饰物，让他们的视线汇聚在鼻梁处，以将部分孩子培养成斗鸡眼。这可能是在致敬传说中长着斗鸡眼的太阳神[3]。如果这是真的，难道连斗鸡眼也曾被视为美的象征吗？可惜的是，我们其实并不清楚真相究竟如何。

维京战士也会修整他们的牙齿，不过是锉成尖牙利齿，这也许是为了将敌人吓得魂飞魄散，而不是在第一次约会时留下娇俏可爱的印象。最后，我打算以东亚的一种牙齿时尚作为收尾。直到一个世纪前——当时日本开始与西方文化接轨——上流社会的日本女性仍保有将牙齿染黑的习惯。黑齿习俗（ohaguro）需要用到一种由清酒、水、醋、香料和铁屑混合而成的强力染色剂[4]，它能让一个人的牙齿永保漆黑。

---

1 香熏蜡锥，一种中空的蜂蜡头锥（里头可能塞有香膏），会在佩戴者头上融化，类似于古老的芳香发胶。
2 除刺青外，还有可怕的疤痕文身。牙齿上的镶嵌物大多为玉石、绿松石、煤玉、黑曜石、黄金等，这种技术相当纯熟，不会给牙髓造成太大损害，用于黏合宝石的树脂混合物还具有消炎杀菌之功效。
3 此处指的是玛雅神话中的太阳神"基尼奇·阿豪"（Kinich Ahau）。
4 名为"铁浆水"，主要起效成分是单宁酸亚铁，能在牙齿表面形成一层致密的蓝黑色单宁酸铁络合物，有保护牙釉质、预防龋齿的功效。

这种做法大概能够追溯到中世纪的日本，可能是贵族女性以及日本艺妓为了突显其面部妆容——雪白的底妆、染色的眉毛和淡淡的腮红——而采用的手段。黑齿形象让西方人感到十分不适，因此它在日本逐渐失宠。不过，将牙齿染成不自然的黑色真的要比现在流行的牙齿美白热潮更加古怪吗？恨不得让牙齿比平·克劳斯贝（Bing Crosby）的圣诞节还白[1]的人们可能觉得黑齿习俗极其怪异，可古代的日本人看到我们不也会冒出同样的想法吗？

总而言之，我站在伏尔泰这边，他是对的……当然，种族主义言论除外。

---

1 平·克劳斯贝（1903—1977），美国天才歌手和超级影星，他的主打歌《白色的圣诞节》（White Christmas）的销量超过5000万张，并凭借获奥斯卡最佳影片奖的《与我同行》摘得了影帝桂冠。

28

我每天都会借口Twitter是历史学家的交流圣地，在上面流连数小时而无法自拔。Twitter上确实有个由数千名知识渊博的专家学者组建的历史学家社区[1]，里面每天都会发生许多在别处见不到的有趣而刺激的对话交谈。而我最喜欢的是2013年的一个关于古罗马阴茎的讨论。我不记得大家为什么开始聊这个话题（以我对自己的了解，它很可能就是我挑起的），开始这只是一句玩笑，但却勾起了大家的讨论热情，还有4位才华横溢的古典学者参与其中并分享了各自的见解。

我那天最棒的收获是从古典诗歌专家卢埃林·摩根（Llewelyn Morgan）[2]教授那里得到的，他不经意间提到古诗会采用多种诗歌节

提问者：佚名

---

1 即"#Twitterstorians"，这类社区只对特定受众发送推文，且只有同属一个社区的人才能点赞、回复。
2 卢埃林·摩根，牛津大学布雷齐诺斯学院古典语言与文学教授，主要研究古罗马文学、诗歌韵律形式和钱币学等。

奏——专业的说法是"韵律"——普里阿普斯的（priapean）韵律就是其中之一，多用于编写与罗马生殖之神普里阿普斯（Priapus）[1]有关的淫词艳曲，他拥有一根勃起的男性生殖器，就像第三条腿那样硕大无比。还有一种是猥亵诗的（ithyphallic）诗歌韵律，在希腊语中，它的字面意思为"笔直的阴茎"。这真是简单直白！确实，在18世纪，"猥亵诗"（ithyphallic）成为所有你不想让妈妈读到的粗鄙下流的诗歌的统称，而在现代医生看来，它指的是病人过度服用伟哥导致阴茎异常勃起。

我又惊又喜地发现，在这次围绕诗歌的文雅交流中，就韵律"长度"开黄腔的人居然不是我。其实，正如考古学家索菲·海（Sophie Hay）[2]博士所挖苦的那样，只有男人才会胆大妄为到宣称自己下面有一米长！是的，即使是学者有时也会像孩童那样嘻嘻哈哈。但事情确实如此，历史学家在性方面从不假正经，古罗马人也是一样。他们也会编出类似的荤段子，并可能爱看《罗马三贱客》（Plebs）[3]这种主角贪花好色的喜剧。

普里阿普斯是爱神维纳斯/阿佛洛狄忒之子，你可能因此认为他会是个温柔浪漫的男神，但在古典神话中，他因受到诅咒而长着一副丑陋淫荡的外表，胯下还有根了不得的巨物，罗马艺术作品甚至称他有时必须抱住阴茎以免它在地上拖来拖去。普里阿普斯掌管生育和财富，他是果园的保护者，会阻止入侵者和小偷从后门潜入家中，并疯狂攻

---

1 普里阿普斯是希腊神话中的生殖之神，罗马称之为"卢提努斯"（Lutinus），是酒神狄俄尼索斯（也可能是宙斯或赫尔墨斯）和爱与美之神阿佛洛狄忒之子。由于在著名的"帕里斯的评判"选美比赛中，阿佛洛狄忒击败天后赫拉，恼羞成怒的赫拉便对阿佛洛狄忒腹中的普里阿普斯下了诅咒，使他生来畸形。

2 索菲·海，剑桥大学研究员，她的考古生涯始于大名鼎鼎的庞贝古城，她还为相关课程编写历史教材。

3 《罗马三贱客》，英国喜剧剧集，时代背景设定在公元前27年至前26年的古罗马时代，主角为三名罗马小市民。

击他所抓到的贼人。没错，古罗马人居然崇拜一个一半是看门狗，一半是强奸犯的神灵，这太奇怪了，明明他们还经常在文学和艺术作品中将普里阿普斯塑造成一个搞笑角色。

在庞贝古城有一幅著名的普里阿普斯壁画，画中，他穿着一件极不合身的丘尼卡（tunic）[1]，根本遮不住那条指向西南方向的巨大阴茎。你很难将目光从上面挪开。事实上，与驯鹿鲁道夫的红鼻子[2]同理，普里阿普斯的阴茎也经常被涂成红色以使其更加醒目。在古罗马，普里阿普斯的雕塑与画像随处可见，不过它们明显不太可能出现在我们的艺术画廊中，毕竟学校经常会组织孩子们参观这里。

可当我们走进博物馆，或有幸去地中海度假时，就会发现更为常见的是与普里阿普斯截然不同的古典形象：专为男性英雄雕琢的英俊不凡的大理石塑像，它们拥有起伏的六块腹肌、强健的大腿、粗壮的臂膀、结实的臀部、宽阔的胸膛、饱满的肩膀，以及……呃……问题中提到的含蓄的男性特征。

就这一差异，最为简单的解释是古典美学认为小巧的阴茎更富美感——硕大的下体会破坏雕像优雅的对称之美——它同时也是才智出众的象征。在古代美学中，动物、野蛮人和蠢货才会长着硕大的阴茎，因为这些家伙会受无脑的情欲和低下的本能所支配，而文明的希腊人或罗马人则拥有理智的思维、丰富的阅历和良好的教养。男人的伟大存在于头脑之内，而非内裤之中。

1　丘尼卡，古罗马人的传统上装，是一种宽大的袋状套头衣，常穿在外袍"托加"（toga）里面。

2　传说，专为圣诞老人拉雪橇的驯鹿鲁道夫拥有独一无二的大红鼻子，却因为自己的怪鼻子经常受到同族嘲笑，这令它十分自卑。但在一次大雾天气中，它闪光的红鼻子就像灯塔一样为圣诞老人指明了方向，挽救了那一年的圣诞节。立下大功的鲁道夫成了大家的偶像，所有驯鹿都对它的红鼻子羡慕不已。

的确，在古希腊人看来，俊美的外表是诸神的恩赐，它同时也反映在灵魂之中，即英俊潇洒的男士大多拥有美丽的心灵，这叫作kaloskagathos[1]，指某人兼具内在美和外在美。不过现在的我们再也不这么认为了，尤其是因为真人秀揭穿了不少外表光鲜亮丽、内在一塌糊涂的笨蛋。但莎士比亚戏剧和现代电影中的惯用套路却恰恰与之相反，超级反派往往相貌丑陋或满脸伤疤，就像是他们内心的肮脏爬上了脸庞。

因此，在古典艺术中，肌肉发达、下体短小的英雄是文化势利的一种生理表现。希腊人也知道性与生育有关，但他们对生殖器大小的偏好与现代人的期望恰恰相反。按亚里士多德的说法，小巧的阴茎更有利于受孕，因为它使精子在接触卵子之前不会降低太多活性。事实确实如此，知名古典学者肯尼斯·多佛（Kenneth Dover）[2]爵士在其1978年出版的著作中强调，在古希腊人看来，保证受孕对于维持人口数量而言十分关键，可他们眼中的理想情爱并不在于夫妻之间，而是诞生在强势的男士和被动的少年之间。你可能感到十分震惊，但这也意味着古希腊世界的公共艺术反映了年长而强势的男人的品味，而他们正是那些艺术作品的赞助人。所以他们想要的不是胯下有条巨蟒的普里阿普斯，而是身材修长、体态轻盈、肌肤光滑、下体迷你的美少年。

话说，如果我们穿越到罗马，还会发现古人和今天在厕所留下低俗涂鸦的男孩们一样会在墙上刻画阳具图案，并且——接下来会出现一些

---

1 亦作 kalos kagathos，古希腊语为 καλὸς κἀγαθός，καλὸς 指"高贵、英俊、优秀"（多用于男性，形容女性时为 καλή），κἀγαθός 表示"美好"，可用于形容一个人的道德品质。

2 肯尼斯·多佛（1920—2010），英国古典学者，曾任牛津大学科珀斯克里斯蒂学院院长、英国科学院院长、圣安德鲁斯大学校长，他在1978年出版了《希腊同性态》（Greek Homosexuality）一书。

污言秽语——配上炫耀性能力的荤话。考古学家在庞贝古城发现了不少留言，比如"福图纳图斯能深深满足你，试试看吧，安淑撒"。这可能是位女士想把炮友推荐给她的朋友，或是福图纳图斯本人写下的，类似于在深夜发出的性骚扰短信。以及另一句"福图纳图斯，贴心暖男，床技无双，亲历者留"。

这同样听上去像是某种产品宣传，一想到这是福图纳图斯在为自己代言，我就忍俊不禁，他简直和英剧《中间人》（*The Inbetweeners*）[1]里的那个不断扯谎，宣扬自己桃花运旺盛的处男杰伊一模一样。不管你觉得好笑与否，我们都得注意，这些傲慢的吹嘘表明阴茎不仅与美感有关，它还是罗马人眼中的一种用于取悦女性的生殖器官。而且，尽管我先前已经提到了理想化的男性雕像，但这里还需对其进一步探讨，因为在所有可能的嘲笑方式中，下体尺寸有时确实十分重要。

历史上有数千万古罗马人和古希腊人，他们都有各自的偏好和性癖，并非所有人都满足于正常大小的下体。在我2013年发布的Twitter会话中，历史学家汤姆·霍兰德（Tom Holland）就引用了罗马诗人马提亚尔（Martial）[2]的一句话，翻译过来就是，"弗拉库斯（Flaccus），如果你在公共浴池听见众人的喝彩声，那一定是因为玛洛（Maro）和他的下体出场了。"卢埃林·摩根教授在后面补充道，"弗拉库斯"是个戏称，它的意思是"软趴趴的"。马提亚尔这是在通过称赞某位男性下体的雄伟来加深对另一位的羞辱。

---

1 《中间人》，2008年播出的一部英剧，讲述了4位被迫成为"中间人"（无法融入潮人行列，又不屑与书呆子们为伍）的男子高中生的日常故事，比如兄弟争吵、暗恋邻家女孩、渴望摆脱处男之身等。

2 马提亚尔，全名马库斯·瓦列里乌斯·马提亚尔（Marcus Valerius Martialis），罗马帝国诗人，针对复杂的罗马社会现象撰写了许多诙谐讽刺的诗篇，代表作为《奇观》（*Liber Spectaculorum*）、《隽语》（*Epigrammata*）等。

在彼特罗纽斯（Petronius）[1]风流放荡的讽刺作品《萨蒂利孔》（*The Satyricon*）中，患上阳痿的前角斗士恩科尔皮乌斯（Encolpius）、下体硕大的同伴阿希尔托（Ascyltus）和他们共同的相好少年吉东（Giton）之间也发生了一起类似的笑话。[2]当时，一位年长的家庭教师告诉恩科尔皮乌斯他在公共浴池看到的一幕——赤身裸体、悲恸欲绝的阿希尔托在放声痛哭：

> 一大群人围绕着他，拍手叫绝，啧啧称叹。因为他的生殖器硕大无比，就像不是他长了根大阴茎，而是大阴茎上长了个他……他很快就找到了帮手：一个据说臭名昭著的罗马骑士用斗篷裹住这个流浪者并将其带回家，我相信他会好好享用那根粗大的宝物……

除了这种公认的同性恋小说之外，我们还可以参考关于少年皇帝埃拉伽巴路斯（Elagabalus）[3]这位跨性别者的历史报道。他虽然娶了5位妻妾，却更喜欢男扮女装同男性上床，据说，埃拉伽巴路斯曾花重金招募任何能帮自己实施变性手术的外科医生。相传，埃拉伽巴路

1　彼特罗纽斯，古罗马帝国诗人、作家，著有长篇讽刺小说《萨蒂利孔》，本意为"讽刺书卷"（satiriconlibri），全书可能有20卷，但大部分失传。改编而成的电影在1969年被搬上银幕，描述了罗马帝国荒淫无度的享乐生活。

2　追求肉欲的恩科尔皮乌斯在焦急地寻找恋人吉东，而后者移情别恋，爱上了恩科尔皮乌斯的好友阿希尔托。阿希尔托得意地告诉好友他已和吉东共度良宵。后来，阿希尔托又把同自己私奔的吉东卖掉了，之后的故事就围绕同时失去友情与爱情的恩科尔皮乌斯追回爱人的曲折经历和一路见闻而展开。

3　埃拉伽巴路斯，生于203年到205年之间，在218年至222年期间成为罗马帝国塞维鲁王朝的皇帝。这位变性理论的提出者因荒淫残暴而恶名昭彰，最后被近卫军阉割杀死后抛入台伯河。

斯会在公共浴池的裸男之中挑选生殖器最大的那些来担任官员。我相信这种情况直至今日仍会发生，因为现代政治中依旧充斥着大量蠢货（massive bell-ends）[1]。

假如彼特罗纽斯的讽刺作品确有一丝真实性，即公共浴池里下体硕大的男性会受到青睐，那就意味着并非所有希腊、罗马人都钟情于美少年，某些男人也会被粗大的阴茎挑起"性"致。事实上，传说大名鼎鼎的传奇战士阿喀琉斯（Achilles）这位近乎不朽的半神（除了脚踵上那块烦人的死穴）就长着一根诸神才配拥有的粗长阴茎。

我并不打算强调这一点，但在数千万古罗马人和古希腊人中，有半数都是女性，而她们或许也与阿喀琉斯的传奇声望有关。可悲的是，我们对古代女性的性欲知之甚少——除了皇后麦瑟琳娜和她的24小时狂欢竞赛（查查看！）——但或许可以假定很多女性都喜欢和阳具硕大的男性上床。总之，人的身体各不相同，而且萝卜青菜，各有所爱。

在这种情况下，我们在博物馆看到的古典雕像所传达的高雅品味，并不一定代表着数百万普通人的原始欲望。在古代，阴茎的理想大小可能存在很大差异，这取决于它是用于床笫之间还是放在大理石基座上。

---

1 此处为双关语，massive bell-ends 有"巨大的龟头"之意，但在英国，俚语 bell end 多用于咒骂某人愚蠢无能或人品卑劣。

29

说起高跟鞋，你能想到什么呢？我的脑海中自动浮现出两个流行文化形象。一个是盯着精品橱窗里的那双粉色克里斯提·鲁布托（Christian Louboutin）[1] 毛绒高跟鞋，长叹一声"你好，亲爱的！"的凯莉·布雷萧（Carrie Bradshaw）[2]。这是风靡一时的热播美剧《欲望都市》（*Sex and the City*）里的一个镜头，我曾经很爱追这部剧，直到后来推出了糟糕透顶的电影版，毁掉了我的美好回忆。另一个形象是电影《长靴》（*Kinky Boots*）中由切瓦特·埃加福特（Chiwetel Ejiofor）饰演的妖娆美艳的变装皇后劳拉，他需要质量可靠、鞋跟牢固、令人

1　克里斯提·鲁布托，法国著名高跟鞋设计师，从12岁开始就经常逃课去夜总会看女模特，他借此认识了什么是时尚并被高跟鞋所深深吸引，后在1992年开创了以色彩艳丽、充满异国情调著称的同名品牌克里斯提·鲁布托。

2　凯莉·布雷萧，美国HBO电视系列剧《欲望城市》里的一个角色，由莎拉·洁西卡·帕克饰演。

惊艳的皮靴的稳定供应。[1]凯莉崇拜高跟鞋，将之视为高雅艺术，劳拉则把它看作发送信号的工具："年轻人，注意看脚跟。性感就在于此。"在上述两部电影中，高跟鞋都是华而不实、价格高昂、容易损坏且基本用于展现女性魅力的物件。但历史上的高跟鞋却扮演着全然不同的角色。高跟鞋最初是为男性设计的，并且它的受众不是普通男性，而是战士。

我们不清楚高跟鞋最初的诞生时间，但早在1000年前，中世纪的波斯骑兵就已经脚踩高跟了。这样骑手在松开缰绳，张弓搭箭时，就可以将脚跟牢牢嵌在马镫里。据加拿大巴塔鞋类博物馆（Bata Shoe Museum）馆长伊丽莎白·塞梅尔哈克（Elizabeth Semmelhack）[2]博士所说，这种造型独特的波斯鞋子是在16世纪末，波斯皇帝阿拔斯一世（Shah Abbas I）[3]招待欧洲外交官——以寻求盟友携手对抗所向披靡的奥斯曼帝国——之后传入欧洲的。没人知道这些会议的进展如何，但欧洲的大臣们可能在某一时刻正好瞥见了奢华精致的波斯高跟鞋，并为之赞叹不已，一股全新潮流随之诞生。不久之后，欧洲许多绘画作品中都出现了高跟鞋。

肌肉发达、身材魁梧、争强好斗的青年男性穿上了新款高跟鞋，在骑马兜风或参加聚会时趾高气扬地晃来晃去，看上去挺有阳刚之气。

---

1 电影讲述了濒临倒闭的鞋厂老板抛开成见，雇用变装皇后劳拉为顾问，占领了能承受男性体重的女式长靴这一空白市场。

2 伊丽莎白·塞梅尔哈克，巴塔鞋类博物馆的创意总监和策展人，其研究领域横跨时尚、经济、历史，著述颇丰，如《屹立登高：男士高跟鞋的猎奇史》（*Standing Tall*）等。巴塔鞋类博物馆位于加拿大多伦多，由桑嘉·巴塔于1995年创立，收藏了1.2万多双鞋子，从古埃及时代的草鞋到洛可可时代的缎面女鞋都有展出。

3 阿拔斯一世，波斯萨非王朝第五位沙阿，通过改革使国力达到全盛时期后，曾三度与奥斯曼帝国作战，并从乌兹别克人、葡萄牙人手中夺回了失地。在伊斯兰历史上，他与苏莱曼大帝、阿克巴大帝齐名，史称"阿拔斯大帝"。

下层阶级也开始跟风，而作为回应，上流社会故意套上形状较大、更不实用的高跟鞋，因为他们非常清楚在穿着这种设计荒谬的鞋子时，普通人将步履蹒跚，无法从事体力劳动。当然，冬天的欧洲是出了名的潮湿泥泞（如果你是英国人，就会发现夏天也是如此），所以新流行的高跟鞋暴露了一个小小的问题——它很容易陷入泥中。

解决办法很简单，在高跟马靴下面加上平底穆勒鞋就行，嘿，鞋子一转眼也套上了鞋子。[1] 平底穆勒鞋跟人字拖类似，在行走时会啪嗒作响，因此又得名"啪啪鞋"（slap-soles）。17世纪早期，家境殷实的女性也开始效仿这一男性时尚。由于她们无需策马奔腾，女式啪啪鞋的平底是不可拆卸的——它黏附在高跟鞋底部，与足弓处的鞋身构成了一个三角形的空当。

然而，值得一提的是，增高的鞋子并非一件新鲜事物。在文艺复兴时期的威尼斯，社交名媛脚踩增高鞋子的习惯已经延续了好几个世纪，那是一种厚得离谱的厚底鞋，又叫"高底鞋"（chopine），旨在从象征意义和字面意义上提升穿着者的地位与高度。有些高底鞋出奇的危险，会让女性离地50厘米，使得她不得不在大街上蹒跚前行，或是在派对上于两侧仆人的支撑下左摇右摆。这是故意在塑造一种呆头呆脑的形象。鞋底越高，女士炫耀显摆的拖地长裙的用料也就越贵。简而言之，高底鞋就是个借助增高来卖弄自己财力雄厚的工具，但正如塞梅尔哈克博士所指出的那样，这位女士的丈夫或情人也许能从将她打扮成他银行存款的移动广告牌中获益。

同时，富裕的男性直到18世纪早期仍会穿着高跟鞋。其中最为著名的时尚潮男当属法国太阳王路易十四，他拥有多双刺绣精美、华丽

---

1 高跟鞋底附加了可拆卸的鞋底，骑马蹬上高跟，身形稳健，下马套上平鞋底，走到哪儿都不同凡"响"。

优雅的由软皮或绸缎制成的高跟鞋，鞋跟还被涂上或染成了标志性的红色。

可如果高跟鞋是专为男性设计的，那么为什么现在大多数男人都不再穿高跟鞋了呢？呃，个头不高，经常踩着增高鞋的汤姆·克鲁斯（Tom Cruise）[1]除外。男性与高跟鞋分手的背后可能存在多个原因，在18世纪中叶，男性对高跟鞋的态度发生了明显转变。当时正值理性启蒙哲学兴起，社会也开始势利地排斥法式风格，于是追求时尚的英国男性甩掉了过于讲究的外国鞋子，转头迷恋上了专为质朴而理性的人群所设计的鞋子。此后，高跟鞋便成了哲学家眼中普遍冲动而愚蠢的女性的专属（抱歉！）。

然而，女性也渐渐抛弃了高跟鞋。在大约19世纪初——在美国、海地和法国发生暴力革命之后——它就退出了高端时尚的行列。这大概是因为一些心中充满革命激进主义的人更喜欢类似于古罗马、古希腊传统服饰的民主装扮，而另一些支持君主政体、鄙视下层民众的人可能注意到了这片土地上突然掀起的对断头台和刺刀的热爱，[2]并认识到自己心爱的高跟鞋无论多么华贵精美，在它们同人头落地的法国国王、王后有所牵连后，就不再是什么值得炫耀的事物了。

接着上演了惊人的逆转。在一定程度上，这是因为军事风格马裤的日渐流行让男人们将鞋柜里的旧高跟鞋重新扒了出来。与紧身马裤相比，这种裤子较为宽松，在裤脚还配有一个用于套住鞋跟、固定裤身的环。既然男士与高跟鞋重归于好，后面会发生什么就可想而知了……没错，女式高跟鞋卷土重来，这得益于摄影的兴起，潮流服饰

1　因《碟中谍》系列电影而声名远播的阿汤哥的官方身高数据是173cm。

2　法国大革命中，路易十六和王后玛丽·安托瓦内特被推上了他亲自改进的断头台（直刃变斜刃）。

的欣赏者越来越多，高端时尚更加容易地在较为广泛的社会群体中迅速传播，女式高跟鞋也在19世纪中叶出现了报复性回归。

相机的普及也造成了维多利亚时代色情作品的数量激增，其中很多都是只穿高跟鞋的裸女写真——这是一种流传至今的色诱套路。但也正是从这个时代开始，高跟鞋在较为广大的社会中一直被视为女性专属。过去也有一些热诚的评论家和漫画家对女式高跟鞋嗤之以鼻，他们认为这会导致女性走路时姿势丑陋、身体前倾，并呈现出袋鼠一样的剪影。高跟鞋或许确实曾经风靡一时，但它也收到了不少批评声。

就像18世纪的女性被讽刺为基本没有理性思考能力一样，19世纪的女性也遭到了歧视，人们认为女性不配拥有政治选举权，特别是因为她们那想要穿上高跟鞋的愚蠢念头表明她们显然无法承担选举责任。[1]在你发送邮件举报我之前，请容我解释，上面这些可真的不是我的个人观点！

但高跟鞋是不会消失的。20世纪早期，好莱坞银幕上令人兴奋的大长腿进一步提升了高跟鞋在公众心目中的地位。而在20世纪50年代，还爆发了最后一场重大的高跟鞋革命，它不仅改变了鞋子风格，还开创了全新的制鞋工艺。当建筑师们在世界各大城市建造令人瞩目的钢结构摩天大楼时，制鞋业也相中了钢铁的抗拉强度，并研发出了以文艺复兴时期意大利的一种细刃匕首命名的细跟高跟鞋。钢制鞋跟的强度很高，因此可以在保证鞋子拥有傲人高度的同时，打造出更为纤细却又十分稳固的鞋跟。到了20世纪60年代，金属鞋跟不再裹于木头或皮革之中，而是被包以现代塑料。从那时起，鞋类设计师们就一

---

1 妇女选举权最早是在1848年于美国提出，直到1920年，美国才批准了全国范围内的妇女选举权。英国妇女则是从1928年起拥有了平等的选举权。今天，除少数伊斯兰国家外，世界各地的妇女均享有选举权。

直在探索高跟鞋美学。

从最初套在波斯骑士脚上到今天的优雅女鞋，高跟鞋经历了漫长的演变，而它的造型设计和象征意义一直在与时俱进。高跟鞋曾为时尚所抛弃，却又不断引领新的潮流。事实上，就算未来高跟鞋再度成为时尚潮男的标配，我也不会感到丝毫惊讶。不过我还是希望这种兴起不是因为它的军事功能——你可以称我为理想主义者，但一个没有军事冲突的未来世界确实很赞。想想看，如果未来机器人真的反叛了人类，还有什么会比脚踏6英寸高跟鞋走上战场的人类抵抗军更有意思呢？这也是路易十四会想要看到的。

30

上周，我点开一部BBC纪录片，看到一位面带微笑的年轻女子打了一针致命的神经毒素。这可不是在执行注射死刑，相反，她为了得到这个机会花了不少钱，并且似乎对毒素效果十分满意。如果因食用变质烤肠而摄入了肉毒素[1]，就会引起肌肉瘫痪、呼吸困难等危及生命的中毒反应。然而，这种危险的毒素蛋白同时也是一种大受欢迎的美容产品：肉毒杆菌毒素。

詹姆斯，我不知道你怎么看待这种事，但对我而言，随着人到中年，我感到自己越来越期望采用此类疗法，而不再秉持严肃批判的态度。在我情绪低落时，就会考虑要不要去打肉毒杆菌毒素，以免将来自己脸上的皱纹比斗牛犬阴囊上的褶皱还多。我可能不会来上一针。但说实话，在年轻一些的时候，我的确有着相当严重的形体问题，当

---

1 肉毒素，又名肉毒杆菌毒素，是肉毒杆菌在繁殖过程中所产生的一种神经毒素蛋白。

镜子里的那个男人随着青春逝去而愈发陌生，心底就会偶尔冒出怀疑事实的念头。因此，我能理解那些愿意掏空腰包，甚至冒着危险去提升自己颜值的人。

肉毒杆菌虽然带有毒性，但在经过培训的专业人员手中是相对安全的，而且它还是多种病症的关键治疗办法。但是，所有的整容手术都伴随风险，而医美监管的缺乏意味着英国存在大量由注射肉毒杆菌毒素引发的病症，比如神经损伤、瘢痕、感染、肿胀，以及最为严重的致命性栓塞。所以，面对詹姆斯的问题，一些并不想令他完全扫兴的安全运动人士可能会说，那些最为危险的美容手段不在过去，而在当下。不过本书主打欢快逗趣，所以且让我们忽略自己可能遇到的危险，到那些骇人听闻的历史故事中找点乐子吧。

看到詹姆斯问到危险的美容手段，我脑子里最先蹦出来的就是18世纪的交际花考文垂伯爵夫人玛丽亚·冈宁（Maria Gunning）[1]，姿容绝世是她最大的财富，也是她红颜薄命的根源。玛丽亚出生于爱尔兰，和她娇俏可爱的妹妹一道被奉为那个时代男人最想要娶的单身女郎，后来姐妹俩分别嫁给了一位伯爵和一位公爵，从而飞速跻身上流社会。可惜，玛丽亚使用了一款名为"威尼斯蜡膏"（Venetian ceruse）[2]的添加了白铅的流行化妆品，并患上了严重的皮疹，而为了遮掩面部损伤，维系自己绝代佳人的名声，她只得涂抹更多铅白化妆品。这就造成了一种恶性循环。在这一过程中，有毒的铅渗入血液使她中毒而亡。她

---

1 玛丽亚·冈宁，从童话走进现实的"灰姑娘"，她家境贫寒，早年与妹妹伊丽莎白（后来的汉密尔顿公爵夫人）在剧院谋生，后因年轻貌美受邀参加舞会（礼服还是从剧团借来的），收获了许多贵人的青睐。由于仰慕者太多，乔治二世专门给她配了警卫，就连鞋匠都能靠展出她的鞋子小赚一笔。

2 威尼斯蜡膏，16世纪的皮肤美白化妆品，因卓越的遮瑕功能和光滑的妆效深受上流人士喜爱。

去世时年仅27岁。

虽然一提到以惨白面孔为美的妆容就会让人联想起18世纪，但这种白色妆容并非诞生于那个时代。早在古希腊时期，女性便已经开始涂抹一种通过将加热酸蚀的铅研磨成粉制成的美白化妆品——psimythion[1]。而到了17世纪，又诞生了一批同样危险的产品，比如由白汞粉、柠檬汁、蛋壳和白葡萄酒混合而成的化妆品。染上梅毒的男性还会用一根大得吓人的注射器往下体注射水银，不过这个疗法只会让他们病情加重。

对我来说，最易令人感叹韶华易逝的部位是爬上皱纹、松弛下垂的眼部皮肤。我为此感到焦虑不已，并将其归咎于伴随我一生的慢性失眠症、用眼疲劳时使劲揉眼的恶习，以及最近初为人父，因照顾长牙期的婴儿而身心俱疲。简而言之，关于护肤，我原本的态度是任其自然，而现在已经转为迫切执着地寻找一切能够消除皱纹的神奇产品。

谈到眼部，就算你给我钱，我也不会去服用那要命的颠茄（belladonna）[2]。它是19世纪的一种外敷内服的药剂，据说有使瞳孔闪亮、放大之效。颠茄是一种致命的茄科植物（nightshade，直译"暗夜冥府"），恰如其名，由它制成的药剂存在多种副作用。下面引用一段选自1856年的某部医学教科书的原话：

> 口干舌燥，感觉喉咙狭窄、吞咽困难、口渴难耐、视力模糊，有时甚至出现失明及瞳孔散大症状……头痛欲裂、面色潮红、泪

---

1 出现在公元前4世纪的一种古希腊含铅化妆品，是铅白的前身，制作原理可能与之相似（铅与醋酸溶液反应得到碱式醋酸铅，加热后被二氧化碳酸化，生成白色碱式碳酸铅）。

2 belladonna源于意大利语bella donna（漂亮女人），是文艺复兴时期意大利流行的天然化妆品，将其汁液滴入眼内可达到散瞳的效果，相当于文艺复兴时期的美瞳。但颠茄毒性不小，甚至能要人小命。

流不止、发出怪声，出现肌肉收缩不规律，产生幻觉或胡言乱语，有时还伴有嗜睡倾向……还会出现皮疹或尿道炎症。偶尔也会恶心呕吐或是腹痛腹泻……[1]

另一种不那么危险，但却更加吓人的手术，是将拔下的头发缝在眼睑处充当假睫毛。为缓解手术过程中的不适感，外科医生会用可卡因揉搓受术者的眼睛，从字面上阐释了什么叫"深陷可卡因之中"（coked up to the eyeballs）[2]。

让我们回到19世纪，在这个时代，氨属于一种极为常见的护肤手段，女性认为它能让肌肤焕然新生。美容记者就如何使用和储存这些危险化学品给出了详细而实用的指导，并强调使用者必须摄入适量泻药来将其排出体外，否则就会在体内堆积形成"一团愈发有害的毒药"。1870年的一期《时尚芭莎》（*Harper's Bazaar*）杂志推荐了一款理想配方：法国木炭混合蜂蜜，加上你喜欢的那款泻药。那么提供这些美妆技巧的文章有个什么样的标题呢？《献给丑女》（"For the Ugly Girls"）。真是够了！

砒霜[3]也快速成为维多利亚时代的流行护肤品。使用者相信它可以让肌肤更加光泽，令眼睛炯炯有神，还有丰胸奇效。铺天盖地的报道都在宣传砒霜在奥地利施蒂里亚地区有多么受欢迎，据说那里的农民

---

1 出自乔治·戈登·伍德（George Gordon Wood）博士于1856年出版的《论治疗学及药理学/药物学》（*A Treatise on Therapeutics and Pharmacology or Materia Medica*）第一卷。——作者注

2 up to the eyeballs指"非常忙于、深深卷入、全神贯注于某事"，字面意义就是"到了眼部"。

3 单质砷毒性不大，而砷化合物均有较大毒性，砷与其化合物被广泛用于制造农药、除草剂、杀虫剂以及多种合金。砒霜则是化合物三氧化二砷的俗名，口服、吸入都会致人中毒。

接连三个世纪都在使用这一秘方。女人用了砒霜，气色红润；男人吃了砒霜，胃口大开，连攀几座高峰也不在话下。听上去很健康，不是吗？但砒霜可没上面说得这么好。

包括詹姆斯·沃顿（James Whorton）[1]博士在内的多位现代历史学家已经表明，不少产品在制作过程中都添加了砷化合物，其中最值得关注的是绿色墙纸，这意味着暴露在室内环境中的人所摄入的毒素，可能要比他们意识到的更多。媒体自19世纪40年代起就开始大肆报道妻子用无色无味的砒霜毒杀丈夫的案件。然而，尽管存在种种危险，但当时的人似乎仍乐于为了美容而使用砒霜。

随着砒霜美容的流行，1857年的某期《钱伯斯杂志》（*Chamber's Journal*）[2]上的一篇文章引用了行事谨慎、尽力采取中庸之道的英曼（Inman）博士的话，宣称：

> 人体在摄入微量砒霜时不会产生任何明显的副作用。一位成年人每天最多可摄入十分之一格令[3]，持续服用砒霜约十天或两周之后……身体开始承受不住，表现出多种症状，包括"面部肿胀和眼部轻度发炎"……细心的医生在注意到这种情况时总是会暂停用药，以免危害病患健康。

---

1 詹姆斯·沃顿，华盛顿大学医学院教授，医学史、公共卫生史专家，著有《砷的世纪：维多利亚时代的英国人如何在居家、办公和娱乐时中毒》（*The Arsenic Century: How Victorian Britain was Poisoned at Home, Work, and Play*）。

2 《钱伯斯杂志》，全名原为《钱伯斯流行文学、科学和艺术杂志》（*Chambers's Journal of Popular Literature, Science, and Arts*），由威廉·钱伯斯和罗伯特·钱伯斯创办，于19世纪和20世纪在伦敦发行。

3 1格令约等于0.065克。

我猜英曼博士大概是怕别人误会他在支持使用砒霜，所以他接着又留下了严厉警告——"最后，容我敦促所有采用施蒂里亚疗法的人就自己的服药过程写下书面备忘录，以免他们的朋友在其毒发身亡后被误判绞刑。"是啊，今天的我们没有谁会在拿起一罐博姿（Boots）润肤霜时想到："希望这款化妆品不会导致我意外死亡，然后害得我的朋友背上杀人罪名！"当然，这位好心的医生指的其实是新闻报道里那些臭名昭著的谋杀案。

　　在对詹姆斯的问题进行最后的思考时，我想到了大有来头的神奇药物：镭。没错，我说的这款药物就是居里夫妇在1898年发现的那个放射性元素。《辛普森一家》（The Simpsons）让我以为所有放射性物质都会发出荧光绿，而镭的光芒实际上是蓝色的，这似乎有助于让人们相信它确实具有神奇的治疗能力。因此，镭成了一种不可思议的消费品。

　　有许多事情"当时以为很好，后来悔之莫及"，"镭热潮"（Radium Craze）就是其中之一，摄入镭元素的后果可以直接用现代报纸的标题来概括:《镭水疗效显著，就是挺费颌骨》。这个惊人标题下的故事主角就是1932年去世的知名企业家、高尔夫球手埃本·拜尔斯（Eben Byers），5年来他都在坚持饮用一款神奇的饮料"镭水"（Radithor）。[1]镭水其实就是镭盐的蒸馏水溶液，在公众知道其危害性之前，已经卖出了整整40万瓶。

　　由于癌症对拜尔斯的骨骼造成了严重摧残，外科医生在治疗时不

---

[1] "镭水"是"贝利镭实验室"从1925年开始投产的一种"保健饮料"，据说能通过镭衰变产生的 α 粒子为人体补充能量，让内分泌系统焕发活力。1927年，不慎摔伤的钢铁大亨拜尔斯在极有可能拿了回扣的医生的推荐下，开始坚持饮用镭水（在两年多的时间内一共喝了约1000到1500瓶），接着陆续出现了颌骨坏死、器官衰竭、骨髓病变等问题，最终在1932年一命呜呼，放射性保健品产业也随之走向终结。

得不切除他的下颌，但这还是没能拯救他的生命。这位社会名流的死亡终结了被戏称为"液体阳光"（Liquid Sunshine）的镭水的销售，但令人惊奇的是，另一款于1933年推出的号称含有溴化镭的富镭（Thoradia）美颜霜却还在货架上摆着。简而言之，在1915年至1935年期间，镭被宣传为一种可治愈所有疾病的万能补药。市场上还冒出了各种小巧便携的含镭物件，例如据说可以"为肌肤输送能量，实现快速去皱"的抗皱纹镭射（Radior）下颌带。

事实上，由于镭这个话题太过火爆，许多商品都会借用它的名头来欺骗那些容易上当的消费者。比如富镭唇膏、富镭眼霜、富镭肥皂、富镭巧克力、富镭婴儿爽身粉、富镭避孕套、富镭早餐麦片、富镭丝袜和富镭香水等，当然其中绝大多数都是虚假宣传。不过事实证明，这种自吹自擂的欺诈行为对于公共卫生安全而言反倒是件好事。1925年，医生发现了第一批放射性坏死病例，患者是负责给手表和科学仪器刻度盘涂上含镭夜光颜料的女工。这些"镭女郎"的口腔癌尤为严重，因为她们在工作时需要舔舐画笔以将笔尖润湿。毫无疑问，历史上还存在更多摄入了神奇而万能的镭，然后在不知情的情况下寿命大减的受害者。

总之，我们生活在一个充斥着费用昂贵、风险不低的整容手术的时代，不过我们至少未曾大量摄入砒霜，也没有往自己身上涂抹放射性物质或使用含铅粉底。这在某种程度上也算是一种进步，是吧？

31

哦，伙计，你这个问题可把我踢出了舒适区！事实上，这是数学领域的最大争论之一，所讨论的不单是哪个家伙为数学之祖，而是一个相当基本的哲学问题，即数学究竟是和"赛前舞"（Macarena）一样，属于人类的**发明**，还是同万有引力一样是条普遍规律，属于人类的**发现**？它是强加于自然世界的人类造物，还是我们已经发现的宇宙的基底结构？赌一把呗，买定离手！

如你所料，我这种智商不太可能给出什么高深见解。天啊，毕竟我喜欢的电影是威尔·法瑞尔（Will Ferrell）出演的那种无厘头喜剧片！让我松了一口气的是，即便是最为聪明的数学头脑，也会觉得这个问题很有挑战性。为了平衡起见，罗杰·彭罗斯（Roger Penrose）[1]爵士——他曾与斯蒂芬·霍金在与黑洞有关的烧脑数学问题和抽象时间

提
问
者
：
亚
历
克
斯

---

1 罗杰·彭罗斯，英国数学物理学家，2020年诺贝尔物理学奖得主，在广义相对论与宇宙学方面做出了杰出贡献。

概念上展开密切合作——十分干脆地加入了探索团队，遵循了始于古希腊博学家柏拉图的、实在论哲学家的悠久传统。而在反实在论阵营中也有不少杰出的思想家，他们认为检验上述事物的唯一方法就是采用人类所设计的数学证明，所以数学是一个人类发明的概念。

所以，我确实无法回答亚历克斯的问题，因为我们根本不知道答案。但我也不想糊弄大家，所以请随我一同简单回顾一下数学思维的早期历史吧。和本书中的某些章节一样，我们这次又要从石器时代开始讲起，因为考古学家发现了不少留有刻痕的史前骨头，其中一些可以追溯到3.5万年前，而这很可能就是刻痕计数存在的证据。

其实，在1960年，有人于伊尚戈（Ishango，当时位于比属刚果）发现了一根2万年前的十分有趣的计数工具。[1]这根计数棒表面有三排不同的刻痕，而它可能不仅仅是个计数工具。一些研究人员认为上面刻的是阴历，但更为大胆的猜想是，它是原始人掌握乘法的证明。在A、B、C三行刻痕中，A行和B行上的记号加和都是60。更有意思的是，A行显示的是"9+19+21+11"，这四个数字是基于10的重要性而建立的十进制存在的潜在证据（它们分别是"10-1""20-1""20+1"和"10+1"）。B行包含了10到20之间由高到低的质数，即"19+17+13+11"。在最后的C行中，数字以小组形式抱团："（5，5，10），（8，4）和（6，3）"，呈现出有意进行倍数运算的迹象。我们不知道谁是"伊尚戈骨"的创造者，也不清楚其中的原因，但这些穴居人或许真的掌握了数字运算的能力。

当人类祖先建立村镇后，他们很快意识到自己需要掌握一种衡量和记录个人所有物的方法，以便盘点库存、买卖货物、征收税款，以

1　即"伊尚戈骨"（Ishango Bone），它是一条暗褐色的狒狒腓骨，其一端还镶有石英。

及可能还要向邻居炫富。用"数豆子"（bean-counting）来形容某人精打细算是个非常老套的商业比喻，但在过去，它就是会计的实际运作方式。至于长度，大多采用基于人体的测量手段，因为它广泛适用于文盲族群。比如在古埃及，你通常可以使用"指尺"（一根手指的宽度）、"掌尺"（手掌正中的宽度）、"手尺"（包括手指在内的手的长度）以及"腕尺"（从肘部到指尖的长度）来表示长度。换算规律是：1掌尺为4指尺，1手尺为5指尺，1短指距[1]为12指尺，1指距为14指尺，1短腕尺[2]为24指尺，1腕尺为28指尺。

古埃及人似乎真的酷爱数学。他们十进制的计数系统能用象形文字表示十、百、千、十万和百万，[3]这大大方便了他们计算从败亡的敌人那儿获得了多少战利品，或是自己的杀敌数量（屡试不爽的测算办法是切下尸体的阴茎或一只手，然后堆起来计数）。

唉，据我所知，埃及古物学者迄今为止只恢复了一小部分展示埃及数学思想的古代纸草文本，不过我们还有写于公元前1550年左右的《莱因德纸草书》（Rhind Papyrus）[4]，书中包含了84道专为新晋书记员准备的数学题，其中一题还可能出现在你的中考（GCSE）[5]试卷上："7个房子7条猫，每条能逮7只鼠，每只会吃7穗谷，每穗可产7哈加特

1　指距，五指尽量张开时大拇指指尖到小拇指指尖的距离。

2　古埃及有两种不同规格的腕尺：皇家钦定的腕尺（约为20.59英寸）和民间的短腕尺（约为17.72英寸）。

3　古埃及象形文字用一条竖线来表示1，一根∩形的膝骨表示10，一盘绳索表示100，一株花表示1000，一根手指表示10000，一只青蛙表示100000，一个单膝跪地高举双手的人表示1000000。

4　该纸草书全长544厘米，宽33厘米，是世界上最古老的数学著作之一。其作者为书记官阿默斯，不过它并不叫作《阿默斯的数学教材》，而是以买下它的英国埃及学者莱因德（A. H. Rhind）的名字命名。

5　GCSE，全称为General Certificate of Secondary Education（英国普通中等教育证书），相当于国内的初中毕业考试文凭。

（hekat）[1]小麦，所有这些的总数是多少？"《莱因德纸草书》还是最早变相使用了我们现在所说的圆周率（π）的著作：

> 直径为9哈特（khet）的圆形场地的面积是多少？去掉直径的1/9，即1哈特，余数是8。8乘以8等于64。因此它的面积是64斯塔特（setat）。[2]

　　一块距今至少3600年的巴比伦圆形泥版可能也指出了圆周率的大小。泥版上画了一个圆形，配上用楔形文字书写的数字3、9、45，其中，45似乎是圆的面积[3]，3是圆的周长，3的平方是9，所以圆周率就是3，不是吗？[4]像这样展现了我们所认为的现代数学思想的古代美索不达米亚泥版还有成千上万块。比如，在学者间引发不小争议的普林顿322号泥版文书[5]似乎就展现了青铜时代的三角函数以及我们通常所说的勾股定理。

　　显然，古美索不达米亚人和古埃及人对数字同样敏感，但他们并没有在所有方面都达成一致。与古埃及人不同的是，青铜时代的苏美尔人（生活在今天的伊拉克）偏爱使用以数字12为基础的十二进制，

1　哈加特，古埃及容量单位，基本容量单位为"哈努"（henu），约475毫升，10哈努为1哈加特（hekat或heqat）。

2　1哈特等于100腕尺，1斯塔特约合2500平方米。这是纸草书的第五十题，给出了圆形面积计算方法：将直径减去它的1/9之后再平方。结果相当于用3.1605作为圆周率，不过当时并没有圆周率这个概念。

3　详见以下文件的第15页：https://cdli.ucla.edu/pubs/cdlp/cdlp0005_20160501.pdf。

4　简单来说，古巴比伦人知道圆的面积（S）是圆周（C）平方的十二分之一，他们采用的是六十进制，所以S=C^2/4π 就是S≈C^2/12，即S≈C^2×5（45=3^2×5）。

5　现存于美国哥伦比亚大学图书馆的一块只剩下右半部分的泥版文书，因曾被一个叫普林顿的人收藏而得名（322是普林顿的收藏编号）。该泥版原本被视作商业账目表，直到1945年，诺依格鲍尔揭示了它的数论意义。

它可以被1、2、3、4、6和12整除，所以比十进制更为通用。在大约4000年前，当苏美尔文明和阿卡德帝国[1]消亡后，古巴比伦人来到了这片土地。他们巧妙地发明了位值计数法，并在使用60作为基数的同时，也结合了十进制。

我知道你可能已经有点头昏脑涨了，且听我来梳理一下吧。当我们写一个较大的数字，比如3724时，每个数码都会放在不同的数位——3在千位，7处于百位，2在十位，4是个位。我们可以根据从左到右的数位对这个系统进行解码。古巴比伦人的做法也与之类似。

在学习数学时，我们必须记住10个数字符号——从1到9，以及总是十分方便的0——但古巴比伦计数系统的美妙之处在于，在1到60中，他们只需记住两个数字的形状：一个是1，另一个是10。巴比伦数字1看起来像是个倒插在棍子上的三角形，好似一个没了底座的马提尼杯。巴比伦数字10的样子和大写字母A很相似，只是向左旋转了90°。如果想写出数字34，方法很简单：三个表示10的符号横向排列，代表30，旁边是四个堆叠起来的1的符号。这与后来的罗马数字的书写方式差异不大。尽管古巴比伦人没有"零"的概念，但他们还是能够在此基础上进行复杂的计算，并通过乘法得到相当庞大的数字。

在数学领域的重大发展方面，古希腊先贤可以说是功不可没。当然，他们中有才华横溢的阿基米德，声名远扬的三角形大师毕达哥拉斯，几何学奇才欧几里得，喜欢沉思的柏拉图，悖论之王芝诺，痴迷原子的德谟克利特，以及名气没那么响亮的希波克拉底、欧多克索斯

---

1 阿卡德帝国，公元前24世纪闪语民族在苏美尔地区建立的全世界第一个君主专制的帝国。

（Eudoxus）[1]、西奥多罗斯（Theodorus）[2]、泰特托斯（Theaetetus）[3]和阿契塔（Archytas）[4]。甚至连英语中的"数学"（mathematics）一词也流传自古希腊，它在广义上指的是"研究之物"。在这些大数学家中，我尤为感谢毕达哥拉斯，他通过研究竖琴，发现了弦长比例与音乐和谐之间的数学规律。如果没有他，我们就无法欣赏到"瘦李奇"（Thin Lizzy）乐队[5]在《男孩回城》（*The Boys Are Back in Town*）中用吉他二重奏献上的即兴重复乐段，那会是摇滚界的一大损失。

希腊文化确实为数学发展做出了杰出贡献，不过其他地方也不甘落后，纷纷实现了不少重大突破。在大约1500年前，印度给世界带来了"零"的概念，它是一个表示没有东西存在的必要符号，也是位值计数系统中至关重要的存在。没有了零，你数数时就会发现："18，19，2……呃……啊，我数不下去了！"有证据表明，古巴比伦人曾摆弄"零"的原型，墨西哥的玛雅人似乎也独立探索过它，但真正将"零"传向四方，令其得到广泛使用的还是印度人。在公元7世纪，印度还诞生了杰出学者婆罗摩笈多（Brahmagupta）[6]，他是研究二次方程、平方根算法和负值概念的先驱。他提出过"零除以零等于零"这个错误观点（实际上，0/0这种形式在数学中叫作不定式），但他至少有尝试的

---

1 欧多克索斯，精通数学、天文学、地理学，他最先引入了"量"的概念，并将"量"和"数"区别开来。

2 西奥多罗斯，毕达哥拉斯学派的成员，苏格拉底的密友，在无理量的早期理论发展上有所贡献。

3 泰特托斯，师事昔兰尼的西奥多罗斯，可能是第一个给出全部5种正多面体作图理论的数学家。

4 阿契塔，试图把纯粹的技艺应用于力学的第一个希腊数学家，数学力学的奠基人。

5 "瘦李奇"乐队，1969年创建的硬摇滚乐队，成名曲是以摇滚形式翻唱的爱尔兰民歌《瓶中的威士忌》。

6 婆罗摩笈多，吠舍出身，却在数学、天文学方面取得了不少成就，还编著了《婆罗摩修正体系》《肯达克迪迦》。

勇气，好吧！

在公元8世纪中叶，迈入黄金时代的伊斯兰世界就像个咖啡过滤器一般，让源自南亚的数学智慧通过它渗透到西方。所以当印度数字终于在13世纪初进入南欧，并由伟大的意大利数学家斐波那契（Fibonacci）等知名思想家传播开来时，许多欧洲人都误认为这些数字是伊斯兰世界的发明。这就是我们称之为"阿拉伯数字"的原因。阿拉伯学者们确实也自行开创了精彩而新颖的数学思想。其中最为著名的一员可能就是阿尔·花拉子模（Al-Khwarizmi）了，他的波斯语名字是"算法"（algorithm）一词的起源，而我们所说的"代数"（algebra）则来自其著作《代数学》（al-Jabr）。[1] 正是阿尔·花拉子模将婆罗摩笈多的作品（以及几部希腊典籍）翻译成了阿拉伯语，尽管他确实在文中提到了印度学者，但他们还是为世人所遗忘了，连印度数字最终也意外被视作"阿拉伯数字"。

所以，你可以认为数学就是一个不断发现的过程，也可以将其看作一个不断发明的故事，这取决于你想在这场史诗般的哲学辩论中站在哪一方。不过，人类从石器时代就已经开始思考数学，真是超酷。因此，即使数学不像宇宙本身那样古老，它的历史也算相当悠远……对我来说这就够了。

1　阿尔·花拉子模，著名数学家、天文学家，代数与算术的创立人，被誉为"代数之父"；作品《代数学》（*Kitab al-Jabr wa-l-Muqabala*）的书名可译为《积分和方程计算法》，传入欧洲后书名受到了简化。

32

朱丽叶，我想你可能听说过纳西索斯（Narcissus）——那个拒绝了所有追求者，却痴痴盯着泉水中的美丽倒影的自恋美少年。大多数人提到他时都会认为他是一个讨厌的自大狂，活该他爱上自己。但其实在这个古老传说的各个版本中，都没有出现对纳西索斯的直接指责。在最为知名的故事里，复仇女神涅墨西斯（Nemesis）因纳西索斯拒绝了山中仙女伊可（Echo）[1]的爱而诅咒了他。涅墨西斯把他诱到一处幽静的池塘，诅咒纳西索斯爱上他自己，直到他精疲力竭（我猜他是饿的？），化作一株水仙。

在其他版本中，纳西索斯要么由于爱而不得，绝望自尽，要么是在试图亲吻自己的倒影时失足落水，不幸溺亡。不过，在作家帕萨尼亚斯（Pausanius）笔下，纳西索斯则是因为孪生妹妹的逝去而悲痛不

---

[1] 伊可表白失败后十分伤心，终日在幽静的山林中流泪徘徊，不吃不喝，最后神躯消散，只剩下声音在山谷中回响，希腊人于是便用伊可的名字 Echo 来表示"回声"。

已，而他唯一能记住她容颜的方式就是凝视自己的倒影。这个故事基本颠覆了我们现代人对源于纳西索斯的"自恋"（narcissim）一词的认知。不管怎样，重点在于，纳西索斯的神话故事告诉我们，在镜子出现之前人们还有水坑和池塘可用，这表明人类自诞生之初就已经开始观察自己了。

这些还不是全部，除水之外，我们认为古人可能还会使用其他几种材料制作反光面。著名的考古学家伊安·霍德（Ian Hodder）教授在土耳其花费了30年时间，挖掘"恰塔霍裕克"（Çatalhöyük）这座建于9000年前的石器时代小城。[1]他的考古团队在墓葬物品中发现了几块由火山黑曜岩玻璃[2]打磨而成的镜子，它们正面漂亮光洁，反面则被涂以灰泥。这些石镜的历史可以追溯到8000年前——意味着城市生活也许带来了某种促使人们注重外表的压力——不过值得注意的是，墓主人多为女性，这表明在石器时代晚期的人类社会中，石镜是一种性别化的物品。

考古学家们在古埃及和中国等地也发现了5000年前青铜时代开端的铜镜，当时人类才刚刚懂得锻造金属。如果我们继续向前，到达距今大约3400年的青铜器时代鼎盛时期，就能一睹法老图坦卡蒙（Tutankhamun）[3]陪葬品中的奢华镜盒。可惜，这枚贵重的镜子在霍华

1　伊安·霍德是后过程考古主义的提倡者，主张"边发掘，边分析，边记录"。恰塔霍裕克是新石器时代的人类定居点，是世界上最为古老的城市之一，位于土耳其中部的安纳托利亚高原。

2　火山黑曜岩玻璃，一种天然玻璃，通常呈火山穹丘和熔岩的边缘相产出，最早的使用者是安纳托利亚人。

3　图坦卡蒙（公元前1341—前1323），古埃及新王国时期第十八王朝的法老，9岁君临天下，19岁暴毙身亡，没什么拿得出手的政绩，倒是因为其墓葬成就了埃及考古大发现而变成了现在最为著名的法老之一。

德·卡特（Howard Carter）¹抵达帝王谷的数千年前就已经给盗墓贼顺走了。

除了这些证明镜子在几千年前就已经存在的考古证据，我们还找到了一些揭示古人如何使用镜子的艺术历史证据。比如，不可描述的《都灵色欲纸莎草纸》（*Erotic Papyrus of Turin*）²——创作于约3200年前的"春宫图"——中的某个场景就描绘了一个手持镜子，用长柄化妆刷抹粉的女人。为了避免被孩子们看到，我就不提这张令人脸红心跳的图画上还有哪些内容了，不过如果你实在很好奇，就背着孩子自己在网上搜索一下吧。最后警告你一下，这玩意可不适合在上班时间浏览！

在古代地中海世界，后来分别被罗马人和希腊人所取代的伊特鲁里亚人（意大利）与迈锡尼人（克里特岛）也在使用能够反光的金属镜。它们的材料多为铜、青铜、金、铁矿石或银，其尺寸也通常只有几英寸大小，适合手持。这些镜子的表面并不平坦，而是像现代的剃须镜一样带有弧度——可从凸面观察距离较远、正常大小的整张脸孔，在凹面则适合面部特写，以便在化妆时修缮细节。

可惜，并没有证据表明古代存在游乐园中的那种哈哈镜，不过倒是有个古罗马人非常喜欢能将小东西变得很大块的镜子。古罗马哲学家塞涅卡（Seneca）³在其著作《自然问题》（*Natural Questions*）中抨击了沃斯

1　霍华德·卡特（1874—1939），英国考古学家，帝王谷图坦卡蒙王KV62号陵墓的发现者，他在墓中找到了超过5000件奢侈的陪葬品，包括重约134.3公斤的金棺和戴着黄金面具的图坦卡蒙王木乃伊。

2　现藏于意大利都灵埃及博物馆，长约2米，共12幅图案，可以看到男女、战车、动物、迷幻药等元素。

3　塞涅卡，全名吕齐乌斯·安涅·塞涅卡（Lucius Annaeus Seneca），古罗马政治家、斯多葛派哲学家、悲剧作家、雄辩家，一生著作颇丰，现存作品超过百篇，大多收录于《道德书简》和《自然问题》。

提乌斯·瓜德拉（Hostius Quadra）这个爱好利用金属镜子让手指看上去比胳膊还粗的家伙。因为此人使用镜子的目的不是在晚宴上逗趣作乐，而是为了满足自己颇为变态的色欲。哦，抱歉，又出现少儿不宜的内容了！没错，沃斯提乌斯就是个荒淫无耻的色中饿鬼，他既会用哈哈镜呈现其生殖器的夸张影像，还会以它窥视自己的交欢过程为乐。塞涅卡和奥古斯都皇帝都为他的放荡而感到震惊不已，以至于后来当沃斯提乌斯因荒淫无道死于奴隶之手时，连奥古斯都皇帝都认为他这是罪有应得并拒绝惩治凶手。

打磨而成的镜子自然十分珍贵，可在古代世界，它们似乎却又相对常见。确实，镜子也会用于安保方面。以偏执多疑而闻名的罗马皇帝图密善（Domitian）[1]，就曾命人在宫殿各处墙面上镶嵌多硅白云母这种闪着微光的反光矿物，以便随时观察自己四周是否有人手持匕首、悄悄靠近。我不知道他会在什么情况下逮住刺客，但这很像是身穿托加长袍的角色在还原电影《007之金枪人》（*The Man with The Golden Gun*）中的场景——特工詹姆斯·邦德与金枪人斯卡曼加（Scaramanga）在镜子大厅里的那场令人眼花缭乱的枪战。

我想你的疑惑应该已经解决了吧，朱丽叶，不过你也许还想知道玻璃的起源？现在所用的英语单词mirror（镜子）起源于拉丁语中的mirari，意为"看、欣赏"。严格说来，镜子并不一定是由玻璃制成的，只要能够照出可供细看的影像就行。然而，大多数人心目中的镜子都是玻璃的，并且他们会为镜子破碎时发出的噪音、造成的戏剧效果及其代表着厄运降临而感到紧张刺激、兴奋不已。

说到这里，请容许我快速介绍一下比利时发明家、音乐家约翰·约

1　图密善，罗马帝国第十一位皇帝，这位好大喜功的暴君在公元96年遇刺身亡。

瑟夫·梅林（John Joseph Merlin）[1]，这位心灵手巧的天才创造了许多自动机械、钟表、乐器，以及下面这个故事的主角——旱冰鞋。在18世纪六七十年代的某一天（我们不确定故事发生的具体时间，只知道相关记载印刷于1805年），这位魅力十足的表演家应邀前往著名歌剧演唱家特蕾莎·康奈利（Theresa Cornelys）所租住的卡莱尔之家（Carlisle House），特蕾莎经常在此举办上流人士云集的奢华聚会。为了给宾客献上一场令人印象深刻的表演，梅林决定一边拉小提琴，一边脚踩自己新发明的旱冰鞋优雅滑行。不幸的是，他忘了发明刹车。于是，梅林失去了平衡，一头撞向大厅后方的一面昂贵的大型镜子，不但镜子碎了一地，小提琴也报废了，他本人更是在此过程中受创不轻。

这就是打碎镜子的结果，现在，让我们继续探讨玻璃最初是如何成为反光面的。玻璃的历史至少可以追溯到5400年前，但按照知名自然历史作家老普林尼的说法，直到公元1世纪，生活在今天的黎巴嫩的玻璃工匠才真正开始用玻璃制作镜子。事实上，早期的玻璃不仅质地粗糙、透明度低，还略带蓝色。所以在玻璃出现之后的很长一段时间里，磨光的金属仍是反光面的首选。不过到了15世纪，玻璃制作工艺实现了重大飞跃，当时的欧洲工匠们掌握了吹制表面平整、不含裂纹的反光玻璃，以及用锡汞合金法为镜面镀银的手段。[2]

在那个时代，举世闻名的玻璃镜子全都来自威尼斯的穆拉诺岛，因此威尼斯当局想尽一切办法确保本国产业机密不为境外势力所窃取——玻璃工匠成为一份终身工作，并享受税收减免待遇、与贵族结

---

[1] 约翰·约瑟夫·梅林，18世纪的比利时音乐家和机械师，他发明的机械白银天鹅至今仍保存在英国博维斯博物馆（Bowes Museum）。

[2] 可用圆筒法制造平板玻璃，然后在玻璃一面贴附锡箔，倒上水银，形成粘在镜子背面的银白色锡汞齐。

亲的机会以及各项激励措施。如果匠人们试图离开威尼斯，就会被处以叛国罪，全家都要锒铛入狱，即便他们成功逃往别国，可能也会受到威尼斯的追杀。

说到这里，就不得不提镜子技艺最为辉煌的作品：路易十四的凡尔赛宫镜厅[1]。这座令人眼花缭乱的镜厅长达73米，建于1678年到1684年。虽然路易十四决定雇用大批法国工匠，但他手下的建筑师还是设法偷偷拉来了一些威尼斯匠人以确保镜厅达到顶尖水平。如果你参观过凡尔赛宫，亲眼看到镜厅的豪华瑰丽，就会明白那是一个十分明智的决定。幸亏没人邀请约翰·约瑟夫·梅林来这儿表演，否则必将酿成一场重大事故！

1　凡尔赛宫镜厅，又称镜廊，法国路易十四国王王宫中的"镇宫之宝"，以17面由483块镜片组成的落地镜得名。

33

月亮自人类诞生之初就一直在和我们玩夜间躲猫猫的游戏，并在青铜时代人类最早开始探索宇宙学和计时方式的过程中发挥了重大作用。埃及人、巴比伦人和中国人都能靠观看日月判断时间。而关于丹的这个耐人寻味的问题，有个微妙之处不得不提，那就是（我们所知道的……）最早提出登月构想的人把登月视为一种具有讽刺意味的文学幻想，而非硬科学假设。

在公元2世纪，罗马帝国的版图覆盖了整个希腊语世界和中东的大部分地区。在我们现在称为土耳其的地方，住着一位才华横溢、幽默诙谐的作家兼演说家——萨莫萨塔的琉善（Lucian of Samosata）[1]。这位讽刺文学家最广为人知的作品是对其他古典文学中各种离奇历险的嘲弄。在他最为著名的讽刺作品——被戏谑地命名为《一个真实的故

---

1 琉善（约125—180），生于叙利亚萨莫萨塔，古罗马讽刺作家和无神论者，代表作为《诸神的对话》。

事》(*A True Story*)——中，有一段堪称疯狂的情节：在大西洋上航行的他意外地被飓风给卷上了月球。

到达月球后，他发现月亮之王是个名为恩底弥翁（Endymion）[1]的人类，正与太阳之王为争夺晨星的控制权进行血战。最终，太阳王率领着由巨型蚂蚁、狗头人和挥舞蔬菜的各种怪人组成的大军赢得了胜利，宣告和平来临。回归地球后，琉善又被一头巨鲸吞入腹中（这可真够讨厌的！），并与鲸鱼体内的一支好斗的鱼人种族大战一场，将其击溃。

鲸口脱险后，琉善接连登陆了牛奶岛、奶酪岛，以及一个满是希腊神话英雄和历史名人的岛屿，其中一些人——如希罗多德——还因在史书中弄虚作假而受永刑。后来，琉善及其伙伴经历了更多的海上冒险，该书末尾还表示将推出一部更加荒唐可笑、充满愚蠢谎言的续集。

好了，麻烦你别再满脑子想着奶酪岛或是生活在巨鲸体内的鱼人大军，让我们把目光拉回到月球冒险上。虽然这纯粹是幻想，琉善还是花了大量笔墨去描绘月球的景象和月球人的样子——这种名为"塞勒尼特人"（Selenites）的类人生物脑袋光秃，满脸触须，当然，他们主要以烤青蛙为食。通常，我们将琉善创作的这个荒诞故事视为第一部科幻小说，尤其是他对星际征战场面的天马行空的想象，这可领先了《星球大战》整整1800年。但在《一个真实的故事》中，琉善并没有在真的构想登月手段，而是旨在借此嘲弄其他作家的各种骇人的胡思乱想。他并不相信月球上存在骑着三首兀鹫的战士。

这样一来，丹，我们可能得把琉善排除在答案之外了。出于同样的原因，我们也可以取消古希腊历史学家普鲁塔克的资格，他在《论

1　恩底弥翁，希腊神话中月亮女神塞勒涅（Selene）的恋人。老普林尼认为他是第一个观察月亮运行轨迹的人。

月面》(*Concerning the Face Which Appears in the Orb of the Moon*)一书中就月球上是否存在生命展开了热烈讨论，甚至提到有位英雄造访了一座小岛，岛上的居民声称知道如何到达月球。但普鲁塔克并未考虑实际登月任务中的组织工作。

接下来出场的是大名鼎鼎的天文学家约翰尼斯·开普勒（Johannes Kepler）[1]——就是那个发现地球轨道是椭圆的家伙——在他1608年创作的虚构故事《梦》(*Somnium*)中，开普勒讲述了一场梦境：一个冰岛男孩和他的女巫母亲发现他们可以在一只精灵的帮助下登上月球，在这趟不到4个小时就能到达目的地的旅程中，精灵会保护母子俩免受以太（当时人们认为以太是一种比空气还轻的太空粒子）的冰冻之苦，还给他们的鼻子戴上了有助于呼吸的海绵。

《梦》是一首献给太空旅行的奇异颂歌，包含了许多引人入胜的想法，比如站在月球表面所能看到的地球的样子，以及从月球看日食会是什么情况等。虽然这个故事是一位深受哥白尼行星理念影响的博学睿智的天文学家所作，但它依旧极为富有诗意。开普勒甚至意识到了太空旅行的危险性并给出了不少建议，包括宇航员的体重一定要轻，必须确定发射时间以免宇航员暴露在太阳的有害射线中，以及通过给宇航员服用大量鸦片，帮助他们熬过飞向月球时的加速度给人体带来的巨大压力等。对于400年前的人而言，这是一份复杂先进、令人着迷的登月注意事项清单，开普勒可能是首个表明人类能够实现登月的人。

但是，如果我是个顽固较真的人，就会指出开普勒作品中靠搭精灵便车登上月球的情节与真正实现太空旅行的方法并不完全是一码事。

---

1 约翰尼斯·开普勒，德国天文学家、数学家、占星家，因发现了行星运动三大定律而被奉为"天空立法者"。

英国主教弗朗西斯·戈德温（Francis Godwin）[1]也面对同样的问题，在他去世后于1638年出版的著作《月中人》（*The Man in the Moone*）中讲述了一个流浪者乘坐天鹅拉着的雪橇登月的12天之旅。在我曾经就读的约克大学，经常有成群的水鸟在校园里四处游荡，所以我敢和你打包票，天鹅这种极具攻击性的鸟类绝对不适合用来牵引交通工具。

如果我们抛开那些夹杂着神话故事和怪物传说的诗歌，认真寻找最先撰写有关登月之旅的非虚构作品的作者，那就得聊聊17世纪的自然哲学家约翰·威尔金斯（John Wilkins）[2]。

威尔金斯是一位毕业于牛津大学的牧师，他在1638年出版了《一个新世界的发现，或一种倾向于证明月球上（很）可能存在另一个宜居世界的论述》[*The discovery of a new world; or, a discourse tending to prove, that ('tis probable) there may be another habitable world in the moon*]一书。在威尔金斯看来，月球和地球一样拥有陆地、海洋和季节，所以可能也居住着月球人（他和琉善一样称其为塞勒尼特人）。由于担心这个想法可能成为亵渎上帝的异端邪说，威尔金斯特地写了一篇有趣的警告，称自己不知道月球人是否是亚当和夏娃的后裔，也不懂得上帝是如何创造他们的，但他希望有朝一日人类能靠自己找到答案。巧妙回避了一场神学危机！接着，威尔金斯还指出，自己不清楚人类将怎样前往月球，但后人也许能想出登月之法，并在月球上建立殖民地。真不错。

两年后，威尔金斯的想法有所拓展。当时，艾萨克·牛顿尚未

1　弗朗西斯·戈德温（1562—1633），英国主教、历史学家，他接受了哥白尼、开普勒的新宇宙论和伽利略的新思想，他所创作的英语文学史上的首个太空遨游故事《月中人》已被翻译成20余种语言。

2　约翰·威尔金斯（1614—1672），切斯特主教、自然哲学家，英国皇家学会创建者之一。

搞懂万有引力，所以威尔金斯采用的是威廉·吉尔伯特（William Gilbert）[1]的磁力学理论。在吉尔伯特于1600年出版的《论磁》（*De Magnete*）一书中，他指出地球本身具有磁性，因此会施加磁力限制任何飞行器离开地表。经过一番三角学运算，威尔金斯认为云层在大约20英里高的位置，而飞行器只要穿过云层，就能毫无阻力地在空中漂浮。坦白来说，现代火箭只要飞出62英里高的卡门线[2]，就算是进入了太空，所以威尔金斯和正确答案的距离不是100万英里开外，而是只差了42英里。

不过，关于太空环境，威尔金斯的观点就没有先前出色了。在他看来，太空离太阳更近，所以会很温暖，至于地球上的高山为什么比平原寒冷，则是因为云层覆盖了山脉。在《创世记》中，云层是先于太阳创造的，所以在创造世界的过程中，冷诞生于热之前，而太空环境却十分温暖舒适。威尔金斯还认为太空中"天使所呼吸的"空气较为纯净，对人体大有益处。关于食物，威尔金斯觉得飞行前根本不用准备它们，因为本能的饥饿感其实就是讨厌的地球磁力在拉扯我们的肠胃，所以在太空旅行时，任何宇航员都无需担心肚子会饿得咕咕直叫。而在抵达月球之后，那里有那么多原住民，肯定也不会缺少食物供应。

在设计登月飞行器方面，威尔金斯正处于火药时代。据说，在他完成其拓展论述的5年之前，奥斯曼帝国发明家拉加里·哈桑·切拉

---

1 威廉·吉尔伯特（1544—1603），伊丽莎白女王的御医、英国皇家科学院物理学家，为电学和磁力学发展做出了巨大贡献，其代表作《论磁》是物理学史上第一部系统性阐述磁学的科学专著。

2 卡门线，一条位于海拔100千米处的外太空与大气层的分界线，受国际航空联合会认可，得名自最先计算出这一数值的美国物理学家西奥多·冯·卡门。卡门线以下称为航空，超过则为航天。

比（Lagâri Hasan Çelebi）[1]为了给苏丹之女庆生，就已经把自己塞进火箭并射向天空。拉加里奇迹般地在博斯普鲁斯海峡的水域实现了安全着陆。不过，威尔金斯并不打算靠爆炸燃料来驱动他的星际"战车"，而是选择在"战车"两侧的巨型人造翅膀上安装机械齿轮和发条装置。他提出，如果计划失败，还可以驯养一群天鹅拉车飞行——我说，为什么17世纪的作家总和水鸟过不去？

　　威尔金斯当然不是第一个书写月球之旅的作家，但他却最先考虑了登月过程中实际可能遇到的物理学问题。而令人有些惊讶的是，虽然在他所处的时代，宗教与科学之间爆发了文化战争——最广为人知的当属伽利略遭到教皇迫害的传闻——但我们在威尔金斯的身上并没有看到这种文化冲突。他既是一名英国国教的虔诚牧师[2]，也和同时代的许多人一样，是个身具实验理性的人。事实上，威尔金斯在17世纪60年代初主持了英国皇家学会（艾萨克·牛顿的数学天分之乡）的首次会议，在60年代末则担任着主教一职。科学和宗教携手前行可能是最好的结果，因为只有出现神迹才会看到一群天鹅把尼尔·阿姆斯特朗（Neil Armstrong）[3]拉上月球……

1　1633年，为庆祝苏丹穆拉德四世的女儿的生日，拉加里·哈桑·切拉比装填了140磅黑火药，成功发射一枚7翼火箭，实现了载人火箭飞行，这个故事在1996年被拍成了电影《我翅膀下的伊斯坦布尔》。

2　他娶了护国公的妹妹罗比娜（Robina）为妻，成了奥利弗·克伦威尔（Oliver Cromwell）的妹夫。——作者注

3　尼尔·阿姆斯特朗（1930—2012），于1969年7月21日成为第一个踏上月球的宇航员。

34

在撰写本书的过程中，我经常愉快地发现有时人们会提出一些我请教过别人的问题。在很久很久以前（其实也就是2001年到2004年），当我还是一名年少无知的历史与考古系学生时，我清楚地记得自己曾盯着一小块燧石，却完全无法判断它究竟是一把史前手斧还是一块路边随便捡的石头。剧透：那就是块普通的石头。而我当时只能抓耳挠腮，觉得自己笨得像块石头。

那些存在争议的案例总是会引起意见分歧，为此，考古学家们耗费多年时间制定了一套行之有效的标准，以判断目标是否属于石器时代的工具。说到这里，关于这个早期阶段，我想提醒大家，我们曾经认为只有人类才会使用工具，且正是这一点使我们区别于其他动物。但事实证明，如果你仔细观察，就会发现包括黑猩猩、猿猴、鸟类、章鱼在内的许多物种都懂得使用工具。比如，有人曾经见到黑猩猩和猿猴用大块的石头猛砸坚果。我的宝贝女儿在吃早餐时也采用了类似的方法，场面可爱，效果拔群。而最早的人类祖先很可能也使用了"用大石块猛砸"的方法，这意味着关于丹尼尔的问题——"你如何区分石器和石块？"——我们得承认当石器就是石块时，有时确实无法区分它们。

不过，我们可以先了解一下考古学家所说的燧石打制[1]这种极为特殊的石器制造手段。1964年，玛丽·利基（Mary Leakey）[2]和路易斯·利基（Louis Leakey）[3]夫妇在坦桑尼亚取得了一项振奋人心的发现——他们的儿子理查德·利基（Richard Leakey）[4]是国际公认的非洲石器时代专家，儿媳米薇（Meave）[5]和孙女路易丝（Louise）也是如此，利基一家可以说是科考世家——他们找到了230多万年前的一个全新人种，并将其命名为"能人"（Homo habilis）[6]（字面意思就是"手巧的人"），因为在同一层的沉积层中，他们还发掘出了人类制造的工具和遭到屠宰的动物。最近，考古学家又将人类使用工具的时间推到了330万年前，但关于它们究竟是积极进取的古人类随手拿起的天然石块，还是为实现特定使用目的而手工打造的石器，尚存在不少争议。

石器时代的工具制造技术源自奥杜韦（Oldowan）[7]石器工具箱（因

---

1 主要包含4种方法：锤击法、碰砧法、砸击法和间接打法，可制作出尖状器、刮削器、砍砸器、雕刻器和球状器。除燧石以外，玛瑙、石英岩、石英砂岩、角岩及各种硅质岩等都可作为打制石器的材料。

2 玛丽·利基，英国史前考古学家和人类学家，是著名古人类学家路易斯·利基的第二任妻子。1959年，玛丽因在欧杜威发现了距今约175万年的"东非人"头盖骨化石而名声大噪。

3 路易斯·利基，肯尼亚考古学家、神经学家，对创立并推动人类进化论在非洲的发展做出了巨大贡献。

4 理查德·利基，利基夫妇的二儿子，肯尼亚国家博物馆馆长，著有《人类的起源》一书。

5 米薇，"古人类学研究第一家族"的成员，动物学家，对土喀拉盆地的猴子、类人猿、原始人种有着浓厚兴趣。

6 也译作"巧人"，化石发现于坦桑尼亚奥杜瓦伊峡谷，是介于南方古猿和直立人的中间类型。

7 奥杜韦文化是广泛分布于非洲大陆的旧石器时代早期文化，使用的典型器物是砾石砍斫器。

发现于坦桑尼亚的奥杜瓦伊峡谷而得名），包括用于敲砸燧石石核的简易石锤和敲砸过程中剥落的锋利石片。在175万年前（可能要上下浮动几十万年），古人类又将阿舍利（Acheulian）[1]手斧添加到自己的工具箱，这种呈椭圆形或梨形的多功能工具可用于剥取皮毛、劈柴、挖土和锤打物品。如果你有机会亲眼看到一把阿舍利手斧，可能就会发现它是怎样被小心翼翼地敲打成这个独特形状的，当然，要是你误以为它只是一片古老的石块，也算是情有可原。

石器和苹果手机一样，尽管产品本身基本不变，但在设计上却愈发复杂。下一场技术飞跃发生在旧石器时代中期的工具箱里，它们的使用者是生活在35万年前的早期智人和尼安德特人。这些工具需要更加烦琐的准备工作，说明古人类的智力正在出色发展。制作者不再只是敲下一块可用的燧石然后将其打磨锋利，而是选择一块橄榄球或动物头骨大小的卵石，先用石锤小心敲出边缘和上表面的形状，制造出一颗结构分层的石核，然后对准一个合适的角度，将石锤用力砸向一端，从上表面剥离出一大块形状符合预期的薄石片。重点在于，它使得古人类能够随时随地从石核上剥取石片，也能十分轻松地将其重新磨快。

你是不是在想我们是怎么知道这些的？在17世纪之前，那些在地上捡到加工过的燧石的人认为它们可能是一种超自然物体，并称之为"精灵之石"（elf-stones）。值得一提的是，当时的人们相信世界只有6000年的历史，这一观念直到19世纪初才被打破——多亏了地质学、恐龙古生物学、进化论上的重大发现，以及1856年尼安德特人遗骸的出土——当时的学者们甚至设想出了史前石器时代。而考古学家很快

---

1 阿舍利文化是非洲、西欧、西亚和印度的旧石器时代早期文化，因最早发现于法国亚眠市郊的圣阿舍尔而得名，代表性石器为由软锤（骨棒或木棒）打制而成的手斧。

就开始认真开展学术研究，其中，在燧石打制方面，实验考古学[1]的运用历史相当悠久。

事实上，如果你想尝试亲手制作石器的话，可以在YouTube上找到许多很棒的视频教程。但是，请不要把你的石刀当作攻击性武器使用——我可不希望官方找我麻烦——也千万不要把它扔在野地中，以免一些倒霉的考古学家误将其认成一把真正来自石器时代的作品，然后这片地区就会突然聚集一群迫不及待地挥舞着小铲子的专家。在19世纪中叶，手斧赝品泛滥成灾，这是因为在意识到人们正为各种古老发现感到新奇不已时，一个名为爱德华·辛普森（Edward Simpson）[2]的家伙嗅到了"商机"，这位造假大师耗费数年时间制造赝品，并将它们卖给了博物馆和收藏家。有趣的是，辛普森还给自己取了许多代号，比如燧石杰克、化石威利、老古董商、伦敦人比尔、博恩斯（骨头）和赤膊——这些都很适合作为啤酒的名字。而不那么有趣的是，时至今日，可能还有不少出自辛普森之手的赝品仍在展出。

唉，这就是确定石器年代的难题所在：石头本身在地质学上就是相当古老的存在，所以基本没有判断燧石打制发生年代的简便方法。因此，考古学家在很大程度上是通过考古地层学（石器埋在地下的相对深度）来确定石器的年代，但有时也会靠分析石器刃口上可能残留的血渍、骨渣、皮毛、食物或矿物染料来做出判断。在一些罕见的情况下，大自然会碰巧创造出类似石器的燧石——比如强劲的水流带动燧石相互碰撞。不过，这些天然产物很难骗过专家的双眼，因为真正

1　实验考古学，考古学的一个分支，运用实验手段复制、重建考古发掘所获的古代工具、武器、房屋、堡垒、村落等遗址、遗物，以便更直接详细地了解古代人类的生产生活方式及思维过程。

2　爱德华·辛普森（1815—1874），英国地质学家，也是古物造假专家。除了化石和石器（尤其是燧石箭头），他还经常制作、销售英国古代和古罗马的文物赝品。

人工打制的石器会呈现出有规律的敲砸模式，从中可以看出古人类耐心地运用了按部就班的、系统性的技术方法。

所以，如果你喜欢野外漫步，我会告诉你一些注意事项，以免你觉得自己无意中发现了某些石器时代的工具：

1. 打击台面：这个区域位于石片顶端，石锤就是敲击在此才将石片从燧石石核上剥落下来。有时，你会在这里看到一个小圆圈，它叫打击点。

2. 打击泡：你可能会在石片内表面（也称为腹面）看到一个奇怪的凸起，那是石锤撞击时将动能传递到燧石的位置，石核破裂形成了一种可见的爆炸痕迹。

3. 同心纹和放射线：撞击还会产生一圈圈可见的、从打击台面向下辐射的同心纹，你可以用指尖摸到它们的存在。放射线也位于腹面，是一条条指向打击台面的短线。

4. 锥疤：还是在腹面，你可能会在打击泡旁边看到一处敲掉后留下的小小的片状疤痕。它是石锤敲击的次要后果，打击泡和锥疤就是在力的反冲作用下产生的。这个痕迹足以证明你手上的东西是一件人工制造的工具。

5. 锯齿：如果你找到的是块石片石器，它的边缘可能被仔细削凿成了锯齿状，就像牛排刀的刃口一样。

6. 石片疤：石片外部（也称为背面）可能是原材料卵石的表面，也可能是先前在石核上剥片时造成的疤痕。

除了石片石器外，你也可能会找到石核——石片就是从这上面剥离的。石核有些难以分辨，不过它的表面存在不少石片疤，上述痕迹中的微凸部位，在这儿就是内凹的。令人头疼的是，有时古人类还会把石核当作工具使用，所以也请你别忘了这一点。

总之，丹尼尔，希望这些能够解决你的疑惑。要知道，我曾经也是个提问者，只是现在变成了解答者，或许你可以试着继承这一传统，从现在开始撰写一本属于自己的考古学课本？

35

啊，聊够了别的内容，现在我们终于可以谈点真正令人激动的历史了：古代物流。哇！我可不是在说反话，而是真心觉得这东西十分有趣，还在我的首部作品中特地花了一整章去讨论通信技术的发展历史。我想这是因为我所生活的这个世界充斥着即时推文和亚马逊金牌会员的当日送达服务，所以只要我想买某个东西，它就会迅速出现在我家门口，或是传输到我的手机中。但在电报出现之前，通信，即便规模庞大，也依旧是个简单巧妙的故事。而说到庞大，在古代，没有哪个国家的疆域能胜过中国。

好吧，话也不能说太满，因为这取决于我们讨论的是中国历史上的哪个朝代。在公元前230年至公元前221年，秦始皇荡平天下，一统中原，国土面积达到了大约90万平方英里[1]。我猜你显然不想骑着独轮

1　1平方英里约等于2.59平方千米。——编者注

车穿越这个国家。不过，大秦帝国在罗马帝国（150万平方英里）和波斯帝国（疆域几乎是秦国的两倍）面前就显得相形见绌了。尽管如此，中国依然非常、非常辽阔，所以，且让我们看看中国古人如何实现千里之外的交流沟通。

一项可以追溯到青铜时代的早期通信技术是烽火系统。在系列电影《指环王》（The Lord of the Rings）中，当一个烽火台燃起时，数英里之外的另一处烽火台的守卫在看到火光后也会点燃这边的烽火，以此类推，信息就这样在整个网络中传递。这是个很棒的系统，但事先必须就所传递的信息达成一致，不管是"请求支援！""发现敌军！"，还是"陛下驾崩！""测试信号，一、二，一、二"。烽火系统不适用于细致交流。它们基本上就是在靠火光实现预警，只能传递单一的信息。

烽火台也容易引发事故或变成恶作剧。传说，在公元前8世纪，中国的周幽王曾下令点燃代表着外敌入侵的求援烽火，等到诸侯领兵护驾，冲到殿前，准备开战时，才宣布这只是他为了向爱妃炫耀自己的军队规模而发送的假警报。不幸的是，后来敌人真的大军压境了，可这一次当周幽王燃起烽火时，他的手下就像面对"喊狼来了的男孩"一样翻了个白眼，不予理睬。这就叫因果循环，报应不爽。

这位匿名提问者——我在此将他/她重新命名为恩格尔贝特（Engelbert）——专门询问了皇帝驾崩这种大事如何通报全国。不仅全国上下需要遵循旨意（关于如何悼念和服丧时长）才能举行哀悼仪式，迅速而广泛的信息传播也有助于平息叛乱和政变，因为如果某地出现信息滞后，当地的领兵大将和地方长官可能会在其他派系组织反对力量之前起兵造反或发动政变。

说到这里，确实有位皇帝可能正是出于上述原因而在驾崩之后秘不发表。众所周知，千古一帝秦始皇曾经追求长生不老——梦想远大是件好事——但当他在巡视帝国的途中殡天时，这就有点尴尬了。为避免引起恐慌和扶植控制新皇，秦始皇的亲信大臣们决定，无论如何都应继续摆出出巡的架势，反正陛下因为担心暗杀而绝不在公共场合露面，连微笑挥手的替身都省了。秦始皇的尸身只能放在他原本乘坐的马车（现在是灵车）中慢慢腐烂。随着尸臭成了致命的破绽——不仅臭得要命，被人发现端倪更会要命——他的亲信发布诏书，下令随行官员需用满载腌鱼的车队护送龙辇，这样他们就有了个勉强说得过去的借口来解释这股腐臭。[1]

我们之所以知道秦始皇在谋划长生不老，是因为他曾下旨要求帝国各地的官员在当地搜寻长生不老药供他服用。部分地方官的回复令皇帝大失所望。那么这些信息是如何传达的呢？除了烽火通信之外，当时的交流手段就基本靠骑马、驾车或步行的信使了。[2]甚至在秦始皇一统天下的数个世纪之前，其敌国（被秦国吞并的那些国家）就已经建立起了邮政系统，而信息交流也随着时间的推移变得更加高效。

这套系统的运行诀窍是每隔一段距离设立一座长期存在的邮政驿站，这样信使就可以在一天之中多次调换坐骑，或让精力充沛的信使顶替其疲惫不堪的同事。这套系统可能是中国人独立开发的，但他们的邻居波斯人早在公元前6世纪就已经开创了邮政系统，所以不排除借鉴模仿的可能。按照希罗多德的记载，波斯的邮递系统名为angareion，可在短短7天之内将消息传到1700英里开外，相比之下，一名普通的旅者大概要耗费3个月时间方能完成这段路程。

---

1 《史记·秦始皇本纪》记载："会暑，上辒车臭，乃诏从官令车载一石鲍鱼，以乱其臭。"许慎在《说文解字》中提到"鲍，饐鱼也"，"饐"即食物腐败发臭。清朝文学家段玉裁认为"故盐鱼湿者为饐鱼"，所以"鲍鱼"可能指的是盐水腌制的湿咸鱼，这里直接译为"腌鱼"。
2 在古代驿传中，徒步配送的叫步递，派马配送的叫马递，驿车配送的叫车传。秦朝还为此颁布了《行书律》，这也是我国历史上最早的邮政法，出土于湖北云梦睡虎地秦墓。

自秦汉时期以来，中国的邮政改革就与道路建设并驾齐驱。到了8世纪中叶的唐朝，全国已有驿站1639座。在从10世纪60年代延续到13世纪晚期的宋朝，为处理来往的通信交流，每隔7英里就会修建一座邮驿，每隔18英里就会设立一座驿馆。到了14世纪，元朝（蒙古人征服中原后建立的国度）增设了更多的基础设施，包括4条连接各大主要城市的道路干线（驿道）。它们不仅是穿越荒野的高速公路，许多重要的定居点也都分布在驿道沿线，特别是因为定期的通信交流大大促进了贸易效率和民政管理。

我刚刚提到蒙古人建立了幅员辽阔的帝国，鉴于国土面积实在太大，他们不得不成为邮政系统的一把好手。欧洲旅行家马可·波罗曾宣称（颇为可疑），蒙古人能够连续10天身不离鞍且无需下马饮食——天啊，这腿要磨成什么样！一代天骄成吉思汗手下有一支可靠的"箭使"，每隔40英里便设有一名。据马可·波罗所说，当地人家会蓄养400匹马，其中半数在田野中无忧无虑地啃食草叶，另外一半则随时待命，一旦听到使者靠近时吹响的号角就会立刻做好出发的准备。

来自欧洲的另一位旅行者，珀德农的鄂多立克（Friar Odoric of Pordenone）[1]介绍了元朝每隔3英里便会设立一所的急递铺[2]。每个急递铺配有四名健步如飞的铺卒和一名邮长，他们装备有"一个邮包、一副铃攀、一杆缨枪、三英尺油绸[3]、一张用于裹住邮递包裹的软绢包袱皮、一套防雨的斗笠和蓑衣、一根神秘红棍和一本回历"。[4]负责送件的铺卒

---

1 珀德农的鄂多立克，罗马天主教圣方济各会修士，出生于意大利小公国弗尤里的珀德农，是继马可波罗之后来到中国的著名旅行家，通过口述留下了《鄂多立克东游录》。

2 原文beacon towers，结合上下文和史料，实际应为"急递铺"。

3 油绸，涂了桐油的丝绸，可防水，由它制成的雨衣名为"油帔"，是蓑衣的进阶版。

4 "皆腰革带，悬铃，持枪，挟雨衣，赍（带）文书以行，夜则持炬火，道狭则车马者、负荷者，闻铃避诸旁，夜亦以惊虎狼也。"——《元史·兵志》

身上系有叮当作响的铃铛，这样下一个铺卒就能听到同事的到来，并像在接力赛跑中接过接力棒一样，从对方伸出的手中抓起邮包，奔向下一站。他们为什么急成这样？嗯，这是因为如果铺卒迟到45分钟以上，就要受竹条鞭挞20下，如果密封文件有打开痕迹或发生丢失，铺卒可能还会小命不保。

马可·波罗的游记并不完全可靠（学者们甚至在他是否去过中国这一基本问题上存在分歧？！），据他所说，蒙古骑手一天就能跑上250英里，如果确实如此，这将是趟令人难以置信的高速服务。不过，也有速度较慢、价格更便宜的选择。和我们现在所用的邮戳一样，中国古人也会给邮件盖上寄送日期、递送速度和预期到达日期。大概有4种递送速度可供选择：慢速、中速、快速和极为紧急（以金字牌为凭证）[1]。若是发生重大延误，邮政官员会被处以巨额罚款——包括扣掉一整年的工资！——下次收到快递员的短信"您的预计送货时间：早上8点到晚上8点"时，我可能就会拿这个警告他。当然，这没什么用，伙计们！

蒙古"箭使"的速度也许快得不可思议，不过在中世纪，大多数马递每天估计只能前进300里[2]（接近100英里）。虽然一路地形变化多端，穿山越岭乏味无比，但在伊懋可（Mark Elvin）[3]教授看来，中国古代的任何一座城市都不会音讯全无超过14天，事实上，有时马递只需8天就可以到达位于中国各处疆界的城市。到了18世纪，道路改进使

---

1 岳飞一天之内接连收到的十二道金牌就是宋高宗叫的十二道"金字牌急脚递"（骑马）——这个金牌是红漆黄金字的木牌，日行500多里，在它之下还有雌黄青字牌的马递（日行350里）及黑漆红字牌的步递。

2 1里等于0.5千米。——编者注

3 伊懋可，英国当代历史学家，擅长中国经济史、文化史和环境史，著有《大象的退却：一部中国环境史》等。

马递速度翻了一倍，甚至在1842年达到了惊人的一日800里。至于徒步送信的步递，他们可能要在一天之中花12小时跑上30英里，才能赶到可供休息的庇护所，要是遇上紧急快递，还得连夜赶路。中国曾经拥有一套极好的邮递系统，但在多年的缩减开支之后，19世纪的欧洲人就瞧不上中国的邮政服务了。

最后，我打算以一个欢快的故事收尾。在8世纪中叶，唐玄宗有位貌若天仙的妃子杨贵妃，她酷爱荔枝，可皇宫距离荔枝的产地却有750英里之远。于是唐玄宗下了个浪漫的命令——幸运的是，这更贴近"英国情人"休·格兰特（Hugh Grant）的风流之举，而不像"噁·格兰特"（Ewww Grant）那样招人嫌弃[1]——派出速度最快的骑手，日夜兼程运送荔枝，整个过程大概只用了3天。为了一个果篮而如此兴师动众无疑是一种浪费，不过这换来了杨贵妃的回眸一笑。至少，唐玄宗没有为了抱得美人归而像周幽王那样上演一场"烽火戏诸侯"……呵，说真的，有的男人啊……

---

1 休·格兰特是英国影坛的魅力男神，因帅气多情闻名，讨厌这个花花公子的人可能会用谐音的"噁·格兰特"表达对他的反感。。

36

没错，我们还是在讨论东亚的统治者。如果你觉得凯蒂的提问莫名其妙，那可能是因为你没有看过2011年广为流传的一篇报道，它宣称成吉思汗（Genghis Khan）——更为确切的名字是蒙古-突厥语中的"Chinggis Khan"——为逆转全球变暖做出了一定贡献，因此他碰巧成了一名环保战士（战士的比重要大得多）。因此，人们可能会幻想存在这样一位精通农艺、热爱森林的军阀，他会在血流成河的波斯战场上信步漫游，兴奋地对着抽出新芽的树苗轻声低语。遗憾的是，事实并非如此。成吉思汗没有植树，相反，他还被控杀人如麻，倒在蒙古大军屠刀下的人实在太多，以至于大自然暂时有所恢复，森林重新蔓延开来，二氧化碳水平也随之下降。

引发凯蒂好奇心的那篇头条新闻可能源自斯坦福大学环境研究团队于2011年发表在《全新世》（Holocene）杂志上的一项科研成果。该团队建立了一个覆盖全球陆地的模型，然后叠加了从格陵兰岛和南极冰芯样本中获得的气候数据，以观察全球历史上造成人口锐减的四次

成吉思汗真的是兵锋到达何处，树就种在哪里吗？

提问者：凯蒂

重大灾难期间——亚洲蒙古帝国的崛起（1200年—1380年）、欧洲黑死病的肆虐（1347年）、西班牙人征服美洲（1519年—1700年）以及明朝的灭亡（17世纪早期）——二氧化碳水平是否发生了变化。

根据这项专攻大规模农业生产对环境影响的研究，在上述四次浩劫中，对环境影响最大的是成吉思汗戏剧性地入主中原和征服波斯世界的过程。尽管黑死病也夺走了三分之一欧洲人的生命——大约有2500万到5000万人——但南极冰芯对此只是鼓起腮帮，带着厌倦的神情耸了耸肩。而依照斯坦福大学的这项研究，成吉思汗手下的蒙古大军四处劫掠、大肆屠杀，竟然导致大气碳含量下降了整整7亿吨！如果你喜欢漫威系列电影《复仇者联盟》（Avengers），一定能发觉这不就是灭霸拯救宇宙的方式吗？

不过，我们确实需要慎重一些。正如这项研究所公开承认的那样，在这一惊人结果的背后可能还有其他因素在发挥作用。作为一名秉持质疑精神的历史学家，我还想补充一点，那就是成吉思汗造成的死亡人口总数被过分夸大了，而且即便往多了算，这个数字最多也只有4000万……等等，我刚才说了什么蠢话，只屠杀了4000万人——他可真是个主张温和政策的中立派人士啊！抱歉，容我纠正一下措辞。我想表达的意思是，如果抛开敌人对他残忍好杀的夸张描述和手下对他奋勇杀敌的过分吹捧，成吉思汗造成的死亡人数可能要少于黑死病大流行。然而，正是这项研究把这位蒙古掠夺者推上了《卫报》头条——《为什么说成吉思汗为地球做过贡献》（"Why Genghis Khan Was Good for the Planet"），因为研究认为，在四次浩劫中，只有与成吉思汗有关的这一次导致了二氧化碳水平的下降。

所以，这是为何呢？

为了解释这些奇怪的结果，科学家们推测，短期灾难可能不如长期灾难的危害大。黑死病就像是一场凶残的肇事逃逸，先是呼啸而来，接着无情屠杀，最后飞驰而去。它是一场毁灭性的灾难，造成了严重的经济损失，但对环境的影响可能较轻，因为遭到砍伐的森林需要一个世纪方能完全恢复原貌，而黑死病可不会给它那么长时间。

由于传染病在人口密集的城镇地区较为猖獗，相比农村地区，黑死病更容易在城镇地区爆发，而这些地方已经基本没有树木生长了。当黑死病真的袭击农村地区时，遗留在废弃农场中的作物仍会发生腐败并产生二氧化碳。所以，即便在中世纪有数百万农民死于瘟疫，他们的碳足迹却依然存在于世。随着时间的推移，人口逐渐恢复，农田得到复耕，这意味着尽管人们的死亡率在黑死病肆虐时居高不下，大气中的碳含量却依旧保持相对稳定。

这项研究还提到了16世纪初欧洲征服者到达美洲之后发生的情况。这片土地上发生了极为凶残的殖民暴行，但导致原住民人口锐减的主要原因却是可怕的天花，这给美洲土著带来了灭顶之灾（可能有超过90%的人口因此消亡）。数千万人死于天花，他们所在的族群从此一蹶不振。在接下来的很长一段时间里，森林都在静静生长，美洲大陆的碳储量因而上升，大气中的二氧化碳水平也会随之下降，对吗？按道理没错！只不过，与此同时，地球上其他区域的森林正遭砍伐，农业也在高速发展。所以，尽管南美洲的森林面积在增加，全球其他地方的森林却在缩水。这两种影响相互抵消，使得大气中的二氧化碳水平保持原样。

相比之下，成吉思汗统治下的蒙古在征服广袤疆域的过程中造成了巨大的破坏和杀戮，据我们所知，有4000万人因此丧命。但与黑死病不同的是，征战结束后，安定下来的蒙古人统治了亚洲大部分地区约175年，历史学家将这段政治稳定、贸易兴盛的时期称为"蒙古和平"（Pax Mongolica）。说句公道话——其实我不知道自己为什么要为成吉思汗辩护，我不是他的律师，他也不算是另一个格蕾塔·通贝里（Greta

Thunberg）[1]——鉴于蒙古帝国在短时间内发展如此迅猛，4000万这个死亡人数似乎有些虚高。其数额庞大、效率奇高的税收收入表明，经济活动中仍有大量参与者。正是这点引起了我对死亡人数的些许怀疑。

如果这段时间真有数千万人死于非命，那除了蒙古人的弯刀与弓箭，还有什么能夺走这么多人的性命呢？也许又暴发了瘟疫或饥荒？值得称赞的是，斯坦福大学的科学家们承认，这个问题的答案不仅仅与哪场浩劫造成的死亡人数最多有关。他们表示，在这四次人口锐减的过程中，大气中的二氧化碳水平还可能会受太阳辐射、异常的气候模式和未知的火山爆发的影响。此外，蒙古的屠杀是四次浩劫中最早出场的那个，而其他三次人口锐减之所以对环境影响较小，可能就是因为它们出场较晚，碰上了全球各地都在加紧推进农业生产、土地耕作和采伐林木的时期。

也许成吉思汗真的消灭了众多敌人，才让森林得以回归繁茂？但值得注意的是，如果冰芯样本没有受到其他无关因素的干扰，其他三次浩劫也可能会造成同样的影响。当发现能用科学数据来支持或挑战人们对过往的认知时，我们总是振奋不已，然而令人扫兴的是，我们必须保持谨慎，不要把所有原因都归结于一个变量。

毋庸置疑的是，成吉思汗确实曾在征战四方时大开杀戒。按照尼沙普尔城（Nishapur）的夸张记载，这个可怕的修罗曾将175万颗人头筑为京观，以震慑各国这就是招惹蒙古铁骑的下场。[2]你肯定不想有他这样的邻居。希望他的做法不是人类应对气候变化的唯一手段……就算这个方法有效，也绝对不是拯救地球的最佳选择。

---

1 格蕾塔·通贝里，瑞典"环保少女"，青年活动人士、政治活动家和激进环保分子。
2 尼沙普尔，又译作尼沙然然、你沙不儿，是伊朗东北部呼罗珊地区的一座古城。呼罗珊在蒙古大军兵临城下时投降，后又偷袭蒙古部队，于是遭到拖雷带兵攻打。进攻尼沙普尔城时，先锋脱忽察儿（大汗驸马）中箭而亡，攻破城池后，大汗公主率军屠城半个月。成吉思汗并未参与此役。

37

许多现代国家的名字都取自古代部族：英格兰源于盎格鲁人（Angles），法国源于法兰克人（Franks），俄罗斯源于罗斯人（Rus），比利时源于比利其人（Belgae），苏格兰源于斯科特人（Scotti）。所以，你可能会据此推测古罗马人的土地上会出现一个以他们名字命名的国度。毕竟，古罗马人打造了庞大的帝国，创造了辉煌的历史，自然有资格建立一个"罗马国"，不是吗？可奇怪的是，罗马人反而把自己的名字送给了罗马尼亚（Romania）——在公元1世纪初期被纳入帝国版图后，这个名字就没变过——而意大利面、比萨和比萨城（Pisa）所在的国度现在却被叫作"意大利"。这是怎么回事？

呃，其中的来龙去脉相当复杂……

让我们从古老的铁器时代开始讲起。传说，罗马是罗慕路斯

提问者：佚名

（Romulus）与雷穆斯（Remus）[1]在公元前753年建立的，而一开始，它的规模只算中等。在那个时代，城墙之外的广阔的意大利半岛被划分为许多地区，盘踞着各种民族。其中名头最大的或许是掌控了意大利西部与西北部大片土地的伊特鲁里亚人（Etruscans）——后来的托斯卡纳（Tuscany）[2]就是以他们的名字命名的，而在其北面，有利古里亚人、威尼斯人和拉埃提亚人；在其东面，是翁布里亚人和皮森蒂尼人；在其东南，为萨宾人和萨谟奈人；在其南面的拉丁人以南，还有布鲁提人。剩下还有奥西人、马尔西人、佩利尼人、卢卡尼亚人、卡拉布里亚人、阿普利亚人、西西里人以及诸多其他人数较少的民族，鉴于时间有限，我就不一一列举了。

此外，意大利南部的许多重要城镇其实都是建立于公元前8世纪到公元前6世纪的希腊殖民地，比如那不勒斯[当时名为"帕耳忒诺珀"（Parthenope）[3]]和锡拉库萨[4]——阿基米德位于西西里岛的故乡，就是那个在浴缸里做实验，灵光一闪，大喊一声"Eureka!"的著名科学家。所以，罗马人后来也将意大利南部称作"大希腊"（Magna Graecia）。但我们想要寻找的是"意大利"（Italy）一词的起源，到目前为止，我们一无所获。那么，还有什么线索呢？

许多古代历史学家，包括举足轻重的亚里士多德和修昔底德

1　罗慕路斯与雷穆斯，罗马神话中罗马市的奠基人，据说这对孪生兄弟的父亲是战神玛尔斯，母亲是女祭司雷亚·西尔维亚。但你只能在罗马（Rome）的名字里找到罗慕路斯，因为在建城过程中，雷穆斯死在了他的亲兄弟的手上。

2　托斯卡纳，意大利中部大区，其首府佛罗伦萨是欧洲文艺复兴的发源地。

3　帕耳忒诺珀，希腊神话中一个塞壬的名字，传说她是那不勒斯的创建者。这座城市的历史可以追溯到公元前7世纪，是由希腊在意大利的第一个殖民地"库迈"（Cumae，位于那不勒斯西北部）的居民所建。

4　锡拉库萨，位于西西里岛东岸，约公元前734年由希腊城邦科林斯（Corinth）的移民所建，公元前212年为罗马所灭。

（Thucydides）[1]，都喜欢讨论"埃娜特利亚"（Oenotria，意为"葡萄藤之国"）这个地方的统治者"意大卢"（Italus）。埃娜特利亚——我们直接将其简称为"葡萄酒之乡"——似乎就是希腊殖民者对上文提及的意大利南部地区的称呼，顾名思义，这是一片适合种植葡萄的肥沃而富饶的土地。当然，我更倾向于认为希腊人之所以这样命名该地区，是因为他们经常大口痛饮当地的葡萄酒，并已被其所征服。总之，按照亚里士多德的说法，意大卢是一位传奇领袖，意大利最南部的一大片地区都是以他的名字命名的。

不过除此之外，还存在另一种说法。一些现代学者提出 Italy 一词源自拉丁语中的 *vitulus*，意为小牛。而表示"幼牛之地"的单词 vitelia 又可被轻松缩写为 Itelia。[2] 为验证这一论断，考古学家们还在意大利南部——据说是嗜酒如命的传奇领袖意大卢所统治的地区——发掘到了不少刻有奥斯坎语[3]Víteliú 的硬币。当地许多地方都出土了此类硬币，这意味着整个南意大利拥有一致的文化认同。

到了公元前3世纪20年代，使用拉丁语的罗马人已经征服了意大利除南部之外的大部分地区。我们发现的证据表明，在这一时期，不属于罗马人的南方居民曾被称作 Italics（古意大利人）。最完美的线索之一出自希腊提洛岛（Delos）[4]上的一段铭文："阿波罗和意大利人

1　修昔底德（希腊语：Θουκυδίδης），古希腊历史学家、文学家和雅典十将军之一，代表作为《伯罗奔尼撒战争史》，著名的"修昔底德陷阱"（新崛起大国与现存大国必有一战）就是出自此书。

2　此处当是作者拼写错误：vitelia 应为 viteliu，Itelia 应为 Italia。

3　奥斯坎语，源自古代南意大利的一门已经消亡的语言，曾在萨姆尼特、奥兰西、萨丁西尼等部落之中流行。

4　提洛岛，传说中太阳神阿波罗的诞生地，曾是爱琴海上的宗教、政治和商业中心，已被评为"世界文化遗产"。

（Italics）"——听起来像是个放克[1]乐队的名字——考古学家们在一座专门为此设立的公共市场［阿哥拉（agora）[2]］发现了它。我也不想因为自己不合时宜的奇思妙想，把大家对答案的思考引到岔路上，但我还是忍不住猜测古意大利人之所以被称作 Italics（现意为"斜体字"），就是因为他们的走路姿态会像斜体字一般歪斜不正，这可能是由于他们来自"葡萄酒之乡"，所以总是一副似醉非醉的样子。是的，我拿不出任何证据，可那又怎样？这是我的书！

好吧，让我们回到现实。当阿哥拉在提洛岛建成时，古意大利人尚不归罗马统治。虽然罗马的军事力量在整个意大利半岛占支配地位，但它却一直将其他部族视为外国盟友，称其为"同盟者"（socii）[3]，而不接受他们成为合法的罗马公民。在屡次要求加入罗马，却被暴躁的罗马人拒之门外后，"同盟者"在公元前91年掀起了一场长达4年的反抗罗马的恶战，史称"同盟者战争"（Social War）[4]，虽然叫这个名字，却没有任何盟邦之间的友爱可言。据说，大约有10万人倒在了这场战乱之中。而最终获胜的罗马考虑到自身无力镇压另一场起义，于是同意了古意大利人、伊特鲁里亚人、萨谟奈人等部族的诉求。

于是，转眼之间，大家都成罗马人了。

---

1 放克，一种起源于20世纪60年代的舞曲音乐种类，融合了灵魂乐、灵魂爵士乐和节奏蓝调，知名乐团有 LMT Connection 等。

2 阿哥拉（希腊语：Ayopá），原意为集市，泛指古希腊和古罗马城市的经济、行政、社交、文化中心。

3 "同盟者"是罗马在征服意大利过程中给予较低待遇的一些城市和部落。这些人没有罗马公民权，分不到公有地，却要为罗马打仗，还备受歧视压迫，于是他们结成了以马尔西人为核心的反罗马同盟。

4 起义中以马尔西人的抗争最为激烈，故又称"马尔西战争"，罗马试图全力镇压，却多次受挫，于是当局采取了分化手段，宣布给予未参加起义或在限期内放下武器者以公民权，瓦解了"同盟者"的起义队伍。

在接下来的半个世纪中，似乎又发生了另一场巨变：Italics一词的指代对象不再只是意大利南部地区的居民，它的适用范围扩展到了意大利东北部，与敌方高卢接壤的卢比孔河流域。自所向披靡的尤利乌斯·凯撒征服了这些地方之后，意大利的疆域便一直延伸到了阿尔卑斯山脉。事实上，在罗马于公元前27年迎来它的第一位皇帝（异常自信的凯撒·奥古斯都）后，意大利半岛就被他划分成了11个行省：拉丁姆和坎帕尼亚、卡拉布里亚和阿普利亚、卢卡尼亚和布鲁提乌姆、萨谟奈、皮凯努姆、翁布里亚、伊特鲁里亚、艾米利亚、利古里亚、威尼西亚、帕达河外高卢。凯撒·奥古斯都将它们合称为Tota Italia（整个意大利）。在此之后，罗马帝国继续扩展，而它的许多公民如今都被归为**意大利人**（Italians）。

故事到这儿结束了？如果真是那样就好了！接下来，事情开始变得更加复杂。当时，Italy成为一个好用的政治术语，但事实证明，它还是一个难以把握的模糊概念。到了公元5世纪70年代，西罗马帝国灭亡于哥特人之手后，这片土地的新任统治者——包括奥多亚克（Odoacer）[1]和东哥特族领袖狄奥多里克（Theodoric）[2]——都曾自立为"意大利之王"（Kings of Italy）。而在法兰克的查理大帝于公元773年将意大利纳入神圣罗马帝国的版图后，他更喜欢称自己为罗马皇帝，而意大利王国则被视为帝国的附属部分。

现在，情况已经复杂到不是我这一篇文章所能解答的了。我没有

---

1 奥多亚克（435—493），又译作奥多亚塞，建立了奥多亚克王国，是意大利的第一个日耳曼蛮族国王。原为西罗马帝国雇佣兵首领，后废黜西罗马皇帝罗慕路斯·奥古斯都，自立为王，这一事件标志着西罗马帝国的灭亡。

2 狄奥多里克（455—526），狄奥多里克一世，亦称"狄奥多里克大王"。原为东哥特族领袖，后奉东罗马帝国皇帝芝诺（Zeno）之命，战胜并杀死了篡位的奥多亚克，建立了名义上臣属于拜占庭帝国的东哥特王国。

时间和心力去梳理整个的意大利中世纪历史。如果你想深入探索这方面，可以去拜读大卫·阿布拉法亚（David Abulafia）[1]编写的《中世纪中期的意大利》(*Italy in the Central Middle Ages*)，了解当时人们的生活状态。如果你只打算快速直接地浏览年表，可以参考文森特·克罗宁（Vincent Cronin）的《意大利：一段历史》(*Italy: A History*)。而我想告诉你的是，意大利曾经一分为二，南半部分在13世纪80年代成立了那不勒斯王国[2]，北半部分则分裂为敌对的城邦——佛罗伦萨、米兰、威尼斯等——它们宣称独立，但仍需应对神圣罗马帝国的各种干预。

1494年，整个意大利沦为了超级大国法兰西和神圣罗马帝国的决斗场，史称"意大利战争"[3]。这场积怨之战持续了数十年，交战双方更是死伤惨重，特别是在1519年，西班牙帝国的统治者当选为神圣罗马帝国皇帝之后，查理五世（Charles V）[4]往意大利战争中投入了更多的兵力和资源，致使战争烈度再度上升。值得一提的是，战争并未对文化繁荣——也就是我们现在所说的文艺复兴——造成损害，甚至可以说是起到了促进作用。有趣的是，尽管派系之间存在政治斗争，教皇和诗人还是喜欢使用Italy一词，这表明枪林弹雨下的人们仍拥有共同的身份。

1　大卫·阿布拉法亚，英国剑桥大学地中海史教授、人文社会科学院院士，其著作《无垠之海》曾获2020年沃尔夫森历史奖。

2　那不勒斯王国，位于亚平宁半岛南部的君主制国家，建立于1282年的西西里晚祷战争之后，直到1816年，那不勒斯才与西西里王国重新联合成为两西西里王国。

3　意大利战争，1494年至1559年间一系列战争的总称，起初是法兰西王国、西班牙帝国和神圣罗马帝国为瓜分意大利而战，后来演变成了争夺欧洲霸权的大战，多数意大利城邦、教皇国、英格兰王国和奥斯曼帝国也卷入其中。

4　查理五世，神圣罗马帝国哈布斯堡王朝皇帝（通过向选帝侯行贿等手段而当选），尼德兰君主，德意志国王，西班牙哈布斯堡王朝首位国王（人称卡洛斯一世）。就是他重用了麦哲伦，使西班牙成为当时的海上霸主。

往前跳到18世纪90年代，这次，神圣罗马帝国遇到了用兵如神的军事大师拿破仑·波拿巴——以意大利为缓冲区，保护法兰西共和国免受奥地利帝国的入侵[1]——直接被后者踢出了意大利半岛。拿破仑还在意大利北部扶持了不少小型共和国，后来干脆将它们并入了**意大利**王国（Kingdom of Italy）。

　　当然，在古代，Italy是半岛南部地区的名字，而拿破仑统治的意大利王国则位于半岛北部。南部地区仍然属于那不勒斯王国，拿破仑曾将自己的哥哥[2]封为该国国王，后来又把这个位子交给了他的心腹大将若阿尚·缪拉（Joachim Murat）[3]。然而，拿破仑在1815年的滑铁卢战役中遭遇"滑铁卢"，意大利次年就恢复了它的"出厂设置"。前神圣罗马帝国皇帝（现在的奥地利皇帝）将这片土地作为战利品收入囊中。

　　拿破仑倒下了，但拿破仑时代灌输到人们脑海中的那些伟大的共和思想却开始逐渐冒泡，直到翻涌形成了意大利"复兴运动"（Risorgimento）[4]这场由朱塞佩·马志尼（Giuseppe Mazzini）[5]领导，受

1　当时，26岁的拿破仑手下只有一群军纪混乱、物资匮乏的乌合之众，于是他选择攻其不备，带兵越过阿尔卑斯山的天险，劫掠敌穷占领下的繁华富庶的意大利，不但歼灭了北意大利奥军，还攻入了奥地利本土。

2　约瑟夫·波拿巴（Joseph Bonaparte），拿破仑的长兄，1806年被拿破仑立为那不勒斯国王，1808年调任西班牙国王。据说，他在发现拿破仑把侄子视为皇位继承人而不是他后，与弟弟决裂。滑铁卢战役之后，他流亡美国。

3　若阿尚·缪拉，拿破仑的妹夫，在前5次对抗反法同盟的战争中表现出色；1812年，法兰西第一帝国在征讨俄罗斯帝国后元气大伤，缪拉的忠心发生动摇，为保住那不勒斯王国王位，暗中与反法同盟议和，背叛了拿破仑。

4　意大利语Risorgimento，意为"复兴"，是19世纪至20世纪初期间，将意大利半岛内各个国家或分裂的政权统一为意大利王国的政治及社会过程。意大利王国建立于1861年，在1870年实现了领土统一。

5　朱塞佩·马志尼，意大利革命家、作家，民族解放运动领袖，意大利建国三杰之一，为唤醒意大利人做出了巨大贡献和牺牲，创办了《人民罗马报》，著有《给"青年意大利"弟兄们的总指示》等。

杰出军事英雄朱塞佩·加里波第（Giuseppe Garibaldi）[1]推动的文学和革命运动。1859年，加里波第率领皮埃蒙特部队力挫奥军，统一了意大利的大部分地区。1866年，他们解放了威尼斯；1870年，军队开进了罗马。终于，半岛再度统一，人们大声喊出了这个新国度的名字：**意大利！**不过，这个新兴的国家尚有1500年的历史需要梳理，还存在很多语言和地域传统有待磨合，才能形成身份认同。确实，一切就像马西莫·塔帕雷利（Massimo d'Azeglio）[2]的名言所总结的那样："我们已经创造了意大利，现在我们得创造意大利人了。"鉴于今天的意大利仍存在经济南北分化、政治闹剧频出的问题，可以说距离实现这一目标，意大利还有很长一段路要走。

---

1 朱塞佩·加里波第，意大利国家独立和统一运动的杰出领袖、军事家，意大利建国三杰之一（还有一位是撒丁王国的首相加富尔），被誉为"意大利统一的宝剑"、意大利"祖国之父"和"现代游击战之父"等。
2 马西莫·塔帕雷利，俗称马西莫·达泽利奥，皮埃蒙特-意大利政治家、小说家和画家，曾任意大利撒丁王国首相。

38

我的天啊！好吧……有的问题是因其重大而被称作大问题，而有的则是因为问题本身真的很大，唐纳德的问题就属于后者。非洲是世界第二大洲，同时也是人口第二大洲。它是12.5亿人的家园，按地理划分，有54个主权国家、2个争夺主权的国家和10个属于他国的海外领地。而本书旨在博人一笑，每道题目的解答篇幅不大，只有1300到2500个单词不等。简而言之，如果我不动脑子地接受唐纳德的挑战，强行把每个非洲国家的历史简介塞到答案中，那每个国家就只能分到46个单词，而且……该死！我忘了还有这段介绍！那就43个单词吧。

我当然不会采用这种抠抠搜搜的解答方式，而是会选择最具代表性的案例，来讲解现代非洲各国疆界的形成始末。然后我会解释为什么它会如此简单。抱歉！故事是这样的……

1884年，欧洲（和美国）的政治巨头们齐聚柏林，像切美味的生日蛋糕一般瓜分了非洲。在之后的20年中，他们不断因"瓜分非洲"发生摩擦，试图掌控各自的势力范围，互不干涉，并将其对非洲土地的所有权合法化。这场盛宴的组织者是老奸巨猾的德国宰相奥托·冯·俾斯麦（Otto von Bismarck）[1]。当留着八字胡的大人物们用蓝色铅笔在地图上添加了大量直线后，欧洲人对非洲领土的掌控就从10%飙升到了令人发指的90%。事实证明，这些人为的、专横的、荒谬的直线边界确实十分强大，以至于20世纪世纪60年代掀起的非洲独立运动也不得不将其保留。这就是为什么它们时至今日依旧存在。

全剧终。

唉，历史可没有这么简单，现代学者承认欧洲殖民主义造成恶果的同时，也挑战了许多此类假设。所以，让我们倒回去吧。

欧洲对非洲的干预可以追溯到更久以前，尤其是因为Africa(非洲)这个名字就源于罗马人，虽然我们现在不清楚他们为什么这么称呼非洲。罗马人只关心北非，但我们不会重蹈覆辙，因为整个非洲都有着极其丰富而多样的历史。在西非，14世纪有曼萨·穆萨（Mansa Musa）执掌的信仰伊斯兰教的马里帝国，15世纪60年代到16世纪80年代有桑海帝国（Songhai Empire）[2]，两者都以繁华富庶著称。先前，尼日利亚还展出了贝宁王国（Kingdom of Benin）[3]流传下来的青铜雕塑等精美文物。在下一个问题中，我将要讨论的以华丽的铸金工艺、丰富的音

---

1 奥托·冯·俾斯麦，全名奥托·爱德华·利奥波德·冯·俾斯麦（德语：Otto Eduard Leopold von Bismarck），德意志帝国首任宰相，人称"铁血宰相""德国的建筑师"及"德国的领航员"，留有八字胡。

2 桑海帝国，地处西苏丹萨赫勒地区的中部，是南北交通要冲，得撒哈拉商道之利，贸易兴盛。

3 贝宁王国，非洲西部古国，位于尼日利亚境内尼日尔河三角洲以西的森林地带。贝宁文化以制作精美牙雕、木刻以及铜和赤陶的雕塑闻名。1897年，英军攻占了贝宁古城，将艺术珍藏劫掠一空后放火焚城。

乐传统和凳子文化而闻名的阿散蒂帝国（Asante Empire）[1]也属于西非国家。而在非洲南部，还有一个大津巴布韦王国（Kingdom of Great Zimbabwe）[2]，它拥有一座高墙环绕的巨大城市，那是中世纪重要的贸易网络中心。

同时，东非文化还在阿拉伯、波斯和奥斯曼世界的影响下变得极具多样性，并拥有了一个阿拉伯名字"斯瓦希里海岸"[3]。这些地区还跟印度甚至东南亚地区有所渊源，比如非洲班图人的后裔就在今天的巴基斯坦和印度组建了知名的西迪人社区。我当然不会忘了埃塞俄比亚，自公元4世纪拥抱信仰以来，它就成为非洲基督教的坚固堡垒，你在拉利贝拉（Lalibela）还能看到从岩石中开凿而成的教堂奇观。[4]

所以，这就是为什么我说欧洲早在柏林会议举办之前，就已经制订好了殖民计划。这就是要记住的背景。1488年，葡萄牙航海家巴尔托洛梅乌·迪亚士（Bartolomeu Dias）驾船绕过好望角，见证了非洲大陆的辽阔无垠。这个发现逐渐导致17世纪的欧洲列强开始跨大西洋贩卖黑奴，以满足新大陆利润丰厚的甘蔗、烟草种植园的奴隶需求。在接下来的两个世纪里，约有1250万黑人沦为奴隶（抓捕和贩卖他们的通常是其他非洲部落），他们会被塞进逼仄狭窄的船舱，要么死在海上，要么在残暴奴役下生不如死。

---

1 阿散蒂帝国，17世纪末至19世纪末西非黄金海岸（今加纳）一带的阿坎人王国，由奥塞·图图创建，会通过金凳、奥德韦拉仪式、禁忌与大誓言来体现王权的神圣性。不幸的是，1900年，英国总督霍奇森也相中了金凳。

2 大津巴布韦（Zimbabwe意为"石头城"或"石头造的房子"）是南非古国莫诺莫塔帕帝国（Monomotapa Empire）的首都，班图人也以它为中心建立过王国。这种坚固、宏伟的建筑不用灰泥黏结，而只靠石块砌造而成。

3 在阿拉伯语中，"斯瓦希里"（Swahili）一词指的就是"海岸"。

4 拉利贝拉是埃塞俄比亚东正教的圣城，以坐落在深坑之中的、精雕细琢的岩石教堂而闻名。

在非洲西海岸修建了一些奴隶贸易站后，欧洲人开始插手其他经济活动。葡萄牙人从巴西殖民地带来了玉米、咖啡、烟草和甘蔗，并把它们种在了非洲的安哥拉，他们同时还开展象牙、织物和黄金贸易。在击退当地土著科伊科伊人（Khoikhoi）[1]之后，荷兰移民的后裔布尔人（Trekboers）[2]侵占了南非开普的农田，但后来在1806年，他们失去了开普殖民地，并不得不深入内陆，建立了德兰士瓦和奥兰治自由邦（后来和英国人爆发了布尔战争）。[3]

与此同时，在塞内加尔盘踞许久的法国人在拿破仑的带领下侵占了埃及，并于19世纪30年代对阿尔及利亚发动了一场旷日持久的恶战。[4]而法国的宿敌英国则是先卷入了南非的殖民问题，然后是1821年的塞拉利昂，接着对阿散蒂人发动了三次战争，并在1874年的第三次入侵时大获全胜，随后又附加两场，以求好运。[5]不过，直到19世纪70年代，欧洲殖民地都还集中在北非和西非的沿海地区，而东非则仍与阿拉伯阿曼帝国保持着更为紧密的联系。

---

1 非洲西南部土著，又称霍屯督人，与布须曼人（Bushmen）的体质特征和语言相近，两者合称为科伊桑人（Koisan）。

2 开普敦的一些荷兰雇员为摆脱东印度公司向内地移民，后来法国和德国移民也加入其中，成为非洲当地的奴隶主，其后裔形成了"布尔人"（Boer，意为"农民"，现名为阿非利卡人）这一非洲白人民族。

3 英国占领开普后推行的殖民政策损害了当地布尔人的利益，后者只好开始"大迁徙"（Groote Trek），于1852年和1854年分别建立了德兰士瓦和奥兰治自由邦。在发现了世上最大的金矿"兰德金矿"后，德兰士瓦与英国的矛盾加剧，英国发起了第二次布尔战争，将两国击败、吞并。但布尔人游击队仍在顽抗，为摧毁他们的士气，英军将13.6万名布尔人妇女、儿童和老人以及8万多名黑人仆役关进了集中营。

4 1830年，法国以外交事件为借口攻打阿尔及利亚，由于当地居民顽强抵抗，直到1905年才占领全境。

5 1821年，冈比亚被并入西非的塞拉利昂；1824年，英国挑起了第一次阿散蒂战争，总督阵亡，大败而归，随后开启了长达70多年的战争，并于1874年攻下首都库马西，占领了阿散蒂帝国南部。

可是，不久之后，臭名昭著的"瓜分非洲"便突然出现了，这是为什么呢？传统的解读认为，在当时的欧洲，统一不久的德国威胁到了法国的疆界，英国政客为保持他们的经济优势，在自由贸易和保护主义这对矛盾政策之间摇摆不定。这种局势下，敌对大国将非洲当作了第二个用于争斗的棋盘，通过扶持代理人，在那里玩政治游戏。啊，接下来出场的居然是比利时这个古老的小国……

自19世纪70年代以来，野心勃勃的比利时国王利奥波德二世（King Leopold II）就为自己只能统治这么一个弹丸之地而感到极为难堪。占领菲律宾的企图破灭后，他从英国传教士戴维·利文斯通（David Livingstone）的成就所引发的公众反响中（他因在东非和印度洋地区宣传反对邪恶的奴隶贸易而在去世之后名声大噪）获得了灵感。在写给驻伦敦大使的信中，利奥波德承认："我不想错过分食非洲这块大蛋糕的良机。"

包括理查德·雷德（Richard Reid）教授在内的历史学家们认为，虽然其他欧洲大国能轻松看穿利奥波德的算计，但出人意料的是，各国并不情愿介入非洲局势。在我们的印象中，英国首相威廉·格莱斯顿（William Gladstone）是属于支持加大对非洲的军事干预的一方，可奇怪的是，当时的威廉及其身后的自由党却想要拒绝加入"瓜分非洲"。这里面暗藏着对取得优势的贪婪渴求，但真正推动"瓜分非洲"的，却是各国对自己突然陷入劣势的忧愁惶恐（如果我们的对手征服了非洲呢？这会破坏现有的国际局势吗？）。这就是"我们得不到的，**大家**都别想得到！"的现实政治逻辑。

理查德·雷德还强调，文化势利和日益强化的种族主义是上述情况背后的主要动因。19世纪初，哲学家格奥尔格·威廉·弗里德里希·黑格尔（Georg Wilhelm Friedrich Hegel）宣称，非洲是一块没有历史、缺失文明、不存在哲学价值的大陆（埃及除外，在他看来，埃及属于希腊、罗马的文明世界的一分子）。这个地方一无是处！但西方知识分子对非洲的了解其实只是一张白纸。呃，上面可能写着种族歧视……

为了捍卫毫无人性的黑奴制度，"科学种族主义"思想随之诞生。它大致分为两个阵营。**人类同源论者**认为，上帝同时创造了所有人类。非洲人是因为生活在"野蛮"环境中才显得"原始"，但他们可以通过接触一个"优越"种族的思想和习俗而得到"教化"。**多源发生说主义者**则相信，不同的种族诞生于不同的时间，要么是神创造的，要么就是遵循达尔文的进化论。非洲人因此被视为低等的"野蛮人"，他们唯一值得称道的品质就是天性勇敢好战了。他们无法被真正"教化"，只有靠武力才能征服他们。

重要的是，两大阵营都认同非洲存在有待开发的经济潜力——他们那边的山里有黄金！"强身派基督教"（muscular Christianity）[1]的道德正义成了另一种重要的殖民驱动力。到了1884年，"西方"全面废除了奴隶制，但在非洲部分地区，奴役现象仍然十分普遍。尽管英国和桑给巴尔苏丹国（Sultan of Zanzibar）签订了多项条约，但在由阿曼的阿拉伯人控制的沿海枢纽仍在进行奴隶贸易。[2]欧洲列强在倚仗奴隶制发家致富后，又开始扮演废除奴隶制的英雄角色，并对此自我感觉良好。

比利时国王利奥波德二世还为自己准备了"弹力遮羞布"。他讽刺性地建立了一个名为"国际考察和开发中非协会"（International

---

1　维多利亚时期英格兰兴起了"强身派基督教"运动，其信徒认为锻炼身体对品德修养的形成极为重要。

2　19世纪，阿曼人在东非沿海建立了桑给巴尔苏丹国，靠输出丁香、象牙和奴隶获得了巨额财富。

Association for the Exploration and Civilisation of Central Africa）的人道主义组织，并交由英国探险家亨利·莫顿·斯坦利（Henry Morton Stanley）[1]领导，但利奥波德却又利用这个组织成为一头残暴无情的殖民怪兽，他通过虐待、绑架和使其忍饥挨饿，逼迫比属刚果（Belgian Congo）的居民为他的私人橡胶产业（利奥波德二世的私人帝国，直到报纸曝光了这一丑闻，他才把产业交还给比利时政府）拼命劳作。

这就是1884年至1885年柏林会议的举办原因，不过说到非洲各国现有的疆界，这个历史遗留问题背后的真相又会是什么呢？

我一直都对那个广为流传的故事深信不疑，直到有一天和该领域的一位知名专家聊了聊才得知真相。依照传闻，这些边界是一群从未造访过非洲的家伙在柏林重新划定的，他们不清楚那里的地貌特征，也不在乎那里生活着哪些种族，就随心所欲地肢解了这片大陆。英国首相索尔兹伯里侯爵（Lord Salisbury）[2]曾在1890年挖苦地写道："我们忙着在地图上白人从未踏足的区域画上线条，每个人都想把价值不高的山川湖泊划分到别人的地盘去，但是有个小问题摆在大家面前，那就是没人知道哪些位置存在山川湖泊。"我怀疑他是想开个玩笑，不过很多现代学者都不这么认为。

有趣的是，列强在柏林会议中划分了非洲边界这一故事，并非出自身穿高领针织衫的左翼后殖民历史学家之口，也与非洲革命者毫无

---

1 亨利·莫顿·斯坦利，曾深入中非，以搜索戴维·利文斯通和发现刚果河而闻名。后按利奥波德要求，他率领远征军在国际协会的大旗下开辟深入刚果内地的道路，并负责"劝导"当地酋长签订接受国际协会"保护"的条约。

2 索尔兹伯里侯爵，本名罗伯特·阿瑟·塔尔博特·盖斯科因–塞西尔（Robert Arthur Talbot Gascoyne-Cecil），保守党贵族政治家，牛津大学名誉校长，三度出任首相，在任期内积极扩张英国的海外殖民地，曾以外交大臣的身份出席了柏林会议。

关系，而是——正如历史学家卡米尔·勒费弗尔（Camille Lefebvre）[1]博士所揭示的那样——20世纪20年代的那批接受了全新社会科学培训的法国殖民管理者所编造的。他们认为国家应该建立在拥有共同的语言和种族特点的区域，而之前的殖民者随意划定边界，未能识别并培养这种能提升凝聚力的身份认同。真是讽刺，最为著名的反殖民主义故事竟是欧洲殖民者自己炮制的。

事实上，边界划分不是在柏林现场做出的决定，而是耗费了多年才完成的——依照地理学家米歇尔·富歇（Michel Foucher）[2]教授的说法，有一半的非洲领土边界要在15年后重新划分。有些边界划分的典型案例在今天看起来十分荒唐，比如冈比亚的形状就又长又窄，极为古怪，它的边界紧紧包在蜿蜒曲折的河流两边，宛如一条扭来扭去、想要穿过塞内加尔的毛毛虫。

富歇教授还总结了非洲所有边界的情况：

> 34%的边界圈住了河流湖泊；13%……是按照自然地理轮廓进行划分的。42%（全球平均为23%）的边界为几何线条（与天文学、数学有关）；剩下的情况（依据种族或原有边界）只占11%。

其实，抛开其他欧洲国家，仅英法两国就决定了60%的非洲边界。

1　卡米尔·勒费弗尔，法国国家科学研究中心非洲研究所助理研究员，其作品《迟暮的国家：殖民占领之时》（*Des pays au twilight: le moment de l'occupation Coloniale*）获得了2022年的法国参议院历史图书奖。

2　米歇尔·富歇，地理学家、外交官和散文家，曾任法国驻拉脱维亚大使、非洲联盟和平与安全事务委员会顾问、法国高等国防研究院（IHEDN）培训与教育研究所主任，代表作为《前线与疆界》（*Fronts et frontières*）。

而包括保罗·纽金特（Paul Nugent）[1]教授在内的许多历史学家表示，不少殖民地边界并不是随意或人为划定的，而是千里之外的欧洲官员做出决定，由当地驻军和列强扶持的代理人解决一切阻力的结果。

其中一部分代理人无疑采取了不光彩的手段。史蒂文·普雷斯（Steven Press）[2]教授在其著作《流氓帝国：欧洲瓜分非洲过程中的合同与骗子》（*Rogue Empires: Contracts and Conmen in Europe's Scramble for Africa*）中指出，个人和私人企业使用合同而非枪炮打入了土著部落，想要建立"合法"的私人帝国。普雷斯教授认为，当时的非洲人经过他们的操纵引导，在不知实情的情况下完成了许多笔交易，而所得的回报却微不足道。有时，由于不知道自己签的是什么东西，土著人可能会"卖"掉根本不存在的山脉，或是出现多家代理人"买"走了同一块土地，无意中为互相竞争的代理人之间的冲突播下了种子。

而另一批在"非洲边疆研究网络"（African Borderlands Research Network）[3]旗下的学者则提出了一种更加复杂的情况，认为有时殖民者也会与积极主动的非洲机构就抵抗、合作及重新解释合同展开谈判。即便当地土著首领后来真的遭到背叛或掉入了殖民者的法律陷阱中，但在最初的交易中，那些想对附近敌对部落下手的家伙确实得到了帮助。此外，这些全新的殖民地边界往往反映了当地原有的空间和领土观念，地图上那些笔直的线条为约定俗成的东西披上了官方认证的外

---

1 保罗·纽金特，英国爱丁堡大学非洲比较历史学教授，非洲边疆研究网络（African Borderlands Research Network, ABORNE）的指导委员会主席，非洲联盟边境计划的顾问，著有《西非的边界、社区和国家划分：边缘的中心性》（*Boundaries, Communities and State-Making in West Africa: The Centrality of the Margins*）等。

2 史蒂文·普雷斯，斯坦福大学历史系助理教授，弗里曼·斯波利国际问题研究所成员，曾在哈佛大学、范德堡大学任教，著有《鲜血与钻石：德国在非洲的帝国野心》（*Blood and Diamonds: Germany's Imperial Ambitions in Africa*）等。

3 欧洲科学基金会资助的地区研究组织，重点研究非洲各国边疆地区的国计民生问题。

衣。就算有些边界确实十分陌生，部分非洲人还是找到了重新解读它们的方法，或干脆直接忽视它们的存在。

所以，非洲各国现有的疆界纯粹属于殖民遗产的说法是错误的吗？不同专家会给出不同的答案。其中，法国地理学家米歇尔·富歇的观点惹毛了不少人：

> 人们长期以来都将殖民时代留下的创伤视为造成非洲所有困境的罪魁祸首，现在，是时候终结这个错误论调了。这种关于划分非洲边界造成了不利后果的断言还只是人们所误信的众多观点之一，其他的还包括非洲在被殖民之前不存在任何国界，以及欧洲列强对非洲原有的地缘政治现实欠缺考虑。

并非所有学者都赞成这种修正主义。德高望重的安东尼·阿西瓦朱（Anthony Asiwaju）[1]教授立即发文驳斥了富歇的说法。而我要指出的是，虽然他们各持己见，但这些历史学家们都没有为给殖民地带来深重苦难的欧洲列强开脱过。由种族主义驱动的土地掠夺政策很容易在转瞬之间变成不可原谅的残暴行为。陌生的边界割裂了许多非洲土著社区并给他们带来了伤害。从事游牧的马赛人的领地被划分成了肯尼亚和坦噶尼喀这两块殖民地，而索马里人不但失去了放牛的牧场，还在英属肯尼亚沦为了"故土的外人"（native aliens）。事实上，这也在后来的独立谈判中引发了争议，因为索马里人要求回归过往的游牧生活，不受疆界束缚，而新生的肯尼亚则打算对其领土做出绝对的界定。

---

1 安东尼·阿西瓦朱，生于1939年，著名的尼日利亚历史学家和教育家，拉各斯大学名誉教授。

至于"一切都发生在柏林！"这一故事中的其他说法，欧洲列强手上的非洲殖民地确实从1870年的10%上升到了1913年的90%。在今天的54个非洲国家中，只有利比里亚和埃塞俄比亚未曾遭受殖民掠夺，但这并不意味着它们就平安无事了：意大利曾三度攻打埃塞俄比亚——1887年一次，1895年一次，最后在1935年为墨索里尼的军队所征服；而在1847年获得独立的利比里亚的前身，则是解放了的奴隶在19世纪20年代建立的美国殖民地。同时，整个非洲大陆几乎彻底沦为殖民地，意味着它在两次世界大战期间成为欧洲列强意识形态的战场，当地土著在外国霸主的驱使下厮杀不休，生灵涂炭。

不过，死伤无数的战争冲突也激发了非洲各国对独立的渴望。由殖民者统治了数十年之后，非洲国家从20世纪50年代开始谋求独立。1957年，盛产可可的加纳在其具有领袖风范的总理克瓦米·恩克鲁玛（Kwame Nkrumah）[1]的领导下，成为第一个获得独立的非洲国家。这位泛非主义[2]者希望建立一个强盛到足以对抗西方列强的无国界社会主义国家——非洲合众国（United States of Africa）——如果他成功了，1956年的苏伊士运河危机（Suez Crisis）[3]就会重演。但恩克鲁玛并未实现他的雄心壮志。他在掌权后逐渐变得狂妄偏激，甚至宣布自己为终

---

1 克瓦米·恩克鲁玛，全名弗朗西斯·恩威亚·克瓦米·恩克鲁玛（Francis Nwia Kwame Nkrumah），加纳国父，黑人解放运动先驱和非洲社会主义尝试的代表人物。1966年，反动势力发动政变，恩克鲁玛流亡海外，病逝于1972年。
2 泛非主义是全世界黑种人反对种族歧视和殖民统治的一个声势浩大的民族主义思潮，不但强调民族解放，也强调世界上无论哪里的非洲人后裔，都有共同的利害关系并需要互助合作，其领袖为美国黑人学者杜波依斯。
3 1956年7月，埃及总统纳赛尔宣布将英法两国控制的苏伊士运河公司收归国有。为重新占领运河，英、法、以色列于同年10月兵发埃及，但遭到了苏联的反对、美国的抛弃和联合国的压力，于是英法部队在登陆运河区不到48小时便同意停火。埃及从而顺利消灭了西方在该国的大部分经济势力，完成了独立斗争。

身独裁总统，结果在1966年遭到罢黜。[1]而成立于1963年的"非洲统一组织"（Organisation of African Unity）[2]也曾试图实现那些泛非理想。

在某些情况下，部分地区的确实现了统一。第一次世界大战后，英法两国从战败的德国手中夺走喀麦隆并将其瓜分。1961年，英属南喀麦隆人民投票决定与独立后的法属喀麦隆重新合并，创建了喀麦隆联邦共和国。[3]随后不久，在1964年，坦噶尼喀和桑给巴尔融合成了今天的坦桑尼亚。1960年，在长期反对"巴尔干化"[4]西非的塞内加尔领袖列奥波尔德·塞达·桑戈尔（Léopold Sédar Senghor）[5]的推动下，马里和塞内加尔暂时合并为马里联邦，可惜这个政治联盟没过多久便分崩离析了。

20世纪60年代初，组建东非政治联盟的类似尝试也以失败告终，但建立区域合作的理想却传承了下来。2000年，一个名为"东非共同体"（East African Community）的组织在废墟中重生。如果这个组织发展顺利，你很快就会需要更新手头的世界地图，因为布隆迪、肯尼亚、卢旺达、南苏丹、坦桑尼亚和乌干达可能会合并为东非联邦。

---

1 恩克鲁玛被大多数加纳人捧为"救世主"之后，变得好大喜功，开始独揽大权，镇压一切不同政见者，接着不顾国情，盲目且强制推行"非洲社会主义"的激进方针，导致国家经济状况恶化，民间怨声载道。1966年，他应胡志明主席之邀，打算从仰光抵达北京再转赴河内，然后在钓鱼台国宾馆收到了加纳发生军事政变的消息。

2 非洲联盟（African Union，简称非盟）的前身，曾拥有53个成员国。

3 1960年，法属喀麦隆进行全民投票，脱离法国建立了"喀麦隆共和国"。英属喀麦隆效仿了它，其北部地区与尼日利亚合并，南部地区与喀麦隆合并为"喀麦隆联邦共和国"，1984年又更名"喀麦隆共和国"。

4 指一个地区没有强大政权，却拥有重要的战略和经济地位，于是成为外国势力的争夺焦点，致使当地局势紧张。塞内加尔因而在1959年4月与苏丹（今马里共和国）结成马里联邦，在次年6月独立，8月解散。

5 列奥波尔德·塞达·桑戈尔，塞内加尔国父，非洲著名政治家、思想家、文学家，非洲统一组织的创始人之一。他执政时大力推行民主社会主义，极力回避马克思主义和反西方意识形态，致力于维持塞内加尔与法国及西方世界的密切关系。

因此，殖民地的独立肯定会改变地图。然而，许多殖民边界仍然存在。非洲人之所以维持现状，显然是担心取消疆界后，人口迁移会引发政治暴力和难民危机——就像1947年英属印度解体（印巴分治）造成的惨烈后果[1]——但现实的教训并不是唯一的理由。在过去的几十年中，部分殖民边界已经有了深刻的意义，或是在欧洲列强入侵之前就已经存在意义。即便非洲人曾迫切渴望获得独立，他们之前也不一定想要重新划分地图。

并非所有人都得到了他们想要的独立。自20世纪60年代以来，尼日利亚、安哥拉、加纳东部和肯尼亚都爆发过分离主义[2]的流血冲突。这些非洲民族之间的裂痕无疑是柏林会议后续影响的一部分。在这种情况下，可以说非洲各国的现有疆界确实大多属于殖民遗产——即便是那些形成于殖民之后，且在将来可能还会有所改变的国界也是如此——但最初创造它们的原因，以及为什么它们中的大部分在帝国时代终结之后仍在使用，就远远不是柏林会议这个著名而简单的故事所能解释的了，毕竟那里只有蓝色的铅笔和光洁的桌子。非洲历史不是一个故事，而是一条由许多故事编织而成的挂毯。这也正是它的迷人之处。

1　短时间内的大规模人口流动引发了巨大混乱，印度教徒和伊斯兰教徒冲突不断，造成至少50万人丧生。

2　分离主义的目标是从现存的主权国家中分离出一部分领土建立自己独立的国家，其核心推动力一般来自该国国内的某少数族群，且该族群拥有自己的集体认同和自己宣称的家国领土。

39

先简单介绍一下故事背景。加纳位于非洲西部、几内亚湾北岸，人口数量约为3000万，野生动植物种类繁多。这个美丽的国度还有相当丰富的黄金储备——这也是为什么英国殖民地官员称之为"黄金海岸"。而矿产资源和可可产业使加纳成为第一个摆脱殖民统治——在1957年脱离英国——实现独立的黑非洲国家。和马里一样，他们引以为豪的新国名"加纳"也是为了纪念某个中世纪非洲帝国而命名的，不过令人困惑的是，这片土地其实并不在那个古国的版图之上。

好了，以上是现代历史，要想了解金凳的故事，还得去往更为久远的年代。在17世纪，登基拉（Denkyira）主宰着加纳地区，而当地还存在许多由阿散蒂人（Asante，亦作Ashanti）组建的部落，他们属于一个更大的民族语言集团——阿坎人（Akan）[1]。1701年，谋略过人的

提问者：娜娜·波库

1　阿坎人，尼日-刚果语系克瓦（Kwa）语支的民族语言集团，包含阿肯人（Akyem）、阿尼人（Anyi）、阿散蒂人（Ashanti）、阿铁人（Attie）、鲍勒人（Baule）、布龙人（Brong）、芳蒂人（Fanti）和古昂人（Guang）。

阿散蒂国王奥塞·图图（King Osei Tutu）从欧洲商人那儿购得了枪支弹药，通过军事征服和糖衣炮弹的外交手段将这些阿散蒂部落统一为阿散蒂联邦，并将其权力中心库马西（Kumasi）定为首都。[1]奥塞·图图在自称蒙受神启的大祭司奥科姆佛·安诺基（Okomfo Anokye）的辅佐下，带领武器升级换代的战士推翻了可恶的登基拉，从藩属国翻身成为整个地区的主人。之后，他为了标榜伟业，还将自己封为"阿散蒂赫内"（Asantehene，意为"阿散蒂帝国的统治者"）。

接下来，奥塞·图图遇到了一个难题。在彼此陌生的部落之间建立一种共同的文化认同，所需的通常不仅仅是一流的统治手腕。过去大家面对共同的敌人，自然就会团结一致，但在敌人倒下后该怎么办呢？你需要给他们换上一个共同的符号和理念。英国人应该以英国国旗和"天佑女王"为团结的纽带，不过大多数情况下，闲聊天气和电视上的烘焙竞赛节目更能拉近彼此的距离。而在国王奥塞·图图眼中，这种团结的象征体现在权力的宝座：金凳（在阿散蒂契维诺中被称为Sika Dwa Kofi）。神奇的是，阿坎文化通常会在人名中加入出生日期，备受尊崇的金凳也不例外，所以 Sika Dwa Kofi 其实就是"诞生于星期五的金凳"的意思。

凳子在数个世纪以来都被当地人视为权力的象征，每个酋长可能都有自己专属的木雕凳子。后来，每位阿散蒂王国的高级王室成员也都有一张祖传的御用凳子；当他们去世后，后人会用蛋黄、煤灰、蛛网的混合物，辅以羊血、动物脂肪和从死者身上剪下的指甲与发丝，

1　阿散蒂原为登基拉邦的藩属。1701 年，奥塞·图图打败登基拉，被拥戴为阿散蒂王国（也称阿散蒂帝国）的国王。这个联邦较为松散，国王只掌控库马西地区，是国家的政治精神领袖，但无权处置其他各邦的土地与财产。英国就是利用这点挑拨阿坎人各邦同阿散蒂国王的矛盾，推行了分而治之的殖民扩张政策。

将凳子涂成黑色。这些黑凳子随后会被供奉在名为nkonnwafieso的凳子祠堂中。

但金凳却与众不同。和传闻中一样，它是把纯金的凳子，但造型却不是你在酒吧或西部片酒馆名场面[1]里看到的三足凳。金凳有18英寸高，凳面薄而弯曲，没有靠背，正中是短粗的支柱，最下面还有个薄薄的矩形底座。它还配有编钟和铃铛，每位新王都会加上一个铃铛，用以代表自己的任期或取得的某次重大军事胜利。官方还为金凳准备了一把由厚重的彩色羊毛制成的伞——Katamanso，意为"覆盖国家之物"。这种金凳是一种为特定目的而设计的家具，然而它却没有达到通常凳子的使用目的——用来坐着，或在狂野西部的酒馆斗殴中拿来砸牛仔的脑袋。

阿散蒂联邦的其他酋长可以放松地一屁股坐在木凳上，但新王却不能将金凳当成彰显皇权的宝座使用[2]——事实上，任何人都没有随意碰它的资格，甚至不可以令它与地面接触，只能置于骆驼皮或是象皮上，还得是一头背不沾地、匍匐死去的大象。有时，在官方仪式上，还会在王座旁边专为金凳设立一个宝座。这把凳子并非由心灵手巧的金匠"打制"而成，而是一个**召唤物**。传说，在忠诚的大祭司奥科姆佛·安诺基念诵完一段神奇的咒语后，金凳从天而降，安诺基将它交给了奥塞·图图。

金凳成了新兴的阿散蒂王国的纯正象征。其黄金材质是国王的王位合法性和军事力量的证明，也表明他掌控着这一地区的矿产资源，

1　西部片的标配：正义牛仔、左轮手枪、酒馆和邪恶警长。西部片中如果没有酒馆，就像成龙电影中没有家具城。

2　即便是阿散蒂赫内，也只有在宣布重大决议时才能短暂触碰金凳，以表示自己在接受神谕。

因此决策者甚至会在发动战争或颁布政令之前，询问虽无生命却十分灵验的金凳。不朽的金凳永远光亮如新，象征着新兴的阿散蒂王国享有无尽荣耀，必将万世长存。奥科姆佛·安诺基还在河岸边放了一把圣剑并告诉人们不要碰它，这听起来很像是亚瑟王传说中的那把从石头中拔出，最后又回归湖中仙女之手的王者之剑。

奥塞·图图终有一死，而金凳作为这个国家的永恒象征，却在一直发挥作用，特别是在19世纪英国人的到来引发的5场[1]盎格鲁-阿散蒂之战中。一切始于1823年，不断扩张的阿散蒂王国试图强行插手芳蒂邦（Fante）的政事，而后者恰好受到英国的庇护。1831年，双方首次爆发冲突，并以英国的屈辱失败而告终；第二场从1863年打到了1864年，战争最后陷入僵局；第三场战争发生在1873年至1874年，尤为惨烈。英军在智计无双、铁血无情的指挥官加内特·沃尔斯利（Garnet Wolseley）[2]的统领下大败阿散蒂人，长驱直入，阿散蒂赫内的宫殿化作一片焦土，从此，战争优势转移到了英国手上。在1895年至1896年的第四次盎格鲁-阿散蒂之战中，胜利天平明显倾向于欧洲超级大国，因为他们装备了杀人如割草的马克沁机枪。英国军队再次攻占了首都库马西，将当时的阿散蒂国王普列姆佩一世流放至塞舌尔群岛，强令阿散蒂王国赔偿他们在镇压起义过程中的所有损失，并掠夺了大量皇家珍宝，运往伦敦。不过，还有一件宝物没有落入英国人手中……

是的，在第五次也是最后一次盎格鲁-阿散蒂之战中，娜娜·波库

---

1 也有说是9场。立场不同，历史记载不同。
2 加内特·沃尔斯利，全名加内特·约瑟夫·沃尔斯利（Garnet Joseh Wolseley），维多利亚时代的英国陆军元帅，曾参加第二次鸦片战争，平定印度叛乱，战功卓著（从未和欧洲强国交手）并因此封爵。

想问的金凳终于出场了。1900年9月,60岁的雅阿·阿散蒂娃(Yaa Asantewaa,现被奉为加纳历史上伟大的民族女英雄)[1]带领屡战屡败的阿散蒂人发动起义。英国早些时候提出的赔款要求是引发起义的一个重要原因,但最后一根稻草却是英属黄金海岸的混蛋总督弗雷德里克·米切尔·霍奇森爵士(Sir Frederick Mitchell Hodgson)[2]下达的那条惹怒了所有阿散蒂人的最后通牒:交出神圣的金凳!为了不被英国人夺走国宝,阿散蒂人把金凳藏得极为隐秘。按照当时的普遍看法,他打算坐上那把金凳,再送回国让维多利亚女王试试,以此彰显英国统治的至高无上。但这对阿散蒂人而言却是极其嚣张的挑衅。整整199年来,从没有人敢乱碰金凳,现在一个外国入侵者竟打算把屁股放在他们的圣物上面!

随后爆发的起义导致约1000名英国士兵阵亡,战场血流成河,但阿散蒂人的死伤数字是英国的两倍。和几年前阿散蒂国王普列姆佩的遭遇一样,雅阿·阿散蒂娃被流放到了塞舌尔群岛,并于1921年在此去世。赢得胜利的英国人正式将阿散蒂帝国吞并为殖民地,但战至最后,阿散蒂人也没让弗雷德里克得逞。这位总督采取了各种秘密行动来追查金凳的下落,可他最终还是没把碰到或坐上那神圣的金凳。

最后,一群窃贼偷走并埋藏了金凳。直到1935年,阿散蒂王国的局势略有好转时,才意外发现了金凳并将其重新用于政治用途。现

---

1 雅阿·阿散蒂娃,阿散蒂王国所属的埃德维索(Edweso)首长国的王母,发起了持续9个多月的"金凳之战"。

2 弗雷德里克·米切尔·霍奇森爵士,曾接连担任黄金海岸、巴巴多斯和英属圭亚那的总督。当阿散蒂人要求获得更多自治权并召回遭到流放的领袖时,霍奇森以放开自治后部落间会发生混战、导致奴隶贸易回归为由,无耻地为英国的殖民统治辩护。

在，生活在加纳共和国的阿散蒂人仍在使用原来的国旗[1]，那是一条由黄、黑、绿（自上而下）条纹组成的三色旗，条纹之间由细白线隔开，一如国王奥塞·图图所计划的那样，旗子中央正是这个国家永恒的象征——金凳。

---

1 加纳独立之后，阿散蒂成为一个直接受中央政府管辖的行政区，但阿散蒂王国仍然保留下来，成为共和国中的一个"国中之国"。赫内与共和国总统并存，但不再拥有任何政治实权，只享有独特的社会地位。

40

干得不错，帕特，你是唯一一个把下流梗写进提问的家伙——我要为你的大胆鼓掌。首先，让我们上网快速搜索一下贝叶挂毯，熟悉一下它的美学风格。其实，较真地说，它根本不是一张挂毯，而是一幅长达70米的刺绣，上面的图案生动地描绘了1066年发生的历史事件：诺曼底公爵威廉一世在黑斯廷斯战役（Battle of Hastings）中大败英格兰国王哈罗德（King Harold）[1]，赢得了"征服者威廉"的称号。

不过，没错，它还非常生动地致敬了小丁丁摇摆下垂的荣耀。是的，贝叶挂毯上确实绣了许多阴茎。挂毯上共发现93根阴茎，不过只有4根属于人类，剩下89根都是马的。画面中还有一对睾丸在半空

---

1 哈罗德，全名哈罗德·葛温森（Harold Godwinson），盎格鲁-撒逊时期韦塞克斯王国的末代君主。先任国王忏悔者爱德华去世后，哈罗德作为王后之兄继位，在阻挡诺曼底公爵私生子威廉入侵时，在黑斯廷斯战役中兵败身亡。

中独自摇晃，因为斧柄恰好挡住了阴茎。另外，还有具被剥光衣服的死尸的图案暗示了阴茎的存在，但没有完全展现出来。

即使没有这些生殖器，贝叶挂毯中的人物也是以男性为主。挂毯上共绣有626人，而其中只有3名女性。这肯定通不过贝克德尔测验（Bechdel Test）[1]。更糟糕的是，有66%的女性（2名）无缘无故地一丝不挂，这个比例恐怕只有HBO[2]放送的《权力的游戏》（*Game of Thrones*）才能与之匹敌。而女性三人组中唯一穿着整齐的人——神秘的艾尔夫吉娃（Aelfgyva）——也很难算是美德模范，因为她的站位不知为何与一个下体硕大，呈半蹲姿势并悄悄向她伸手的裸男十分靠近。[3]我们应该怎么看待这个图案？它是一桩关于性丑闻的玩笑吗？或许在1066年，艾尔夫吉娃的名字无人不晓，可现在的我们却对她一无所知，也很难理解她为何会出现在致敬军事征服的图案当中。

回到帕特的提问：**为什么图案中会有这么多丁丁？** 好吧，这次又得靠推测得出答案。我在一所男子文法学校[4]度过了自己的少年时光，因此对幼稚的涂鸦艺术有着相当敏锐的感知。贝叶挂毯可能确实是件艺术杰作，但也不排除这种可能：一个无礼的调皮鬼在挂毯的每个合

1　贝克德尔测验，一个致力于使性别不平等引起关注的简短测验，由美国艺术家、女同性恋活动家艾莉森·贝克德尔在1985年提出，她借漫画《规则》中一个未命名的女性角色之口表示，她只看满足以下三个条件的电影：电影中必须出现至少两位有名有姓的女性；她们之间必须有对话交流；聊了除男人之外的话题。

2　HBO（Home Box Office）是一个总部位于美国纽约的有线电视网络媒体公司，出品了许多精彩美剧，其中不少以大尺度著称。

3　除了下方的裸男外，她的面前还有一个地中海发型的神职人员正伸手触碰她的脸颊，场景上方仅有一句："Ubi unus clericus et Aelfgyva"（一位神职人员和艾尔夫吉娃）。历史学家们怀疑这记录了一桩宫中丑闻。

4　男子文法学校，西方一种发源于古代希腊雅典的学校类型，是英国近现代主要中等教育机构。

适的角落都画上了丁丁。据历史学家乔治·加内特（George Garnett）[1]教授猜测，贝叶挂毯的设计出自一个阴茎崇拜者之手。可是挂毯上并未出现猎犬的生殖器，所以只有男性和马儿享有这种特殊待遇。刺绣图案中，"征服者威廉"胯下的骏马长着最为粗长的阴茎，说明这确实具有象征意义。据推测，这是在表明他就是这个故事的男主角，而且，与现在那些靠坐着跑车掩饰自己身高的可笑家伙不同，看到骑着高头大马的威廉，我们也许会想象他还有根巨大的阴茎。

在其他历史学家看来，那些裸体形象只与英格兰的人物有关，可能表明这是诺曼人在开动宣传机器，将敌人丑化为粗鄙下流的变态。著名的艺术史学家玛德琳·卡维内斯（Madeline Caviness）[2]教授好奇这些阴茎是否反映了剑与矛这类具有贯穿力和侵略性的男性气质的象征。当然，贝叶挂毯完全有可能只是一件忠于事实的自然主义作品，设计者并不会为甩来甩去的身体部位感到尴尬。谁知道呢！

长期以来，历史学家都在围绕谁委托设计了这幅挂毯，以及谁是图案的绣制者争论不休。在19世纪，人们普遍认为贝叶挂毯的完工要归功于征服者威廉之妻玛蒂尔达王后（Queen Matilda）的赞助支持，所以在今天的部分法国地区，贝叶挂毯也被称作"玛蒂尔达王后挂毯"（La Tapisserie de la Reine Mathilde）。当然，维多利亚时代的学者们也为挂毯图案中如此之多的阴茎震惊不已，无法理解玛蒂尔达王后这么一位杰出的女性怎会同意制作那样一件低俗下流的作品。就我个人而言，我不确定贝叶挂毯与她有关。

---

1 乔治·加内特，牛津大学历史教授兼圣休学院院士、中古史学家，主要研究诺曼征服史和宪政史。
2 玛德琳·卡维内斯，美国塔夫茨大学教授，关注中世纪艺术史，特别是彩绘玻璃和中世纪艺术作品的女性观众。

相反，我更赞成另一种说法：贝叶挂毯是征服者威廉的同母异父的弟弟——主教巴约的厄德（Bishop Odo of Bayeux）[1]委托制作的，因为挂毯上的他被十分可疑地塑造成了重大战斗场景中的主角，毕竟这位可是金主，形象自然要有所拔高。如果事实确实如此，那么贝叶挂毯可能不是在他的家乡诺曼底，而是在坎特伯雷制作的，所以它应该就像帕特所问的那样，是由英国修女绣制而成。我之所以这样判断，是因为成品设计中的一些艺术风格似乎模仿了坎特伯雷大教堂图书馆当时所藏的彩色稿本中的方案。在我看来，这其实就是修女们找不到思路，上演了中世纪版的"翻杂志、找灵感"。

那些反对这一推论的人认为纯洁的修女不可能知道阴茎的形状，所以她们不会绣上93根阴茎。也许他们是对的，但并非所有修女都终其一生在修道院中度过。修道院有时也是为母亲和寡妇设立的启发思考的退休社区[2]，其中许多成员都与男性发生过关系，肯定也见过公马和公牛的样子。此外，我无意冒犯，但小丁丁其实并不难画。随便一个十几岁的男孩都能做到，我的大学室友就曾在朋友的论文里画了一个大丁丁，但忘了在交作业前告诉他。这是真的！

所以，总而言之，我们知道贝叶挂毯上绣了很多丁丁，但却拿不出确定的解释。如果你觉得这些东西辣眼睛，可以前往雷丁博物馆（Reading Museum），欣赏由伊丽莎白·沃德尔（Elizabeth Wardle）及其在利克刺绣协会（Leek Embroidery Society）的好友于19世纪制作的

---

1 主教巴约的厄德，诺曼底巴约主教、英格兰肯特伯爵，征服者威廉之母埃尔勒瓦和孔特维尔子爵埃卢温之子。在挂毯记录的黑斯廷斯战役画面中，他的出场率异常之高，可据说他其实并没有真正参与战斗，而是在后方鼓舞军队。

2 有专收女性的修女院，只招男性的男修道院，甚至还有男女不限的双重修道院。修女院既是贵族妇女的养老院，也是那些不能或不想出嫁的女儿们的"寄养院"，还有一些干脆就是早期的贵族女校。

仿品。[1]它几乎和原版一样做工精美，只是在重要部位添了几条战术内裤，战马也没那么"英姿勃发"。

---

1 利克刺绣协会的创始人就是沃德尔夫妇。这件仿制品现保存于英格兰伯克郡的小城雷丁，那么原版呢？呃……那条在英国肯特郡坎特伯雷道院织成的挂毯现在是法国国宝，藏于巴约市博物馆。

41

好啊！伊恩，你丢给了我一个暗藏陷阱的问题——不管我如何作答，它都会爆炸开来，让我被人怼得灰头土脸，要知道，军事历史发烧友最爱的就是讨论各场战争的意义。网上到处都在讨论史上"名气**最大**、影响**最小**"的战役，如果我不知轻重地发表意见，那么无论我写了什么，都会有人愤怒地发来邮件。到时，我恐怕就得改头换面，举家搬到蒙大拿州的荒郊野外了。公开表达强硬观点是一种鲁莽冒失的愚蠢行为，毕竟有那么多人在热切关注这个话题。

话说……知名度最高、影响力最低的战役应该就是1415年的阿金库尔战役（Battle of Agincourt）吧。

天啊！这下我羊入虎口了！不过在被吃掉之前，且容我狡辩！我的观点既不属于铁的事实，也没什么权威性可言，更不敢要求你将其奉为历史教条。伊恩的问题本来就没有唯一正确的答案，而我之所以选择这个饱受争议的回答——它会引起许多历史学家的反驳——只是因为拥有一半法国血统的我一直都很喜欢和人争论这场战役。

在我所成长的家庭环境中，阿金库尔和滑铁卢不仅是著名的战役，也是拿来搞笑的段子。到了青春期，变得喜欢惹事生非的我有一段时间开始任性地抵制自己身上的法兰西特质，并在任何事情上都要和我的母亲（她是巴黎人）作对。虽然她对军事历史提不起丝毫兴趣，但我发现，如果我在餐桌上大肆吹捧亨利五世（Henry V）[1]或威灵顿公爵（Duke of Wellington）[2]，她还是会气得跳脚。有趣的是，她会嘟着嘴，一本正经地用犀利的回答打破我的洋洋得意："我们（法国）才是百年战争的最后赢家。还有，你这个愚蠢的英国佬拼错了——是'阿让库尔'（Azincourt），有个'z'！"[3]

虽然有些无语，但她的这两句话都没错。在1415年10月的圣克里斯宾节（St. Crispin's Day）[4]当天，于阿金库尔村附近爆发的阿金库尔战役（或称阿让库尔战役）已成为中世纪历史上最具代表性的战役之一。我相信提出问题的伊恩一定对这场战役了如指掌。1599年，威廉·莎士比亚创作了歌颂胜利的戏剧《亨利五世》（Henry V），让这场战役的名声更上一层楼。剧中，国王留下了许多脍炙人口的经典台词，例如"再向缺口冲一次，亲爱的战友们，再冲一次"[5]和"我们人数虽少，但却十分快乐，我们是一支亲如兄弟的部队"。这是一出伟大的政治戏剧，其激动人心的力量往往与国家大事紧密相连。在从1756年至1763

1　亨利五世，阿金库尔战役的指挥者，在9年时间内重新统一了英格兰贵族，占领了大半个法国，但却因病早逝。

2　威灵顿公爵，本名阿瑟·韦尔斯利（Arthur Wellesley），第一代威灵顿公爵，人称铁公爵，英国陆军将领，第21位英国首相。在滑铁卢战役中，他靠坚如磐石的防守战击败了拿破仑，战后相继被七国授予元帅军衔。

3　"阿金库尔战役"，英文为Battle of Agincourt，法语为Bataille d'Azincourt。

4　10月25日的圣克里斯宾节是为纪念基督教圣徒克里斯宾兄弟殉道所设。

5　下一句："冲不进就用我们英国人的尸体去堵住这座城墙！"

年的"七年战争"¹以及"拿破仑战争"²期间——法国作为敌国反复登场——《亨利五世》被重新搬上舞台,广受好评,这也是霍雷肖·纳尔逊(Horatio Nelson)³子爵最爱的一部莎士比亚戏剧。

在1915年(阿金库尔战役500周年之际),英国再次兵发法国,不过这一次他们要对付的恶敌是德国人。英国报纸上铺天盖地都是纪念阿金库尔战役的内容,阿瑟·梅琴(Arthur Machen)⁴抓住公众兴趣,撰写了一篇名为《长弓手》(The Bowmen)的短篇小说,并于1914年将其发表在《新闻晚报》(Evening News)上。故事发生在蒙斯之战(Battle of Mons)⁵中,英国远征军寡不敌众,在危急时刻,阿金库尔战役中的英国长弓手英灵突然浮现,助士兵们冲出重围。这当然纯粹是个浪漫作品,但一种谣言很快随之流行:有人在蒙斯看见了守护天使,说明上帝在战争中站在英国这边。

1944年,阿金库尔战役再次起到了宣传作用,劳伦斯·奥利弗(Laurence Olivier)⁶将其改编成了一部爱国电影(《亨利五世》),希望可

---

1 "七年战争",英国-普鲁士联盟与法国-奥地利联盟之间发生的、为争夺殖民地和欧洲霸权的一场战争,其影响覆盖了欧洲、北美洲、中美洲、西非海岸、印度和菲律宾群岛,共造成约90万至140万人死亡。

2 "拿破仑战争",指1803年到1815年爆发的各场战争,这些战事可说是自1789年法国大革命所引发的战争的延续。

3 霍雷肖·纳尔逊,第一代纳尔逊子爵,被誉为"英国皇家海军之魂",在1805年的特拉法尔加战役中击溃了法国和西班牙组成的联合舰队,迫使拿破仑彻底放弃海上进攻英国本土的计划,但霍雷肖·纳尔逊却在接舷战中遭到枪击身亡。

4 阿瑟·梅琴,全名阿瑟·卢埃林·琼斯(Arthur Llewellyn Jones, 1863—1947),英国超自然小说、恐怖小说与奇幻小说作家,著有《大神潘恩》(The Great God Pan)、《灵魂之屋》(House of Souls)等。

5 蒙斯之战,第一次世界大战初,英德双方在比利时境内的蒙斯附近发生的一次交战;3万英军战败,被迫撤退。

6 劳伦斯·奥利弗,英国导演、演员,作品包括电影《呼啸山庄》《傲慢与偏见》《亨利五世》《哈姆雷特》等。

以在诺曼底登陆之前起到鼓舞人们士气的效果（而电影其实是在盟军登陆了几个月后方才上映）。这部电影抹去了戏剧原作中那些不那么令人愉快的元素，将男主角美化成了一位圣洁的战士。威尔士长弓手会向法国人摆出 V 字手势的故事也是在这个时候传开的。据说，阿金库尔战役中，法国人曾扬言要砍掉英国长弓手拉弓引箭的两根手指，而向敌人炫耀食指和中指完整无缺就延伸为"去你的！"之意。这绝对是在胡扯！没有任何中世纪证据可以证明确有此事。但英国人总是将阿金库尔战役奉为民族传奇，尤其是在嘲讽打击英吉利海峡另一边的家伙时。

我觉得那段故事纯属**胡编乱造**，但这场战役倒确实存在。在过去 6 个世纪的大部分时间里，人们认为在阿金库尔战役中，面对法国贵族精英组成的庞大军队的围追堵截，困守哈弗勒尔的亨利五世带领一支规模较小的英格兰和威尔士军队撤往加莱，天真地期望法国人不会注意到自己在他们的地盘上快速行军。这支部队当然逃不过法国人的眼睛。然而，通过巧妙的战术、非凡的勇气和国王的英雄式领导，英国军队以少胜多，实现了百年战争中不可思议的一次惊天逆转。

真是个精彩的故事，对吗？

但并非所有人都对此深信不疑，现代历史学家们一直致力于探寻真相。其中，最有质疑精神的当属安妮·库里（Anne Curry）[1]教授，她通过查阅亨利五世的行政记录，统计了他为征服诺曼底而招募的兵力和投入的军费。依据大多数史料记载，法国军队的兵力是亨利五世的 4 倍。库里教授在整理相关档案后，更为慎重地得出了一组数据——当时，英格兰和威尔士的驻军有 8700 人，多于史料通常所载的 6000 人，

1　安妮·库里，英国南安普敦大学人文学院院长，曾任皇家历史学会主席，主要研究百年战争，尤其关注阿金库尔之战，在主持艺术与人文研究委员会（AHRC）的项目时，创建了一个关于 1369 年至 1453 年间服役士兵的数据库。

而法国军队的人数也从史料中的24000人大幅下跌到了12000人。包括朱丽叶·巴克（Juliet Barker）[1]博士在内的部分历史学家对此持有异议，认为库里教授大大低估了法国的实力，因为每个骑士都会带上不少随从侍卫，而她却未将这批战斗力计算在内。巴克博士认为，法国拥有14000人的重装部队，可能还有10000人的后备轻装部队。

　　暂且不谈这些专业的争论，此处我并不想破坏阿金库尔战役的传奇色彩。盎格鲁-威尔士军队无疑是找到了敌方明显存在的薄弱之处，才给了对手致命一击。亨利国王的兵种搭配相当极端，他的手下没有骑兵，而是英格兰步兵和5倍于前者的威尔士长弓手。正常情况下，这种阵容可以说是在自取灭亡，但在阿金库尔地区，高攻低防的长弓手可以躲在两侧的树木掩体之后，并将尖木桩插入松软的地面，在阵地前方DIY一排拒马，以阻挡法国骑兵的冲锋。弓箭手可站在防守阵地上尽情对远处的敌人进行抛射。大多数箭枝也许无法穿透钢制板甲，但敌军的四肢、双眼，以及胯下的战马却要脆弱得多。此外，由于地面泥泞湿滑，当法军经过一番艰难跋涉，与英国人短兵相接时，可能都已经手脚酸软了。

　　受限于地形，法国骑兵难以提速，未能发起强力的冲锋，又因为受树木阻挡和林间长弓手的连续进攻而无法从侧翼包围英军，于是，后方立功心切的部队很快就和速度放缓的前军撞在一起，乱作一团。前排的法军只能任由两边那些轻装上阵、动作敏捷、在泥地里行动自如的威尔士长弓手射击，还得对付与他们正面厮杀的英格兰步兵。

　　许多法国士兵可能尚未正式接战就已经命丧自己人之脚——后方援军蜂拥而来，造成踩踏事故，导致不少人溺死在了泥水之中。换种

1　朱丽叶·巴克，英国历史学家，皇家文学学会会员，勃朗特牧师博物馆馆长，专攻中世纪和文学传记。

犀利的说法，盎格鲁-威尔士军队的所向披靡全有赖于法国猪队友的倾情奉献。如果让天空体育频道（Sky Sports）像报道足球比赛一样播报这场战斗，那么赛前预测可能会是法国队阵亡数百，盎格鲁-威尔士队死伤近万。然而，事实恰恰相反。由于担心对手很快会组织发起第二轮进攻，亨利五世丝毫不讲绅士风度，直接下令屠杀俘虏，导致法国军队在这场战争中折损了6000多人。[1]

　　看到这里，你可能会想："等一等！格雷格，这怎么会是一场无关紧要的战役？英国不是把法国打得大败而逃了吗？"没错，英国确实取得了辉煌的胜利。只花了一个下午，整个法国的贵族世家就灰飞烟灭，光王室成员就战死了7位，其中还有3位公爵。这场残酷的屠杀无疑重创了法军的士气和战斗力，同时也大大损害了法国的民族团结。在政治上，法国存在两个对立的派系——阿马尼亚克派与勃艮第派——他们原本在联手抵御英军入侵。但阿金库尔战役的失利造成了联盟的破裂，阿马尼亚克派在战场上损失惨重，勃艮第派见此乘虚而入，进军阿马尼亚克派所占据的巴黎，双方因而自相残杀。

　　与此同时，亨利五世加强攻势，在接下来的4年里陆续占领了诺曼底的多处领地。虽然他在战场上无往不胜，但在与"勃艮第的约翰"（John of Burgundy）[2]进行政治谈判时却大失水准，使得两个敌对派系

1　这只是骑士和贵族的死亡人数（几乎达到了法国贵族的总数），其中包括3位公爵、5位伯爵、90位男爵和1位皇室总管。几乎所有英国骑士都拒绝执行这项有损名誉的杀俘命令，部分是受中世纪军事浪漫主义的影响，但更多是因为这些俘虏就等于一袋袋赎金。最后，卑微的长弓手们处死了这群高贵的法国老爷。

2　勃艮第公爵"无畏的约翰"（Jean sans Peur），一生致力于将勃艮第变成一个完全独立的公国。为争夺患精神病的法王查理六世的摄政权，他刺杀了奥尔良公爵路易一世，两派内斗加剧，法国陷入虚弱。他在英国乘虚而入时宣布中立，未参与阿金库尔战役，接着与亨利结盟，帮助后者控制英吉利海峡。后见英方势大，他又企图与法国宫廷结盟，结果在与法国王太子查理（即后来的查理七世）谈判时被阿马尼亚克派刺杀。

不知为何又走到了一起。后来，约翰突遭阿马尼亚克派刺杀，亨利五世趁机夺得主动权。没错，他和复仇心切的约翰之子菲利普[1]做了笔交易。1420年，《特鲁瓦条约》(Treaty of Troyes)[2]的签订使亨利五世成为法国王位的合法继承人，只要当时的法王——饱受精神错乱困扰的查理六世(Charles VI)[3]——殡天，他就能立刻登基。为促成条约的签订，亨利五世甚至还娶了查理六世之女"瓦卢瓦的凯瑟琳"(Catherine of Valois)[4]。这可真是一记妙招！

　　问题在于，查理六世之子，王太子查理并未就此罢休。他和追随者们来到其他地区，另立门户，坚持守候转机的出现。与此同时，亨利五世发现，当他只是英国国王时，一切都是那么轻松愉快，可等到他也成为法国继承人后，英格兰议会就不再支持自己对外征战。当初为他入侵诺曼底所提供的巨额税收和议会拨款——以及为将部队和军资运往英吉利海峡对面而给海军投入的大笔资金——现在都一分不剩了。所以，如果亨利五世打算继续在法国作战，就得想法子让法国人

1　菲利普三世，绰号"好人菲利普"(Philippe le Bon)，曾率军围困贡比涅，俘虏了圣女贞德（被自己人关在城门外）并将她卖给了英国人。为谋求公国壮大，他指控王太子查理参与了刺杀其父的阴谋，发誓要巩固与英国的同盟，直到查理七世承诺将皮卡第割让给自己才承认了对方的宗主权，放弃与英国结盟。

2　条约规定法国成为英法联合王国的一部分。亨利五世成为法国摄政王，并拥有继承权。签约后，法国领土实际由英王（统治着以巴黎为中心的法国北部）、勃艮第公爵以及王太子查理（法国南方）三方控制。

3　查理六世，又称"可爱的查理"（1422年10月21日去世，比打上门的女婿多活了近两个月，这是亨利五世所万万没想到的），由于他患有精神病，各派为争夺摄政权混战不休，巴黎等地也都掀起了民众暴动。

4　特鲁瓦条约订立后，凯瑟琳便与亨利成婚，次年加冕为英格兰王后；一年后，又飞速升级为王太后（1422年8月31日，亨利五世死于斑疹伤寒，9个月大的亨利六世即位，成为英法两国国王）。此后，她住进温莎城堡，与管家欧文·都铎私通，生了不少孩子（至少6名），其中就包括亨利七世的父亲埃德蒙·都铎。

自掏腰包。没错，英格兰议会确实对国王的"移情别恋"十分不满。[1]

正如格威利姆·多德（Gwilym Dodd）[2]教授所言，当时，亨利五世发现，没了过去那样充足的财政支持，这些烧钱的战役似乎永远没有胜利的那天。假使他真像后世的莎士比亚所塑造的那般英明神武，此刻他大概就会沮丧地意识到，阿金库尔战役并非胜利的曙光，自己已经卷入了一个无解的困境。从14世纪晚期开始，当时的评论家们就清楚认识到百年战争不存在所谓赢家，因为交战双方都没有强大到足以征服对手。然而，亨利五世还是孤注一掷，就像个在29岁参加单身汉派对的橄榄球小伙一样精力充沛，四处征伐。但这次，在损耗大量兵力及军费后，他几乎无功而返。

亨利五世很快就再也无需为此烦心。1422年，命运上演了一出黑色喜剧。在围攻巴黎周边的莫城（Meaux）时，亨利五世不幸患上痢疾。一位驰骋沙场、荣耀无双的王者竟然因腹泻不止而迈向死亡，莎士比亚在剧本终稿里明智地将这一部分略去不写。几周后，一生都饱受精神疾病困扰的法王查理六世也跟着驾崩了。由于合法继承人亨利五世已经不在，根据法律，王位应该传给瓦卢瓦的凯瑟琳与亨利五世之子——另一位控制不住便意的亨利，他还是个婴儿。此时，法国国王还在襁褓之中，自然需要一位摄政王来处理政事。可先前的政治分歧却并未消失，王太子查理的拥护者拒绝接受国王宝宝的统治。难以终结的百年战争就像一部超长的肥皂剧，只是刚刚换上了全新的演员阵容。

---

1 这份条约在英格兰遭到抵制，亨利不得不向议会保证自己不会因"新欢"法兰西而忽略"旧爱"英格兰。

2 格威利姆·多德，英国诺丁汉大学历史系教授，主要从事13世纪晚期至15世纪中期英国政治史研究。

作为勃艮第派的盟友，英国此时只能加大投入，努力消灭支持王太子查理的阿马尼亚克派。好不容易取得一些战果后，英国又撞上了一位据说见过天使的少女，她女扮男装，带兵击退英军，成功解除了奥尔良之围。[1]后来，圣女贞德接连取胜，扭转了战局，还见证了查理加冕为王，而后者在利用完她之后就将其抛开。[2]英国人指控贞德为异端，对她处以火刑，但在那时，她已基本实现了自己的人生目的。正如我的母亲喜欢在气氛紧张的餐桌上指出的那样，1453年，法国赢得了百年战争，这场战争实在是太过持久，就连那荒唐的名字本身都不足以形容它的漫长，因为两国整整厮杀了令人发指的116年！

那么，为什么我将备受争议的阿金库尔战役评为"知名度最高、影响力最低的战役"呢？因为纵观全局，这场战役并未让英国彻底翻盘。在整场战争中，英格兰几乎败局已定，虽然取得了令人惊叹的决战胜利，也确实士气高涨，但它还是最后的输家。阿金库尔战役的大获全胜和法国王位继承人的头衔只会使亨利五世的处境更加艰难，他想让钟摆朝着某一个方向摆动，却对它施加了反向的作用力。

当然，我可从未说过阿金库尔战役没有带来历史影响，显然是有的！法国的政治局势因这场大败而变得格外复杂，许多人也因此丧生。此外，如果没有阿金库尔战役，还会出现最为知名的历史人物之一圣女贞德吗？如果亨利五世未死于痢疾并登上了法国王位，贞德还会起兵抗击英国人吗？也许吧，谁知道呢？！而我在意的是，如果亨利五

---

[1] 英军围困了奥尔良整整209天，王太子已经山穷水尽，屡战屡败，拖欠军饷不说，麾下各派还在内斗，就连他本人也正谋划着逃往别国，这才把一切希望都交给了贞德，而她只花了10天左右就夺回了这座城市。

[2] 奥尔良大捷后，贞德继续挥师北上，收复了包括重镇兰斯在内的失地。她还亲自护送王太子到兰斯大教堂举行加冕典礼，使查理正式继承王位，成为查理七世。可查理七世在勃艮第人俘虏贞德后却并未施以援手或将她赎回。

世在阿金库尔战役中一败涂地，那么王太子查理（查理七世）就会顺利继位。可现实是，亨利五世大获全胜，但王冠最后还是戴在了王太子查理的头上。所以，从短期来看，阿金库尔战役确实是场重大胜利，但放眼全程，它只是这段结果注定的旅途中的一场意外风波。

几个世纪以来，阿金库尔战役已经成为英国人和威尔士人英勇无畏的象征，在危机时刻，士兵们还会祈祷获得如阿金库尔战役一般光荣的军事胜利。然而，事实是，我的确是个讨人嫌的小屁孩，而因我头疼不已的母亲却给出了一针见血的见解。尽管存在许多纪念阿金库尔战役的盛况和典礼，但最终，历史证实这场胜利并不存在长久意义。

妈，我错了！

42

你好，彼得，谢谢你提出了一个经典问题——这是我最常收到的问题之一。我会尽量长话短说，毕竟不是每位读者都想要了解便溺之事——如果你希望知道更多关于厕所的历史，可以去翻翻我的第一本书《一天中的百万年》（*A Million Years in a Day*）。彼得，我看到你说的是"全副武装"，也就是穿脱可能极为麻烦的全套盔甲。然而，盔甲的历史是个不断加强防护手段的故事，所以在某种程度上，问题的答案取决于我们讨论的是这个故事中的哪一段。

如果我们参考的是1066年的黑斯廷斯战役，当征服者威廉入侵英格兰时，他麾下的士兵——以及他的对手国王哈罗德·葛温森的部下——会在布制裤子外面套上一件长长的链甲（锁子甲）[1]，因此他们上

1　公元前5世纪或更早出现的铠甲，最先可能由黑海北部的斯基泰人发明，用细小的铁环相套，形成一件连头套的长衣，罩在贴身衣物外面，重约15公斤，可有效防护利器和弓弩的杀伤，难以抵挡重型武器。

厕所时比较方便，只要撩起锁子甲褪下裤子就行。其实，我们还能在历史上的晚些时期找到几幅描绘这一过程的中世纪精美插图。

接下来，人们开发了半身板甲，即用结实的钢板保护身体要害，其余部位依旧使用锁子甲。[1]通常，防护下身和臀部的是便于提起的锁子甲裙甲，或从前髋（腰甲）延伸到臀部（护臀甲）的坚固钢制裙甲。它们可以使这些敏感部位免受自上而下的打击，却防不住自下而上的"打鸡"，所以骑士会在裆部填充大量衬垫以守护自己的宝贝。他们完全可以上厕所，只是过程有点麻烦，因为事先必须弯腰蹲下，取出这些衬垫。

此外，还有其他一些复杂因素。板甲的穿戴方式可能略有不同，通常每块板甲都由一根绕在对应防护部位后部的皮带固定，穿过板甲的钉子使它们相互拼接交叠，固定在适当位置。厚重的腿铠（腿甲）则会挂在骑士吊袜束腰带或骑士夹克的钩子上，使骑士可通过背部和腹部的核心肌群来分担压力。真是明智之举。

然而，这也意味着骑士在打算脱下裤子上厕所时，可能会发现如果不先解除腿上的保护装置，就很难弯下腰去，特别是在穿了吊袜束腰带的时候。这种情况下，骑士大概会示意侍从帮自己取下或提起挂着的腿甲，如果他已经把腿甲套在了大腿上，那就得取下护臀甲，这样他才好蹲下来。但即便如此，骑士还是能够上厕所，就是有点费事。

不过，当意大利和德国工匠在15世纪锻造出全套板甲，并在16世纪早期将盔甲式样玩出花来后，上厕所肯定也就变得愈发棘手。那

1　板甲雏形为14世纪初出现于西欧的铁胸半身板甲。后来，工匠会用钢板制造整体的铁手套、护臂、护腿和大型护心镜，但它们并非一整套铠甲，而是用皮带固定在四肢上的锁子甲的加强部件。

种专门用于比武竞技的板甲[1]更是将骑士全身上下——包括裆部和臀部——都紧紧裹了起来，总之，我不是在挖苦，但他们真的很像漫威里的钢铁侠。如果没有他人帮助，骑士自己几乎不可能脱下这身扣得死死的板甲，也就是说，这回骑士可无法自个儿上厕所了。

值得注意的是，当骑士经常身陷危机、肾上腺素急剧分泌，以及由于中世纪糟糕的饮食卫生而患上痢疾时，如厕事故可能时有发生。事实上，不少骑士可能会拉在身上，然后把又脏又臭、咯吱作响的盔甲和紧身裤丢给侍从和洗衣妇擦洗干净。哇，浪漫的中世纪！

---

1 与实战不同，锦标赛有固定规则，因此工匠根据不同项目设计了不少特化的板甲装备，比如只能维持一个姿势、防止武器脱手的固定式臂铠，以及左肩比右肩大上一圈，逼死强迫症的枪术赛专用甲。

43

这是个相当重要的问题，因为世间一直都存在许多失聪之人，而他们却很少受人铭记。如果我问你其中有哪些人名留青史，我猜你最多只能报出贝多芬、海伦·凯勒，或许还有托马斯·爱迪生的名字。老实说，大多数人都不太了解残疾人的历史，所以，达纳拉尔，我很欣慰你问了这个问题，尤其是因为你认识到了在生活中找到知识空白并努力将其填补的重要性。

值得高兴的是，如今已有不少历史学家，比如艾米莉·科凯恩（Emily Cockayne）[1]博士、杰普蕾·维尔迪（Jaipreet Virdi）[2]博士、埃斯

---

1 艾米莉·科凯恩，东安格利亚大学近代早期史副教授、文化历史学家，主要关注英国人际关系、物质文化及环境的历史。
2 杰普蕾·维尔迪，特拉华大学助理教授，负责残疾史和医学史课程，重点研究医学技术如何影响残疾人的生活。

梅·克利尔（Esme Cleall）[1]博士、迈克·格列佛（Mike Gulliver）[2]博士和杰拉尔德·谢伊（Gerald Shea）[3]，针对失聪展开了出色的学术研究。学者们主要关注失聪者的人生经历、社会怎样对待他们、他们如何创造自我表达的方式，以及各种旨在帮助丧失听力人士的医疗和技术干预手段。我将从失聪者的自我表达开始讲起，因为相比听觉辅助技术，手势和正规手语有着较为深远的历史，而技术发展之路则更加令人心酸。

我们几乎可以肯定，手语要比语言更古老，因为人类的表亲猿猴就能极为熟练地用手语交流——大猩猩可可（Koko）[4]在2018年去世之前，已经掌握了约1000种不同的手势来和看护者沟通（它会做出"我的、冷、杯子"的手势来讨要冰淇淋），早期人类很可能也是这么交流的……呃，讨要冰淇淋除外。即便智人早在大约10万年前的石器时代就已经能够通过语言交流，但使用不同语言的群体之间可能仍会借助手语沟通。

而聋哑人使用手语的证据最早似乎可以追溯到古埃及时期，不过手语存在的确切证据还是在古希腊时期，因为苏格拉底（据其门徒柏拉图所说）曾表示："如果我们没有舌头或无法发声，岂不得像聋哑人一样通过手、头和其他部位，使用肢体语言才能彼此交流？"

据我们所知，英国最早的正规手语并不是为聋哑人开创的，而是

---

1 埃斯梅·克利尔，谢菲尔德大学历史系讲师，负责教授英国社会和文化历史，以及19世纪英国的种族和残疾人问题。
2 迈克·格列佛，布里斯托大学历史系研究助理，他的兴趣在于宗教和聋人历史，如18、19世纪的教堂与聋哑人。
3 杰拉尔德·谢伊，手语史学家，成年后听力受损，部分失聪，著有《无言之歌》（*Song Without Words*）。
4 一只出生于旧金山动物园的母大猩猩，一岁时由动物行为研究者、心理学家佩特森领养，并学习人类手语。

专供那些立下沉默誓言的人使用的。在中世纪的坎特伯雷大教堂，修道士们要遵循圣本笃会规[1]，每天除念诵祷文、吟唱圣歌外，只得进行有限的日常交流。一份千年之前的手稿记录了他们所用的手势，包括127种表示苦修生活中常见事物的手势。例如，如果一名修道士需要肥皂，就会用力搓动双手；如果他想要自己的内裤，便会将双手向上摸过大腿，模仿穿内裤的过程。当然，如果他的动作过于浮夸，就会不小心显得像个好色的变态，因此一定要注重动作幅度。

聋哑人手语的最早书面记录之一是段相当简短的优美文字，描写了1575年托马斯·蒂尔西（Thomas Tillsye）和乌苏拉·拉塞尔（Ursula Russel）的婚礼现场。资料显示托马斯是位聋哑人，所以他用手语表达了自己的结婚誓言，包括"至死不渝"这一句：

> 他先伸出双臂拥抱她，拉住她的手，为她戴上戒指，然后将一只手放在她的胸口，接着向天举起双手。为表示自己愿意与她共度余生，他用手合上自己的眼皮，之后用脚掘土，再做出像是在拉铃的动作……

事实上，艾米莉·科凯恩博士在这个时代发现了大量证据，她指出："日记和文学作品中提到的与失聪人士的接触过程表明，通过手势和肢体语言构成的即兴语言，失聪人士能与陌生人进行大致沟通，还可与亲密之人展开细致交流。"我们也找到了16世纪的博学之士——如英国人弗朗西斯·培根和法国人米歇尔·德·蒙田（Michel de

---

1　由西方隐修之父圣本笃拟定，注重自给自足，共度团体献身生活，经常为其他修道院所参考采用。

Montaigne）[1]——对聋哑人的评价，后者曾表示："聋哑人可以通过比画手势来参与辩论、表示反对和讲述故事。我见过一些知识渊博、肢体语言灵动丰富的聋哑人，他们其实也能完美传达自己的意思。"

近代早期之前，许多失聪人士似乎通常不会形成他们自己的独立群体。大多数聋哑人出生在听力正常的家庭，因而可能会发展出各自专属的交流体系，所以彼此陌生的失聪人士在初次见面时可能无法顺畅沟通。不过，在大约5个世纪前，一些教育思想家开始逐步思考适用于聋哑人的标准沟通方式。最早提倡向聋哑人教授手语的是16世纪中叶的一位西班牙修道士佩德罗·庞塞·德莱昂（Pedro Ponce de León）[2]，继承这一理念的还有1620年逝世的胡安-巴勃罗·博内特（Juan-Pablo Bonet）[3]。

不过，达纳拉尔问的是英国历史上的手语第一人，所以且让我们转向聋哑人教育的早期倡导者约翰·布尔沃（John Bulwer）[4]医生，他开发了一套用手势表示字母的手语系统。布尔沃在他1648年完成的著作《哲人：或是聋哑人之友》（*Philocophus: or, the Deafe and Dumbe Man's Friend*）中写道："你们已经可以通过手势真实地表达自己的想法，大家是一样的，只是你们习惯借助手势沟通，而我们习惯使用语言交流。"他还确信，"天生聋哑之人……可以通过手势进行巧辩……"，也就是说，失聪并不影响他们上演一场精彩高妙的辩论。然而，和

---

1 米歇尔·德·蒙田，文艺复兴时期法国思想家、作家、怀疑论者，以《随笔集》（*Essais*）三卷留名后世。

2 佩德罗·庞塞·德莱昂，西班牙本笃会修道士，成功教会了因失聪而被本笃会拒之门外的加斯帕德·布尔戈斯（Gaspard Burgos）如何讲话交流，可惜他的教学方法已经失传。受他的影响，许多由于失聪而被法律剥夺继承权的贵族后代都改变了原本的命运。

3 胡安-巴勃罗·博内特（1560—1620），西班牙神职人员和教育家，聋人教育的先驱。

4 约翰·布尔沃（1606—1656），英国医生、作家和聋人早期教育家。

同时代的大多数哲学家一样，布尔沃认为那些未能建立语言系统的人——无论是口语还是手语——也无法掌握理性思维。在他看来，能够与人沟通是作为人类的核心原则。

1680年，苏格兰教师和语言学家乔治·达尔加诺（George Dalgarno）出版了名字有点拗口的《失聪者的老师》（*Didascolocophus*）一书，提出了一种用左手指尖来表示元音的手语字母表。有意思的是，达尔加诺不仅对失聪感兴趣，还在研究是否存在一种全人类共享的通用语言，若是能解锁这种语言，各门语言在转换时可能就不会再出现误译。

对我们来说，这些著作可能已经相当古老，但在争夺英国首位语言治疗师这一名头的竞赛中，布尔沃和达尔加诺或许落后了1000年，因为传统上，这一荣誉称号应属于逝世于公元721年的约克郡主教"贝弗利的圣约翰"（St John of Beverley）。他因创造了许多神迹而被封为圣徒，其中广为传颂的一条就是治愈了某个聋哑人。不过，依据中世纪德高望重的修道士"可敬的比德"（Venerable Bede）[1]所记录的故事细节，贝弗利的圣约翰并没有创造医疗神迹，而是采用了与18世纪的语言治疗手段类似的的方式，耐心辅导聋哑人清晰地吐出音节、发出声音，然后再念出单词，就这样一个个单词教下去。

事实上，正规的儿童聋哑学校正是在18世纪中叶出现的，其中最为知名的先驱也许当属托马斯·布雷德伍德（Thomas Braidwood）[2]。颇

---

1 "可敬的比德"，英国盎格鲁-撒克逊时期的编年史家、神学家，被奉为"英国史学之父"，著有《英吉利教会史》，开创了以耶稣基督诞生之年为基准的纪年方法——"B.C."（基督诞生之前）和"A.D."（我主纪年）。

2 托马斯·布雷德伍德，苏格兰教育家，英国第一所聋哑学校的创始人，采用了一种结合手语、发音、说话和唇读的教育方式。

负盛名的辞典编纂家塞缪尔·约翰逊（Samuel Johnson）¹博士对布雷德伍德在爱丁堡建立的聋哑学校大加赞扬，那些能正确发出复杂单词读音的聋哑学生给他留下了深刻印象。就此看来，布雷德伍德基本是位"口唇语教学家"，希望帮助聋哑学生掌握说话和唇读技巧，来适应这个通过语言进行交流的世界。

然而，更贴切地说，这种教学秘技——在他去世后由其外甥约瑟夫·沃森（Joseph Watson）²于1809年公布——其实是种**组合系统**，在教发音时，会将语音拆分为音节，然后再组成单词，还会辅以指语、手语以及写作练习。布雷德伍德的学生大多非富即贵，沃森则继承并改良了他的教学方式，并在第一所为出身普通的聋哑儿童而建的公立聋哑学校教书。这也使得沃森后来成为英国手语（BSL）发展之初的重要人物。

不仅聋哑学校的投入有所增加，英国法律体系也出人意料地轻松接受了证人使用手语作证。1773年，伦敦中央刑事法院聘请了有史以来第一位聋哑人口译员来协助判案，她叫范妮·拉撒路（Fanny Lazarus），我非常喜欢这个名字的寓意！³这不仅表明法院将聋哑人视为可靠的证人，也意味着法官和陪审团即便在自己无法直接理解证词的情况下，依旧完全信任第三方译员能够准确地将手语转化为言语。

---

1 塞缪尔·约翰逊，英国作家、文学评论家和诗人，考入牛津大学后由于家贫辍学，后因编写《英语大辞典》而扬名，牛津大学为他颁发了荣誉博士学位，所以人们常常称他为"约翰逊博士"。

2 约瑟夫·沃森（1765—1829），伦敦聋哑人收容所（London Asylum for the Deaf & Dumb）的校长，在《关于聋哑人的教育》（*On the Education of the Deaf and Dumb*）一书中详细描述了他的教学方法。

3 拉撒路是《圣经·约翰福音》中的人物，他病危时没等到耶稣的救治就死了，但耶稣一口断定他将复活，4天后，拉撒路果然死而复生，证明了耶稣的神迹，于是很多人都信了耶稣。

聊了这么多关于聋哑人通过手语表达想法的事情，现在是时候把注意力转向治疗失聪的医疗和技术手段了。遗憾的是，接下来的内容会先令你毛骨悚然，然后感到十分泄气，请大家做好迎来消极信息的心理准备。

过去，医学界对失聪的认知尚不明确，早期的治疗手段也十分粗糙。杰拉尔德·谢伊在其重要研究《光的语言：无声之声的历史》（*The Language of Light: A History of Silent Voices*）中留下了一段令人心悸的文字：

> 在中世纪，人们会把烧红的煤块强塞进聋哑人的嘴里，认为能够"借助灼烧的力量"让他们开口说话。这类暴力实验一直持续到18世纪之后，包括将导管插入鼻孔，在鼻腔内左右旋转，使其伸入咽鼓管，然后注入灼热的液体……其他疗法包括：在一个失聪女孩的头骨上钻些大孔，令她借助脑洞"听"到声音；将乙醚或电流引入耳道；刺穿鼓膜并向中耳腔注入烧灼剂，留下永久的伤痕；往颈部涂抹某些会使皮肤严重糜烂的药剂，然后把据说拥有魔力的树叶点燃并装入圆筒，从后颈到下巴来回滚动，施行灸疗；敷上胶棉并将其点燃；使用催吐剂和泻药；拿热针对乳突[1]进行针灸或切除乳突。

帮助聋哑人恢复听力还有一种不那么痛苦的方法：设计助听器。早在16世纪50年代，学者们就发现了骨传导以及咬住棒子可能有助于声音更好地传到耳朵里。到了17世纪中叶，一些欧洲自然科学家记录

---

1 位于外耳道之后，鼓室后下方，含有许多大小不等的气房，乳突气房通过鼓窦与中耳鼓室腔相通。

了他们研发的助听筒，其中阿塔纳修斯·基歇尔（Athanasius Kircher）[1] 的设计最为引人注目。他相信如果声波像过山车上尖叫的孩子们那样螺旋着冲进来，就能更好地在耳内来回振动；基于这样一种错误认知，他设计了一款螺旋状助听筒。骨传导**齿棒**（tooth-rods）和助听筒是最常见的机械助听器，在19世纪中叶，有几项专利被颁发给了那些可能更易于隐藏在耳后的原型机。

　　1898年，随着电话和碳粒传声器设计中所运用的声学工程的发展，助听器迈向了电子时代。说起电话，你们一定知道亚历山大·格拉汉姆·贝尔（Alexander Graham Bell）[2]，电话作为他事业上的突出成就，多少掩盖了他消灭失聪的热忱之心。由于母亲和妻子是聋哑人，贝尔一生都在钻研声音技术，身为一个实用主义者，他学会了通过手语来与她们这样的成年人交流。但在开办儿童聋哑学校时，他就成了一位坚定的"口唇语教学家"，坚持要求学生通过训练听力、掌握唇语及手语来学会说话。

　　像那个时代的许多思想家一样，贝尔是个信奉生物纯洁性观念的优生学家。他认为，有权繁衍后代的人群的素质决定了社会种群会发生优化还是退化。虽然贝尔不提倡绝育，但他认为聋哑人贸然结婚生子、创办聋哑人社交俱乐部，并和其他失聪人士聚会的行为，会使失聪成为一种传遍全美上下、造成社会威胁的畸形。贝尔抱怨他们这是在自我隔离，会造成社会分裂。在他看来，英语应成为国家的黏合剂，包括聋哑人在内的所有人都该学习说话技能，贝尔还表示："问说话能

1　阿塔纳修斯·基歇尔，欧洲著名的"百科全书式"学者，被称为"最后一位文艺复兴人物"，著有40多部拉丁文作品。
2　亚历山大·格拉汉姆·贝尔，苏格兰裔美国发明家、企业家和声学生理学家。他确实拥有电话的发明专利，但安东尼奥·梅乌奇·伊莱沙·格雷可能也是"电话之父"。此外，贝尔还拥有听力测量仪器、巨型载人风筝等发明。

力的价值，就像是问生命的价值！"

贝尔认为自己知道什么对年轻学生而言才是最好的选择，他还相信，聋哑人在使用手语时会勾起他人的注意，等于在当众出丑："在我看来，推行口唇语教学体系的精髓在于让聋哑人感到自己与常人没有不同，使他们可以避免将生理缺陷暴露给世人；而在使用特殊语言（手语）时，他们是在以缺陷为荣，以身为聋哑人为荣，以与世人不同为荣。"

对亚历山大·格拉汉姆·贝尔而言——凯蒂·布斯（Katie Booth）在《奇迹发明》（*The Invention of Miracles*）[1]一书中详细表述了贝尔对失聪的态度——聋哑人说话教学和电子声学工程之间的强力二重奏是治愈他所痛恨的疾病的良方。贝尔还是一名出色的说客，在他的推动下，19世纪80年代教育改革效仿了1880年在米兰召开的第二届世界聋人教育大会的讨论结果：支持聋哑人口唇语教学。许多聋哑学校几乎取消了手语课程，直到20世纪80年代，这项政策才开始改变。在此期间，聋哑人及其文化受到了严重损害。结果，英国手语——几个世纪前在婚礼教堂和法庭上所使用的手语的变体——直到2003年才被视为一种官方语言。

1　凯蒂·布斯，匹兹堡大学的写作教师，出生在有聋哑人家庭的她于2021年推出了这本颠覆了贝尔形象的传记作品，包括贝尔过分强调言语交流，导致许多聋哑人被剥夺了使用手语的权利，对优生学的贡献也被纳粹所滥用等。

　　先给你个挑战：请说出一位史上著名的口译员。这并非一个无解的问题，因为确实有不少口译员名垂史册，但如果你被难住了，我也不会怪你。毕竟，谁会在意口译员呢？历史只要铭记那些展开硬核谈判的大人物就行了，对吗？而且，无论是对图书译者，还是神秘惊悚的斯堪的纳维亚谋杀剧[1]的字幕组成员，我们都是这个态度，不是吗？译者需要完成大量的语言转换工作，还得做到慎之又慎。没人知道他们的名字，也没人关心他们的存在。可若是少了翻译，世界将会完全变样。

　　口笔译人员经常参与创造历史，却很少登上头条。不过也有一些例外，我最先想到的是在联合国大会上废话连篇的利比亚领导人卡扎

1　即北欧犯罪悬疑剧，如《瓦尔哈拉连环谋杀》《绝境》《桥》《谋杀》等。

菲上校[1]，据报道，在他咆哮了75分钟后，负责同传的口译员终于崩溃并绝望地喊道："我受不了了！"另一个麻烦的家伙是美国总统唐纳德·特朗普，日本口译员不但要努力抓住他那番胡言乱语中的有效信息，还得忍受各种令人震惊且尴尬的粗鄙之语。某位高级同传人员抱怨说，在遇到特朗普前，他们从没翻译过"疯子！"或"抓住她的私处！"[2]这类内容。

口译可不是一项谁都能上手的技能。译员不仅需要熟练掌握多门语言，长时间保持注意力高度集中，还得镇定耐心，能做到随机应变，通过慎重用词化解潜在危机。所以，托马斯提出了一个很好的问题。据我所知，外交翻译的历史可以追溯到青铜时代的那些习惯侵略异邦的帝国。在大约4400年前，古埃及人曾试图同自己的邻居努比亚人开展贸易，虽然我们不清楚是谁在充当翻译。据推测，这位译者可能是个在敌国待过一段时间，学会了当地语言的商人或学者，而不是某个无礼的家伙在那儿大喊："我，埃及人！我想做贸易！你想要贸易吗？"

古埃及人还留下了史料有载的最早的和平条约。签订双方为伟大的拉美西斯大帝和他的劲敌赫梯国王穆瓦塔里（King Muwatalli）。公元前1274年，两国之间爆发了卡迭石战役[3]，虽然彼此死伤惨重，战事陷入僵局，但双方都宣称自己才是赢家。这就像是古代版的"那家伙比我更惨！"到头来，拉美西斯大帝和穆瓦塔里只得签订了一份休战

---

1 2009年联合国大会期间，卡扎菲上台发言。按照常规，发言时间应在一刻钟之内。然而他却喋喋不休了近100分钟，还公然挑战"五常"地位的合法性，讽刺联合国形同虚设，并作势要撕毁《联合国宪章》。

2 "抓住她的私处！"（Grab her by the pussy!）这句脏口出自特朗普于2005年录制的炫耀玩弄已婚女性的视频。

3 公元前1274年，埃及法老拉美西斯二世率2000辆战车和近16000名步兵御驾亲征，欲夺取赫梯的军事要塞卡迭石，赫梯国王穆瓦塔里二世带领2500辆战车与15000名步兵迎击，战后两国依旧冲突不断。

协议[1]——乐观地将其命名为"永恒的和约"——并将和约内容刻于银板之上，其中，赫梯的版本使用了当时国际通用的外交语言阿卡德语，埃及的那份则以象形文字铭刻在神庙墙壁上。

两位国王还开始互写一些看似嘘寒问暖，实则暗藏讽刺的信件，王后之间也是如此，我们因而推测译者至少在部分程度上参与其中。例如，据我们所知，在此之前半个世纪修建的霍伦海布（Horemheb）[2]将军墓中有座浅浮雕，上面描绘了一名口译员听取法老旨意，转头传达给聚在一起的外国代表，告诉他们这消息是好是坏的过程。显然，在古埃及历史的各个时期，宫中都曾有一些翻译在晃来晃去。

近1000年后，马其顿的征服狂人亚历山大大帝也雇用了口译员，尤其是因为他最终拥有了一个庞大的帝国，却不知如何用特定方言讲出这句"吾乃天下共主！"对亚历山大而言，最为重要的一门外语当属波斯语；在战争中击溃大流士三世（King Darius III）[3]之后，亚历山大占领了波斯帝国，却无法同那些归附自己的臣民交流。这肯定不利于司法工作顺利开展。幸运的是，有位新臣子——其母亲为波斯人，父亲讲希腊语——毛遂自荐，成了亚历山大的翻译。

罗马染上帝国瘾时也为类似的问题头疼过。按西塞罗（Cicero）[4]的说法，翻译属于低级别的公职人员，他们可能曾是战俘、奴隶、游学者或商人。西塞罗自己在担任西里西亚（今土耳其）总督时，也不得

---

1 签约时，赫梯国王应该已经换成哈吐什尔三世了。

2 霍伦海布（公元前1319—前1292），古埃及新王国时期第十八王朝的末代法老，曾是图坦卡蒙在位期间的将军。由于图坦卡蒙和阿伊死后没有男性继承人，霍伦海布效仿大臣阿伊，自己登上了法老宝座。

3 大流士三世，波斯帝国阿契美尼德王朝末代君主，本是一位魄力不凡的中兴之主，可惜继位不久便撞上了亚历山大。

4 西塞罗，全名马尔库斯·图利乌斯·西塞罗（Marcus Tullius Cicero），古罗马著名政治家、哲学家、演说家和法学家。

不雇用了一位口译员。我们还从老普林尼那儿了解到，由于罗马拥有庞大的贸易网络，仅一个黑海港口就需要130名口译员来帮助那些操着300门不同语言的商船水手进行交流。当然，在《星球大战》中，只要一台C3PO[1]就能搞定600万种语言，谁让罗马人的机器人制造技术有些落后呢？

罗马人与古代中国有过交流，后者称罗马帝国为"大秦"。除了艺术家和商人之间的接触外，罗马帝国皇帝马可·奥勒留还在公元166年向中国派出了一支大型海上外交使团。罗马人也直接从印度进口香料和黑胡椒，尼禄甚至曾派出远征队穿过埃及，寻找尼罗河的源头，不过这场探索最后以耻辱的失败而告终，因为他的手下陷在了苏德沼泽[2]里。所有这些活动大概都离不开资深翻译的参与，他们会与当地居民谈判，避免事态升级而引发暴力事件（并请他们帮忙找回自己的湿地凉鞋）。

口译员并不总是一份轻松安全的工作。据说，雅典人和斯巴达人曾将波斯皇帝大流士大帝[3]派遣来的手无寸铁的使者丢到井里。根据某些版本的史料记载，这是因为那些使者是叛变投敌的希腊人。无论怎样，这种行为都有违外交原则。

另一位名为布拉杜基奥斯（Bradukios）的波斯口译员则遇到了全然相反的情况。公元548年，他奉命出使拜占庭帝国，与查士丁尼大

---

1 沙漠行星塔图因上的天才阿纳金·天行者在9岁时用废弃残片和回收物制造了这台礼仪机器人。

2 苏德沼泽，南苏丹中部低地，宽约320千米，长约400千米，河网密集，沼泽广布，居住着以畜牧为生的努尔人。

3 大流士大帝，即大流士一世，波斯帝国第三位皇帝，继位不到一年就先后发动18次战役，使波斯帝国重归一统，自称"万国之王"，命人刻下了为自己歌功颂德的《贝希斯敦铭文》，后世尊称他为"铁血大帝"。

帝（Emperor Justinian）谈判。抵达后，布拉杜基奥斯受到了热烈欢迎，查士丁尼大帝甚至在晚宴上赐他坐到自己身旁。其待遇之高让波斯皇帝起了疑心，因为按理说，翻译连坐在芝麻官身边的资格都没有。"布拉杜基奥斯显然与敌方有勾结！"皇帝想道，"他一定是背叛了我！"于是，在布拉杜基奥斯赢得了拜占庭的信任，获取外交胜利并凯旋后，他的付出得到了回报——死刑。

其他外交风险还包括目的地太过遥远，使团经过长途跋涉可能会出现减员；1788 年，英国第一次遣使来华时，大使查尔斯·卡斯卡特（Charles Cathcart）就倒在了路上。继他之后出使的是声名狼藉的乔治·马戛尔尼（George Macartney），[1] 这个家伙倒是安全抵达，但他手下仅有一位在意大利上船的中国天主教修道士充当翻译。不幸的是，这位翻译不通英文，只懂得拉丁语。万幸的是，马戛尔尼受过良好教育，并且没把拉丁文知识还给老师。那些出入清宫的法国耶稣会士大概也给予了他一定帮助。

然而，说实话，此次出使意义不大，因为清廷对签署贸易协定几乎毫无兴趣，在中国皇帝眼中，英国是在以对手国而非可靠伙伴的身份提出各种要求。离开北京在中国各地游历的马戛尔尼收到这个坏消息后，把这场失败归因于自己拒绝向乾隆行三跪九叩之礼，并表示自己之所以这么做，是因为他代表的是与中国皇帝平起平坐的英王乔治三世，而他的跪地磕头会让国王陛下受辱。这样一来，贸易谈判的受挫就被解读为一场礼仪冲突而非一次政治失利，直到最近，历史学家

1　1792 年，马戛尔尼一行以贺乾隆八十大寿为名出使中国，他向和珅递交了国书，还就跪礼与礼部发生了争执。此行的主要目的（开放舟山等地为商埠，减免广州、澳门往来各税）因涉及割地免税而遭清政府严正拒绝。

们都还接受这个说法。[1] 所以，归根结底，这并不是外交翻译的失败，而是一笔说得好听的糟糕交易。

当然，马戛尔尼并非首个在中国开展外交活动的欧洲人。据说，在13世纪60年代初，威尼斯商人马可·波罗就已经入朝觐见忽必烈，还被派往欧洲和亚洲各地，执行各种外交任务。历史学家们就马可·波罗是否真的去过那些地方争辩不休（有些人认为这纯粹是浪漫故事），也有一些人在讨论他会使用哪门语言，是皇家用语蒙古突厥语、行政用语波斯语、汉语方言，还是其他语言呢？在他为元朝政府效力的17年里，就算只是点餐，他也肯定掌握了不少实用的短语。

在马可·波罗造访中国的10年之前，佛兰芒方济各会修士鲁不鲁乞（William of Rubruck）[2] 就已奉法国国王之命，向蒙古人（欧洲称其为鞑靼人）传教。后来，鲁不鲁乞写下了一本记录蒙古风土人情的游记，这部作品不仅相当引人入胜，还因为那位名叫"图格曼努斯"（Turgemannus）的翻译而变得异常有趣。这位口译员被描述为Homo Dei，即"神人"（a man of God），但其翻译水平却蹩脚得令人发笑，在旅途中的大部分时间，他都无法转述鲁不鲁乞的布道辞。有一次，当鲁不鲁乞像卡扎菲上校一样滔滔不绝时，这位笨头笨脑的口译员直接累瘫在地，一个单词都想不起来了。最为搞笑的一幕是，当一行人终于来到伟大的蒙古可汗面前，正打算开始交流时，鲁不鲁乞就发现自己的翻译已经因为痛饮面前免费的黄酒而醉得一塌糊涂了！

---

1 过去，在讲中国近代史时，一些史学家会强化马戛尔尼访华受挫和清朝磕头礼仪的关系，强调中国皇帝自大愚昧，不肯和英国平等相处、进行平等贸易，这样一来，他们觉得发动鸦片战争就变得有道理了。

2 鲁不鲁乞，亦作"卢布鲁克"（Guillaume de Rubru-quis，约1215—1270），1253年，由法国国王路易九世派赴东方，向蒙古人宣传基督教义，用拉丁文写下了出使报告《东游记》（*Itinerarium ad Partes Orientales*）。

1492年，克里斯托弗·哥伦布在寻找一条更为快捷的通往胡椒产地印度群岛的航线时，也遭遇了类似的翻译危机。由于预期会碰见穆斯林和蒙古人，他带上的都是阿拉伯语翻译——比如路易斯·德·托雷斯（Luis de Torres）[1]——当他们狼狈地来到古巴后，才发现这些口译员根本帮不上忙。为了培养翻译人才，哥伦布试图绑架原住民，将其送到欧洲学习西班牙语，叫他们皈依天主教，然后返回家乡担任翻译。部分拒绝接受这一命运的土著直接选择了跳海。

行动受挫后，哥伦布来到另一座岛上重施故伎，不过可能是觉得上次的失败是因为原住民不愿意与家人分离，所以这次，哥伦布除了抓他想要的男性土著外，也没放过妇女、儿童。虽然他也不清楚这些俘虏到底是不是一家人，但根据记载，确实有位土著在发现妻儿遭人掳走后，拼命游向哥伦布的船并爬上了去。这批俘虏中的一位在哥伦布后来的航行中为其提供了翻译服务，那是个年轻的泰诺人[2]，哥伦布把他运到西班牙，给他施洗并取名为"迭戈·哥伦布"（Diego Colón）[3]，教会他西班牙语，甚至还私下收养了他，后来，他充当新认的欧洲"父亲"的喉舌重归故土。

泰诺人这一陌生人种的发现让欧洲人很是兴奋，而这种强迫土著接受沉浸式语言教学的策略在那个时代十分常见。这让我们回到了原点。在本文开头，我问过大家能否说出一位史上著名的口译员。是

---

1 路易斯·德·托雷斯，犹太人，精通希伯来语、阿拉姆语、阿拉伯语和葡萄牙语，曾担任穆尔西亚总督的翻译。

2 泰诺人，加勒比地区主要原住民之一，由于殖民者的殖民屠杀，现在泰诺人及其文化几乎已经绝迹。

3 克里斯托弗·哥伦布的长子也叫这个名字。这名被从瓜纳哈尼岛带到巴塞罗那受洗的土著在哥伦布第二次航行中发挥了重要作用，此行哥伦布开始要求泰诺人进贡，他们从此过上了"不上贡，就砍手"的生活。

的，在美国，有两名土著口译员经常出现在课本上，其中，第二位是萨卡加维亚（Sacajawea）[1]。在1804年，这名莱姆哈伊的肖肖尼族[2]的年轻女性作为刘易斯与克拉克远征的向导，带领他们穿过了路易斯安那购地案所涉及的土地，并在遇到其他部落时担任翻译，协助谈判。[3]其实，这是一个相当复杂的过程。萨卡加维亚不懂英语，但由于在小时候遭希达察族的印第安人俘虏而学会了希达察语。后来，她被同样会说希达察语的法裔加拿大毛皮猎人图桑特·夏博诺（Toussaint Charbonneau）买下为妻。所以，如果萨卡加维亚想对刘易斯和克拉克说些什么，她得先把自己的想法告诉她丈夫，接着夏博诺再转述给探险队中会讲法语的成员，再由后者将其译成英语。

第一位土著口译员则是帕图西特（Patuxet）部落的提斯匡托姆（Tisquantum），又名斯匡托（Squanto），他向乘坐"五月花号"（Mayflower）来此定居的移民们伸出援手，促成了著名的感恩节大餐的出现。而他之所以会说英语，是因为他曾被英国探险家托马斯·亨特（Thomas Hunt）掳掠为奴，卖给了西班牙马拉加的修道士。斯匡托在修道士那儿皈依了基督教，后又辗转来到英国。巧合的是，著名的印第安公主玛托阿卡（Matoaka）——当时她的英文名叫丽贝卡（Rebecca），但她真正家喻户晓的名字还是"波卡洪塔斯"

---

1 萨卡加维亚，美国西部拓荒时期的传奇女性，被誉为"鸟般的妇人"，其形象经常出现在作品中，如《博物馆奇妙夜》。

2 肖肖尼人是北美印第安居民集团，活动范围包括内华达州、犹他州北部、爱达荷州、怀俄明州西部和得克萨斯州西部。莱姆哈伊位于美国爱达荷州中部，萨卡加维亚的族人就生活在此。

3 1803年的路易斯安那购地案中，美国花1500万美元（以GDP相对比例计算，相当于2004年的4178亿美元）向法国购买了超过214万平方公里土地，接着杰斐逊总统发起了由美国陆军的梅里韦瑟·刘易斯上尉和威廉·克拉克少尉领队的"刘易斯与克拉克远征"（Lewis and Clark Expedition, 1804—1806）。

（Pocahontas）[1]——在早逝之前的最后一段短暂时光也是在此度过。

斯匡托离开英国，返回家乡后，才得知族人大都已经死于瘟疫，自己成了最后一个帕图西特部落成员。于是，斯匡托加入了"五月花号"的移民群体，教会他们如何在这个陌生环境中生存下去。不久之后，斯匡托也因病去世，众人为此沉痛哀悼。

最后再快速介绍一下玛琳钦（Malintzin），也叫唐娜·玛丽娜（Doña Marina），是琼塔尔的玛雅人送给西班牙征服者埃尔南·科尔特斯（Hernán Cortés）[2]的纳瓦人女奴。她怀上并生下了科尔特斯的儿子，还在西班牙征服阿兹特克帝国期间担任他的翻译。作为给这片土地造成巨大历史创伤的核心人物，玛琳钦的名声变得两极分化：在墨西哥民间传说中，她是诡计多端的妖女和人民的叛徒，为报复阿兹特克人对她的奴役而出卖了他们；也有人想彻底将她重新解读为惨遭奴役和胁迫的可怜受害者。[3]而在其他人看来，她只是一个最先融合了欧洲血统与美洲印第安人血统并诞下混血儿（mestizo）[4]的女人而已。

上述故事都在提醒我们，有的普通人因其语言技能而卷入一些重大历史事件，并在其中扮演了关键角色。然而，在这些故事中，他们

1　"波卡洪塔斯"，又译"宝嘉康蒂"，迪士尼电影《风中奇缘》（Pocahontas）女主的原型，"波卡洪塔斯"（Pocahontas）只是她的绰号，意为"小调皮"，其真名为"玛托阿卡"。影片中"美救英雄"的一幕可能确实发生过，但在那时，公主还是个十一二岁的小姑娘。在土著和殖民者爆发冲突时，公主被扣为人质，结识并嫁给了大她10岁的英国烟草商约翰·罗尔夫，成为丽贝卡·罗尔夫。来到英国后，她因身份独特而广为人知，却不幸因病去世，被葬在了英国肯特郡格雷夫森德的圣乔治教堂。

2　埃尔南·科尔特斯，大航海时代西班牙航海家、军事家、探险家，阿兹特克帝国的征服者，和玛琳钦生下了马丁·科尔特斯（Martín Cortés）。

3　在墨西哥，她的名字衍生出了贬义词malinchismo（玛琳切主义），意为"崇洋媚外，看低本国"。西班牙则在传颂赞扬她。到了21世纪，不少学者也在从女性主义等视角重构她的历史角色。

4　即麦士蒂索人，又译为梅斯蒂索人，指欧洲人与美洲原住民祖先混血而成的拉丁民族。

很少称得上是英雄。有的时候，大家觉得他们是恶棍，还有些时候，他们却更像是受害者。

45

其他语言中的地名是怎么来的？比如，伦敦（London）在法语中为Londres、慕尼黑（Munich）的德文是München——是否有套正规体系？

提问者：乔治娅

由于我的母亲来自巴黎，从小我就发现，每当一家人去法国走亲戚，"伦敦（London）和巴黎（Paris）"就变成了优雅动听的Londres et Paree。和所有孩子一样，我很快就接受了这种语言转变。但有次在电视上看世界杯球赛时，我惊讶地发现所有球队的名字都很奇怪并且和图册上的完全不同——我记得当时在想，"Sverige是哪里？Magyarország又是什么鬼！？"结果发现，它们分别是瑞典和匈牙利。当时我哪知道？！

打那以后我也算是读了不少书，就连马扎尔人的历史，我现在都能讲得头头是道。不过，即便成了一名专业的历史学家，我还是觉得这些语言变体有些难搞。Paris变成Paree还算简单，Paris在法语中只是没发s的音。这个很好解决！但Londres是怎么回事？语言学家们对此一直十分好奇，而在我个人看来，它可能是经过多轮缩写的产物。在

323

古罗马时代，伦敦叫作Londinium（朗蒂尼亚姆）[1]，后来它似乎被缩写成了Londrium，然后继续变短为Londrum，最后懒散地保持在Londre的状态。可为什么法语中的Londres要在末尾加上s呢？呃，平心而论，英国人也曾在Marseille（法国马赛）后头毫无必要地加了个s，所以也许这是法国在"以彼之道，还施彼身"！毕竟这两个国家最喜欢互相较劲了。

乔治娅，我接下来抛出的几个词可能会让你觉得有些花里胡哨，我们给外国城市起的名字（当地人不会使用）属于"外来语地名"（exonyms），它是澳大利亚地理学家马塞尔·奥鲁索（Marcel Aurousseau）在20世纪50年代创造的术语。[2]"外来语地名"指"外来者命名的地名"，本地人的叫法则是"本地语地名"（endonym）。例如，London属于本地语地名——我在那儿工作时就是这样称呼它的——而我的法国姑妈所用的Londres就是外来语地名。当你开始寻找外来语地名时，会很惊喜地发现不少城市都拥有多个名字，而背后的原因却不总是清楚明了。自20世纪60年代以来，联合国地名专家组（United Nations Group of Experts on Geographic Names）大约每隔5年就会举行一次会议，[3]以降低地名的复杂性，但依旧任重而道远。

例如，如果你想吃水果馅饼，然后跳上一架飞往Vienna（维也纳）的客机，就会发现降落地城市到处都写的是Wien。对法国人来说，

---

1 或译"伦底纽姆"，罗马人在皇帝克劳狄的领导下于公元43年征服了后来英国的所在地，并在泰晤士河畔建了名为Londinium的聚居点，意思可能是"荒野之地"或"河流流经之处"。

2 其著作《地名的呈现》（1957）首次使用了"外来语地名"一词。

3 "联合国常设地名专家委员会"成立于1960年，后于1967年改为"联合国特设地名专家组"，又于1972年定名为"联合国地名专家组"。为保证标准化原则和标准化地名的实效性，每隔两年举办一次会议。

维也纳是Vienne；在荷兰，维也纳是Wenen；波兰语中，维也纳是Wiedeń；中国人用拼音，将维也纳读作Wéiyěnà；而匈牙利人则抛开了这一地名体系，选择将维也纳称为Bécs。匈牙利这是怎么想的？！好吧，这还得追溯到中世纪，当时维也纳属于马扎尔帝国的边疆地区，所以得名Bécs，意为"守卫之地""宝库"或"要塞"。维也纳基本上算是这个国家的前门，需要重兵把守，所以才有了这个名字。

当然，近代也发生过这类情况，一些城市和国家为宣示独立或重塑自己在后殖民时代的形象而改名——1995年，印度城市Bombay（孟买）摆脱了过去的英国身份，更名为了Mumbai；在20世纪70年代，国际上开始采用便于将中文转换成罗马字母的拼音系统，使Peking（北京）变成了Beijing。

另一些城市则没有这么多名字，我怀疑这与它们成为国际枢纽的时期有关。由于商业和文化联系，一些古老的地区可能在几个世纪前就已经拥有了外文名，并由于一直为人使用而成为固定专名。有时，这种固定名称会变得广为人知。例如，罗马（Rome）在意大利语、葡萄牙语、挪威语、西班牙语、匈牙利语、拉脱维亚语、罗马尼亚语和土耳其语中为Roma，并在其他语言中有着类似的拼写，像是Rom（德语）、Rim（克罗地亚语）和Rooma（爱沙尼亚语）。从中，我们可以发现，这些拼写之所以存在微小差异，只是因为各种语言对同一音节的重读略有不同而已。

不过，人与人之间持续不断的交流互动有时也会改变语言，并随着时间推移，造成巨大差异。过去，学者错误地认为，前现代人从出生到死亡的悲惨一生都是在同一座臭气熏天的村庄里度过，但现在，历史学家们对人口与思想的不同寻常的流动有了更多认识。古人出门远行的目的可能是宗教朝圣、贸易行商、外交接触、寻找工作、教育培训、修道交流、心灵之旅、游玩，或是希望躲避迫害、瘟疫、饥荒以及任何其他逼人背井离乡的因素。

随着语言文字截然不同的旅行者试图理解异国他乡的词汇含义，这类交流引发了无数的语言简化跟演变。一些地区因为在大国之间易手而获得了全新的名称和语言，成了拥有好几个本地语地名的多语言城市。在中世纪，比利时首都布鲁塞尔被拼为Broeksele，但在今天，说佛兰芒语的人称之为Brussel，讲法语的人则称之为Bruxelles。但神奇的是，由于使用上述名称会加剧两个群体之间的紧张关系，为了社会的和谐稳定，人们有时也会采用英文版的外来语地名Brussels。此外，法国人也给德国城市亚琛（Aachen）取了个古怪的名字"爱克斯·拉夏贝尔"（Aix-la-Chapelle），它们看似毫不相干，但其实都源自同一个拉丁文单词aquae，意为"天然泉水"。

在过去1000年中，布鲁塞尔屡次易手，部分地区可能经历了数个世纪的语言流变，那些拥有共同词根的地名现在看起来就十分令人困惑。随着时间推移，当地引入了表达旧思想的新方式，拼写和发音发生变化，外来语地名因而产生。以坐落在曼诺河入海口的威尔士美丽小镇蒙茅斯（Monmouth）为例，1086年，征服者威廉在《末日审判书》（*Domesday Book*）[1]中将其记为Monemude，如果你把mude拖长，发moother的音，Monemude就大致读作"曼诺–茅斯"（Monnow-Mouth）。随着时间的推移，"曼诺–茅斯"就缩合成了"蒙茅斯"。是不是很简单！

当时，蒙茅斯属于英格兰领土，然而数个世纪以来，两国都宣称拥有蒙茅斯的主权。威尔士语中的蒙茅斯为Mynwy，读作"蒙–威"（Men-oi），与其英语名称的发音区别不大。然而在中世纪，威尔士语

---

1 即《土地赋税调查书》，是威廉一世为确定全国土地税额和国王直属附庸的封建义务而编写的调查清册。由于调查手段粗暴，部分自由农被降为农奴，人民面对清查如同面临"末日审判"，故又名《末日审判书》。

使用者也把词尾的mouth去掉，并在前面加上tre（意为"村镇"），得到Tremynwy一词，即"曼诺河上的小镇"。更有意思的是，在大约400年前，Tremynwy中的m演变成了f，而f的发音接近于v，所以它今天的名字Trefynwy读作"特雷-凡-威"（Treh-van-oi）。这和蒙茅斯（Monmouth）的读音听上去毫无相似之处，但两者却有着相同的含义，只是因为时间的推移和语言上有趣的细微差别而形成了不同的名字。

相比之下，曼彻斯特（Manchester）则要简单得多。对许多欧洲人来说，曼彻斯特……嗯……就只是曼彻斯特。西班牙人可能会有些挑剔，将其拼为Mánchester，但没人会在意这个语音上标。曼彻斯特的爱尔兰语Manchain是我唯一能想到的例外情况。如果将其转换成保加利亚、俄罗斯的西里尔字母，或译入中国、日本、韩国等国的表意文字系统，它的名称肯定会大不相同。不过，至少利亚姆·加拉格（Liam Gallagher）[1]在巡游欧洲的过程中，介绍家乡时不用太费脑筋。可是为什么曼彻斯特没那么多外来语地名呢？

17世纪早期的曼彻斯特还只是一个几千人组成的小社区，其他欧洲人没理由关注这个地方，所以它自然不需要拥有外来语地名。在过去250年中，曼彻斯特才开始实现工业化，并在那个时代——新兴技术使沟通交流越来越方便，语言愈发标准，识字率飙升，官僚体制更加严密精细——获得了国际声誉。简而言之，当外国人需要拼写曼彻斯特时，很可能会发现当地文化人已经替他们准备好了Manchester这个名字，而这些外国人自身也识文断字，能准确理解这个单词应该如何拼写。所以，在我看来，关于地名的一般规律是：越年轻的地方，其外来语地名就越少。

---

1 利亚姆·加拉格，英伦乐坛当红摇滚歌手、作曲家，绿洲乐队（Oasis）主唱，出生于曼彻斯特的一个贫困工人家庭。

记住这一点后，让我们回顾一下乔治娅在最初的提问中所列举的城市：中世纪城市慕尼黑——在大约1158年由狮子亨利（Henry the Lion）[1]公爵（很遗憾，他不是**真**狮子）建立。最开始，慕尼黑只是伊萨尔河上的一座桥边的修道院集市，其原名为Apud Munichen，可能意为"修道士身旁"或"河岸边的地方"。后来Munichen逐渐缩短为München。但由于发展迅猛，这座城市很快就在泛欧洲贸易网络中占据了一席之地，它最初的名字Munichen也早早传到了英国滨海地区并为人所接纳，成了慕尼黑的惯用称呼。而这个名字随后又缩短为我们现在所用的Munich。

但意大利人并不接受这个德语单词。他们伸手从外来语地名的书架上抽出了意大利语中字面意义为"僧侣之地"的单词：Monaco（摩纳哥）。难道这样一来，在意大利人口中，慕尼黑就是"巴伐利亚的摩纳哥"（Monaco di Bavaria），拜仁队（Bayern）也不叫作"拜仁慕尼黑"（Bayern Munich或Bayern München），而改名为"拜仁摩纳哥"（Bayern Monaco）了吗？显然，这是个大家期待发生的搞笑误会，我很高兴看到每年都有几篇关于糊涂游客的报道，他们原本想去法国里维埃拉的豪华赌场，结果却发现自己身在巴伐利亚，伴随德国传统音乐加入了啤酒节的狂欢。我不太懂他们是怎么回事，但这的确很有趣！

---

1 狮子亨利（德语：Heinrich der Löwe，1129—1195），德意志诸侯和统帅，封号包括萨克森公爵和巴伐利亚公爵，是霍亨斯陶芬王朝最有名的政治人物之一，以其与神圣罗马帝国皇帝腓特烈一世的戏剧性冲突著称于世。

46

　　凯特，你的提问很棒，这也是我经常收到的问题。和大多数时候一样，我的第一反应是求助于艾迪·以扎德（Eddie Izzard）[1]，这个天才在校通过听磁带自学了拉丁语：

　　　学习讲拉丁语是场彻头彻尾的谎言，因为没人知道那该死的拉丁口音到底是什么样子。这些家伙想让你跟着学拉丁口音，可他们自己却一点儿都不懂！因为讲拉丁语的人都死光了，这是种死亡的语言，按他们的想法，罗马人可能会这样说话（声音搞怪而尖细），"你好，我们是罗马人！"

　　　　　　　　　——艾迪·以扎德，《定冠词》（*Definite Article*, 1996）

1　艾迪·以扎德，自称"流性人"（genderfluid）的英国脱口秀演员。

我一直都很喜欢艾迪·以扎德，他大概对我的性格造成了34%的影响。但在拉丁语口音这个问题上，艾迪的说法可不靠谱。事实上，我们对死亡语言如何发音有着相当充分的认知。既然艾迪提到了拉丁文，我也就从它开始讲起吧。

如果你在19世纪50年代就读于英国某所精英私立学校——或是在2020年看过鲍里斯·约翰逊（Boris Johnson）的新闻发布会——你可能就会在教室和礼拜堂里听过不少人操着一口令人不敢恭维的拉丁语，还带有英语口音。是的，在语法上，英语最早可追溯到日耳曼语族，而在词汇方面，英语则包含了数以千计的拉丁语舶来词，之所以在16世纪至20世纪引入这些词，主要是为了保证英国人谈吐高雅、言辞华丽。这些拉丁词汇中最为卖弄才学的当属仿古而造的新词："学究词"（inkhorn terms，得名于绅士学者所用的动物角制成的墨水瓶）。

这种拉丁化过程所带来的影响如此之大，以至于我们甚至没注意到自己的字典中有多么丰富的罗马语言学成分：alias（化名）、circa（大约）、agenda（议程）、appendices（附件）、sub（替补）、prefix（前缀）等都属于英语常用词汇，可我们的发音却和古罗马人全然不同。事实上，就连最为著名的罗马人——尤利乌斯·凯撒——多年以来也没在英国人口中保住自己名字的原有发音。我们应该像读德语的Kaiser（皇帝）一词那样，将"尤利乌斯·凯撒"（Julius Caesar）读作"裘力斯·西撒"（Yulius Kye-sahr）。

虽然在大英帝国和北美地区，英式拉丁语的独特性处于主宰地位，但法国人、葡萄牙人、西班牙人、意大利人和罗马尼亚人也有各自版本的拉丁语，且深受自身**罗曼**语系（Romance languages）的影响——之所以称之为Romance languages，是因为这些现代语言源自罗马，而不在于它们适合用来谈情说爱。[1]同时，天主教会使用一种语调优美的意式拉丁语，多被称为牧师/教会/中世纪拉丁语。每当教皇使用这种拉丁语念诵西塞罗（Cicero）之名时，都会带有大卫·鲍伊（David Bowie）[2]式的"改—改—改—改变"（ch-ch-ch-changes）的腔调，使得这个拉丁名不再遵循古老正宗的"基凯罗"（Kick-air-oh）[3]发音，而变成了更为性感的"希谢-埃罗"（Chich-erro）。

然而，在文艺复兴时期，人文主义学者开始试图恢复并重建拉丁语的古老词根，其中，热爱十四行诗的彼特拉克和博学多才的伊拉斯谟（Erasmus）做出了杰出贡献。事实上，相比拉丁语发音，他们在希腊语发音上做得更好，而直到19世纪70年代，现代学者才真正担起这项棘手的工作，重建了凯撒（Caesar）和西塞罗（Cicero）所使用的古典拉丁语（确切地说是Kye-sahr和Kick-air-oh）。

这些学者就是现在的语言学家，他们会探索语言如何随着时间推移而演变，然后运用语言学侦探技巧来逆推这一过程。为了在世界各地进行交流，他们经常使用一套建立于19世纪80年代末的名为"国际音标"（International Phonetic Alphabet）的复杂规则。它把声音（即**音位**）分解成由小的变音符号标示的文本符号，告诉读者这些声音要拉多长、哪些部分需要重读，以及通过口腔的哪个部位来发这个音（例如，摩擦音就是通过口腔缝隙使气流产生摩擦而发出的声音，就像frigid发的fffr音）。

在过去150年中，语言学家们在拉丁语研究领域取得了辉煌的

---

1 Romance亦有"风流韵事、浪漫情调"等含义，此处Romance为"罗曼语系"，而非"浪漫语言"。

2 大卫·鲍伊，英国摇滚歌手、演员，曾获第48届格莱美奖"终生成就奖"，参演电影《天外来客》等。

3 拉丁地区罗马人名字翻译应从当地，实际应译作"基凯罗/奇刻若"，即Kick-air-oh。

成就，通过分析古诗韵律、研究古代语法学家——如伟大的昆体良（Quintilian）[1]——的教育著作，以及追踪古代作家对自身语言规则和古怪例外的简短旁白和评论，他们找出了拉丁文元音、辅音的真实发音。语言学家们不仅找出了拉丁语最初的发音，还能继续回溯历史，深入探索拉丁语的诞生过程。

　　一般而言，古典拉丁语的发音与写法相同，但相比后世的教会拉丁语，它的规则更多。现代天主教神父［以及方兹（The Fonz）[2]……］通常将拉丁文双元音ae读作aay，而在最初，它应该发较长的ai或aye音。古典拉丁语的元音可长可短，但是辅音c、g的发音大多又重又短——哪怕它们出现在a、o、u或ae之前——而v的发音则与w接近。简而言之，凯撒大帝的那句名言"veni, vidi, vici"（我来，我见，我征服）应该读作"wayni, weedi, weeki"。[3]

　　好了，讲完拉丁语，让我们来聊聊英语。学者们花了大量精力去研究阿尔弗雷德大帝与"可敬的比德"所使用的古英语——这两个名字很适合作为抒情说唱歌手的艺名——如何演变为乔叟所使用的盎格鲁-诺曼的中古英语，然后化作莎士比亚风格的英语，最后形成你我所熟悉的笛福和狄更斯的现代英语。事实上，据中世纪文学专家大卫·N. 克劳斯纳（David N. Klausner）[4]所说，英语在1066年至1750年

1　昆体良，全名马库斯·法比尤斯·昆体良（Marcus Fabius Quintilianus），古罗马时期的著名律师、教育家和修辞学教授，著有《雄辩术原理》等。

2　美国喜剧《欢乐时光》（Happy Days）中的角色，在"圣父、圣子和圣方兹"中，有人建立了崇拜他的宗教。

3　这句口号由三个双音节的拉丁文词汇组成，是盖乌斯·尤利乌斯·凯撒在泽拉战役中打败本都国王法尔纳克二世之后，写给罗马元老院的著名捷报，其国际音标为 /we:ni: wi:di: wi:ki:/。

4　大卫·N. 克劳斯纳，多伦多大学中世纪研究中心教授，教授古/中古英语和戏剧，著有《早期英语戏剧记录：威尔士》等。

间发生的改变要超过其他任何一门欧洲语言。

　　说实话，除了少数几个关键词外，现代人听古英语如听天书。若是在YouTube上键入"古英语主祷文"，你会听到不少奇怪而陌生的片段，偶尔还能从中捕捉到一些可以理解的词汇，如"父亲""天堂"和"原谅"等。这种感觉类似于你在观看有字幕的斯堪的纳维亚犯罪剧时，突然在难以理解的丹麦语交流中听到了"无线路由器"这个短语。相比之下，乔叟的《坎特伯雷故事集》（*Canterbury Tales*）中抑扬顿挫的中古英语，虽然因其按照语音发音而显得十分奇怪，但只要你集中注意力，就会觉得它似曾相识。不过，虽然乔叟和莎士比亚只相差200年，但乔叟用语的破译难度还是要高过莎士比亚风格的英语。那么，是什么让英语在这么短的时间内发生了如此大的变化呢？

　　一切都可以归咎于15世纪某一时期发生的"元音大推移"（Great Vowel Shift）[1]现象。学者们就其成因展开了激烈辩论——一些人说这是因为当时的每个人都想让自己的语音像法语一样优美，而另一些人则认为这是英国人为了**避免**自己听上去像法国人而做出的改变，只是有些矫枉过正了。总之，我们对其真相一无所知。而元音大推移最为显著的影响就是让许多元音变成了长元音，使不少单词的读音发生了改变，并成为我们今天所认识的样子，如out（发音为oot）、mate（发音为maht）、moon（发音为mohn）、house（发音为huuse）、boot（发音为bott）、knight（发音为kernicht）、queen（发音为kwen）、daughter（发音为dahrter）和bite（发音为bitt）等。

　　与不押韵的古代拉丁文诗歌和古希腊诗歌不同，中世纪晚期和近代早期的诗歌通常讲究押韵，这为探索单词应该如何发音提供了相当

1　最先由丹麦语言学家奥托·叶斯柏森（Otto Jespersen）提出，据说与黑死病造成的移民涌入有关。

有用的研究指南。例如，英语中引入的中间带有 oi 的法语单词——foil
（箔纸）、boil（煮沸）、toil（苦干）、coil（线圈）——从圆润的法语发
音演变成了 aye 的发音，也就是说，boil 开始与 mile 押韵。从莎士比亚
的诗句中，我们发现 blood（鲜血）与 good（好的）和 stood（站立）押韵。
哪怕迟至 18 世纪早期，著名诗人亚历山大·蒲柏（Alexander Pope）[1] 还
在使用 obey（遵守）、away（离开）以及……呃……tea（茶）来实现押韵。
我们可以据此推断，在他所处的那个时代，"好一杯茶"（a nice cuppa）
其实就是"一杯好茶"（a nice cup of tay），而此时，"他在烧（boiling）
一壶开水"中的 boiling 发的是 oi 而非 aye 的音。

　　诗歌对我们也有帮助，因为很多诗人在创作时都要遵循一种节奏
（名为"韵律"）。莎士比亚偏爱由 10 个音节组成 5 个音步的"抑扬格五
音步"（iambic pentameter）[2] 诗句，每个音步包含两个音节，前者为非重
读音节，后者为重读音节，形成一种类似心跳、跃动不息的韵律："怦
怦怦**怦**怦**怦**怦**怦**怦"（da DUM da DUM da DUM da DUM da DUM）。
由于诗人要严守节奏韵律，当旧词与现有的阅读方式无法契合时，就
会暴露一些明显的问题。例如，莎士比亚在十四行诗第 129 首 [3] 中使用
了 spirit 一词，但按照我们现在的读法 spir-it，它的第二个音节就没有
位置了，所以莎士比亚肯定会将它读作只有一个音的 sprit。

　　事实上，多亏了伴随着环球剧院（Globe Theatre）[4] 重建而进行的

1　亚历山大·蒲柏，伟大的英国诗人，杰出的启蒙主义者，他推动了英国新古典主义文学
　　发展，花费 13 年翻译了古希腊史诗《伊利亚特》与《奥德赛》，代表诗作包括《夺发记》
　　《愚人志》《与阿布斯诺博士书》等。
2　诗的基本音步类型是抑扬格，每行五音步。重读与轻读的固定搭配叫作"音步"，一行
　　诗中轻重搭配出现的次数叫音步数；如果一个音步中有两个音节，前者为轻，后者为
　　重，这种音步就叫抑扬格音步。
3　首句为 Th'expense of spirit in a waste of shame（在羞耻的浪费中消耗精力）。
4　位于英国伦敦，最初由威廉·莎士比亚所在宫内大臣剧团于 1599 年建造，1613 年毁于火灾。

研究——以及语言学家大卫·克里斯托（David Crystal）[1]教授和他儿子戏剧演员本（Ben）的推广工作——莎士比亚的所有戏剧都有了16世纪原始发音的版本。听剧的有趣之处在于它们似乎同时包含了好几种口音。即便是短短30秒的片段，你也能感受到西部乡村起伏的r音、爱尔兰和苏格兰口音的轻快节奏、兰开夏郡著名的a音（听起来更像ehh）、句子结尾出现的伯明翰式的音调下沉、约克郡的土气以及其他各类语言风格——就像《权力的游戏》的全体演员同时致辞，而史塔克一家离麦克风最近。

对语言学家而言，另一个触手可及的资料来源是16世纪到17世纪之间的所谓"正音学家"（orthoepists）的作品，他们涉足了语言学的方方面面。虽然名为orthoepists，但这些研究者并非正骨（orthopaedics，意为"骨科"……）专家，而是那种会为别人念错单词而勃然大怒的正音专家。或者说，他们和莎士比亚的对手剧作家本·琼森（Ben Jonson）[2]一样写了本语法指南，列出了很多单词及其读音，例如将move（移动）、love（爱）、approve（同意）读作muvv、luvv和appruvv。

不过，同样需要重点强调的是，在那个时代，地区之间也存在口音差异——不存在"异口同声"。事实上，早在14世纪，乔叟笔下的北方人物和南方人物就有着不同的发音，康沃尔作家"特里维萨的约翰"

1　大卫·克里斯托，英国语言学家、作家，英国国家学术院的一员，曾获大英帝国勋章，学术兴趣主要集中在司法语言学、语言灭亡、"顽皮语言学"（ludic linguistics，克里斯托自己造的新词，指对语言游戏的研究）等方面。

2　本·琼森，或译本·琼生，是与莎士比亚同一时代的英国剧作家和诗人，以讽刺剧见长，代表作有《福尔蓬奈》《炼金士》等，同时还擅长抒情诗，诗集包括《格言诗》《森林集》《灌木集》等。

（John of Trevisa）[1]就曾抱怨约克郡人的口音"尖锐、刺耳、令人心烦意乱、难以理解"。不过，讽刺的是，我不得不将他的原话翻译成现代英语，因为他的这段中古英语同样尖锐刺耳。[2]

最后一件有趣的事是我们十分清楚18世纪的美国开国元勋们是如何发音的，因为睿智的本杰明·富兰克林创造了一本音标词典，希望通过抛开古怪的英式拼写来提高识字率。在词典中，他不仅指出when的读法是在w（huen）之前有一个h的发音，还表示Founding Fathers（开国元勋）为与gathers押韵，应读作Fowhndin' Fathers。当然，这也意味着当我们在聆听音乐剧《汉密尔顿》（*Hamilton*）时，所听到的应该不是林-曼努尔·米兰达（Lin-Manuel Miranda）的歌声，[3]而更像是酩酊大醉的肖恩·宾（Sean Bean）[4]在用含混不清的爱尔兰口音哼唱。

所以，凯特，虽然关于发音为何改变还有很多问题有待解答，但我们许多古人如何发音的估测充满信心。但至于凯撒自身究竟是拥有含混的男中音，还是像艾迪·以扎德一样嗓音尖锐刺耳，可能得靠时光机才能搞清楚了。

1　"特里维萨的约翰"，与乔叟同时代，出生于康沃尔郡的特里维萨，曾任牛津大学艾克赛特学院研究员和王后学院研究员。

2　他的原话是"scharp, slitting, and frotynge and vnschape"。——作者注

3　《汉密尔顿》是根据美国首任财政部长、开国元勋之一的亚历山大·汉密尔顿本人经历改编，由林-曼努尔·米兰达编剧、作曲及主演的音乐剧，剧中音乐以嘻哈为主，穿插了爵士、节奏布鲁斯等风格的歌曲。

4　肖恩·宾，英国演员，出演过多部知名作品，如《007之黄金眼》《国家宝藏》《寂静岭》《指环王：护戒使者》《指环王：王者无敌》《权力的游戏》等，所演角色多以死亡收场，故又得绰号"便当之王"。

47

太棒了！谢谢你，克洛伊，这绝对是我最爱讨论的话题之一。事实上，我在多所大学里探讨过这个问题，并围绕"对历史电影的评判往往过于苛刻"这一经典主题慷慨陈词，滔滔不绝。当出错的对象是历史纪录片时——是的，就是那种真正真实的电视节目——我们确实应该大力抨击，因为它们经常假装客观，但却可能和电影一样是人为构建的、主观的、具有误导性的。

因此，我打算以一个大胆的主张——甚至算得上是种挑衅——作为开头：我认为历史电影本就不应该追求准确。如果你希望它们符合史实，那你就是在自寻烦恼。客观准确不是电影的目的，它们想要的是成为富有趣味和戏剧性的艺术作品（最好是能赚大钱，或是能在寒冷的周日晚间吸引上千万人观看）。毕竟，我们很欣赏莎士比亚和他对历史的巧妙解读，也喜欢《伊利亚特》（*Iliad*）和书中那群爱管闲事的神灵，所以，我们哪有理由拿更高的标准去要求现代电影呢？

提问者：克洛伊

且容我跑到花园棚子里，推出更大的哲学辩护手段，[1]因为每当电视上播出历史剧时，观众都会给我发推文（无一例外）抱怨这部剧不符史实、懒于查证，并叹息电影制片人没有聘请并咨询历史专家来为作品查漏补缺，真是不负责任！对此，我会这样回复："你好！任何追求真实历史的剧作家从提笔写剧本的那一刻起，就已经注定要失败了。这是不可能实现的目标。没有任何一部电影曾准确还原历史。而且，如果你瞄一下演职员表，就会发现他们确实雇过一位历史学家。谨致问候，格雷格。"

　　这听起来像是在为"大电影"说话，但我真的没收红包。我只清楚一点，那就是历史既庞大又混乱，根本难以梳理，我们缺少足够信息来了解过去谁在那儿出现过、讨论了哪些事情，以及他们当时在想些什么，等等。付费观众真的希望你把这所有的一切都搬上银幕吗？那样的故事观众怎么可能看得下去？毕竟，电影全长只有两个小时[如果是马丁·斯科塞斯（Martin Scorsese）导演的片子，那就是三个半小时][2]，你怎么才能把如此庞杂的历史真相全部塞进这么一个小盒子里呢？显然，没人办得到。

　　换成历史学家在书中讲述电影中的故事，就得花上超过十万字的篇幅，即便如此，也不能保证内容齐全，没有缺漏。并非所有历史书都和记录14世纪格里姆斯比[3]渔业经济的作品一样枯燥冗长。事实上，许多历史学家都有不俗的写作才华，能为作品设定与故事类型相符的

1　花园与哲学之间一直存在不解之缘，柏拉图学园、亚里士多德的吕克昂学园、伊壁鸠鲁花园都曾是哲学家的圣地。
2　马丁·斯科塞斯，意大利裔美国导演、编剧、制片人，曾获第39届戛纳国际电影节最佳导演奖、第79届奥斯卡金像奖最佳导演奖等奖项，其导演的作品的片长大多接近三个小时。
3　格里姆斯比，英国港口城市，是欧洲最大的食品及海鲜加工中心之一。

叙事弧——无论是悲剧、爱情，还是傲慢之人失去荣耀、勇敢者于尘埃中崛起——他们甚至可以像小说家一样，每一章都以悬念收尾。历史学家有时有点像是故事大王，但历史学家会不时停止叙述并表示："抱歉，接下来我们也不知道发生了什么！"对于某些事件，他们也会掏出不同版本的历史记载，或在脚注中同自己及其他历史学家争论辩驳。他们在故意让人注意到这些知识空白。

但电影可没有脚注。影片中的故事空白只会令观众气急败坏。而故事是有规则可循的。它们包含开头、中间和结尾，或像C. E. 隆巴迪（C. E. Lombardi）调侃的那样，是"开头、混乱和结尾"[1]。电影故事需要塑造英雄和恶棍，正派与反派，生成自己的叙事节奏，不然观众就会感到厌烦。故事写作是非常公式化的。剧本写作指南《救猫咪！》（Save the Cat!）[2]将每个故事都分解成了15个故事节拍。一些理论家甚至认为世界上所有的文学作品都只能分为7段情节！

同时，令人泄气的是，过往的历史浩如烟海，纷繁复杂，非人力所能掌握。我们无法通晓真正准确的历史，但可以准确判断叙事者的意图：他们是在试图捕捉历史上真实的时代精神，还是打算肆意篡改历史？有些影视剧压根儿不在乎历史真相，也有的会严格按照正确的顺序排布重大事件，将正确的人物安插在正确的位置上，以理解当时的人们是如何看待世界的。大多数影视剧都介于这两种极端情况之间。它们大致还原了公众心目中的历史故事，但会添加吸睛的角色，删去无聊的人物，搅乱时间线，虚构一些其实不存在的爱情故事，为

---

1 1909年，C. E. 隆巴迪在评价纽约音乐剧时指出，音乐剧的形式（三幕结构）是"开头、混乱和结尾"。

2 完整书名为《救猫咪：电影编剧宝典》（Save The Cat! The Last Book on Screenwriting You'll Ever Need），由布莱克·斯奈德编著。

剧情注入浪漫色彩，并决定剧情中需要插进几段劲爆的动作场面。最重要的是，剧中所有符合现代习惯的对话都是根据想象编造的，毕竟周围没有成群结队的法庭速记员帮我们把历史人物的真实对话一一记录下来。

除此之外，还有煽情电影的制作技巧。叙事者为了使眼前的画面能够触动人心，会用华丽的管弦乐或忧郁的民谣来操纵你的情绪，而真实的历史事件显然不会自带悠扬的号角声或悦耳的钢琴配乐。变焦和剪辑也会左右我们这些观众对银幕上的人与事的反应。电影是一种对过去的编辑，与历史事实关系不大。它要提供的是感官体验和情感刺激。

当我年轻时，作为一名历史专业的学生，我对戏剧是否符合史实这一问题有着浓厚的兴趣，值得高兴的是，现在的我成了电视剧、喜剧和电影的历史顾问。在这份工作中，我必须有选择地战斗，有时甚至可能赢下几场，但大多数情况下我不得不妥协，通常是因为预算有限，但也会考虑到观众的体验。例如，在拍摄中世纪的战斗场景时，主演会不戴头盔冲锋陷阵，这样大家才能看到他们的脸，否则观众就不知道谁在和谁打仗。当然，在真正的战斗中，这种行为就像给自己涂上满身血浆然后跳进鲨鱼池一样愚蠢且危险。导演还会让士兵穿上带有彩色标记的制服，以便观众区分正义之师与邪恶部队——虽然标准化的制服是现代才有的发明——而且在你拔剑出鞘的那一瞬间，也不会发出"铛"的一声。这是后期制作时添加的配音，以提示观众这把剑极其锋利，而他们喜欢的角色也正身陷绝境。

接下来当然是语言问题。如果一部中世纪背景的电影里，所有演员都操着一口纯正的乔叟风格的中古英语方言，你会愿意去看吗？我是会的，但我这种缺乏情趣的书呆子显然是个特例。令人惊讶的是，尝试拍摄这类片子的最为著名的导演并不是个品味高雅的人，而是梅尔·吉布森（Mel Gibson）[1]这个家伙。他执导的《耶稣受难记》（*The Passion of the Christ*）和《启示录》（*Apocalypto*）使用的都是古代语对白。我的出版商的律师不让我讲自己对梅尔·吉布森这个人的看法，但这两部电影确实是十分成功的票房大作，其台词能做到不包含任何现代英语单词，这一点可以说是相当了不起的成就。

出于以下几个原因，其他制片人没有效仿梅尔·吉布森的手法。首先，英语世界的观众并不习惯去读字幕。学生时期，我曾在"百视达"（Blockbuster Video）影视租赁门店打工（愿它安息），[2]经常得应对气势汹汹冲进店里并要求退款的顾客，因为他们发现自己租的韩国恐怖片竟然是用韩语拍摄的。但对制作团队而言，用另一门语言拍摄电影也会成为令他们苦不堪言的梦魇。

在职业生涯之初，我曾参与了一部围绕1066年发生的历史事件[3]而拍摄的电视剧，剧中基本使用现代英语，但也需要维京人、英国人和诺曼人角色使用各自的古代语言说上几分钟台词。我的职责就是把他们的台词翻译成这三种业已消亡的语言，并教会演员念诵它们，这迫使我把自己有限的能力发挥到了极致。更叫人心烦的是，除了我，没人知道演员们是否说错了台词，需要重拍一次。整个团队都在拍摄这些他们无法理解的内容。我只做了几天就身心俱疲了，要是长达数月

---

1 梅尔·吉布森，爱尔兰裔美国男演员、导演、编剧和制片人，曾出演、执导《疯狂的麦克斯》《勇敢的心》《敢死队3》《耶稣受难记》（阿拉姆语、拉丁语、希伯来语）和《启示录》（玛雅语）等影片。

2 美国家庭影视娱乐供应商，最初只是出租录像，巅峰时期拥有超过6万名员工和9000家门店，后被新兴的奈飞公司（Netflix）全面击溃，不得不于2010年申请破产，店面基本消失殆尽。

3 即"诺曼征服"这场发生于1066年的外族入侵英国的事件。在这一年，以诺曼底公爵威廉（征服者威廉）为首的法国封建主击败英王哈罗德，征服了英国，这一事件标志着英国中世纪的开始。

的电影制作过程全是这个样子，那痛苦程度简直无法想象！

历史人物之间交流沟通的内在逻辑也是个令人头疼的问题。当我参与制作儿童喜剧《糟糕历史：腐朽的古罗马》(*Horrible Histories: The Movie-Rotten Romans*)时，最初的剧本议题之一就是角色之间应该如何交谈。一个只会说拉丁语的罗马人怎么才能跟一个不懂拉丁语的凯尔特人聊天？要像英国人在西班牙咖啡厅点鸡蛋配薯条那样一字一顿地大喊吗？还是影视剧设定了一种所有人都能理解的通用语呢？街道标识又应该使用什么语言——现代英语？或是选择拉丁式的英语，以彰显这是个更加"古老的世界"(olde worlde，即old world的古老拼法)？在剧情中加入这一段——角斗士训练师告诉见习角斗士，"都给我拿出110%（CX%）[1]的干劲！"——会怎样呢？这个笑话把我们都逗乐了，但它其实打破了影视剧中的语言逻辑，因为在其他场景中，我们不会让角色用"V"代替"5"。这就是历史顾问每天都要面对的死抠字眼的琐碎难题。

关于人物对话是否尊重历史的另一个重要问题是，我们观众也经常犯错。我们通常对历史应该呈现的样子持有既定的认知，只要觉得剧情不符合史实，就会为此愤愤不平，但在某些情况下，制片人其实早已就相关问题做了功课，而我们才是观点过时的一方。BBC电视剧《禁忌》(*Taboo*)[2]曾因剧中脏话连篇而遭到抨击——记者和观众都觉得这与他们所期待的18世纪的风雅精神格格不入。事实上，满口脏话在18世纪是种随处可见的粗俗行为（我最喜欢的一句脏话是重读的"f**kster!"），但那些由简·奥斯汀作品不断改编而成的影视剧已经扭

---

1 罗马数字CX为阿拉伯数字110（C=100，X=10，XC=90）。

2 故事发生在1814年，讲述了从非洲回来的冒险家德兰尼（Delaney，由汤姆·哈迪饰演）为父报仇的经历。

曲了我们的语言情节。我们总是要求新生事物必须与之前存在的事物相似，即便后者可能并不符合史实。

然而，我真正想强调的，也是最为重要的一点是，历史剧总与当下现实纠缠。作为一个社群，我们讲述的故事反映了我们目前的兴趣，历史成了一面磨砂镜，它能照出我们已经变成了谁，或者我们希望自己成为谁。过往的故事化作了戏剧娱乐的素材，我们要么因此感到怀念，要么觉得自己能生活在21世纪是多么幸运。我的一个拿手把戏就是，无论电影背景设定是哪一年，只要看看服装和发型，我就能说出这部电影是在哪个年代拍摄的。

我不是一个喜欢吹毛求疵的人。当发现影片中存在与时代背景不符的事物，我要么予以谅解，认为这些错误难免发生，要么猜测这是导演经过深思熟虑，为了把故事讲得更好而做出的取舍。这让我想到了自己心目中**最符合史实的电影**（音乐声响起），女士们，先生们，它就是⋯⋯《巨蟒与圣杯》（*Monty Python and the Holy Grail*）！ [1]

是的，这明显是部颇具20世纪70年代风格的相当无厘头的片子。它还衍生出了很多梗：说"涅"（Ni）的骑士[2]、残忍无情的兔子杀手、神圣手榴弹，以及关于空载的燕子飞行时翅膀拍动速度的笑料[3]。如果你在中考历史试卷上按照这些电影情节作答，恐怕会得零分。不过，影片中也加入了许多中世纪历史学家喜欢的小众笑话，如古文书

---

1 《巨蟒与圣杯》是1975年上映的喜剧片，取材于亚瑟王传说。有人认为它是经典的无厘头电影，也有人觉得它毫无价值。经典一幕为亚瑟王带领圆桌骑士（一群没马的骑士，亚瑟王只好用椰子壳敲出马蹄声）用"安提阿之神圣手榴弹"（使用说明啰唆到能把人逼疯）炸"兔子杀手"（一只干净利落地击杀了高文等骑士的小白兔）。

2 神谕守护者，一位口不离"Ni"的骑士，其力量和弱点都来自语言。

3 卫兵看到亚瑟王的"马"（椰子壳音效）后，十分好奇他哪来的椰子，亚瑟王说这是燕子带来的，双方就5盎司的燕子能否以及如何把1磅重的热带椰子带到温带的英国，上演了一段令人啼笑皆非的争辩。

学（破译古老笔迹）、亚瑟王圣杯故事的法国起源，以及兰斯洛特和加拉哈德不断演进的典范名声的玩笑。该片内容出奇丰富，成功结合了对无政府共产主义的明显现代引用和对中世纪亚瑟王传统的真心致意。

我之所以知道历史学家们都很欣赏这部作品，是因为我的硕士论文就是在探讨中古史学家对那些以他们所研究的时代为创作背景的电影有什么看法（剧透：相比于故事设定发生在其他时代的影片，他们对那些涉及自身研究时代的影视作品会表现得更加挑剔）。据我个人调查，《巨蟒与圣杯》是他们最爱的电影，可能是因为它的情节蠢得过于明显，这样观众便不会信以为真，也就不会对史实造成威胁，或是因为其中的许多笑话揭示了"巨蟒"们的学识渊博。有时，刻意颠覆也是一种追求准确的行为，因为你必须先了解史实，然后才能将其肢解。《巨蟒与圣杯》充斥着残酷暴力和荒谬误解，15世纪的作品《亚瑟王之死》（*Le Morte d'Arthur*）[1] 也是如此。

所以，克洛伊，关于你的问题，我的答案是"不会"，我不会因为影视剧违背史实就大发脾气。电影人只需要讲好他们想要分享的故事就行。当然，某些历史学家会认为身为公共历史学家的我没有好好履行自己的神圣职责。我非常清楚，误导大众的历史认知既不尊重历史，还会引发危险后果。中古史学家很晚才意识到，白人至上主义者和新纳粹分子已将中世纪化作武器，把维京战士和十字军骑士当作了他们仇恨事业的象征。流行文化无疑也掺了一手，再现的过往事物的风靡显然与现实世界的影响脱不了干系。我们必须打击这种滥用历史的危险行为。

---

1 《亚瑟王之死》，中世纪骑士托马斯·马洛礼（Thomas Malory）所著。他出身于优渥的英格兰士绅家庭，后几度陷入金雀花王朝的政治博弈及玫瑰战争，经历多次牢狱颠沛后，在伦敦监狱完成了这本书。

但反对滥用历史并不是要对流行文化进行审查。有的电影是彻头彻尾的胡说八道，但与其忽视或抨击它们，我更希望将其化作公共对话平台。对某人大吼大叫，把他们心爱的作品贬低得一文不值，只会让人拒绝听取你的意见。而据维基百科的数据显示，历史影视剧在激发公众好奇心方面发挥了巨大作用。大家总想揭开浪漫幻想背后的真相。所以，我总是借机将公众热情重新引向高端学术研究，而不是对他们喜欢烂片横加指责。

作为总结，我要说的是，从历史考证角度看，令观众为之激动流汗的《勇敢的心》（*Braveheart*）[1]就是一堆垃圾，但它确实是部适合作为开启聊天的成功电影。只要别问我对梅尔·吉布森的看法就行，因为那家伙绝对是个（此处消音）……

1　影片由梅尔·吉布森执导并主演，以13世纪或14世纪英格兰宫廷政治为背景，以战争为核心，讲述了苏格兰起义领袖威廉·华莱士（留下了死前高呼"自由"的银幕经典形象）与英格兰统治者不屈不挠斗争的故事。其中一些情节会让较真的历史学家血压飙升，比如男主作战时涂上蓝色颜料的行为（在数百年前的罗马时代就已经不这么做了）和他使伊莎贝拉受孕并生下爱德华三世的剧情设计（时间对不上，除非怀胎10年）。

48

让我们从最重要的一处开始——"呀吧嗒吧嘟！"（Yabba-dabba-doo!）[1]这是句很棒的口头禅，可惜我记不清剧情了，毕竟上次看卡通剧《摩登原始人》（The Flintstones）是接近30年前的事了。显然，它是弗雷德·打火石（Fred Flintstone）的配音演员所即兴创作的一句短语，真希望我也有这样的创造力，随口说出一句毫无意义的胡话就能成为欢乐的象征。

算了，先把"呀吧嗒吧嘟"放到一边，让我来给什么"呀吧嗒吧"都不知道的人讲解一番。《摩登原始人》是个从1960年播放到1966年的美国卡通片，由于大获成功，又推出了不少衍生剧，还有两部电影在1994年和2000年上映。这是部活力四射的家庭情景喜剧，故事发生在石器时代的基岩镇，这显然要追溯到公元前10000年。但实际上，

---

1 约翰·古德曼在为"打火石家族"的弗雷德配音时，模仿原始人而创作的短语，用于表示激动或惊讶。

这是一部关于20世纪60年代美国郊区生活的电视剧，只不过有不少庞然大物在背景里晃来晃去。

我不想做个无聊的学究，所以在讨论动画中对石器时代生活的可能正确的描绘前，让我们先把那些显而易见的错误解决掉。第一大错误显然是弗雷德、薇玛、巴尼、贝蒂、佩丝和班班居然会同真正的恐龙愉快地生活在一起，而恐龙在人类出现的数千万年前就已经灭绝了。事实上，在公元前10000年，北美还经历过另一次物种大灭绝，造成了"巨型动物"（megafauna，指"庞然巨兽"）多样性的崩溃。这可能是人类过度捕猎或气候变化的结果。如此看来，《摩登原始人》中的猛犸象、大地懒和剑齿虎应该就是美洲大陆上仅存的史前巨兽了。

历史未曾体现的内容显然还包括剧中对核心家庭（独门独户，住着一对父母、一个孩子和一只宠物）的强调。我们的史前祖先可能确实养过宠物——有证据表明，他们把狼驯成了狗，养过温顺听话的狐狸，甚至还抓了小熊并用皮带拴住——但石器时代的人类很可能过的是群居生活，自然没有漂亮的花园，也不需要一批牙口超好的恐龙、乌龟和鸟类来修剪草坪和树篱。这部剧中以动物为工具的搞笑画面是我最为难忘的童年回忆之一：长毛象的鼻子是淋浴头，剑鱼是面包刀，相机里有只在石板上靠喙雕刻照片的鸟，留声机上还有只鸟用喙充当唱针来播放黑胶唱片。

《摩登原始人》中的角色还拥有很多明显不符合时代背景的发明，比如现代乐器、带有轮子和轮轴的交通工具（始于青铜时代）、家用烤箱和炉灶、排烟的烟囱和吃意大利细面条（中世纪食物）要用到的叉子（17世纪的发明）。男性角色把胡子刮得干干净净，女性角色则将头发高高盘起，画上精致的妆容，显得出奇迷人。还有弗雷德穿着的毛皮无袖外衣搭配鲜艳宽领带，这些都属于20世纪60年代的人物的经典造型。不用说，对于住在洞穴里的原始人而言，打扮和美化自己可能并不容易，但并不是说他们没有在这方面做出努力。

当然，一部关于史前世界的大型系列动画片怎么能不加入好莱坞经典的外星人元素呢？抱歉，又绕到老问题上了（见第4问），但在1965年收视率需要提高的时候，弗雷德和巴尼这对活宝就无意发现了外星人"伟大的噶祖"（Great Gazoo）[1]——他因创造了一种能够摧毁宇宙的超级武器而被逐出母星。噶祖是个悬浮在空中的、浑身绿色的双足生物，娇小的身体上顶着颗大大的脑袋。他拥有许多神奇能力，可以暂停时间、让事物凭空消失，做到一切编剧所能想到的可以让这部人气下滑的情景喜剧变得生动有趣的事情。对了，并非所有角色都能看到噶祖，这点也带来了不少欢笑。

好吧，《摩登原始人》明显是为了娱乐大众，我不该那么严肃地看待它。其实，当你回头再看一遍时，就会发现它并没有记忆中的那么有趣：弗雷德和薇玛之间的家庭暴力，以及那段不孕不育的悲伤情节——巴尼·粗石（Barney Rubble）差点戏剧性地因此自尽。但最为重要的是，这档电视节目并不关心考古，它只想打造幽默夸张、具有独特视觉审美的家庭情景喜剧动画。还有哪个节目会让恐龙和猛犸象出现在保龄球馆场景中呢？不过，出人意料的是，尽管纯属偶然，《摩登原始人》在某些设定上确实做出了正确的选择。

为了解具体情况，我求助于《亲族：尼安德特人的生活、爱、死亡和艺术》（*Kindred: Neanderthal Life, Love, Death and Art*）的作者——考古学家丽贝卡·雷格·赛克斯（Rebecca Wragg Sykes）[2]博士。我们就她在YouTube上的几段《摩登原始人》视频中的发现聊了一个多小

---

1 于《摩登原始人》第六季第七集出场。

2 丽贝卡·雷格·赛克斯，利物浦大学名誉研究员，《亲族》是她的初试啼声之作，一经出版便大受欢迎，现已被译成19种语言。

时，她靠专业眼光找到的线索远远超出我的预期。丽贝卡博士首先关注的是角色服装。弗雷德身上的那件动物毛皮十分独特，以橙色为底，带有黑色斑纹，说明它出自一头强壮的似剑齿虎（*Homotherium*）[1]，在那个时代，这种猫科动物确实存在。他还养了只名为"宝贝猫"（Baby Puss）的宠物，这意味着存在一种相当糟糕的可能，即弗雷德穿的是上一任"宝贝猫"的毛皮。我不认为有人会穿着用自家猫猫狗狗的皮毛制成的衣服去上班。

丽贝卡博士更感兴趣的，是她在其他衣物和布篷上看见的缝线。这一点倒是没错。我们现在知道，缝衣针的历史至少可以追溯到4万年前，不过在《摩登原始人》中，薇玛使用的当然是以鸟为缝纫针的缝纫机！还存在一些有限的证据表明，在2.8万年前的中欧，人类会将染色的植物纤维搓成绳子或织成粗布，也就是说，薇玛和贝蒂的鲜艳裙装并非完全不可能出现。纯蓝和纯白都是时髦的色彩，但我们的祖先也曾在惊人的洞穴艺术中使用鲜亮的矿物染料，所以能想到给织物染色也算是情有可原。

说到洞穴艺术，"打火石一家"的娱乐活动居然包括看电影！这显然是为了搞笑而设计的情节，但也不算牵强。在法国的肖维岩洞和拉斯科洞窟等地，人们发现了复杂程度超乎想象的旧石器时代洞穴艺术，在跃动的火光下，这些壁画所描绘的人与动物的动态场景就仿佛活过来了一般。让我们继续聊艺术追求，要知道，石器时代的古人类也拥有珠宝首饰，比如点缀着象牙的项链、闪闪发光的贝壳、鹿角和珠串，所以说，从考古学角度看，薇玛戴着条粗短的珍珠项链是合情合理的。

至于室内家具，丽贝卡博士和我就如何将《摩登原始人》中显而

---

1 似剑齿虎，旧译锯齿虎。从500万年前开始，不同种的剑齿虎属演化出了种类繁多的继承者，它们统称为似剑齿虎。

易见的年代与我们所知的那个年代对应起来进行了反复讨论。尴尬的是，这部卡通剧背景似乎设定在公元前10000年，编剧显然认为这就是所谓"穴居人"的时代。实际上，这是个相当含糊的结论，因为在某个场景中，薇玛正翘着双脚，等着洗碗机完成清洗（这项工作由一只猴子、一个乌龟和一头负责喷水的乳齿象协同完成），手里还捧着一本名为《今日女人——公元前300万年版》（*Today's Woman 3,000,000 BC*）的杂志。

诚然，每当我去看牙医，我都会发现候诊室里的杂志大多过时已久，但也不会是300万年这么离谱！就算该剧背景大致设定在穴居时代，那时，石器时代的人类祖先也不会长期居留于一处；也许他们在追捕游走的猎物时，会将洞穴视作大本营，但鉴于他们最爱的蛋白质来源有逐水草而迁徙这个恼人的习惯，古人类根本不会冒出打造永久家园的想法，更别说建立基岩镇这种村镇了。

然而，考虑到欢快的开场曲将打火石一家称为"石器时代的摩登家庭"，我决定下个大胆一点的定义：公元前10000年，北美可能正处于旧石器时代晚期（虽然关于穴居的考古证据自这一时代起变得较为有限），但土耳其却大约处于新石器时代（Neolithic），这时，事态彻底改变。人类启动了早期的农业实验，开始驯养动物，建造有纪念意义的宗教建筑，并在小型公共村庄中定居。

土耳其的恰塔霍裕克是迄今出土的最为古老的城镇，似乎早在公元前7000年左右就已经十分繁荣了。不太计较的话，这个拥有5000到10000名住在泥砖房里的居民的小镇，与具备石制房屋、休闲设施和工作场所的基岩镇相比，也不算是天差地别。石器时代的"摩登"家庭可能就曾生活在小城恰塔霍裕克。所以，打火石一家应该是土耳其人。

此外，如果我们一步跨到4500年前的奥克尼群岛（苏格兰海岸附近），就会找到斯卡拉布雷（Skara Brae）这个著名的新石器时代人类定居点，[1]这里的村落遗迹和《指环王》中霍比特人居住的袋底洞十分相似。这8座可爱迷人的房子位于长满青草的小丘下，每个单间由通道相连，意味着这是住客接近百人的社区共享居所。

那些保存至今的史前家具让我们眼前一亮，虽然是由石头雕刻而成，但我们仍可以认出床铺、带置物架的餐具柜、储藏区和中央灶台[2]。除了租金可能会便宜点外，它与城里的小公寓没什么区别。与其说这是基岩镇（Bedrock），不如说是一室户（bedsit）。这座石器时代的摩登房屋让我们的心头泛起一种奇怪的熟悉感，就像是看到了自己家的影子。在屋中，我们可以发现一些与《摩登原始人》中的物件更加相似的家具，特别是弗雷德和薇玛睡的那张带有石质床头板的石板床。

斯卡拉布雷的居民似乎很少使用木材，但当我和丽贝卡博士观看《摩登原始人》的片段时，她指出动画中有不少家具设计和日常用品都离不开木材——可惜的是，在考古记录中，木材、皮革和兽皮[3]等有机材料通常很难保存完好。不过，我们确实有证据表明尼安德特人和早期智人擅长木工，并且很可能掌握了利用树干、绳索和动物肌腱建造事物的手段，用脚驱动的汽车除外——前文提到过他们那时还没发明轮子或车轴，记得吗？——但制作独木舟、兽笼或渔船倒是不在话下。

很多观众都记得弗雷德·打火石在采石场上班的样子。[4]这似乎是

---

1 苏格兰境内群岛，在苏格兰北方沿海32公里，由梅恩兰、霍伊、巴雷等70多个岛屿组成。岛上保存有许多史前遗迹，其中，梅恩兰岛西岸的地下村社斯卡拉布雷是欧洲最完整的新石器时代的晚期遗址。
2 在中世纪，大厅中央可能会设一处烧火用的炉床，上方的屋顶布置有烟道，后来为壁炉所取代。
3 兽皮质感粗硬，带有油脂，臊气浓重，属于"生皮"，经硝制才能得到柔软无味、适合穿着的"熟皮"。在远古时期，我们的祖先可能会使用动物脑浆涂抹兽皮，进行鞣制。
4 弗雷德会骑在长颈龙背上，熟练操作这台史前"起重机"开采石料，一旦鸟儿报时，他就大喊一声"呀吧嗒吧嘟"，立刻顺着尾巴滑下来，绝不加班。

个关于战后美国蓝领就业的典型笑话，不过也有迹可循。在石器时代，制造工具需要消耗大量原材料，虽然按照丽贝卡博士的说法，很多石材都取自次级场地——可能是河流砾石，或冰川沉积的侵蚀产物——但也有一些迹象表明，尼安德特人和晚期智人确实找到了岩石露头[1]并采掘了所需原料。他们随后会把这些石材运到打制石器的次级场地（相关信息详见第34问）。

简而言之，弗雷德·打火石保住了他的工作——呀吧嗒吧嘟！不过，这回他将不得不在没有"恐龙起重机"的帮助下采掘石料……呀吧嗒吧**叨**！（Yabba-dabba-doh!）哦，抱歉，搞错了，我把美国卡通剧《辛普森一家》里的口头禅混了进去！[2]

---

1 "露头"指地层、岩体、矿体、地下水、天然气等出露于地表的部分。
2 "D'oh!"是《辛普森一家》中的霍默·辛普森在走霉运、受伤或事情不顺时不由自主发出的感叹。

49

尼克，我知道你看不见我，但我此时正在用力点头，哈哈大笑，翻着白眼做鬼脸。很遗憾地告诉你，这是我最不能忍受的问题之一，所以我不会对回答的篇幅负责。事实上，如果让我自己全权处理——如果没有那位非常耐心的图书编辑温柔地把我拉回正轨——你就会收到一封长达400万字的语无伦次的吼叫信。最简单的答案是，所有英国学校都在教这些内容，也就是说，它们构成了我们历史思维的基石。这意味着关于都铎王朝的节目和书籍会牢牢吸引我们的注意力，因为已有的认知勾起了我们的好奇心，想要了解都铎王朝的一切信息。

我在主持BBC播客时，下达的第一条专横的规矩就是"不谈希特勒，别聊都铎王朝"，至少前几期节目确实如此。我并不是说这些话题十分无趣，而是因为——就像亨利八世的肖像一样——它们吸引了太多的关注，不利于公众了解其他历史时代，与扩大公众知识面这一节目宗旨不符。都铎王朝顽固地控制着公众的想象力，所以流行文化的创作方会不断提供以此为背景的、符合大家口味的事物——书籍、电影、电视剧、游戏、播客、海报、表情包、特色旅游体验。我们变得贪得无厌，不断重复享受同类事物，就像小孩子闹着要在睡前连刷9遍迪士尼的《冰雪奇缘》(Frozen)一样。

作为一名公共历史学家，我对公众痴迷于都铎王朝的现状感到既有趣又有几分沮丧。与都铎王朝相关的影视作品占据了太多档期，导致很多以其他历史时代为背景的作品无法排播。最让我失望的事情之一，是公众对17世纪激进主义的不屑一顾。在法国、美国、意大利和俄罗斯，革命和内战被国家奉为具有历史意义的时刻。然而，英国人似乎对17世纪毫无兴趣，哪怕正是在这个时代，国王查理一世被推上了断头台，英国爆发了惨烈的内战，爱尔兰经历了大屠杀，整个地区瘟疫肆虐，还发生了一场反天主教政变，迫使英国推行了资产阶级和封建势力相互妥协的君主立宪制（这个古怪制度的规则太过晦涩，以至于在英国讨论脱欧期间，没人清楚依照法律女王是否有权关闭议会）。每当我试图在节目中讲述这些故事时，都会收到同样的回答："抱歉啊，观众不太想了解17世纪，要不你讲讲安妮·博林？没人不爱安妮·博林！"

除了小学课程，还有什么让大家痴迷于都铎王朝？我们先从人物个性谈起。作为一个统治时期从1485年延续到1603年的王朝，都铎王朝顺利成为性、戏剧、权欲、暴政、美人、荣耀和傲慢的代名词。都铎王朝的每位成员都性格迥异，彼此却又被因为一连串的联姻、要命的离婚、宗教冲突和兄弟姐妹反目成仇而变得一团乱麻的家庭纽带捆绑在一起。

玛丽一世、伊丽莎白一世和爱德华六世是同父异母的兄弟姐妹，他们的母亲分别是亨利八世的第一位王后凯瑟琳、第二位王后安妮·博林以及第三位王后珍·西摩。在尔虞我诈的宫廷斗争中，他们时而结为盟友，时而敌视彼此，没有人能置身事外，高枕无忧。事实上，当玛丽和伊丽莎白的母后失宠时，她们就被贬为私生女，玛丽的经历更是奇葩，竟然一共有过5位不同的继母。同时，伊丽莎白的父亲下令处决了她的母亲——她的情绪想必很混乱吧？这群兄弟姐妹甚至连宗教信仰都不相同，我打赌在他们共度圣诞时，气氛一定超级尴尬。其实，当我观看HBO顶级美剧《继承之战》（*Succession*）[1]时，在这部参照了现实中默多克家族权力斗争的凄凉而有趣的作品中，我不仅看到了亿万富翁默多克及其子女的影子，还看到了都铎家族子女在努力摆脱争强好胜的族长给他们带来的心理阴影。

事实上，血亲之间互相捅刀并非都铎王朝的独家特色。金雀花王朝的家族成员也同样上演了六亲不认的戏码，罗马帝国朱里亚·克劳狄王朝[2]更好不到哪儿去。但都铎王朝无论个人还是集体都被打上了这个标签，这就有些纯粹得诱人。玩世不恭的我喜欢把他们想象成一个典型的20世纪90年代的男子乐队，每位成员都在其中扮演着各自的角色：

- 亨利七世（Henry VII）[3]——被低估的天才。负责写歌，但舞姿和你婚礼上的老父亲不相上下。
- 亨利八世——迷人、性感、危险。刚获准保释，因为他在服药期间殴打了一名空姐。
- 爱德华六世——还没长胡子的小帅哥。

---

1 该剧讲述了国际传媒大亨罗伊一家为了争夺遗产继承权明争暗斗的故事。
2 朱里亚·克劳狄王朝，罗马帝国第一个世袭王朝，由屋大维（奥古斯都）所属的尤利乌斯家族借联姻关系与克劳狄家族结合形成，共传5位皇帝，其中包括臭名昭著的卡利古拉（逼死岳父和妹夫）和暴君尼禄（杀死母后）。
3 亨利七世，都铎王朝的首位英格兰国王，父亲是里士满伯爵埃德蒙·都铎（威尔士贵族欧文·都铎和亨利五世的寡后"瓦卢瓦的凯瑟琳"的私生子），母亲是玛格丽特·博福特郡主（兰开斯特公爵"冈特的约翰"的重孙女）。虽然他血脉不纯，却是仅存的兰开斯特家族继承人，登基后对前朝王室约克家族的男性赶尽杀绝。

- **简·格雷**（Jane Grey）[1]——首支单曲惨淡收场，后被唱片公司开除。
- **玛丽一世**——敢打敢拼，但似乎有点过于紧张。
- **伊丽莎白一世**——希望单飞的乐坛新星，只愿通过私人公关进行交流。

事实上，这套阵容中只有两位真正的明星：专制、恶毒、残暴的亨利八世（有六任王后，臭名昭著的世纪渣男）和他的女儿伊丽莎白一世，这位勇敢、坚忍、心思缜密的童贞女王把自己变成了年岁渐长却不显老的"荣光女王"（Gloriana）。他们主宰观众想象的原因显而易见：两者都维持了数十年的统治，雇用了最棒的艺术家来加工自身形象，处决了自己的密友，拥有复杂的感情生活，推行了宗教改革，与欧洲列强开战，建造/盗取了金碧辉煌的宫殿和我们今天仍可以逛的精美礼品店。

亨利八世和伊丽莎白一世都是弄权高手，他们的壮举——无论是鲁莽行事，还是谋定而后动——塑造了英国的历史进程。一些历史学家认为，16世纪最重要的进展是神学激进主义带给传统天主教徒的宗派创伤。然而，在流行文化中，都铎时代往往并非一个充满思想碰撞和宗教冲突的世纪，而被塑造成一个人格政治的准世俗时代，在这个时代，统治者的暴躁念头和迫切愿望要高于道德信仰。

事实上，亨利八世和伊丽莎白一世经常被描绘成一枚硬币的正反两面。如果说亨利完全由性欲、食欲、怒火和本能主宰——因大口撕扯骨头上的肉块而闻名（误解）——那么伊丽莎白就完全由贞洁、自控、宽恕和适可而止构成。他是不可一世的暴君，而她是坚忍克己的

---

1 简·格雷，都铎王朝的第四位英格兰国王及第三位爱尔兰国王，在爱德华六世驾崩后被推上王座，在位仅13天便遭议会废黜并被玛丽一世所取代。她是英国历史上首位被废黜的女王，于16岁被秘密处死。

圣人，收拾好父亲留下的烂摊子，再现了祖父的贤能统治。这当然是对人物进行了极大程度的简化，他们真实的形象要比这复杂得多，其政治遗产也非三言两语所能概括。

会让大家扫兴的是，就个人而言，我倾向于忽视亨利和伊丽莎白，转而强调王朝缔造者亨利七世的重要性。作为内战的终结者和一个国力强盛、财政偿付能力优秀的民族国家的缔造者，亨利七世的低调掩盖了他非同寻常的冷酷无情。这位手段强硬、迅速崛起的新国王从一个国家偷了只浑身脏乱的火鸡，然后不知怎地将它变成了一只金鹅。亨利八世之所以会成为一个魅力四射却又令人讨厌的喜欢小题大做的家伙，唯一的原因就是他的父亲是个明智、不屈，并在玫瑰战争危机过后建立起了君主专制的混蛋。

为避免引起众怒，先声明一下，我并不讨厌都铎王朝的成员。他们扮演了重要的角色，老实说，我确实觉得他们的故事非常有趣！16世纪是社会、政治、文化、宗教和军事发生大幅转型的时代。人口迅速增长，伦敦面积翻了一番，对海军的财政投入打破了纪录，英格兰开始建立其海外帝国，爱尔兰遭到残酷镇压，英国国教取代了天主教，修道院被洗劫和出售，公有地受人圈占，火药技术炸碎了骑士的威望，荷尔拜因、莎士比亚和斯宾塞发展成为文化界的名流大家，而时尚圈像中了"越大越好"的魔咒一般，经历了一段绝对具有标志性的夸张时期，将人们变成了靠颜色奇异的蓬松羽毛打动伴侣的极乐鸟。都铎时代是各个领域全面开花的时代！

然而，我们也上了当，误以为都铎这个标签属于一个强盛的家族。都铎王朝的成员是狡猾的说谎者，并且后来还从他们编造的故事中获益颇多。其实，他们压根儿不愿意别人称其为都铎家族。一听到这个卑微的威尔士名字，亨利八世就会感到十分尴尬，他一心想把自己塑造成一位英勇且合法的国王，而不希望别人提起他父亲出身的那个小家族——不知怎地从威尔士地方政治中崛起，在一场惊心动魄的战争中窃取了血迹斑斑的王冠。[1] 连我们都称这个王朝为"都铎王朝"，更别说当年居住在这个国家的几百万人了，这一事实表明误贴标签完全起了反效果。

虽然名人确实十分重要——在我们这个视觉媒体主宰的时代可能更是如此——但都铎狂热的深层根源却是"快乐的英格兰"（Merrie England）[2] 这一兴起于18世纪，并一直到20世纪都广泛流传的说法。那是一个英国政治例外主义的田园牧歌式的浪漫童话，这里与欧洲其他地区隔绝，精力充沛的人们在乡村酒吧开怀畅饮，大家坐在木屋中，窗外是绵延起伏的绿色丘陵，桌上摆着热气腾腾的肉馅饼，小丑在一旁做出各种搞怪的表情，耳边传来"Hey nonny nonny"[3] 的哼唱和欢快的民谣。

维多利亚时代的人——以及议员雅各布·里斯-莫格（Jacob Rees-Mogg）[4]，从他的议会演讲来看，这家伙不知为何似乎还生活在19世

1　因其政治作为而众叛亲离的英王理查三世拥有近万人的正规军，而亨利·都铎手下只有由流亡者、雇佣军、贵族私兵拼凑的5000多人的杂牌军，但在博斯沃思战役中，理查三世的大将要么按兵不动，要么公然倒戈。据说，理查三世最后只得率领数百骑兵发起冲锋，希望一举斩杀亨利，后者则因恐惧而下马躲到了长枪方阵中并不断逃亡。在击败多名近卫后，精疲力竭的理查三世遭到围殴，被当场击碎头骨，战死沙场。背叛了理查三世的托马斯·斯坦利勋爵找到王冠并将其献给了亨利。

2　中世纪晚期，英国告别了内战、流血和专制，民众的生活变得富足祥和。工业革命发生后，随着"圈地运动"的兴起，许多人失去了生活保障，开始怀念过往的美好时光，于是有了"快乐的英格兰"这一说法。

3　出自莎士比亚的《无事生非》(Much Ado About Nothing)。剧中，巴尔塔萨（Balthasar）向女士们献唱，并在歌中建议不要担心男人在忙什么，而应将叹息转换为"Hey nonny nonny"，可表示放下纠结，享受简单的快乐。

4　雅各布·里斯-莫格，英国商业、能源和产业战略大臣，保守党成员，亿万富翁，因常穿优雅的双排扣西装、做出不合时宜的上流社会举止，以及在面对政治观点时故意摆出传统主义态度而为媒体所调笑。

纪——酷爱推崇这个关于国家强盛的朦胧幻想。他们尤为关注被誉为大不列颠统治海洋的骑士先驱的海军英雄弗朗西斯·德雷克（Francis Drake）[1]和沃尔特·雷利（Walter Raleigh）[2]，并盛赞莎士比亚、斯宾塞和西德尼（Sidney）[3]的诗才，认为这三位给一种全新而独特的英语注入了生命，它将在整个殖民帝国中传播，以"教化"当地土著。维多利亚时代的代表人物查尔斯·狄更斯对那个时代的这番描述就是最好的证据：

> 那是一段辉煌的统治，因英才辈出而永载史册。它不仅造就了杰出的航海家、政治家和学者，还让培根、斯宾塞和莎士比亚的大名响彻文明世界，为我们所铭记、所尊崇、所自豪，伊丽莎白这个名字也因他们而增添了几分荣光（虽然或许没有什么充分的理由）。总之，这段统治因探索发现而伟大，也因贸易通商而伟大；因锐意进取而伟大，也因弘扬英国精神而伟大；因新教信仰而伟大，也因使英国获得自由的宗教改革而伟大。

在19世纪的历史学家，如J. A. 弗劳德（J. A. Froude）[4]的著作中，我们还看到，在为"英明女王"（Good Queen Bess）编造的过去中，潜

---

1 弗朗西斯·德雷克，16世纪的英国探险家、政治家、海盗，曾任海军中将并击退西班牙无敌舰队，由此受封为英格兰勋爵。
2 沃尔特·雷利，英国文艺复兴时期的政治家、军人、诗人、科学爱好者、探险家、航海家，早期当过私掠船的船长，被称为"拿着书本的海盗船长"。在寻找黄金国的探险中，他发现了南美洲的圭亚那地区。
3 西德尼，全名菲利普·西德尼（Philip Sidney），英国作家、政治家及军人，著有《爱星者与星星》《诗辩》等。
4 J. A. 弗劳德，全名詹姆斯·安东尼·弗劳德（James Anthony Froude），英国历史学家、小说家、传记作者，因《从沃尔西陷落到西班牙无敌舰队战败的英格兰历史》（*History of England - From the Fall of Wolsey to the Defeat of the Spanish Armada*）而成为当时最为著名的历史学家之一，其作品经常引发争议。

藏着一种强烈的反天主教偏见：理智的新教徒击退了国外的西班牙军舰，同时容忍国内存在天主教徒，彰显了仁慈与智慧。同时，她的姐姐玛丽一世则因将不少新教徒烧死在火刑柱上而被冠以"血腥玛丽"的恐怖称号，尽管在亨利和伊丽莎白的统治期间血流得更多。

从16世纪60年代约翰·福克斯（John Foxe）[1]出版了影响深远的《殉道史》开始，玛丽一世就变得声名狼藉，而这种情况一直持续到了20世纪，特别是因为英国国教一直在处处针对天主教徒。事实上，直到英国于1829年通过了《天主教解放法案》，英国（和爱尔兰）的天主教徒才有权积极参与政治活动。巧合的是，大约就在同一时间，部分国会议员曾就年轻的维多利亚公主有朝一日是否应该采用"伊丽莎白二世"这一名号展开辩论，认为这有助于给阅历尚浅的见习君主树立一个光辉的榜样。碰巧的是，她拒绝了，但最终英国人还是迎来了一位伊丽莎白二世，而她的统治回合相当有趣……

简而言之，痴迷于都铎王朝是英国人长期存在的习惯，而非现代才有的嗜好。细看这道历史盛宴的配料时，我们会发现都铎王朝是一锅味美料足的肉汤，融合了大人物、轻松推广的标签、不经意的排外情绪，以及对某种田园牧歌般的黄金时代的深切渴望。但如果你问小说家和编剧为何聚焦于16世纪，他们会告诉你，都铎王朝的宫廷就是一个夺命角斗场，一些人可以靠智慧或美貌权倾朝野，但断头台的斧刃却始终悬在他们的脖子之上，尤其是因为统治者是一群糟糕混乱、反复无常、偏执多疑，还无法走出父亲带来的心理阴影的暴君。不用说就知道这些剧情十分精彩，所以人们才会不断将其作为电影、电视剧和小说的素材。我只是希望大家也能去看看一些其他的历史故事……

---

1 约翰·福克斯，牛津大学玛格德琳学院院士，英国宗教改革中最有影响力的作家之一，代表作为《殉道史》。

50

这是本书的最后一道问答，我把它留到最后是因为这实在太有趣了，值得好好思考，而我也投入了很多时间，整理出了一张密密麻麻的业内高手名单。其中大多数人都没能入选我的"十一罗汉"[1]阵容。比如18世纪的杰克·谢泼德（Jack Sheppard）[2]，这个盗贼因曾经4次成功越狱而名声大噪。那些技巧肯定也能让他摸进不少地方，但是这个家伙有个缺点，那就是一越狱便很快被捕，我可不想招一个会把条子引到家门口的白痴队友。

那么我会招收哪些历史人物加入团伙呢？嗯，经过反复斟酌，我

1　出自1960年的同名作品改编的犯罪电影《十一罗汉》（*Ocean's Eleven*），该片讲述了大盗丹尼为了夺回妻子泰丝，本着不伤害任何人、不向无辜者伸手和不做蚀本生意的"三项原则"，一夜之间召集11位行内好手抢劫情敌赌场的故事。

2　杰克·谢泼德，绰号"诚实的杰克"，18世纪早期臭名昭著的小偷和越狱犯，1723年开始行窃，截至1724年共入狱5次，最后一次未能成功脱身而被绞死，其犯罪生涯"长"达两年，成了不少小说和戏剧的素材。

得到了下面这张名单：

犯罪策划师：穆罕默德·伊本-阿马尔（Muhammad Ibn-Ammar）

这位聪明的家伙是11世纪大名鼎鼎的诗人，也是以博学著称的塞维利亚统治者阿巴德三世（Abbad III al-Mu'tamid）的宫廷顾问。那为什么是他呢？据中世纪的摩洛哥历史学家阿卜杜勒瓦希德·马拉喀什（Abdelwahid al-Marrakushi）[1]所说，伊本-阿马尔是位才华耀眼的诗人、令人钦佩的管理者，以及战无不胜的国际象棋大师。要考验一个人是否细致耐心、目光长远并具有在发生失误时迅速调整计划、见机行事的能力，还有什么比国际象棋更合适的选择吗？没错，一个国际象棋天才会成为一个完美的犯罪策划师，能在提前知道赌场将遭人袭击的情况下策划一场复杂的抢劫。

此外，他的国际象棋生涯中还有一段传奇经历。据说，伊本-阿马尔曾在一场象棋比赛中击败了入侵该国的卡斯提尔国王阿方索六世（Alfonso VI）[2]，拯救了塞维利亚。传说中，他拿出一副制作精美的手工象棋向阿方索六世发起挑战，并表示如果阿方索六世赢了，就能拿走这副国际象棋，若是自己取胜，阿方索六世便必须答应他一个要求。结果自然是伊本-阿马尔棋高一着，阿方索六世全面撤军。这个故事可能纯属虚构，但说实话我不在乎——在我看来，伊本-阿马尔就是位能在压力下保持沉着冷静的、足智多谋的策略大师。欢迎入伙！让我们来拟一些犯罪计划吧……

---

1 阿卜杜勒瓦希德·马拉喀什，1185年出生于马拉喀什，是穆瓦希德王朝的历史学家。

2 阿方索六世，费尔南德一世次子，莱昂王国和卡斯提尔王国的国王，曾两次率军侵入塞维利亚，绰号"勇敢者"。

技术专家：苏颂

我需要一个顶级的技术达人来帮我破解赌场的安保系统。显然，历史上有许多天才科学家可供选择，如特斯拉、爱迪生、布鲁内尔（Brunel）[1]、图灵、巴贝奇（Babbage）[2]和洛芙莱斯（Lovelace）[3]等，可若是问我最喜欢哪一位，那肯定就是列奥纳多·达·芬奇了。这是一位聪明绝顶、百科全书式的天才，但众所周知，他也是个拖延症患者。[4]当我在撬金库时，他可能会躲到一边的角落里敲敲打打，然后拿出一头机械狮子。

所以，我选择了一位同样才华横溢但更加靠谱的博学家：11世纪的中国北宋官员苏颂。他在诗歌、医学、天文学、数学、地图绘制、艺术理论等许多领域都成果斐然，但最为著名的还是钟表制作。他研发了以漏刻水力驱动擒纵机构的"水运仪象台"，[5]这是一项极其复杂的工程壮举，就连当代学者都很难做出一个比例模型。虽然他生活的时代距离无线网络的出现还有千年之久，但我敢打赌他还是有能力破解赌场的监控。

1　布鲁内尔，全名伊桑巴德·金德姆·布鲁内尔（Isambard Kingdom Brunel），英国工程师，皇家学会会员，主持修建了大西方铁路、系列蒸汽轮船和众多重要桥梁，革命性地推动了公共交通、现代工程等领域。

2　巴贝奇，全名查尔斯·巴贝奇（Charles Babbage），英国发明家、数学家，研发了机械式通用计算机——分析机。

3　洛芙莱斯，全名阿达·洛芙莱斯（Ada Lovelace），拜伦之女，数学家、计算机程序创始人，建立了循环和子程序概念。

4　达·芬奇同时作为画家、发明家、医学家、生物学家、地理学家、建筑师和军事工程师，由于好奇心过于旺盛，在接受任务后经常无法按时交差。

5　水运仪象台是北宋苏颂、韩公廉等人发明的集天文观测、天文演示和报时系统为一体的大型自动化天文仪器，是全球最古老的天文钟。擒纵机构是介于传动机构和调速机构之间的一种机械结构。

美人计：约瑟芬·贝克（Josephine Baker）

在电影《瞒天过海：美人计》（*Ocean's 8*）[1] 中，安妮·海瑟薇饰演了一位超级巨星，影片开头她是盗窃目标，但是……**剧透警告**……后面就成了盗窃团伙的一员，因为她的名气让她有机会接触那些无价的珠宝。我剽窃了这一创意，但我的队员更棒，因为她不但是个大明星，还是一名真正的间谍。约瑟芬·贝克是20世纪最杰出的人物之一，这位年轻貌美的非裔美国舞蹈家来自密苏里州，她虽然出身贫寒，最后却成为轰动巴黎的爵士女王。

贝克性格风趣，美丽动人，并且富有冒险精神，她会跟戴着钻石的宠物猎豹去看电影，并在歌舞表演方面不断做出突破，后来——当纳粹入侵法国时——她还利用自己的明星身份作掩护，充当法国抵抗运动（French Resistance）的间谍，夹带情报顺利通过了无数座军事检查站，毕竟，谁敢搜她身呢？这还不算完，她之后还成为美国民权运动的领军人物。在马丁·路德·金站出来说"我有一个梦想"之前，她就已经对百万人发表过感人至深的演讲。无论到哪儿，她都能牢牢抓住所有人的注意力，是让警卫分心并便于其他成员趁机做手脚的最佳帮手。她被录用了！

伪装高手：玛丽·简·理查兹（Mary Jane Richards）

一场滴水不漏的抢劫怎么能少得了卧底？玛丽·简·理查兹——常被错误地称为玛丽·鲍泽（Mary Bowser）——就非常适合担任我

---

1 也译作《瞒天过海：八面玲珑》或《八罗汉》，是《十一罗汉》的女版续集，讲述了由珠宝师、街头骗子、放风人、黑客等8名女性组成的盗窃团伙准备在时尚盛会上偷取价值1.5亿美元的钻石项链的故事。

的耳目。这名卧底同样也是一位才华横溢的黑人女性。奴隶出身的她在获得自由后接受了一定的教育，然后在南北战争期间加入了伊丽莎白·范·卢（Elizabeth Van Lew）[1]打造的间谍网络。理查兹在南方邦联的总统杰弗逊·戴维斯（Jefferson Davis）[2]的家中卧底，并至少有一次成功从他的文件中窃取到了重要的军事情报。关于玛丽·简·理查兹还有很多夸张传说，比如她能过目不忘，或是曾试图烧毁戴维斯的房子，不过有一点很明了，那就是她完美隐藏了自己的身份。对我来说，这就够了！

江湖骗子：乔治·萨曼纳扎（George Psalmanazar）

我需要一个巧舌如簧的骗子来从目标口中套取信息，所以招募了乔治·萨曼纳扎。1703年，他扮作一名来自神秘的福尔摩沙岛（中国台湾）[3]的土著来到伦敦。为了骗过伦敦人，他创造了一整套虚构的语言、历法、宗教信仰和文化习俗，就连当时最为博学多识的绅士们都被他玩弄于股掌之间。他还写了一部内容充实、细节详尽的畅销书，不过里面没有一句是真话。尽管有人生性多疑，但也扛不住萨曼纳扎口若悬河、滔滔不绝。最后，即便有人揭穿了他的真面目，发现这家伙其实是个法国人，依然有很多人尊敬他。如果说有谁能单靠魅力摆脱困境，那一定就是乔治·萨曼纳扎了。

---

1 伊丽莎白·范·卢，弗吉尼亚州一位富有奴隶主的女儿，她有着强烈的废奴主义观念。当父亲去世后，范卢立即释放了她所继承的全部奴隶，其中就包括玛丽·简·理查兹。
2 杰弗逊·戴维斯，全名杰弗逊·汉密尔顿·戴维斯（Jefferson Hamilton Davis）。美国南方蓄奴州成立美利坚联盟国（简称邦联），意欲脱离联邦，南北战争随之爆发，戴维斯就是邦联"总统"，战败后写了《联盟国政府之兴衰》一书。
3 16世纪，葡萄牙人见到中国台湾后感叹道"Ilha Formosa"（美丽的岛）并将其标记为"Formosa"（福尔摩沙）。国际社会自19世纪清廷设置台湾省以来，逐渐不再使用这一带有强烈殖民色彩的称呼。

联络官：南希·韦克（Nancy Wake）

完美的抢劫行动还需要一位善于与人打交道的产品经理。我想不出有谁能在组织能力上胜过南希·韦克了。这位出生于新西兰的情报官员在法国抵抗运动和英国特别行动处（Special Operations Executive, SOE）中都发挥了关键作用，不但对法国境内纳粹占领地的各项设施造成了严重破坏，还帮助许多坠机的盟军飞行员逃出了法国。

据说，韦克绝对是个很有意思的家伙——风趣、勇猛、坚定，在事态脱离掌控时，她还能转型为神枪手。她主要负责后勤与通讯，但这并非意味着她不会制作战计划并参加危险的战斗，必要时，她也能毫不犹豫地击杀敌人。其他时候，她只需跟警卫调笑几句，就能顺利通过关卡。她最为出名的事迹是，为将一条重要情报传回伦敦，她在短短72小时内骑行了整整500公里。即便纳粹发现了她的身份并给她取了"白鼠"这一代号，她还是凭借机敏过人成功离开了这个国家。南希·韦克是个了不起的女人，我十分确定她能让整个团队配合默契。

潜入者："箱子"亨利·布朗（Henry "Box" Brown）

我可不是一个手脚麻利的窃贼。事实上，在我的犯罪生涯中，我连超市里的散装糖果都没偷过。但在看过《惊天魔盗团》（*Now You See Me*）后，我突发奇想，觉得团队中应该加入一名魔术师，哪怕只是为了增加叙事魅力。我首先想到的当然是伟大的哈里·胡迪尼（Harry Houdini）——拥有非凡的力量、敏捷、呼吸控制和专注力的逃脱术大师。但这家伙有点自负，而我要找的是注重团队精神的人。另一位候选人是魔术师贾斯帕·马斯基林（Jasper Maskelyne），他在第二次世界大战期间为英国军队效力，并声称自己曾用多种宏大的障眼法骗过了纳粹，[1]比如让开罗消失无踪和凭空变出一支大军。这位魔术师貌似完美无缺，但现代学者认为这家伙就是个投机取巧的骗子，大部分故事都是他编造的。好卑鄙！我们不收这种人……

于是，我选择了亨利·布朗（绰号"箱子"）。1815年，他出生在弗吉尼亚州的一个奴隶家庭。当奴隶主将其妻儿发卖后，他便发誓一定要逃走，并与废奴主义者取得了联系，后者帮他藏在一个小木箱里逃离了这个州。在长达27小时的通往自由的旅程中，装着布朗的木箱一会儿被拉上火车，一会儿又被搬上马车，这令他感到极度不适，而身边也只有一小瓶水和几块饼干[2]可以果腹。但最终他还是安全逃脱并获得了自由。之后，布朗成了废奴运动中的著名英雄，开始在英国举办巡回演出，通过展示自己当初怎么藏在箱子里来取悦观众。随着时间的推移，他转行当起了巡回魔术师，掌握了一堆令人眼花缭乱的魔术欺骗手段。当然，如果他不介意，而我们又能保证他一路舒适的话，也许布朗可以回到他的箱子里，接着连人带箱被送进赌场的保险库，然后就可以跳出箱子，将这里洗劫一空！

破箱达人：阿门帕努弗（Amenpanufer）

有时你只需要一名惯犯，一个不仅懂得盗窃，还知道怎么对付警察的老手。所以，虽然历史上出现过很多机灵的小偷，但我还是要把打开金库的重任交给这名古埃及劳工。他已经3000岁了，肯定经验丰富。事实上，阿门帕努弗是法老陵墓的常客，只是他可能没有《古墓

1　据说，在改变二战北非战争格局的阿拉曼战役期间，贾斯帕甚至利用魔术造出了多达几个师的"幽灵部队"，并用木板与废弃物变出了一支"潜艇舰队"，吓退了气势汹汹的德军。

2　美式软烤饼，英国人称之为司康饼。——作者注

丽影》中的安吉丽娜·朱莉（Angelina Jolie）那么上镜。我们之所以知道阿门帕努弗，是因为写于公元前1108年的"梅耶纸莎草书"（Mayer Papyri）[1]记录了他的供词，也就是说，他最终确实落入法网，但在问询中，他表示自己光顾过许多陵墓，就算失手被擒也能靠贿赂官员顺利脱身，然后重操旧业。你通过了！

极盗车神：盖乌斯·阿普列乌斯·狄俄克勒斯（Gaius Appuleius Diocles）

事态失控？风紧扯呼！这时，我们就急需一位能带大家快速跑路、开车够猛且可以避开任何障碍物的老司机。接下来出场的是大名鼎鼎的古罗马战车驭手狄俄克勒斯，若是将其所赢下的奖金换算成现代货币，他就会成为有史以来最富有的运动员。他不仅是一名在职业生涯中取得了1462场胜利的优秀车手，而且还非常幸运地在这项九死一生的运动中保住了小命。要知道，他一共参与了4257场比赛才退役，大多数驭手在离这个数字还差得很远时就已经命丧赛场了。所以狄俄克勒斯要么技术无双，要么幸运至极，无论属于哪种情况，他都有资格拿到这把车钥匙。

好了，团伙全员集结完毕，是时候去干一票大的了！

---

1 约瑟夫·梅耶（Joseph Mayer）的收藏，共有两份残片，主要内容为法庭诉讼记录。

致　谢

　　写作绝非易事，在可怕的新冠肺炎大流行之下更是如此。突然之间，所有人的目光都焦灼地盯在新闻头条和政府简报上，希望疫苗能尽快研制成功，使我们的亲朋好友免遭疾病之苦。不幸的是，很多人都因疫情失去了宝贵的生命，同我相交多年的聊友们一个接一个地发布亲友的讣告，我的社交媒体时间表因而填满了令人心碎的噩耗。这是让人身心俱疲、哀惧交加的一年，在这样的日子里，人很难动笔写就一部逗趣、生动、欢快的作品。

　　工作量是新冠肺炎大流行背景下另一个让我感到意外的地方。我猝不及防地发现，自己的日程安排在一夜之间翻了一番。我要撰写两部书稿，同时主持三套播客节目，还得学着照顾一个正长乳牙的、闹腾不休的小婴儿。不用说就知道我俩的睡眠严重不足。

　　所以，我最为亏欠的对象无疑是我了不起的妻子——凯特（Kate）。她拥有超乎寻常的韧性、耐心与关怀，既无微不至地照顾我和我们可爱的女儿，还同时兼顾自身事业。有她在身边，我才能一头扎进堆积如山的任务中，一天连续工作14个小时。能在生活中拥有这样一位支持我的爱人，我真的十分幸运。

　　同时也非常感谢我的好友兼同事亨利·沃德（Henri Ward），在我研究如何撰写本书的过程中，他给予了我不少帮助。我们在电视节目《糟糕历史》中共事多年，他不仅是位执着的历史研究者，也是个热情洋溢的正能量之源。我们原本并未打算合作，起初，我计划打造一个截止日期定于2023年的长期项目，然而后来疫情暴发……于是就有了本书。

我还必须向才华横溢、坚韧宽容的经纪人唐纳德·温彻斯特（Donald Winchester）衷心道谢。他平静温和地处理我那些冗长的邮件，忍耐我在电话中喋喋不休而从来没有叫我住嘴（尽管他完全有理由这么做）。同时感谢韦登菲尔德和尼科尔森出版公司（Weidenfeld & Nicolson）的优秀编辑玛蒂·普莱斯（Maddy Price），她在饭局上邀我撰写本书，当时，她还不知道我一直都有在播客上推出类似节目的念头，只是对这一想法是否可行尚存疑虑。事实证明，这确实是个不错的点子（呃……至少我希望大家是这么想的！）。

当我想把截止日期拖延至前文提到的2023年时，善解人意的玛蒂毫无保留地支持我，替我开脱，说我"**疲惫不堪，至少近两年打算搁笔**"，而我却在两个月后打电话给她："计划有变，我现在可以开写这部书吗？"是的，有个混蛋出尔反尔了。而心地善良、乐于助人、眼光卓绝、值得信赖的编辑玛蒂则用她那支妙笔把我漫无边际、东扯西拉的作品打磨润色得像模像样。

同上部作品《逝去的名流》一样，我要再次感谢乔·惠特福德（Jo Whitford）和洛林·杰拉姆（Lorraine Jerram），他们负责清除我犯下的拼写疏漏和语法错误。只有特别注重细节的人才能从95000字的作品中挑出错漏，而他们绝对可以说是火眼金睛！

非常感谢里奥·尼科尔斯（Leo Nickolls）为本书设计的醒目封面[1]，我喜欢它的颜色，特别是封面上那头如哥斯拉一般巨大的啮齿动

1　原书封面参见 https://www.gregjenner.com/books/ask-a-historian/。

物！这会抓住很多读者的眼球，干得漂亮，里奥！

写作感觉貌似是单个作者独自承担的一项艰巨任务，因为封面上只会出现作者的名字，但它其实是多人合作的宝贵成果。我向每一位参与者的付出与支持表示衷心的感谢。

如你所料，这一类型的作品拥有相当庞大繁杂的主题范围，因而在史实核查方面颇为棘手。在此，我要向所有参与其中的历史学家鞠躬致谢，感谢他们在新冠肺炎大流行背景下抽出宝贵的闲暇时间阅读书稿，并用心纠正我的错漏之处，指出改进论述的最佳方式。他们是（以下排名不分先后）：Peter Frankopan 教授、Suzannah Lipscomb 教授、Tineke D'Haeseleer 博士、Campbell Price 博士、Sarah Bond 教授、Llewelyn Morgan 教授、Seb Falk 博士、Janina Ramirez 博士、Jaipreet Virdi 博士、Annie Gray 博士、Fern Riddell 博士、Jonathan Healey 博士、Moudhy Al-Rashid 博士、David Veevers 博士、Eleanor Janega 博士、Catherine Fletcher 教授、Lindsey Fitzharris 博士、Olivia Wyatt、Arunima Datta 教授和 Caroline Dodds Pennock 博士。

此外，我还必须特别感谢丽贝卡·雷格·赛克斯博士以及艾玛·亨特（Emma Hunter）教授，前者在有关石器时代的工具和《摩登原始人》的诸多问题上帮了我大忙，后者协助我解决了本书最难回答的问题——非洲各国边界的历史根源。（后来才发现这个棘手的问题是我的经纪人唐纳德抛出的，大概是对我那堆冗长邮件的小小报复……问得好，唐纳德！）

我深深感谢所有热心提问的朋友（唐纳德除外！），我收到了数以百计的问题，花了很多心思才选出了这 50 道，所以如果你的问题不在其中，请接受我的歉意。我很高兴看到大家的求知欲，也希望大家觉得我的解答恰当合理。

最后，感谢诸位读者与我在书中一同领略历史风光。我在写作过程中觉得这些故事相当有趣，希望你们也这么想。如果觉得本书是你的菜，也可以找找我的其他作品，或是我在BBC上的播客节目，我还希望你看看"推荐读物"部分，从中挑出一册，继续你的历史欣赏之旅。历史的美妙之处就在于你总能找到值得品味的事物。下回见……

致以诚挚的祝愿！

格雷格·詹纳

2021年4月

推荐读物

如果你喜欢本书，并想了解更多与这50道问题有关的内容，可以看看我推荐的这些书籍。我会优先考虑那些价格亲民、通俗易懂、容易获取（不需要你去登录大学图书馆）的作品，但有时我也只能提供学术期刊文章或博士论文。祝阅读愉快！

1. 安妮·博林真的有三个乳头吗？听历史老师说，那是她被判施展巫术的证据。

The Afterlife of Anne Boleyn: Representations of Anne Boleyn in Fiction and on the Screen，Stephanie Russo 著；

The Creation of Anne Boleyn: In Search of the Tudors' Most Notorious Queen，Susan Bordo 著。

2. 真的有位教皇在死后受到审判吗？

The Popes: A History，John Julius Norwich 著；

Medieval Rome: Stability and Crisis of a City，p900–p1150，Chris Wickham 著（该书学术色彩较为浓厚）。

3. 谁是有史以来最为富有的人？他或她又为何如此富有？

The Rich: From Slaves to Super-Yachts: A 2,000-Year History，John Kampfner 著（这本书更多是对现代寡头的讽刺报道，将他们与富可敌国的历史人物进行比较，但也包含不少有趣的故事）；

现代版的曼萨·穆萨传记总是有点哗众取宠，重复那些已被拆穿的传说，所以我转而推荐更值得一读的 François-Xavier Fauvelle 的 *The Golden Rhinoceros: Histories of the African Middle Ages*；

The Richest Man Who Ever Lived: The Life and Times of Jacob Fugger，Greg Steinmetz 著；

The Richest of the Rich: The Wealthiest 250 People in Britain since 1066，Philip Beresford、William D. Rubinstein 著 [这本书现在有点过气了，但它是由一位历史教授和《星期日泰晤士报》（ *Sunday Times* ）富豪榜的编辑合写的]。

4. 你是否受够了 "亚特兰蒂斯证明外星人真的存在" 这种说法？

Invented Knowledge: False History, Fake Science and Pseudo-religions，Ronald H. Fritze 著；

A Brief History of Atlantis: Plato's Ideal State，Stephen P. Kershaw 著。

5. 什么时候出现了第一本笑话集？里头又有哪些好玩的段子？

Laughter in Ancient Rome: On Joking, Tickling, and Cracking Up，Mary Beard 著；

Stop Me If You've Heard This: A History and Philosophy of Jokes，Jim Holt 著。

6. 第一个星期一是什么时候定下的？

The Seven Day Circle: The History and Meaning of the Week，Eviatar Zerubavel 著（该书有一定的学术性，但也不乏趣味）。

7. "疾风一代" 到达英国后遭遇了什么？

Black and British: A Forgotten History，David Olusoga 著；

Staying Power: The History of Black People in Britain，Peter Fryer 著；

The Windrush Betrayal，Amelia Gentleman 著。

8. 人们从何时开始庆生或只是记住生日？

"Birthday Rituals: Friends and Patrons in Roman Poetry and Cult"，Katheryn Argentsinger 著，载于 *Classical Antiquity*，1992 年 10 月，第 11 卷，第 2 期（抱歉，这篇需要一定的学术素养）。

9. 在 20 世纪以前，女性来例假时会怎么做？

Flow: The Cultural Story of Menstruation，Elissa Stein、Susan Kim 著；

Menstruation and the Female Body in Early Modern England，Sara Read 著（一部价格昂贵的学术著作，但也十分有趣）；

你也可以找找海伦·金教授的许多关于古代医学和妇科医疗的有趣作品——她经常写博客并制作广播节目，不过很难查到她的学术论文。

10. 花粉热是一直以来都存在的一种过敏反应吗？还是说只有现在的城市居民才会出现这种症状？

Allergy: The History of a Modern Malady，Mark Jackson 著。

11. 欧洲人真的曾经将木乃伊磨碎吃掉吗？

Mummies, Cannibals and Vampires: The History of Corpse Medicine from the Renaissance to the Victorians，Richard Sugg 著。

12. 什么治疗手段最为古怪（看似最不可思议）却又符合医理？

A Hole in the Head: More Tales in the History of Neuroscience，Charles G. Gross 著；

A Brief History of Surgery，Harold Ellis 著。

13. 除现代外，哪个历史时期的人类最有能力应对丧尸病毒？

The Children of Ash and Elm: A History of the Vikings，Neil Price 著。

14. 第一位素食主义者是谁？

Vegetarianism: A History，Colin Spencer 著。

15. 咖喱有多古老？

Curry: A Tale of Cooks and Conquerors，Lizzie Collingham 著；

Exotic England: The Making of a Curious Nation，Yasmin Alibhai-Brown 著；

"Curry Tales of the Empire"，Arunima Datta 著，载于 *Journal of Victorian Culture*。

16. 是谁发明了蛋白霜，为什么要发明它？

The Oxford Companion to Food，Alan Davidson 著。

17. 早期人类是怎么发现如何做面包的？

Bread: A Global History，William Rubel 著。

18. 我是一名超爱恐龙的动物学家，大家都管它们叫"史前"生物，那么问题来了，"历史"是什么时候开始的？

Prehistory: A Very Short Introduction，Chris Gosden 著；

What Is History? E. H. Carr 著（经典之作，略显枯燥）；

What Is History, Now? Helen Carr、Suzannah Lipscomb 编（一部收录了众多知名公共历史学家思考之作的新书）。

19. 那些历史时代都是谁命名的？既然"伊丽莎白时代"已经用过了，那未来的历史学家要怎么称呼我们呢？

What Is History, Now? Helen Carr、Suzannah Lipscomb 编；

Must We Divide History into Periods? Jacques Le Goff 著。

20. 历史上有哪些伟大的"失传文本"确实存在但未能流传至今？

The Book of Lost Books: An Incomplete History of All the Great Books You Will Never Read，Stuart Kelly 著。

21. 你最爱的历史假设是哪个？

Superman: Red Son，Mark Millar 著（一部经典漫画，内容是关于如果超人坠落在苏联的乌克兰会发生什么）；

Telling It Like It Wasn't: Counterfactual Imagination in History and Fiction，Catherine Gallagher 著；

Altered Pasts: Counterfactuals in History，Richard J. Evans 著（Evans 是一位杰出的思想家，其作品存在一定的阅读难度）。

22. 为什么撒旦是只山羊？

A History of the Devil: From the Middle Ages to the Present，Robert Muchembled 著。

23. 我们何时以及为何饲养仓鼠当作宠物？

"History of the Syrian Golden Hamster"，Michael R. Murphy 著，H. I. Siegel 编，载于 *The Hamster: Reproduction and Behavior*。

24. 亨利八世治下的伦敦每天会产生多少马粪尿，又是怎么处理的呢？

The Horse Trade of Tudor and Stuart England，Peter Edwards 著；

Sanitation in Urban Britain, 1560–1700，Leona J. Skelton 著；

Beastly London: A History of Animals in the City，Hannah Velten 著。

25. 种子最早是在何时何地、由哪些人成袋出售的？在此之前，人们有什么选择呢？

An Economic History of the English Garden，Roderick Floud 著；

The Silk Roads，Peter Frankopan 著；

Shaker Herbs: A History and a Compendium，Amy Bess Williams Miller 著；

America's Romance with the English Garden，Thomas J. Mickey 著；

"Garden seeds in England before the late eighteenth century – II, The Trade in Seeds to 1760"，Malcolm Thick 著，载于 *Agricultural History Review*，第 38 卷，第 2 期（1990 年）。

26. 历史上有哪些树造成了重大影响或留下了神奇传说呢？

A History of Trees，Simon Wills 著；

Around the World in 80 Trees，Jonathan Drori 著。

27. 古人有哪些奇怪的审美？这又是为什么呢？

Ugliness: A Cultural History，Gretchen E. Henderson 著；

On Beauty: A History of a Western Idea，Umberto Eco 著（作者是 20 世纪最伟大的知识分子之一，该书读起来有一定难度，但引人入胜）；

Plucked: A History of Hair Removal，Rebecca M. Herzig 著。

28. 为什么古希腊雕塑的男性下体那么小巧？

A Mind of Its Own: A Cultural History of the Penis，David M. Friedman 著；

In Bed with the Ancient Greeks，Paul Chrystal 著。

29. 高跟鞋是从什么时候开始流行的？为什么它现在基本为女鞋？

Shoes: The Meaning of Style，Elizabeth Semmelhack 著。

30. 历史上哪种美容手段最为危险，甚至要人小命？

Beauty and Cosmetics – 1550 to 1950，Sarah Jane Downing 著；

Venus Envy: A History of Cosmetic Surgery，Elizabeth Haiken 著；

Making the Body Beautiful: A Cultural History of Aesthetic Surgery，Sander L. Gilman 著。

31. 是谁发明了数学？

Mathematics and Its History: A Concise Edition，John Stillwell 著；

The Oxford Handbook of the History of Mathematics，Eleanor Robson、Jacqueline Stedall 编（相当晦涩难懂……）；

一个很棒的网站：https://mathshistory.st-andrews.ac.uk/；

你可能也会喜欢 Alex Bellos 的文章，他能让不擅长数学的人领略到数学的魅力。

32. 镜子是什么时候发明的？没有它之前，人们怎么知道自己长什么样？

Mirror Mirror: A History of the Human Love Affair with Reflection，Mark Pendergrast 著；

The Mirror: A History，Sabine Melchior-Bonnet 著。

33. 是谁第一个想到登月或前往其他星球的？他们打算怎么过去？

John Wilkins, 1614–72，Barbara J. Shapiro 著（一本旧书，你可能需要去淘淘二手书市场，这本书是作者对威尔金斯思想的绝佳研究）；

A discourse concerning a new world & another planet in 2 bookes，John Wilkins 著（可在线阅读）。

34. 你怎么知道最早的石器时代的工具是真正的石器，而非普通的石块？

Flintknapping: Making and Understanding Stone Tools，John C. Whittaker 著。

35. 在幅员辽阔的中国，如果皇帝驾崩或朝廷打算颁布一条新规，举国上下需要多长时间才能全都收到这一消息？

China's Cosmopolitan Empire (History of Imperial China): The Tang Dynasty，Mark Edward Lewis、Timothy Brook 著；

"Communications and Commerce"，Timothy Brook 著，Denis C. Twitchett、Frederick W. Mote 编，载于 *The Cambridge History of China*，第 8 卷：明朝，第 2 部分：1368—1644 年。

36. 成吉思汗真的是兵锋到达何处，树就种在哪里吗？

The Silk Roads，Peter Frankopan 著；

The Mongol Empire: Genghis Khan, His Heirs and the Founding of Modern China，John Man 著。

37. 意大利为何叫意大利？

Italy: A History，Vincent Cronin 著；

The History of Italy，Charles L. Killinger 著；

The Pursuit of Italy: A History of a Land, its Regions and their Peoples，David Gilmour 著；

Italy in the Central Middle Ages，David Abulafia 编。

38. 非洲国家现有的国界是怎么形成的？

Boundaries, Communities and State-Making in West Africa，Paul Nugent 著（一部厚重的学术著作，包含了最新的研究成果）；

Rogue Empires: Contracts and Conmen in Europe's Scramble for Africa，Steven Press 著（有点过于依赖欧洲资料和观点，不过值得一读）；

推荐参考 Camille Lefebvre、Anthony Asiwaju 的论文。

39. 阿散蒂人为什么要为金凳而战？

The Asante，M. D. McLeod 著（有点过时的绝版书，但值得一读）；

我的 BBC 播客节目 *You're Dead to Me* 有一集与阿散蒂人有关，主角是博物馆馆长兼艺术史学家 Gus Casely-Hayford 博士和英裔加纳喜剧演员 Sophie Duker；

你可以在许多大型博物馆的网站中搜到漂亮的阿散蒂凳子。

40. 为什么贝叶挂毯上有那么多丁丁（虽然主要是马的）？

The Story of the Bayeux Tapestry: Unravelling the Norman Conquest，David Musgrove、Michael Lewis 著；

The Bayeux Tapestry: The Life Story of a Masterpiece，Carola Hicks 著。

41. 知名度最高、影响力最低的是哪一场战役？

Agincourt: A New History，Anne Curry 著；

Agincourt: The King, the Campaign, the Battle，Juliet Barker 著；

Agincourt, Myth and Reality 1415–2015，Stephen Cooper 著。

42. 这是个我打小就特别好奇但从未得到满意答案的问题：全副武装的骑士要怎么上厕所呢？

The Medieval Knight，Christopher Gravett、Chris McNab 著（也适合年纪较小的读者）；

How to Read European Armor（大都会艺术博物馆出版），Donald Larocca 著（艺术史学家眼中的盔甲演变史）。

43. 英国是什么时候开始使用手语的？第一台助听器又是何时诞生的？

The Language of Light: A History of Silent Voices，Gerald Shea 著；

Medicalizing Deafness: Aural Surgery in Victorian Britain，Jaipreet Virdi 著；

The Invention of Miracles: Language, Power, and Alexander Graham Bell's Quest to End Deafness，Katie Booth 著；

The Oxford Handbook of Deaf Studies, Language, and Education，Marc Marschark、Patricia Elizabeth Spencer 编。

44. 位于不同大陆的帝国是如何交流的？当时有翻译吗？

Between Worlds: Interpreters, Guides, and Survivors，Frances Karttunen 著；

Interpreters as Diplomats: A Diplomatic History of the Role of Interpreters in World Politics，Ruth Rowland 著；

"Hellenes and Romans in Ancient China"，Lucas Christopoulos 著，载于 *Sino-Platonic Papers*，第 230 期，2012 年 8 月，第 44 页；

"Translator, Traditor: The Interpreter as Traitor in Classical Tradition"，Rachel Mairs 著，载于 *Greece and Rome*，第 58 卷，第 1 期（2011 年）；

New Insights in the History of Interpreting，Kayoko Takeda、Jesus Baigorri-Jalón 编。

45. 其他语言中的地名是怎么来的？比如，伦敦（London）在法语中为 Londres、慕尼黑（Munich）的德文是 München——是否有套正规体系？

Place Names of the World: Historical Context, Meanings and Changes，John Everett-Heath 著；

Placenames of the World: Origins and Meanings of the Names for 6,600 Countries, Cities, Territories, Natural Features, and Historic Sites，Adrian Room 著。

46. 我们怎么知道古人的口音和语音是什么样的呢？

The Adventure of English: The Biography of a Language，Melvyn Bragg 著；

The Oxford Dictionary of Original Shakespearean Pronunciation，David Crystal 著；

The Forgotten Founding Father: Noah Webster's Obsession and the Creation of an American Culture，Joshua C. Kendall 著；

Vox Latina 2nd edn: A Guide to the Pronunciation of Classical Latin，W. Sidney Allen 著。

47. 哪些大受欢迎的历史电影最为符合史实？当你看到那些错得离谱的影片时，会暴跳如雷吗？

Reel History: The World According to the Movies，Alex von Tunzelmann 著。

48.《摩登原始人》对石器时代的描绘有哪些是正确的？

Kindred: Neanderthal Life, Love, Death and Art，Rebecca Wragg Sykes 著；

The Wood Age: How One Material Shaped the Whole of Human History，Roland Ennos 著；

Scenes from Prehistoric Life: From the Ice Age to the Coming of the Romans: One Million Years of Life in the British Isles，Francis Pryor 著。

49. 为什么大家如此关注英国的都铎王朝？

"Is Tudor England a Myth?"，Cliff Davies 著，牛津大学：https://www.ox.ac.uk/news/2012-05-29-tudor-england-myth；

"The Tudors"，Basil Glynn 著，Mandy Merck 编，载于 *The British Monarchy on Screen*。

50. 你会选择哪些历史人物来打造《十一罗汉》式的抢劫阵容？

Narrative of the Life of Henry Box Brown，Henry "Box" Brown 著；

Young Stalin，Simon Sebag Montefiore 著；

The Ornament of the World: How Muslims, Jews and Christians Created a Culture of Tolerance in Medieval Spain，Maria Rosa Menocal 著；

Heavenly Clockwork: The Great Astronomical Clocks of Medieval China，Joseph Needham 著（一部再版的旧书，业已过时但却充满了有趣的技法）；

Josephine Baker in Art and Life: The Icon and the Image，Bennetta Jules-Rosette 著（围绕这位传奇女性所创作的作品不计其数，但很多都是以讹传讹。这本书分析了她的生活以及她如何成为一个传奇）；

小说家 Lois Leveen 留下的关于玛丽·简·理查兹（玛丽·鲍泽）的作品：https://lareviewofbooks.org/article/the-vanishing-black-woman-spy-reappears/；

The Pretended Asian: George Psalmanazar's Eighteenth-century Formosan Hoax，Michael Keevak 著；

Nancy Wake: World War Two's Most Rebellious Spy，Russell Braddon 著。